壹卷
YE BOOK

让思想流动起来

论世衡史
— 丛书 —

大明旗号与小中华意识

朝鲜王朝尊周思明问题研究（1637—1800）

— 修订版 —

孙卫国 著

四川人民出版社

图1 朝鲜国王接见明清使臣的庆会楼

图2 昌德宫后苑大报坛遗址

图3 华阳洞瞻星台下岩刻：崇祯御笔"非礼不动"；宋时烈手书"大明天地，崇祯日月"

图4 朝宗岩石刻：崇祯御笔"思无邪"；宣祖御笔"再造藩邦""万折必东"；孝宗御笔"日暮途远、至痛在心"

图5 2001年秋从华阳书院遗址看万东庙遗址

图6 2004年重建后的华阳书院,右侧为万东庙

图7 2001年秋万东庙遗址

图8 2004年重建后的万东庙外景

图9 2004年重建后的万东庙

图10 2004年重建后的万东庙碑亭

图11 朝宗岩大统庙

图12 2019年阴历三月十九日大统庙内供奉明朝三帝的祭品

图13 2019年阴历三月十九日大统庙内供奉明九义士的祭品

图14 2019年阴历三月十九日大统庙内供奉十先贤的祭品

图15 朝鲜王朝在汉城三田渡所建《大清皇帝功德碑》

图16 韩国汉城东庙(关王庙)

序 一

孙卫国博士这本以朝鲜王朝尊周思明问题研究为主旨的大作，是探讨17至19世纪明朝灭亡以后，朝鲜李朝与清王朝所发展的宗藩关系，及与此有关的各种政治文化问题的重要学术著作。稍涉中国近世对外关系的，都会注意到明王朝与毗邻有悠久密切联系的朝鲜建立了传统的宗藩关系，为中国与朝鲜以后几百年的关系奠定了基础。朝鲜前朝称高丽，朝鲜之名是明太祖于洪武二十六年（1393），应大将李成桂要求选定为国号；建文帝继统，随于三年（1403）册立嗣位的太宗李芳远为国王，由是正式建立宗藩关系，一直维持二百四十年到明朝灭亡。

明王朝与近邻国家建立的宗藩关系，系以中国为天下中心的世界观、儒家的礼治为义理基础，而以周朝的封建、朝贡制度为规范的模式。根据唐朝以来建立的程序，中国首先遣使者至藩国宣告新朝的建立，颁赐印诰、《大统历》及礼物，藩国接受印诰并新颁正朔，随遣使称臣入贡方物；新王即位或世子嗣立必须请求中国承认及册封，所享利益是通商及优渥赏赐。若与他国发生纠纷或遭受外敌攻击，藩国得请求宗主国调解和援助；至于内政，则可以自主不受干涉。明朝与朝鲜所建立的关系亦遵循这个型制。在与朝鲜交往时，明太祖强调君臣之关系以忠诚守信、勤守职贡为基本，至于仪制服用，则可从本俗，因此，太祖颁授朝鲜的制诰常见"听自为声教""永守事天下之诚"等词语。朝鲜奉明朝为中华正统，自称小邦或小国，又自诩为"小中华"，而所上表章亦屡用"以小事大""事上（大）以（之）诚""事大以忠"之句，表现明鲜宗藩关系的特色。在现实上，明鲜的关系虽然早期有一二皇帝（如成祖及宣宗），透过阉宦使者屡屡向朝鲜索取火者、处女、飞禽走兽及各种贡品引起怨怼，但大体上是和谐的。而且，当朝鲜于神宗万历二十年壬辰（1592）被日本丰臣秀吉发兵侵略，明朝立即兴兵援助，历时七年，击退敌军，保全朝鲜命脉。这一事件表现宗主国的遵守承诺，使朝鲜感恩不已，由是在向慕中华文化、儒家礼制的基础上，奠立明亡后浮现的尊周思明思想。

满洲贵族入主中原，建立清王朝，不但在中国历史上是一件改朝换代的大事，对于东亚传统以中国为中心的"中华世界体系"亦产生强烈的震荡，东亚传统的华夷观念及宗藩关系受到极大的冲击。作为明朝藩国的朝鲜，两百年来都事奉明朝为大中华，以儒家礼治教化为政权正统性的基础，对原宗主国深切感恩，因此在改朝换代后，朝鲜虽然成为清朝的藩国，但始终不认同宗主国的清朝承继了明朝以来的中华正统。即使到了19世纪，朝鲜在政治上已经臣服清朝百余年，但文化心态上依然存着反清意识，其正面体现即是尊周思明——尊周尊华、思念明朝。因此，思明反清、尊王攘夷在相当长的时期内成为朝鲜王朝思想的主流，义理派主宰着朝鲜的正统思想，崇祀明朝皇帝仍是天经地义的政治文化图腾。一个君主王朝的皇帝在本国早已成为历史的陈迹，但在邻国几百年间却一直被虔诚地崇祀，这在世界史上是罕见而独特奇趣的现象。

朝鲜王朝这种独特的尊周思明思想，理应是东亚史甚至世界史研究的一个重要课题。但遗憾的是，尽管原始汉文资料及文物遗迹丰富，由于种种内在和外在的原因，并未得到中外学者的重视。中国学者虽然占了先天的语文优势，容易排比分析资料，但是20世纪以来，由于政治环境和学术研究条件的限制，朝鲜史的研究趑趄不前，对于尊周思明这个大题目，只有三数篇零星的论文，直到近十年才有转变。日本学者虽然自20世纪日本并吞朝鲜后，非常重视朝鲜的历史，但是由于殖民政策的影响，关注的始终是朝鲜半岛与日本的关系，对于中朝关系则有意识地忽视，到战后以至现代仍然很少有实质性的论述。本来，这样一个非凡的历史题目，应该是朝鲜的后裔——现代韩国学者所关注和致力探讨的，但与事实相反，到目前大多仍刻意回避。主因是自19世纪以来，韩国史学家深受民族主义思想的影响，注重的是其民族发展的历史，民族主义史学构成当代韩国史学的主体。这种史学对历史的诠释并未作过严格的学术论证，而是充满了狂热情怀，对真正的学术发展造成障碍。因此，前代中朝关系虽然很密切，双互影响亦相当深远，但由于偏激的民族史观作祟，有意削弱历史上中国的影响，所以像尊周思明这一类问题并未得到应有的重视。至于以英文著述的欧美学者，或囿于视野、文化观点不同，或根本无法解读艰深汉文史料，尚未见对本题目的研究有实质性的成果。孙教授这本钩稽《朝鲜实录》及大量汉文政书、史籍、文集成书的大作，是目前史学界难得一见的充分利用原始资料，以持平的立场，理性的科学批判方法，对朝鲜王朝尊周思明问题作全面性研究的著作。

　　本书主旨为探讨朝鲜王朝尊周思明的原因，分析这种思想的表现及其对清韩关系的影响，阐明自号"小中华"的朝鲜王朝对中华文化的倾慕、利用之以建立其政权的正统性，并对清韩关系做出全面的检讨和重新解释。原作系孙君于1996—2001年间在香港科技大学人文学科部完成的历史学博士论文，今经修改加以充实，共九章，凡三十余万言，洋洋大观。首章绪论说明题目的研究动态及现状，研究的主旨及史料与方法，对现代中外各学者对于"中华世界秩序"下的宗藩关系的形成的理论,以及中日韩三国学者对此问题的忽视及持论偏颇的原因,都有深入的检讨和批评,建立了历史研究的科学基础。次章探讨朝鲜王朝对明、清两朝不同的文化心态,揭示朝鲜尊周思明的深层根源。朝鲜政权以儒教立国,其正统性来自宗主国明朝的册封,而程朱理学的正统论及春秋的华夷观,对其政治文化的成长影响极大。朝鲜对明朝以慕华、事大为基本心态,将明朝看作中华,把清朝视为夷狄。因此尊周思明长期成为朝鲜思想界的主导,尊周以尊明,攘夷以贬清,宣示朝鲜承继明朝以来的中华正统,并解决了现实中的正统危机。

  第二章至第六章分别探索朝鲜王朝尊周思明的表现。朝鲜为感恩图报,肃宗建大报坛,崇祀明朝皇帝,大报坛成为朝鲜王室世代尊周思明的场所。朝鲜儒林在华阳洞建万东庙以崇祀明神宗、崇祯二帝,华阳洞是朝鲜儒林尊周思明的圣地。此外,明遗民后裔在朝宗岩建大统庙,崇祀明太祖,并以其祖先从祀,既是强调明的正统,又是对明遗民后裔身份的认同。朝鲜表面用清朝正朔,但暗中遵用崇祯、永历年号,甚至不用清赐谥号,显示其不臣心态。正朔是正统的标志,不用清朝正朔,是对清朝的否定。朝鲜官方编修许多宋、明史籍及尊周类史书,目的为宣扬其尊明贬清的理念,强化其中华正统的号召。《宋史筌》《明史纲目》《皇明遗民传》《尊周汇编》是其代表。还有,把从清朝购来的《明实录》看作鲁国的《春秋》,正暗示不仅继承明朝礼乐法度,而且承继了明朝的正统。最后一章探讨朝鲜尊周思明对清韩关系的影响。总的来说,从尊周思明的思想和行动看来,在制度上,朝鲜对清朝行事大之礼,朝贡不辍,形式上尽了藩国的职责,但在文化心态上,朝鲜从未有过臣服的表现,永远处于抗拒的姿态。因此,只有掌握清代中朝宗藩关系的两面性,才能真正了解清韩关系的内在特征，和体认到这一段历史，对明瞭近世纪朝鲜政治文化及与中国关系的发展是多么重要。

这部划时代的专著，是孙教授近十年来在明史及朝鲜史的领域内，钩稽考核，抉幽发微的悉心力作，对未来中朝关系，甚至朝鲜史的研究，必然会产生震撼性的影响。今后研究中朝关系的学者，无论从何角度和层面去考察，肯定要为这部挑战性的作品的面世作出响应，从而推动更理性客观的研究。这一来，这部专著就有无限潜力，不仅能提升中朝关系研究的水平，对于帝制时代中国对外关系的研究，亦会产生连锁性的回响，其学术贡献就不言而喻，企以望之。

我于1998年的秋天幸会孙教授，那时正在香港中文大学为历史学部研究班讲授"明实录与朝鲜实录"一课，孙君当时深造于西贡清水湾的香港科技大学，以门人胡务之介（胡君嗣得博士，现为西南财经大学保险系教授），远道前来旁听而认识。我对孙君在明史和朝鲜史的造诣及勤奋好学有深刻印象，因此结下一段学术交谊。在撰作博士论文期间，他曾多次不辞交通劳顿，远道跋涉来中大问难及商榷内容，加深彼此对明清中朝关系的了解。今日喜见孙教授修订的论文由北京商务印书馆出版，多年的辛勤耕耘终于开花结果。辱承过爱邀为撰序，回忆旧谊，难以推辞，因不揣浅陋，略述孙君大作旨要如上以俟博雅君子。

陈学霖
谨序于香港中文大学历史系
2003年6月20日

序 二

《大明旗号与小中华意识：朝鲜王朝尊周思明问题研究，（1637—1800）》，是孙卫国教授在他博士论文的基础之上，经过进一步修改而成的力作。在香港科技大学读博士班的时候，卫国的勤奋和刻苦便给老师们留下了深刻的印象。大家都知道，亚洲学校的博士班大都仿照英国的教育模式。研究生入学之后，除了偶尔会晤导师之外，唯一要做的事情便是撰写博士论文。香港科技大学几乎是唯一一所按照北美研究院制度去培养博士的学府。学生进入博士班，首先要修读近两年的正规课程，同时要学会中英文以外的第三语言（卫国由于论文的需要，在掌握了韩文之后又继而攻读日文）。然而最令人紧张的，还是博士生资格考试（qualifying examinations）。资格考试是取得博士学位之前关键的一战，它的每个领域难度都相当高。既然叫作资格考试，那么顾名思义，通不过的，便要被淘汰出局。为准备这些测试，考生通常要精读一二百本中外文书籍，考试则长达二十个小时。只有在通过资格考试和论文大纲的评审之后，才可以开始撰写论文。事实证明，有严格的教育制度，又有学生的刻苦努力，就一定有机会写出高水准的论文来。卫国的博士论文不但受到科大老师的赞许，也得到校外考试委员的高度评价。离开科大之前，老师们都一致认为，卫国若能潜心于专业，锲而不舍，日后在东北亚史的领域中必定会取得令人瞩目的成就。现在，从《大明旗号与小中华意识》一书的学术价值来看,卫国无疑是朝着这个目标在迈进的。

《大明旗号与小中华意识》一书综合了明清史、韩国史、中韩关系史和思想史各方面的论述,可谓议论恢宏。本书的主要论点全部是建立在中、韩文原始文献的基础之上,同时又广泛征用了英文和日文的资料,对具体事件做了详尽的分析。我可以有把握地说,能够运用四种不同语文的材料做研究,在年轻一代的史学工作者当中至今还很少有人做得到。谈到本书的深度,我想特别提醒读者注意本书对待所谓二手资料(即其他学者的著作)的态度。如今在世界上大部分地区,历史研究早已经告别了"闭门造车"的时代。所谓"闭门造车",就是只顾及原始文献,而不理会二手资料的存在,甚至以为所有的脚注都是原始材料才堪称好书。可是这样一来,作者和读者往往都不了解其他学者在做同一课题时都说过些什么,不但有可能重复其他学者早已经陈述过的观点,而且还失去了一个学术对话的机会。因为只有通过学者之间不断地讨论,才能把大家对某一个课题的理解逐步推向深入。近年来,已经有越来越多的青年学者开始重视二手资料的重要性了。不过,我们在《大明旗号与小中华意识》一书中不难看到,在对待二手材料方面,就其耐心和细致的程度而言,卫国在青年学者中是走在前列的;他在讨论每一个问题时,首先都会检讨其他学者在这个问题上有过哪些论述,并对这些论述的是非功过做出清楚的交代。

本书的重点,是讨论在"尊周"意识形态的左右之下,朝鲜君臣对明王朝的崇敬和忠诚。明朝覆亡之后,朝鲜王朝虽然表面上不得不和清朝虚与委蛇,向清朝朝贡,但内心却始终以明朝为中华正统,把清朝视为夷狄。朝鲜君臣在很多场合仍然奉行明朝正朔,并以"反清复明"为己任;甚至在明朝灭亡六十年后,还着手建立大报坛,以表达对明朝在壬辰年间出兵击败侵朝日军的感激。关于大报坛等坛庙的建造,至今还很少有人做过系统的论述。卫国在研究了大量韩文资料之后,把大报坛、万东庙和大统庙的建立,以及这些建筑物的政治、文化含义都交代得清清楚楚。这样一来,朝鲜王朝对明朝的忠诚不但有文献可寻,而且又有坚实的"物质文化"出来做证了。朝鲜君臣在明朝之倾覆已无可挽回的情况下,仍然知其不可而强为之,坚持反清复明和反清思明。这种现象,归根到底,是中华正统观对朝鲜政界和学界长期影响的结果。《大明旗号与小中华意识》一书对中华正统观的起源,李朝如何把儒学定为国家意识形态,以及中华正统观日后又如何影响明清之际的中朝关系,都有细致和独到的论述。

关于古代中国与周边国家的关系,迄今为止最具影响力的观点,是前哈佛大学教授费正清(John King Fairbank)所构筑的"朝贡体系"(tributary system)理论模式。按照这种模式,中国是东亚世界的中心,在中国文明圈以外的都是蛮夷国家。这些蛮夷国家必须认同华夏天子的中心地位,向中国皇帝朝贡。有学者甚至认为,清代的中韩关系是这种朝贡体系中一个重要的典范。但是,《大明旗号与小中华意识》一书却告诉大家,我们不可以把清代的中朝关系简单看作是明代中朝关系的继续。事实上,中朝关系在明亡之后出现了一个实质性的断裂。清朝入主中原之后,朝贡关系虽然表面上仍在继续,但朝鲜君臣在内心却和这个"夷狄"政权誓不两立。显然,在《大明旗号与小中华意识》一书坚实有力的论证面前,费正清的理论体系似乎有些失之笼统。卫国对费氏理论所做的重要补充提醒我们,在理解传统中国的对外关系时,不能只停留在外交制度和礼仪的层面上。只有深入到思想文化认同的层次,才可以对问题的实质有更深刻的了解。

最后,我还想指出,《大明旗号与小中华意识》一书由于是从朝鲜人自己文化心理的角度去考察中朝关系,从而使我们能够更客观地去了解朝贡制度的运作情况。比如,朝贡制度互惠性的问题。有西方学者曾经指出,中国在接受周边国家朝贡的同时,往往回赠更多的礼物,而且在对方遭受侵略时,常常会出兵予以协助。现在,卫国又用大量实例告诉我们,在壬辰年间,明王朝在自己已经是内外交困的情况下,仍然派出大批军队赴朝,帮助朝鲜人赶走侵朝日军。正因为这样,朝鲜君臣才对明朝感恩戴德,心悦诚服,即使在明亡之后,仍然以"小中华"自居。当然,如果从当今世界的外交准则去看,那么朝贡制度无疑是有很多问题的,至少是违背了"国家不分大小一律平等"的原则。不过,现在既然是在讲历史,我们就不可以因为过去发生的事不符合现代人的心意,就去否定或篡改历史事实。近年来,随着韩国经济的快速发展,韩国人当中出现了一股极为强劲、几乎无与伦比的民族主义浪潮。我这里无意批评韩国人的民族主义。令我感到遗憾的是,有些学者,可能是为了增强民族自豪感,竟试图否定历史上中国文化对朝鲜的影响,并且淡化朝鲜君臣对明王朝的感激之情。对于史学工作者来说,歪曲史实真的是一个不可原谅的错误。我建议这些学者认真读一读《大明旗号与小中华意识》这本书,今后在研究中韩关系时,拿出实事求是的态度来。

在结束这篇序言之前,让我们一起来祝贺卫国所取得的成功,并期待他在未来取得更多的学术成果。

王心扬
2003年6月于香港九龙清水湾

目录

绪 论 …………………………………………………… 001
　第一节　研究现状 …………………………………… 001
　第二节　本书主旨 …………………………………… 009
　第三节　史料与方法 ………………………………… 016

第一章　朝鲜王朝对明清的基本文化心态……………… 019
　第一节　朝鲜尊明反清的理论基础 ………………… 021
　第二节　慕华事大：朝鲜对明朝的基本文化心态 … 032
　　一、朝鲜王朝的慕华观 …………………………… 033
　　二、朝鲜王朝的事大观 …………………………… 048
　第三节　明清交替时期朝鲜文化心态之变动 ……… 061
　　一、萨尔浒战前朝鲜与建州之往来 ……………… 061
　　二、光海君通"虏"与仁祖反正 ………………… 065
　　三、清两征朝鲜与朝鲜之对抗 …………………… 068
　第四节　尊周攘夷：朝鲜对清朝之文化心态 ……… 075
　　一、尊周思想与朝鲜的对明情感 ………………… 076
　　二、攘夷观念与孝宗北伐 ………………………… 083

第二章　尊周思明与大报坛崇祀 ·················· 096
第一节　朝鲜崇祀明朝东征将士之祠庙 ············ 096
一、崇祀石星、李如松之武烈祠 ················ 098
二、崇祀杨镐、邢玠的宣武祠 ·················· 100
三、朝鲜的关王庙及其相关问题 ················ 104
第二节　肃宗思明与大报坛之创设 ·············· 111
一、大报坛创设之原因 ························ 112
二、大报坛创设之经过 ························ 118
三、大报坛的构造与崇祀礼节 ·················· 125
第三节　英祖感皇恩与大报坛的变化 ············ 127
一、英祖的思明情感 ·························· 128
二、大报坛由独祀神宗到三皇并祀 ·············· 130
三、大报坛之扩建 ···························· 136
四、余论 ···································· 141

第三章　朝鲜儒林与华阳洞万东庙 ·················· 144
第一节　宋时烈与万东庙之创立 ················ 144
一、宋时烈其人其事 ·························· 145
二、宋时烈尊明贬清的尊周观 ·················· 149
三、华阳洞万东庙之创立 ······················ 155
第二节　万东庙之建制与崇祀 ·················· 161
一、万东庙之建制 ···························· 161
二、万东庙之祭祀 ···························· 165
第三节　华阳书院与万东庙之关系 ·············· 169
一、华阳书院之设立 ·························· 170
二、华阳书院建制与历代山长 ·················· 173

第四节　大院君改革与万东庙之重建 …………………… 177
　一、大院君改革与万东庙之撤废 ………………………… 177
　二、大院君之失政与万东庙之重建 ……………………… 179

第四章　明遗民与朝宗岩大统庙 …………………………… 182
　第一节　明遗民之东去朝鲜 …………………………… 184
　　一、明东征将士及其后裔 ……………………………… 185
　　二、九义士及其后裔 …………………………………… 193
　第二节　朝宗岩大统庙的设立 ………………………… 197
　　一、三处士与朝宗岩 …………………………………… 198
　　二、大统庙之设立及其崇祀 …………………………… 202
　第三节　朝鲜尊周与对明遗民后裔的优待 …………… 209

第五章　从正朔看朝鲜王朝的正统意识 …………………… 221
　第一节　丁卯、丙子期间正朔之争 …………………… 223
　第二节　明清年号通用情况 …………………………… 226
　　一、对清文书的通用情况 ……………………………… 226
　　二、朝鲜王朝政府公文正朔之使用 …………………… 229
　　三、私人文书用明朝正朔 ……………………………… 234
　第三节　朝鲜祭祀中的正朔问题 ……………………… 237
　第四节　朝鲜不用清赐谥号 …………………………… 244
　余　论 ……………………………………………………… 247

第六章　从史书编撰看朝鲜尊周思明观 …………………… 251
　第一节　有关中国史书之分析 ………………………… 251
　　一、朝鲜所修宋、明史书概观 ………………………… 253
　　二、从《宋史筌》看朝鲜之尊周观 …………………… 261

第二节　李玄锡及其《明史纲目》 ················· 265
　　一、李玄锡之生平与《明史纲目》编纂之动机 ········ 266
　　二、《明史纲目》史源之考察 ················· 270
　　三、《明史纲目》之评价 ··················· 283
　　四、《明纪辑略》事件与《明史纲目》之刊行 ········ 287
第三节　成海应及其《皇明遗民传》 ················ 294
　　一、成海应生平事迹志略 ··················· 296
　　二、成海应之著述及其对明义理观 ·············· 301
　　三、《皇明遗民传》等相关明史之成书原因 ·········· 307
　　四、《皇明遗民传》之史源、成书版本及其价值 ······· 313
第四节　《明实录》东传朝鲜与朝鲜尊周思明之关系 ········ 320
第五节　朝鲜尊周与尊周类史书 ·················· 329
　　一、《尊周汇编》之研究 ··················· 334
　　二、《国朝宝鉴别编》之编纂目的及其意义 ·········· 344

第七章　清对朝鲜思明之感知与对应 ················ 351
第一节　清朝塑造正统的努力 ···················· 352
第二节　清朝对朝鲜之高压政策 ··················· 362
第三节　清朝对朝鲜之德化政策 ··················· 371
　　一、释放人质与高压政策的改变 ················ 371
　　二、减免岁贡与德化政策 ··················· 373
　　三、对清朝使节的严格控制 ·················· 377
　　四、对朝鲜国王与使臣的优礼 ················· 381
第四节　清朝德化政策的效果 ···················· 388
　　一、朝鲜对清朝认同上的改变 ················· 388
　　二、清朝德化政策的效果 ··················· 395

结　语　尊周思明与清代中朝关系 …………………… 408

附表目录

表1　朝鲜王朝关王庙情况表 ………………………… 105
表2　华阳书院历代山长表 …………………………… 175
表3　明朝滞居朝鲜之东征将士情况表 ………………… 186
表4　明东征将领后裔前往朝鲜统计表 ………………… 188
表5　九义士情况表 …………………………………… 193
表6　朝鲜王朝所修中国史书简表 ……………………… 253
表7　《明史纲目》卷次编排与征引著作表 …………… 270
表8　《皇明遗民传》参考书目表 ……………………… 315
表9　诸家遗民传所录遗民数目统计表 ………………… 318
表10　几种版本《明实录》卷数对照表 ……………… 323
表11　朝鲜尊周类史书状况表 ………………………… 331
表12　朝鲜岁贡及其减省情况表 ……………………… 376

附　录 …………………………………………………… 414

一、大报坛示意图 ……………………………………… 414
二、朝鲜王朝世系表 …………………………………… 415
三、明清以来中朝关系及朝鲜尊周思明关系年表 …… 417

历史表象下的文化心态

——孙卫国《大明旗号与小中华意识》读后 …… 左江　430

参考文献 ………………………………………………… 442

后　记 ……………………………………………………… 471

新版后记 …………………………………………………… 479

绪 论

第一节 研究现状

满洲贵族入主中原大地，建立清朝，在中国历史上是一件改朝换代的大事，对东亚传统上以中国为中心的中华世界体系①亦产

---

① 中华世界体系，费正清称之为中华世界秩序（The Chinese World Order），参见 John King Fairbank, ed., *The Chinese World Order*（Cambridge, Massachusetts: Harvard University Press, 1968；费正清主编：《中国的世界秩序：传统中国的对外关系》，杜继东译，北京：中国社会科学出版社，2010年），认为中华世界体系中心是中国，而周边分为华化地区（Sinic Zone），以朝鲜、越南、某些时期的日本为代表；内陆亚细亚区域（Inner Asian Zone），即游牧民族活动之中国长城以北、中亚草原地区；和外部地区（Outer Zone），乃历史上的外夷，具体就是东南亚、西亚和欧洲。日本学者对此有详细研究，西嶋定生提出"册封体制论"为东亚中华世界的核心，指出汉字、儒教、佛教、律令制度是东亚中华世界的四大要素。《東アジア世界と日本史——関連諸学からのアプロ》（雄山閣刊《歷史公論》，1975年1月—1976年11月连载；后收入氏著《西嶋定生東アジア史論集》第三卷《東アヅア世界と册封體制》，东京：岩波书店，2002年）。藤間生大提出东亚中华世界发端于秦、汉，形成于唐、宋，见《東アヅアの世界形成》（东京：春秋社，1977年）。沟口雄三、滨下武志、平石直昭、宫岛博史合编《アヅアから考える》（东京：东京大学出版会，1993—1995年），共出版七册，都有论及东亚世界体系和中华世界体系的问题。其中第二册《地域システム》收录数篇讨论中华世界体系的文章。高明士则将其称为"天下秩序"，指出德、礼、政、刑是维系此秩序的四大要素（见《从天下秩序看古代的中韩关系》，《中韩关系史论文集》，台北：韩国研究学会，1983年，第1—166页）。黄枝连把中华世界体系看成是"天朝礼治体系"，出版了三大册研究系列，上卷《亚洲的华夏秩序：中国与亚洲国家关系形态论》、中卷《东亚的礼义世界：中国封建王朝与朝鲜半岛关系形态论》、下卷《朝鲜的儒化情境构造：朝鲜王朝与满清王朝的关系形态论》（北京：中国人民大学出版社，1992、1994、1995年）。

生了强烈震动，东亚传统的华夷观念受到极大的冲击。日本称明清更替为"华夷变态"①，作为清朝藩国的朝鲜王朝则始终不认同宗主国清朝承继了明朝以来的中华正统。即便到了19世纪，政治上已经臣服清朝百余年，但文化心态上依然存在反清意识。其正面体现即是尊周思明——尊周尊华、思念明朝。思明反清、尊王攘夷在相当长的时期内成为朝鲜王朝思想的主流，义理派主宰朝鲜的正统思想，崇祀明朝皇帝的烟火几百年间一直在朝鲜半岛上袅袅飘拂。一个封建王朝的皇帝在本国的土地上早已成为历史的陈迹，在邻国几百年间一直被虔诚地崇祀，这在世界史上亦是独特而有趣的现象。

对于朝鲜的思明问题，现代中国第一代明清史专家孟森早在20世纪30年代就已注意到②，但相当长的时期内并没有人作过细致的研究。不过，祭祀明朝皇帝的大报坛，倒时而引人注意。40年代，王崇武作过一文《朝鲜大报坛史料汇辑》③，60年代，李光涛根据

---

① 中国儒家华夷思想8世纪就传入日本，参见朱云影：《中国华夷观对日韩越的影响》，见《中国文化对于日韩越的影响》（台北：黎明文化事业公司，1981年，桂林：广西师范大学出版社，2007年）。日本有专论明清更替时期的资料。参见林春胜、林信笃编，浦廉一解说：《華夷変態》（东京：东洋文库，1958—1959年），全三册。此书乃收集明末清初中国前往日本商人的相关资料，对于清兵入关、江南抗清、"三藩之乱"、台湾郑氏政权等，都有详细的记录。其以"華夷変態"为书名，即是对明清更替一种立场鲜明的表态。
② 孟森《皇明遗民传序》论道："而朝鲜之思明，所有'大报坛''万东祠'皆见于传文中，则为吾国纪载所无，士夫之所未道及。今自《朝鲜实录》行世，乃知朝鲜之于明历久而不渝其忠爱，于清则始终以胡目之。排满之说，吾国中自遗民以后，歇绝者几二百年，清纲解纽，而后复作。朝鲜则当清全盛时，无日不望其速亡。"参见孟森《明清史论著集刊》（北京：中华书局，1959年），第156页。
③ 王崇武：《朝鲜大报坛史料汇辑》，《学原》（1948年11月）第2卷第7期，第60—74页。这应是中国学者首次具体论述大报坛的文章，在学术上有开创之功。王崇武对朝鲜思明贬清亦看得相当清楚，在《朝鲜三田渡清帝功德碑文考》（《东方杂志》，第39卷第15号，第42—44页）中，认为清人所拟碑文和朝鲜人所拟文稿，有腐臭神奇之别，反映出当时朝鲜人汉学水平较之满人为高，王崇武认为这也是朝鲜贬清思明的一个因素。

《朝鲜王朝实录》论述过大报坛的创制情况①。80年代,台湾地区学者刘家驹详细论述了1636年前后朝鲜潜通明朝、潜奉明朝正朔的情况②。90年代初,冯尔康又注意到大报坛、大统庙等问题③。随着中韩1992年建交,中国大陆韩国学热潮兴起,相关的问题渐渐引起学术界的重视④。亦有学者据《朝天录》《燕行录》的材料探讨朝鲜对华观的演变⑤,或多或少涉猎朝鲜思明问题,但还仅仅是个开始,尚缺乏系统而深入的研究。

思明问题影响了朝鲜王朝后期近300年的历史,在韩国理应得到重视,但事实上并不理想。当代韩国史学注重的是其民族独立发

---

① 李光涛《记朝鲜实录中之大报坛》(参见《"中研院"历史语言研究所集刊》外编第四种,1960年;李光涛:《明清档案论文集》,台北:联经出版事业公司,1986年,第831—849页),将《朝鲜王朝实录》中有关大报坛的资料汇编排比,略加论述,末附大报坛略图。
② 刘家驹:《清朝初期的中韩关系》,台北:文史哲出版社,1986年,第343—396页。
③ 冯尔康《朝鲜大报坛述论——中朝关系和中国文化传播的一个侧面研究》(《韩国学报》第10期,1991年)和《韩国朝宗岩大统庙述略》(《商鸿逵教授逝世十周年论文集》,北京:北京大学出版社,1997年)对相关问题进行了阐述。对大报坛犹注重其祭祀仪节与文化的探讨,从中看出中国祭祀礼节对朝鲜的影响。
④ 参见郑克晟:《〈热河日记〉反映之中国社会与作者的思明情绪》,见氏著《明清史探实》,北京:中国社会科学出版社,2001年,第395—409页;刘春兰:《试论明清之际朝鲜社会的慕华崇明思想对明移民的影响》,郑成宏、李敦球:《华夷观三步曲——从"尊王攘夷"到"华夷一也"再到"师夷长技"》(均见孔令仁、李德征主编陈尚胜执行主编《第三届韩国传统文化国际学术讨论会论文集》,济南:山东大学出版社,1999年,第936—978页;于澎:《大报坛与明清之际的中朝关系》,参见陈尚胜主编《朝鲜王朝对华观的演变——〈朝天录〉和〈燕行录〉》,济南:山东大学出版社,1999年,第313—359页;魏志江:《论清兵入关后大清与朝鲜的关系》,《江海学刊》2002年第6期,第134—142页;白新良主编:《中朝关系史:明清时期》,北京:世界知识出版社,2002年;张玉兴:《明末清初"九义士"述论》《朝鲜"三学士"与明末"九义士"反清思想研究》(均见张玉兴:《明清史探索》,沈阳:辽海出版社,2004年,第226—270页)。这是迄今为止当下最重要论及朝鲜思明问题的论著。
⑤ 参见陈尚胜主编:《朝鲜王朝对华观的演变——〈朝天录〉和〈燕行录〉》。另,参见陈尚胜:《论17—19世纪朝鲜王朝的清朝观的演变》,《韩国学报》2000年第16期,第87—102页。

展的历史,民族主义史学构成当代韩国史学的主体。它乃承继日据时期韩国民族史学家申采浩(1880—1936)[①]、崔南善(1890—1957)[②]等人的史学风格。1910年,韩国为日本吞并,从此进入日本殖民统治时期。申采浩、崔南善等为了谋求韩国独立,塑造了韩国自古以来独立发展的历史,民族独立与发展成为史学的主体内容。在民族争取独立与解放的过程中,这一点相当必要,也极其可贵。1945年8月15日,韩国光复以后,为批判日本殖民史观,朝鲜半岛上尽管政权南北分立,但民族主义史学更得以蓬勃发展,成为解读韩国史的主要原则,对于韩国民族的复兴与国家之重建,立下了不朽功勋。不过,在当今全球化和经济一体化的时代,若过分强调民族主义,就会走向狭隘与偏激[③]。正如美国华盛顿大学著名的韩国史教授James B. Palais所批评的:从一开始,这种民族主义史学诠释并未作过严格的学术论证,而是充满了民族主义的狂热情怀,对真正的学术发展并不利[④]。历史上,中朝关系相当密切,双方影响亦相当深远,但由于偏激的民族史观有意削弱历史上中国的影

[①] 参见丹齋申采浩先生紀念事業會編:《丹齋申采浩先生誕辰100周年紀念論文集——丹齋申采浩와民族史觀》(汉城:萤雪出版社,1980年)。申采浩主要的代表作有《朝鲜上古史》《朝鲜上古文化史》《朝鲜史研究草》《朝鲜史论》,结集成《丹齋申采浩全集》(全四册,丹齋申采浩先生纪念事業會編,汉城:莹雪出版社,1979年),民族独立史观构成其史学研究的主导。
[②] 参见李基白:《民族과歷史》(汉城:一潮阁,1971年初版,1995年新版),它介绍并讨论了申采浩和崔南善的民族主义史学观,并进而讨论了韩国民族主义史学的特点及相关问题。
[③] 其实,西方学者对民族主义多有批评,参见E. J. Hobsbawm, *Nations and Nationalism Since 1780: Programme, Myth, Reality*. Cambridge: Cambridge University Press, 1990; Ernest Gellner, *Nations and Nationalism*, New York: Cornell University Press, 1983.本尼迪克特·安德森:《想象的共同体:民族主义的起源与散布》,吴叡人译,上海:上海人民出版社,2011年。
[④] James B. Palias, "A Search Korean Uniqueness," *Harvard Journal of Asiatic Studies*, 55:2(December, 1995), 409–425.

响,许多问题都未得到应有的重视①。

对于尊周思明问题,韩国学者多从思想史角度进行研究,与此相关的中华思想、义理思想、尊周思想等得到了学者们的注意,如论述某些重要时期的重要人物,像金尚善(1570—1652)、宋时烈(1607—1689)、李恒老(1792—1868)等人的义理观、中华思想、对清意识、尊周思想、北伐大义等,不乏宏文②。同时亦有学者从实学的角度对保守的义理思想进行批评,探讨实学派人物如北学派朴齐家(1750—1805)等人对传统尊周义理思想的批评③。其研究的出发点多是论述朝鲜王朝思想的流变,或者探讨实学的产生而旁及朝鲜王朝的尊周思明问题。思想史层面的探讨固然相当重要,但是并不能完全说明问题。思明固然是思想观念的一种反映,但还有许多的具体举动和历史事件,例如祭祀明朝皇帝、暗中遵用明朝正朔、编修明史书籍,等等,韩国学者皆甚少论及,迄今韩国只有一篇文章论及过大报坛④。故而韩国学者主要从思想史的角度探讨此问题,而对于思明问题在朝鲜王朝产生过怎样的影响,又是如何形成这种思明的思潮,朝鲜王朝具体有什么样的举动和历史事件,韩国学者鲜加涉猎。但此问题是揭开朝鲜王朝后期历史以及清代中朝宗藩关系的关键,相当重要。虽然亦有学者从史学史的角度

---

① Chung Chung-ho ed. and trans., *The Identity of the Korean People: A History of Legend on the Korean Peninsula*. Seoul: Research Center for Peace and Unification, 1983.
② 具体可参见李迎春:《尤庵宋时烈의尊周思想》、刘奉学:《18・19세기大明義理論과對清意識의推移》,柳根镐:《朝鮮朝 中華思想의性格과意味——宋时烈의小中華思想을 中心으로》,权五惇:《北伐大義——尤庵宋时烈先生을中心으로》,吴瑛燮:《19세기중엽衛正斥邪派의歷史敍述:華西學派의『宋元華東史合編綱目』》,均见《韓國儒學思想論文集》第26册《實學思想》,汉城:景仁文化社,1994年。
③ 如金仁圭:《朝鮮後期華夷論의變容과그意義:北學派를中心으로》,见《韓國儒學思想論文集》第57册《實學思想》,汉城:景仁文化社,1994年。
④ 郑玉子:《大報壇創設에관한研究》,《邊太燮博士華甲紀念史學論叢》,汉城:三英社,1985年,第527—550页。

对朝鲜王朝所编中国史书进行过整理①,但对朝鲜学者为何要编那些史书则缺乏充分论证。研究中韩关系史的韩国学者虽然看到了清代中朝关系的不和谐处,但都未曾进行过深入探讨②。

韩国学术界虽然如此,但在韩国民间依然活跃的明义会则做了许多资料整理与编辑工作,他们与其先祖们一样,迄今还自称为"明遗民"③,并以此为荣。甚至每年依然举行祭祀明朝的活动④。朝鲜王朝明遗民后裔几百年祀明圣地——朝宗岩,亦成了韩国的重点保护文物,被列为韩国京畿道的地方文物保护财产⑤。明义会在20世纪七八十年代相当活跃,他们成立了"朝宗岩保护会",广泛搜集资料,编成《朝宗岩文献录》《朝宗岩文献录续

---

① 汉城大学东洋史学科闵斗基、吴金成、李成珪三位教授,1979年获韩国文教部资助,于1980年完成《朝鮮學人의中國史研究의整理및評價》的课题,成果《朝鮮學人의中國史編纂書目과中國史關係論述目錄》,1980年联名发表在《漢城大學東洋史學科論集》第四辑上。另有论文:李成珪:《『宋史筌』의編纂背景과ユ特色——朝鮮學人의中國史編纂에關한研究》,《震檀學報》1980年第49号,第85—114页;后经林英美译为中文,发表于《韩国学报》1986年第6期,第189—219页;吴金成:《朝鲜学者之明史研究》,《中韩关系史国际学术讨论会论文集》,台北:台湾韩国学会,1983年编印。
② 全海宗论道:"李氏王朝从理念上根据中国的华夷观蔑视着满族,而现实上却不得已采取与对明关系无多大差异的对清关系。"见全海宗:《中韩关系史论集》(北京:中国社会科学出版社,1997年),第73页。黄元九亦认为朝鲜朝野上下重视具有名分的韩中关系,"故对明朝比对清朝更为关心"。见《清代七种书所载朝鲜关系记事之辨正》,《中韩关系史国际学术研讨会论文集》(台北:韩国学研究会,1981年),第425页。
③ 在朝宗岩保护会编《朝宗岩文献录》(汉城:朝宗岩再建推进会,1977年)序言中,他们依然用永历纪年,自称"海东遗民",如"永历三百三十年丙辰仲春海东遗民徐锡九","永历六丙辰春王正月初吉海东遗民首阳吴烷根焚香谨书",等等。当今,自称明遗民似乎已无任何政治上的含义了,而更多地体现一种文化精神与历史传承。
④ 每年阴历三月十九日,也就是崇祯皇帝的忌日,明朝灭亡的日子,明义会成员在朝宗岩依然举行崇祀明太祖、明神宗、明崇祯皇帝的活动。
⑤ 被列为韩国京畿道地方文化财产第28号。2001年11月11日,笔者在庆熙大学吴一焕博士的陪同下,考察了朝宗岩遗址。朝宗岩刻保存完好,1978年重建的大统庙中,陈列着明太祖、明神宗、明崇祯帝三位皇帝的牌位,左边是明末九义士的牌位,右边是朝鲜九先贤的牌位。墙壁上挂满了岩刻的拓本。1997年重建的朝宗斋中,亦挂满了许多岩刻拓本。

集》和《朝宗岩文献录后集》《大明遗民史》①等几部重要资料。这些资料编成近20年了,但韩国的学术界对此并未做出应有的反应,漠然而视,鲜有论及这几部资料的,因而对影响相当深远的尊周思明问题,迄今并无系统的研究。

日本学者长期以来对朝鲜问题非常重视,现在朝鲜问题依然是其研究的重点之一。但从明治初开始的现代日本韩国学研究,其关注的重心始终是朝鲜半岛与日本的关系,对中韩关系则相对忽视。20世纪初,他们的"满鲜史"研究带有强烈的政治目的,为其吞并韩国服务。不少学者鼓吹"日鲜同祖论""日鲜同种论""日鲜同域论""日鲜一体论",以殖民史观解读韩国史,为日本殖民统治服务②。同时极力抹杀历史上朝鲜半岛与中国的关系,从否定箕子朝鲜的存在,曲解卫满朝鲜的历史开始③,一直到无视明与朝鲜的关系,其意图就在于抹杀朝鲜与中国政治上、文化上、经济上的各种

---

① 冯荣燮编:《朝宗岩文献录》,汉城:朝宗岩再建推进会,1977年;冯荣燮编:《朝宗岩文献录续集》,汉城:保景文化社,1982年;《朝宗岩文献录后集》,汉城:保景文化社,1987年;明义会编:《大明遗民史》,汉城:保景文化社,1989年。

② 如金泽庄三郎:《日鲜同祖論》,东京:刀江书院,1929年;东京:帆东洋社,1943年;喜田贞吉:《日鲜兩民族同源論》,《民族と歷史》1921年第6卷第1号。具体介绍可参看旗田巍:《日本人の朝鲜観》,见《日本における朝鲜史研究の伝統》,东京:劲草书房,1969年5月初版,1983年9月第5次印刷,第226—248页。

③ 旗田巍:《朝鲜史》,东京:岩波书店,1951年;《日本人の朝鲜観》。对于日本否定箕子朝鲜的意图及其经过,可参见梁嘉彬:《箕子朝鲜考》,《史学汇刊》第10期,第1—32页。梁文指出,日本为了其殖民统治,凡一切亲华的势力、对中国依赖的观念都必须铲除,同时美化日鲜关系。否定箕子朝鲜,首先是今西龙:《箕子朝鲜传说考》(《中国学》1922年6、7月,第2卷10、11期),又见今西龙:《朝鲜古史の研究》,东京:国书刊行会,1970年);此论一出,即得到包括稻叶君山(《箕子朝鲜传说考を读みて》,《中国学》1922年8月)等人的大力支持,以后遂成为日本史学界的定论。而韩国史学者出于民族主义的考虑,亦加以附和,大肆宣扬,以至现在成为韩国学术界的公论。朝鲜历史上称颂备至的箕子朝鲜被完全否认,但是如何弥补这数百年的历史空白成为韩国史中最令人费解的问题,韩国有的史家甚至将这段历史人为地塑造为"韩氏朝鲜"。另可参见拙文《传说、历史与认同:檀君朝鲜与箕子朝鲜历史之塑造与演变》,《复旦学报》(社会科学版)2008年第5期,第19—32页。

关系,因而对朝鲜之思明关系鲜有人论及。战后,日本学术界虽然有所改变,但中韩关系在日本的韩国学界总是不太引人注意,日本学者更多地注重日韩和日中关系的研究,对中韩或韩国所受中国文化的影响等问题,始终也不是日本注意的重点,笔者翻阅了日本各种书目[①],但迄今依然未发现一篇相关论述朝鲜思明问题的文章[②]。

令人鼓舞的是,欧美倒有学者注意此问题,虽然没有全面系统的研究,但有专题论著涉及此问题。金滋炫(JaHyun Kim Haboutsh)在其 *A Heritage of Kings: One Man's Monarchy in the Confucian World*[③] 中,较详细地探讨了英祖对明朝三帝(明太祖、神宗、崇祯帝)的感情,以及他为祭奠三皇而做的各种努力,揭示英祖作为儒教王朝国王是如何确立其正统地位的。在朝鲜王朝思明历程中,英祖是一位相当重要的国王,他是朝鲜王朝在位时间最长的国王,共52年(1724—1776)。他极力推行的思明政策,既承继和弘扬了仁祖(1623—1649在位)以来的一贯政策,并为其后继者所坚持,成为朝鲜后半期历代国王坚持的一贯政策。同时,金滋炫教授还就17世纪朝鲜王朝礼讼之争,探讨了朝鲜王朝当时的认同问题,亦关涉尊周思明问题[④]。而

---

① 即如每年编刊而收集日本研究中国资料最全的《中国関係論説資料》(东京:论说资料保存会编);京都大学人文科学研究所编:《東洋文献学類目》(每年皆有刊行);石井正敏、川越泰博编:《増補改訂中日関係研究文献類目》(东京:国书刊行会,1996年)。
② 但值得一提的是1999年5月,笔者拜访京都大学夫马进教授时,特地向他请教笔者的研究课题。夫马教授肯定笔者的研究相当重要,一再鼓励要努力进行下去,但稍觉遗憾的是当时未能请教为什么日本学者无人论及此问题。夫马进教授(1948—),京都大学大学院文学研究科教授,先生对明代以来的中国近世史颇有造诣,先生大著《中国善会善堂史研究》(东京:国书刊行会,1995年)获1999年日本学院恩赐奖的殊荣,这是日本人文界最高的学术奖。
③ JaHyun Kim Haboush, *A Heritage of Kings*: *One Man's Monarchy in the Confucian World*, New York: Columbia University Press, 1988.
④ 参见Jahyun Kim Haboush, "Constructing the Center: the Ritual Controversy and the Search for a New Identity in Seventeenth Century Korea." in *Culture and the State in Late Choson Korea,* ed. by JaHyun Kim Haboush, Martina Deuchler, Cambridge: Harvard University Asia Center, 1999, 46–90.

David A. Mason以亲身所见向西方介绍了当代韩国犹存的祭祀明朝的活动①。

由此可见,学界对于朝鲜思明问题尚缺乏系统全面的论述,而此问题又是解开朝鲜后半期历史的重要透视点,同时若从朝鲜思明重新检视清代中朝宗藩关系,我们会有全新的认识。

第二节 本书主旨

历来中外学者多认为清朝与朝鲜的关系是最为典型的宗藩关系,双边关系也最为密切,其交往的准则乃是儒家的仪礼规范,清朝作为宗主国在双边关系中起着主导作用,作为藩属的朝鲜只能被动地应付,双方都自觉地尊崇儒家礼制②。长期以来这种观点已经

---

① David A. Mason, "The Sam Hwangje Paehyam-Sacrificial Ceremony for Three Emperors-Korea's Link to the Ming Dynasty", *Korea Journal,* vol. 31, 1992, No. 3, 117–136. 美国学者David A. Mason在1989—1991年亲身参加过朝宗岩的祭祀活动,遂以其所见所闻写了此文,以介绍资料为主,乃翻译一段史料,又加上其评案并附上相关照片。

② 参见John King Fairbank ed. *The Chinese World* Order, Cambridge, Massachusetts: Harvard University Press, 1968; John King Fairbank, and Teng, Ssu-yu, "On the Ch'ing *Tributary System.*"*Harvard Journal of Asiatic Studies, vol.6, No.2 (1941)*: 135–246。全海宗《中韩关系史论集》(北京:中国社会科学出版社,1997年)、高明士《从天下秩序看古代的中韩关系》(见《中韩关系论文集》,台北:台湾商务印书馆,1987年)、张存武《清代宗藩贸易》(台北:台湾商务印书馆,1980年)、《清代中韩关系论文集》(台北:台湾商务印书馆,1987年)、黄枝连《天朝礼治体系研究》系列三卷本:上卷《亚洲的华夏秩序:中国与亚洲国家关系形态论》(1992年);中卷《东亚的礼义世界:中国封建王朝与朝鲜半岛关系形态论》(1994年);下卷《朝鲜的儒化情境构造:朝鲜王朝与满清王朝的关系形态论》(1995年)(均由中国人民大学出版社出版),皆基本坚持这样的观点。黄枝连在其书中对朝鲜的思明虽没有正面的论述,但侧面则对其做出了批评,论道:"如果某些朝鲜人因为明神宗的拯救之恩,一定要把'天朝礼治体系'的领导权跟某一个政治集团(明室)等同起来——特别是与一个早已被灭亡的集团等同起来,在思想上和逻辑上,可以说是荒谬的,而在实际政治上更是无理和有害的。"(下卷,第12页)对朝鲜的思明提出了批评。但是如果深入研究当时的历史,不拘于一定的理论框架,也许我们会得出完全不同的结论。

成为学术界的共识,而近年来在海内外影响巨大的美国学者何伟亚(James L. Hevia)把宾礼制度看成是清朝维系帝国体系的枢纽,试图修正朝贡体系理论的缺陷。在他的研究中朝鲜也被视为遵循清代宾礼制度的典范,"朝鲜总是作为模范藩国出现在清廷的记载中"①。但是如果我们避开双方表面礼节性的往来,检视其内在的文化心态,我们会发现这种宗藩关系在相当长的时期内,并不像其表面显示得那么融洽,甚至会得出完全不同的结论。这种所谓典型的宗藩关系在相当长的时期内只不过是徒有其表而已。

笔者试图通过朝鲜王朝尊周思明问题的研究,揭示清代中朝宗藩关系中的另一面——在所谓亲密的宗藩关系下,鲜为人注意的双方内在的文化心态,从而检视在儒家礼仪外衣掩饰下,宗藩关系中深藏的幽暗地带。朝鲜王朝在相当长的时期内,必欲置清朝于覆亡之地而后快,以推翻清朝、恢复明朝为己任。朝鲜臣服清朝是"忍痛含冤,迫不得已"②。自仁祖开始,孝宗、显宗、肃宗、英祖、正祖等皆以反清复明为己任,但是从一开始这就是一个无法实现的梦想,朝鲜陷于一种无法解开的矛盾之中。对清朝有刻骨的仇恨,对明朝有难以报答的恩情,在反清复明无望之际,为了寻求正统的来源、缓解内部的矛盾,并寻求心灵上的平衡,他们将那种思明的感情化作崇祀的行动。同时也为了克服国内的信仰危机,朝鲜不得不强调与明朝的关系。因为历来朝鲜作为中国的藩国,其正统性来源于宗主国中国的册封,但是秉持程朱理学尊华尊周观念的朝鲜王朝,无法接受被视作"夷狄"的清朝的正统性,于是只能沿袭传统,强化与明朝的关系,才能解除其内在的危机。而有明一代,朝

---

① 何伟亚:《怀柔远人:马嘎尔尼使华的中英礼仪冲突》,邓常春译,北京:社会科学文献出版社,2002年,第52页。
② 《朝鲜英祖实录》卷六九,英祖二十五年三月己酉,韩国国史编纂委员会编刊:《朝鲜王朝实录》第43册,汉城:国史编纂委员会,1953—1958年影印太白山史库本,第332页。

鲜始终持慕华的心态，恭行事大之礼节，再加上万历朝鲜之役明朝出大兵拯救朝鲜的"再造之恩"，使得朝鲜对明朝滋生强烈的感恩心态。故而在明朝灭亡以后，朝鲜大行尊周思明之举，既是感明朝之恩，又表明是朝鲜王朝而不是清朝才是明朝正统的合法继承者，这是朝鲜崇祀明朝皇帝、大讲尊周思明的内在原因。

朝鲜王朝的思明主要表现在以下五方面：

一、崇祀明朝皇帝

朝鲜王朝崇祀明朝皇帝，是从国王、儒林，到明遗民后裔、平民百姓，在相当范围内是长期坚持的一种非常重要的活动。建于朝鲜国王昌德宫后苑的大报坛自1704年设立以后，一直到1908年迫于日本人的压力被迫撤祀之前，几百年来，朝鲜国王风雨无阻，虔诚地祭奠着明朝三位皇帝（明太祖、明神宗、明毅宗）。此举既报答壬辰战争时明朝出兵拯救朝鲜于水火，"再造藩邦"的恩情，又从中找寻着民族的归依[①]。朝鲜王朝儒林界尽管党派林立，政争不断，但作为儒林祭奠中心的万东庙，几百年来，香火不断。19世纪60年代，大院君裁撤书院并撤万东庙享祀之时，朝鲜全国近1500名儒生联名上书请复其享。不久大院君倒台，闵妃执政，遂收回成命，并为万东庙配置祭田[②]。大

---

① 2001年8月，笔者两度造访昌德宫，才得以允许参观大报坛遗址。昌德宫现为韩国的世界文化遗产，作为其重要部分的秘苑（又称后苑）并未全部开放。参观昌德宫须由导游小姐陪同，昌德宫管理处特别指派一名中文导游小姐陪同参观大报坛遗址。我满怀热情前往，结果只在后苑西北角发现一小小的标牌，标明大报坛所在地，并略有文字介绍。秘苑树木葱茏，大报坛遗址上，古木参天，落叶尺许，丝毫看不出原来恢宏的规模。只是距标牌十余步许，隐约可见数级台阶及两尊不大的石雕，算是仅有的历史遗存。
② 2001年10月27日，在高丽大学韩国史学系李相植博士的陪同下，笔者考察了万东庙遗址。万东庙，在忠清北道魁山郡俗离山国家公园华阳洞区。作为俗离山国家公园的一部分，华阳洞留存的相关遗址不少，如：万东庙遗址、华阳九曲景观、宋时烈晚年隐居的岩栖斋、瞻星台下的石刻等，都保存完好。近些年，韩国有关地方机构重新修复了万东庙，只是不知道是否恢复了祭祀活动。

明遗民后裔崇祀明朝皇帝的圣地朝宗岩，虽然日本殖民时期被迫撤毁（1936年），但大韩民国光复不久，1948年再得恢复，至今依然有祭祀活动，成为20世纪末叶韩国文化中的某种特定象征。与此同时，祭奠明朝东征将领的碑、庙、祠，还有明将领所建的关王庙几乎遍及全国，朝鲜通过多种方式，表达其思明的感情。崇祀祭奠明朝皇帝，是最直接也是最主要的思明表现，本书将以此为主线，详细探讨其发展变化的情况，并借此检视清代中朝关系的发展状况。

二、编修中国史书

朝鲜修史涉及两方面书籍：宋、明等朝代的中国史书和有关朝鲜尊周思明方面的史籍。在朝鲜看来，明朝灭亡之后，长期以来作为小中华的朝鲜王朝，是中华正统的唯一合法继承者，故它以撰修明史为己任，并不以清官修明史为然。朝鲜士人积极投身于其中，撰成了许多部明史书，留存下来的有二三十部之多，多为私纂，亦有官修。修史既是思明活动，可以更好地贯注思明感情，宣扬明朝恩德；同时亦借修史以强化朝鲜自身的正统地位。朝鲜撰修明史的同时，亦兼及其他朝代的中国史，以强化其中华正统地位。尊周思明是朝鲜王朝后期近300年中一直倡导的思想，是故对朝鲜尊周思明活动亦修史以志，重要的如朝鲜王室敕修的《尊周汇编》《国朝宝鉴别编》，私撰的《小华外史》《尊华录》《日星录》《大义编》等，本书将全面介绍相关状况，并择其要者细论之，从而更深切地体会朝鲜王朝尊周思明的热诚与意图。

三、尊重明遗民及其后裔

朝鲜王朝是一个严格的等级社会，社会身份制度极其严格，分两班、中人、良民、贱民四等级，作为外来的明遗民要想融入其主流社会，实际上相当困难，但当时作为朝鲜思明的重要参与者，明遗民还是在朝鲜社会找到了一个特定的位置。明亡后，逃往朝鲜的明遗民大体可分三类：第一类，壬辰战后部分滞留朝鲜的明朝将领和明朝东征将领的后代，像李如松、李如梅、陈璘以及壬辰战争时明兵部尚书石星等人的后代传说都去了朝鲜。朝鲜崇祀明朝活动中一项重要内容，就是祭奠明朝东征之将士。朝鲜建造了许多的碑、庙、祠，以祭东征将士，东征将领后裔在其中扮演了重要角色。第二类，跟随朝鲜人质凤林大君去汉城的九义士及其后代。最开始他们是朝鲜沈阳质馆中的下人，服侍凤林大君。到了朝鲜后，最初由宫中内需司管理，朝鲜安排他们集中居住，并让他们与朝鲜女子结婚，子女亦世代居住一起，号称"皇朝人村"。他们从事渔猎，并世代参与大报坛祭祀，后来主持朝宗岩的祭祀活动，祀明成了他们的世袭职业。朝鲜最初设牙兵，后改汉旅，在朝鲜思明活动中他们最活跃。第三类，其他明朝漂流人、逃人。这部分人鲜有具体史料论及，是个无法弄清的群体，除个别情况外，在朝鲜思明历史中亦难以找到其位置。20世纪祀明活动，主要是前两类人的后裔，而他们至今仍认同明遗民后裔的身份，甚至以永历遗民自称。总而言之，明遗民及其后裔，在朝鲜王朝社会中，是一个特殊的群落，在朝鲜的思明活动中扮演极为重要的角色。

四、暗中遵用明朝正朔

正朔是正统的标志，朝鲜在两次抗击清兵的过程中，就曾因正朔问题而表现得极其顽强。南汉盟约签订后，理应遵用清朝正朔，但朝鲜相当长的时期内并不用清正朔。后来迫于形势，官方文书用清正朔，但私家信函绝不用清年号。而家庭祭祀、墓碑亦不用清年号，以示忠明反清。用明正朔是朝鲜尊周的一个重要表现，贯彻朝鲜始终，反映出朝鲜内在心态的反清意识。

五、珍视明朝遗物

思明还表现在总想方设法搜集明朝遗物，几近痴迷。出使北京的燕行使可以不分真假，不问价钱，购来所谓明太祖、明宣宗、明神宗、明崇祯帝的御笔，宫中造敬奉阁，专藏明朝遗物，包括明皇帝御笔、明朝所赐蟒袍、马牌、铜钱、印玺、明刊书籍等，只要沾上"大明"遗尘，朝鲜就将当作宝物收藏。且在汉城以至全国到处种上所谓"大明稻""大明竹""大明红""大明梅"等，祭祀时要用"大明水火"，似乎不如此，不足以显示其诚心。伯夷、叔齐不食周粟的精神，长期以来弥漫着整个朝鲜半岛。

从以上五个方面，我们可以深切感知朝鲜王朝思明的热诚。为何朝鲜王朝对明朝皇帝的崇祀如此重视，且持续王朝后半期？其变化沿革如何？崇祀的实质怎样？这种崇祀与朝鲜王朝社会历史的发展有何关系？作为思明表现的崇祀活动，为何20世纪还受到部分韩国人重视？这种崇祀思明对二百多年的清代中朝关系有何影响？清朝对朝鲜祀明活动是否了解、了解程度如何，采取过什么对策？从这一现象反观清代中朝关系，我们还能断定双方关系是亲密而典型的宗藩关系吗[①]？

笔者试图在下文中探讨这些问题，以朝鲜王朝王室、儒林士人、明遗民后裔崇祀明朝三帝，用明朝正朔，撰修明史等问题为中心展开论述，并旁及对明朝遗物的热诚，具体揭示其思明的

[①] 无独有偶，笔者论文初稿完成之际，读到Peter I. Yun博士的博士论文，"Rethinking the Tribute System: Korean States and Northeast Asian Interstates' Relations, 600-1600"（PhD Dissertation, University of California, Los Angeles, 1998），论文以高丽与宋、辽、金、元的关系作为研究对象，对费正清的中华世界秩序模式进行批判。作者认为典型的朝贡关系只存在于朝鲜与明朝之间，但却被费正清当成了整个中华世界关系的模式。2001年7月至2002年元月，笔者在高丽大学韩国史系做访问学者之时，没想到Dr. Yun正任教于同一个系，我们甚至住在同一幢楼里。有幸多次与他讨论，并旁听他的课，相互切磋，获益良多。

程度,分析对当时朝鲜王朝朝野的影响。进而探讨在这样的氛围下,朝鲜与清朝宗藩关系的发展进程,力求借此对清代中朝宗藩关系中不太为人注意的不和谐的一面加以解释①。但愿能丰富我们对传统中国与周边宗藩关系的了解。尤其是把清代中朝关系中未曾被人注意的一面揭示出来,从而使我们更好地认识清代中朝宗藩关系的丰富内涵。

---

① 对于传统中国与朝鲜宗藩关系的解释,除上面提到的费正清等人的观点外,亦有学者在具体问题上提出过不同的认识。Donald N. Clark, "Faith and Betrayal: Notes on Korea's Experience in the Chinese Tributary System." In *Segye-sok ui Hanguk munhwa: Yulgok 400 chugi e chuun hayo: che-3 hoe kukche haksul hoeui nonmunjip* (*Korean Culture and Its Characteristics on the Occasion of the 400th Anniversary of Yi Yulgok's Death: Papers of the 3rd International Conference*).此文强调朝鲜的自主性,指出朝鲜虽然处在藩属国的地位,但并非万事俯首听命,时常从自身利益出发,随时调整其对清策略。Hugh Dyson Walker在其博士论文 "The Yi-Ming Rapprochement: Sino-Korean Foreign Relations," *1392-1592* (University of California at Los Angeles PhD Dissertation, 1971)中,将中朝关系从汉代到清代划分为四个不同的时期: 1)拒斥时期(The Period of Resistance)(109B.C.—677A.D.);2)错综反应期(The Period of Mixed Response)(677—1392);3)忠心臣服期(The Period of Exemplary Conformity)(1392—1636);4)被迫臣服期(The Period of Coerced Conformity)(1636—1895),第315—316页。他已经看到明清时期中朝关系的不同,但他强调的是明清中朝关系建立方式的差异,从而引发某些方面的不同特点,但在根本上明清皆是朝贡制度,并无本质的区别。他亦未注意到朝鲜长期以来的思明活动对清代中朝关系的影响。即便一向被视为典范、似乎无懈可击的明朝与朝鲜的宗藩关系,叶泉宏在《明代前期中韩国交之研究,一三六八——四八八》(台北:台湾商务印书馆,1991年)中指出,明代与朝鲜宗藩关系,并非一开始就是相互和谐信任的,而是经过了长期的国交往来,才由明初的不和谐而演变成为融洽和睦的。陈学霖教授在其系列明代出使朝鲜宦官使节的研究中,已揭示出朝鲜面临明朝出使宦官的肆意求索,朝野愤怨无已,因而对明朝衍生不满甚至怨恨。参见其论文《明永乐朝宦祸探索——黄俨奉使朝鲜事迹考释》《世变、群体与个人——第一届全国历史学学术讨论会论文集》(台北:台湾大学历史系编,1995年);《永乐朝宦祸举隅——黄俨出使朝鲜事迹缀辑》,见陈学霖:《明代人物与传说》(香港:香港中文大学出版社,1997年);《明初朝鲜"入朝"宦官举隅——海寿事迹探索》,《故宫学术季刊》1999年第16卷第4期;《洪武朝朝鲜籍宦官考释》,〈高丽史〉、李朝〈太祖实录〉摘抄》《海寿——永乐朝一位朝鲜籍宦官》,均见《明代人物与史料》(香港:香港中文大学出版社,2001年,第77—166页)。张存武亦认为中华世界秩序历时数千年,非进行个别具体研究,难窥其全貌。(参见《清朝封贡关系之制度性分析》,《食货复刊》1971年第1卷第4期,第11—17页;又见张存武:《清代中韩关系论文集》,第72—85页)。

第三节　史料与方法

朝鲜王朝尊周思明的时间持续相当长。尊周思想，上可及于明清之际，下可达至朝鲜王朝灭亡，长达数个世纪。思明问题，贯串整个朝鲜后半期（1637—1910），牵扯面亦很广泛。鉴于此问题在不同时期，轻重缓急有所不同，本著作将集中研究尊周思明最为活跃也最为重要的时期，即仁祖到正祖年间（1637—1800）的相关问题。仁祖以前和正祖以后，本书亦有涉猎，但因为这两段时期，尊周思明问题对中朝关系和朝鲜王朝的影响要小得多，故不作重点研究。而在1876年《江华条约》签订以后，面对西方和日本势力的入侵，朝鲜朝野上下又大讲尊王攘夷，卫正斥邪，宣扬尊周思想。以李恒老（1792—1868）及其弟子们金平默（1819—1891）、柳重教（1821—1893）、柳麟锡（1842—1915）等组成的华西学派，倡导尊周攘夷、卫正斥邪、尊华攘夷的观念，尽管问题相当重要，与本书所关注的重心有所偏差，书中仅略加涉猎，但不作重点研究。

有关资料相当庞杂，主要资料有朝鲜王朝及明、清的官方史料《朝鲜王朝实录》①和《明实录》②《清实录》③。李离和编刊《朝

---

① 《朝鲜王朝实录》，现通行有两个汉文版本，即韩国国史编纂委员会编印的《朝鲜王朝实录》和日本学习院东洋文化研究所1953年至1967年刊行的《李朝实录》，前者末附《朝鲜王朝实录总索引》。另外自20世纪六七十年代以来，朝鲜与韩国就开始进行韩文翻译，现皆已将实录全部译成韩文出版，并有电子版行世。朝鲜译本书名为《李朝实录》，由（平壤）社会科学民族古典研究所翻译，全四百册，韩国骊江出版社于1993年翻印出版。韩国由世宗大王纪念事业会和民族文化推进会自1968年以来，分工合作翻译，1993年全部完成。本书初版在香港写成，其后主要在天津修订。彼时，史料电子化尚不完善，中国香港与内地通行的纸质版本，是日本学习院版《李朝实录》。因此，本书初版全部采用该版本。如今，韩国国史编纂委员会运营的《朝鲜王朝实录》数据库（网址：http: // sillok. history. go. kr/），是学界使用得最为普遍的工具。鉴于此，将初版所引用的实录内容，全部替换为韩国国史编纂委员会1953—1958年影印出版的太白山史库本（包括1927年至1935年由日本所设立的李王职编纂的《高宗太皇帝实录》《纯宗皇帝实录》）。凡文中引用此书，一律以《朝鲜某宗/某祖实录》相称，其后标明册数、页数，以便查核。特此注明。
② 《明实录》，台北："中研院"历史语言研究所，1984年。
③ 《清实录》，北京：中华书局，1985年。

鲜事大·斥邪关系资料集》①,此资料集全六册。第一、二册,乃正祖至纯祖年间编的《尊周汇编》,第三册乃《国朝宝鉴别编》和《日星录》,第四册《大义编》,第五册《尊华录》,第六册《大东正路》,皆为朝鲜王朝所编的尊周思明、事大斥邪最为重要的史料。相关史料笔记很多,即如郑明基编《韩国野谈资料集成》②《大东野乘》③等。使行笔记有《燕行录选集》④,文集有韩国民族文化推进会编印《标点影印韩国文集丛刊》⑤和韩国文集编纂委员会编《韩国历代文集丛书》⑥。

尤其重要的是,前面已提到的朝宗岩文献保护会编刊的《朝宗

---

① 李离和编:《朝鲜事大·斥邪关系资料集》,汉城:骊江出版社,1985年。
② 郑明基编:《韩国野谈资料集成》,汉城:启明文化社,1992年,全30册。
③ 朝鲜古书刊行会编:《大东野乘》,京城:朝鲜古书刊行会编刊,日韩书房发行,1909—1911年,全13辑,收录朝鲜王朝史料笔记数十种。
④ 成均馆大学大东文化研究院编刊:《燕行录选集》,汉城:第一写真制版社印,1962年,分上、下两册,录入出使明朝与清朝的使行记录三十余种,乃了解朝鲜王朝使行与双边关系的重要资料。自2000年以来,有关朝鲜王朝使行记录《朝天录》与《燕行录》著作,在中韩两国大量刊行。主要有:林基中编:《燕行录全集》,汉城:东国大学出版社,2001年;林基中编:《燕行录续集》,首尔:尚书院,2008年;林基中、夫马进编:《燕行录全集·日本所藏编》,首尔:东国大学韩国文化研究所,2008年;复旦大学文史研究院编:《韩国汉文燕行文献选编》,上海:复旦大学出版社,2011年;弘华文主编:《燕行录全编》,桂林:广西师范大学出版社,2010—2016年。(分辑影印出版,至今已影印出版四辑,即将推出第五辑)
⑤ 韩国民族文化推进会编刊:《影印标点韩国文集丛刊》及《影印标点韩国文集丛刊续编》(1990—2012年),16开版本,将韩国历史上的文集全加收录,是了解韩国文化、历史等方面不可或缺的资料。现在出版300余册,尚未完全出齐,文中有句读。另有《韩国文集丛刊篇目索引》,全五大册。韩国已建成由韩国古典翻译院运营的"韩国古典文献综合DB"数据库,收录本文集、《朝鲜王朝实录》、《承政院日记》、《备边司誊录》、《日省录》等大量史籍,可用关键词检索,网址:http://db.itkc.or.kr/。
⑥ 韩国文集编纂委员会编:《韩国历代文集丛书》(汉城:景仁文化社,1999年),自统一新罗崔致远《孤云先生文集》开始,一直收罗到20世纪初的文集,现已出版3400册,影印刊行,32开版本。较之《影印标点韩国文集丛刊》收罗范围似乎更广,并附有韩国学者金成焕编著《韩国历代文集丛书目录》《韩国历代文集丛书目录索引》各三册。

岩文献录》《朝宗岩文献录续集》《朝宗岩文献录后集》和《大明遗民史》四种史料，皆是关于朝鲜王朝尊周思明的重要资料汇编。凡大报坛、朝宗岩、万东庙的相关资料都被录入，搜罗范围包括《朝鲜王朝实录》、官方档案、祭祀文书、史料笔记、文集资料、家谱族谱等资料，相当全面。绝大部分是影印资料，亦有部分笔录资料，是迄今有关朝鲜尊周思明最为详尽的资料集。明义会是以明朝后裔为主体组成的一个民间团体，当今仍在举行祀明活动。但正如前面提到的，韩国的主流学术界，对这几部资料集全都漠视。

在写博士论文前，笔者曾于1996年7—12月、1998年7—8月，两度赴韩搜集资料，有幸参阅这些资料集，并掌握其他相关资料。遂以原始材料为主体，并参稽相关二手研究，力求以实证的方法、客观的态度，写出博士论文。对朝鲜王朝尊周思明问题进行了较系统的研究，并借此问题重点考察清代中朝宗藩关系的特点，提出了一些新见解。2001年7月至2002年元月，得到韩国国际交流财团（Korea Foundation）的资助，前往高丽大学做访问学者，重点修改博士论文。现在呈现于读者面前的，正是在笔者博士论文基础上修改而成的专著。即便如此，笔者依然不可能对此问题进行彻底全面的探讨，故只择其要者论之，以求抛砖引玉。但愿能引起学术界对这一问题的重视，从而更真实地把握朝鲜王朝后期历史以及清代中朝宗藩关系的内在特性。

第一章　朝鲜王朝对明清的基本文化心态

朝鲜半岛是古代中华世界体系中的重要组成部分，唐、宋至明、清时期中国最为重要的藩国①，深受儒家文化的影响。尽管都是中国的藩国，但不同的时代，对中国不同的王朝，在文化心态上却又迥然不同。因为朝鲜秉持儒家传统的中华正统观，作为与中国交往的原则。朝鲜对明、清两朝截然不同的文化心态，就是一个典型的例子。历来研究中朝关系的学者，虽偶有注意此问题②，但鲜

---

① 朝鲜半岛与中国历代王朝宗藩关系的正常化始于唐代。唐以前中国王朝与朝鲜半岛的关系时战时和，相当不稳定，唐以后则转为相对稳定的、和平的宗藩关系。陈寅恪在《唐代政治史述论稿》（上海：上海古籍出版社，1982年）下篇《外族盛衰之连环性及外患内政之关系》一文中，对此做了详细的分析。唐朝与新罗于660年和668年先后灭了百济和高句丽，但在随后同新罗的战争中，唐朝却屡战屡败。677年，安东都护府都护薛仁贵就被迫率军撤出朝鲜半岛，将原设在平壤的安东都护府迁往辽东的新城，从此弃守朝鲜半岛。按照陈寅恪的观点，其内在原因是唐太宗、唐高宗虽征服百济、高句丽，但当时由于吐蕃的兴起，威胁唐朝都城长安的安全，基于关中本位制的关系，唐朝已无力顾及东北，几次战败后，就被迫弃守朝鲜半岛。"此东北消极政策不独有关唐一代之大局，即五代、赵宋数朝之因势亦因以构成。"（第133页）由此奠定了与朝鲜半岛稳定的宗藩关系的构架。高明士指出朝鲜半岛，秦、汉到隋、唐之际，正是朝鲜由部族联盟时代到完成国家统一的时代，它是一个充满外压、抵抗与吸收文物制度的时代。统一新罗的出现，方奠定朝鲜半岛统一的格局。此后，才可能与中国发展较稳定的宗藩关系。参见高明士：《从天下秩序看古代的中韩关系》，第146页。对于隋唐与新罗的关系，参见拜根兴：《七世纪中叶唐与新罗关系研究》，北京：中国社会科学出版社，2003年。
② 韩国学者全海宗论道："李氏王朝从理念上根据中国的华夷观，蔑视着满族。而现实上，却不得已采取对明关系无多大差异的对清关系。"《中韩关系史论集》，第73页；黄元九亦认为朝鲜朝野上下重视具有名分的韩中关系，"故对明朝比对清朝更为关心"。《清代七种书所载朝鲜关系记事之辨正》，见《中韩关系史国际学术研讨会论文集》，第425页。刘家驹在《清初中韩关系史》、黄枝连在《天朝礼制体系研究》系列中亦皆涉及过此问题，但都未做详细论述，只是作为一种批评的对象偶尔提及。

加详细探讨。朝鲜王朝以程朱理学立国,儒家正统观对其影响甚大。而这种正统观对中朝关系的影响亦至深至大,我们不能不认真对待。

朝鲜王朝对明、清两朝都秉持事大原则,向来研究者都将明、清两朝中朝关系看成是一个整体,被学术界视为典型的朝贡制度形态[①]。但朝鲜对明朝与对清朝的文化心态截然不同,作为"小中华"的朝鲜王朝把儒家正统观,尤其是华夷观作为其与中国交往的一种指导原则,而采取相应的对策。形式上,朝鲜对明、清两朝都恭行事大之礼,是中国最为恭顺的藩国,并无不同。但仔细考察,情形迥异。明朝对朝鲜,国初时,索处女、索火者,后来又屡索贡物,令朝鲜不胜其烦。而派往朝鲜的使者不是宦官,就是六、七品的行人、给事中一类的中小官吏,很少派三品以上的大臣出使[②]。对于《明会典》所记载的李成桂宗系之误,朝鲜一而再、再而三地要求改正,明朝也似乎未认真对待过。从永乐年间开始,朝鲜就请求更正,但历时200余年,万历年间《明会典》重修时,方才改正[③]。但朝鲜对明朝却心悦诚服,诚心事大。清朝对待朝鲜则完全不同,入关以后,就一再施恩,岁贡一减再减,除多尔衮要求朝鲜贡妃子外[④],鲜有求索;而派往朝鲜的使臣皆是三品以上的满洲大员,而且严加管束,皇帝屡屡施恩于朝鲜国王和燕行使者。但朝鲜始终心存

[①] 叶泉宏:《明代前期中韩国交之研究,一三六八——一四八八》前言,第1页。全海宗指出,明清时期的中韩关系是典型的朝贡关系,不存在非朝贡关系,参见《中韩关系史论集》,第156页。

[②] 参见孙卫国系列论文,如《明代使臣述论》,《广东社会科学》1992年2期,第56—66页;《明代宦官与中朝交往》,《韩国学报》1992年11期,第135—149页;《试说明代行人》,《史学集刊》1994年第1期,第1—12页;《试论明初的宦官外交》,《南开学报》1994年第2期,第23—33页。

[③] 即把李成桂说成是高丽末期权臣李仁任的儿子。具体参见李东阳等撰,申时行等重修:《大明会典》卷一〇五,扬州:广陵书社影印本,2007年,第1586页。

[④] 参见李光涛:《多尔衮征女朝鲜史事》,台北:"中研院"历史语言研究所,1970年。

疑忌,一直视其为"夷""虏",祭祀明朝皇帝的大报坛二百余年间烟火一直不绝。之所以如此,根源就在朝鲜所持的以《春秋》义理[①]为核心的中华正统观。这种正统观支配其对明、清的不同心态,也是朝鲜王朝尊周思明的理论根据和思想基础。而慕华思想、事大主义、尊周观念、攘夷思想等方面,皆可视为朝鲜所持正统观下的不同层面,在不同时期有不同表现。面对作为中华正统的明朝,朝鲜有很强的认同感,以"小中华"自居,大讲慕华,恭行事大。满洲以边鄙"胡人"取代明朝,入主中原,对秉持程朱义理观的朝鲜来说,这是华夷变态、本末倒置、天地不容之事。慕华即转变为尊华,尊王攘夷的春秋义理观甚嚣尘上。遂极力崇明,大讲尊周思明。尊周即尊明,尊明即是尊华。在整个清代近三百年的中朝交往中,这种思想始终存在,影响深远。本章将结合明、清中朝关系的发展来探讨这种正统观的表现,力求为下文论述奠定理论基础。

第一节 朝鲜尊明反清的理论基础

古今中外,正统论都是一个极其重要的问题,历来是学者们关注的热点,也是政治家们须谨慎对待的问题。在中国则"是困扰中国历代王朝的政府及其学者达两千年的一个核心观念"[②]。传统中

[①] 《春秋》微言大义,历来研究者皆多加探求。所谓"春秋义理",朱熹曰:"《春秋》大旨,其可见者,诛乱臣,讨贼子;内中国,外夷狄;贵王贱伯而已。"(《朱子语录》卷八三,王星贤点校,北京:中华书局,1986年,第2144页),可知大体分为以下几个方面:诛乱臣贼子,维护王权的正统观;内中国,外夷狄,尊王攘夷的华夷观;提倡王道,反对霸道的仁政观。本书所关涉的尊周观即来源于其尊王攘夷之说。

[②] 饶宗颐:《中国史学上之正统论》,北京:中华书局,2015年,朱维铮序,第1页。关于中国正统论问题的,尚有赵令扬:《关于历代正统问题之争论》,九龙:学津出版社,1976年。英文的有Chan Hok-lam, *Legitimating in Imperial China: Discussions under the Jurchen-Chin Dynasty (1115-1234)*, Seattle: University of Washington Press, 1984.

国正统论的理论依据，正如饶宗颐所指出的：一为邹衍的五德终始说；一为《春秋公羊传》中的"大一统"思想①。作为程朱理学集大成者的朱熹则是扛举"大一统"观念的旗手，强调华夷之别，大讲尊王攘夷。正是朱熹对正统论的阐说及弘扬《公羊传》中的华夷观，成为朝鲜王朝尊周思明的理论原则。

但是韩国历史上对正统论的认识，并不像中国那么重视。因为它作为藩国的地位，其王朝的正统性来源于宗主国中国王朝的确认②。历史上，韩国的正统论以中国所认同的正统观作为标准③。故而很少有专门讨论其本国历史上王朝正统性的文章，反而关注的是中国历代王朝的正统问题。高丽王朝时期，面对作为中华的宋，以及"非中华"的辽、金、元，较之以前，对正统问题相对重视起来。朝鲜王朝在明、清更替之后，由于以程朱理学立国，正统论问题遂成为朝鲜儒学界倡导尊周思明的理论武器，引起举国上下的极大关注。

朱熹理学思想最早是13世纪末传入朝鲜半岛的。当时高丽大儒安珦随高丽国王忠宣王前往元大都，安珦买到了新刊的朱熹《四书集注》，就将其带回高丽，并以之授徒讲学。朱熹理学思想就这样在高丽传播开来。到14世纪中叶已有一定规模，出现了像郑梦周这样的理学大师。1392年，李成桂建立新朝后，政治上把朱熹思

---

① 参见《中国史学上之正统论》，第81页。《春秋公羊传》隐公元年："何言乎王正月？大一统也。"疏曰："王者受命，制正月以统天下，令万物无不一一皆奉之以为始，故言大一统也。"（《十三经注疏·春秋公羊传注疏》卷一《隐公元年》，北京：中华书局，2009年，第4766页。）《汉书》卷七二《王吉传》："《春秋》所以大一统者，六合同风，九州共贯也。"班固：《汉书》卷七二《王贡两龚鲍传》，北京：中华书局，1962年，第3063页。可见"大一统"重在天下一统。
② 参见Michael C. Rogers, "The Chinese World Order in the Trans-mural Extension: the Case of Chin and Koryo." *Korean Studies Forum*（Spring-Summer, 1978），4:1–22.
③ 具体参见朱云影：《中国正统观对日韩越的影响》，载氏著《中国文化对日韩越的影响》，第249页。

想作为治国的指导方略,促使其在思想上成为朝鲜儒士所依从的标准。朝鲜王朝的儒士们继承和发扬朱熹思想,形成了颇具特色的朝鲜性理学,因而讲求纲常、坚持朱熹所倡导的正统观成为儒士们关注的中心。明清更替后,正统论被朝鲜儒林尤其注重,成为其研究朱子思想的重要动机。当时最为重要的思想家尤庵宋时烈(1607—1689)应时而起,倡导尊周思明的理念,成为朝鲜尊周思明理论的奠基者。在朝鲜性理学史上,宋时烈仅次于李滉(1501—1570)和李珥(1536—1584),是朝鲜中后期最为重要的性理学大师。在朝鲜思想史上,他是唯一以"子"相称的思想家,被称为宋子,正如同中国称朱熹为朱子一样。而为明朝皇帝设坛祭祀,宋时烈乃第一人。宋时烈所倡导的正统论本于朱子,是支配朝鲜尊明反清的理论基础,为其后继者所继承和弘扬。因而弄清朱熹对正统论的认识及宋时烈等性理学家们对正统论的看法,探讨他们之间的关系,是研究朝鲜尊周思明问题的前提。

朱熹对正统论方面的认识主要表现在两方面:一是现实中的尊中华、攘夷狄、复仇雪耻,高举华夷之别的大旗,主张抗金图强;二是法《春秋》、立纲常的史学正统观,以春秋大一统观,评判中国历史上王朝的正统性。这两方面都被以宋时烈为代表的朝鲜王朝性理学大师们所继承和发扬。本节先探讨朝鲜性理学家们借评价中国历史上王朝的正统性问题,以强调尊明贬清的正统观。

开国初始,朝鲜就以朱熹思想为准绳,形成了具有朝鲜特色的性理学。李滉(退溪)、李珥(栗谷)为集大成者。李退溪有鉴于《朱文正公文集》"闳博无涯",乃以毕生精力,编成《朱子书节要》,集朱子思想之精髓,是朝鲜儒生学习朱子道学的入门书籍,对于朱子学说的传播起了相当大的作用[①]。宋时烈通过对朱熹学说

---

① 参见张立文:《朱子与退溪思想的比较研究》,台北:文津出版社,1995年,第452—458页。

全面、系统的学习，理解和接受了以孔子为创始者的儒学①。他唯朱熹是从，"言必称朱子"，孝宗曾问他"朱子之言果可一一行之乎"。宋时烈对曰："古圣之言，或以时势异宜而有不能行者，至于朱子，则时势甚近，且其所遭之时与今日正相似，故臣以为其言一一可行也。"②他对朱熹推崇备至："臣少读朱子书，每以为尧、舜、孔、孟之道尽在是矣。"③孔孟之道皆纳于朱子书中，而朱子所处的时代又与其所处的时代相似，因而他的正统思想完全出自朱熹，甚至他给孝宗国王所上的两个奏折《己丑封事》《丁酉封事》，几乎完全袭用朱熹的《己酉拟上封事》和《戊申封事》④。可见，宋时烈对朱熹的推崇至于何等地步。宋时烈毕生读朱子著作，处处以朱子的言行为依归。对他来说，只读孔子著作而不读朱熹著作，是无法深入了解孔子学说的，也不可能做到修身、齐家、治国、平天下。宋时烈以朱熹的正统思想，奠定了以尊明贬清为基本原则的尊周思想，成为朝鲜尊周思明的理论指导，为历代义理派思想家所弘扬。具体情况在第三章再详细讨论。先看看朝鲜性理学家们，根据朱熹的正统观，如何讨论中国历史上王朝正统性。

尊周思明的正统论，首先来自于对中国历史上王朝正统地位的探讨，而其依从的准则就是朱熹的《资治通鉴纲目》。朱熹在《资治通鉴纲目》（下简称《通鉴纲目》）中，强调纲常名教，宣扬君臣义理、三纲五常的理念。尹起莘论之曰：

---

① 韦旭升主编：《宋子选集·序言》，北京：中华书局，1999年，第1页。
② 宋时烈：《宋子大全拾遗》卷七《幄对说话》，《影印标点韩国文集丛刊》1993年第116册，第143页。
③ 宋时烈：《宋子大全》卷五《丁酉封事》，《影印标点韩国文集丛刊》1993年第108册，第214页。
④ 韩国学者李迎春在《尤庵宋时烈의尊周思想》中，对此四封事进行了比较，认为宋时烈的封事完全袭用了朱熹的封事。参见《韓國實學思想論文選集》第26册《兩亂以後의思想界》，第163—198页。

> 是书之作,其大经大法,如尊君父而讨乱贼,崇正统而抑僭伪,褒名节而黜邪佞,贵中国而贱夷狄,莫不有系于三纲五常之大,真所谓为天地立心,为生民立极,为先圣继绝学,为后世开太平者也。①

因而立纲常、扶名教,是《通鉴纲目》的基本特色,其所定下之纲常伦理,影响深远。明清两朝奉之为圭臬,朝鲜王朝亦对其顶礼膜拜,对日本影响亦甚巨,故成为随后数百年东亚世界正统思想理论之准绳。

朱熹《通鉴纲目》首明正统。中国历史上的王朝,在朱熹看来,能称得上具有正统的王朝只有夏、商、周、秦、汉、晋、隋、唐几个朝代,战国、三国、南北朝、五代等都不具正统,故三国时,不用曹魏,而依蜀汉,以批驳司马光《资治通鉴》中以曹魏为正统的做法。分裂时期,若周秦、秦汉、汉晋、晋隋、隋唐之间的朝代及五代,朱熹将其归于无统。此外,尚有列国、篡贼、建国、僭国、不成君等分别,这样的划分,其意在明正统、斥篡逆、立纲常、扶名教②。朱熹认定有正统地位的王朝具有两个特点:其一,乃汉族建立的王朝,若南北朝时期,所谓五胡十六国皆入无统之列,以体现其华夷有别的观念;其二,皆为大一统的政权,入统中原,领有全国,而且有相当长的稳定期。这是大一统观点相当重要的一点。但朝鲜在继承朱熹正统观,评判元朝、清朝的正统地位时,却有意忽视它们为统领中原的大一统政权。

朝鲜王朝对中国历史上王朝进行具体论述的文章并不多,即便

---

① 《御批资治通鉴纲目》卷首下,《影印文渊阁四库全书》1983年第689册,台北:台湾商务印书馆,第31页。
② 对于朱熹史学上正统论的认识,参见汤勤福:《朱熹的史学思想》,济南:齐鲁书社,2000年,第158—165页。

像宋时烈也未著文详细探讨中国历史上王朝的正统地位。不过18、19世纪的儒学家成海应（1760—1839）、金平默（1819—1891）、柳重教（1832—1893）都有专文论述正统论的问题。成海应和柳重教都写过《正统论》①的文章，基本依从朱熹的观点，对中国历史上的王朝正统地位进行了讨论。

尽管宋时烈没有专门论述中国历史上正统论的文章，但是他对正统的原则有清晰的阐述。在《丁酉封事》中，论道：

> 《春秋》以至《纲目》，一主于大一统。盖大统不明，则人道乖乱。人道乖乱，则国随以亡。我国自丙、丁以后，人心渐晦，以伪为真，以僭为正者多矣。若复十数年后，则正统之说当不闻于缙绅间。此盖由许衡以近世儒者失身胡元，乃以帝尧大统接之女真，且以辽、金称大，而以列国待宋。正犹入鲍肆而不闻其臭，遂以丑差之论，倡于天下。而后人藉此为重，甚可羞也。②

鲜明地阐明大一统的主张，认为亟待宣扬正统的思想，特别批评许衡的正统观，对其以"辽、金称大"，"以列国待宋"，予以严厉批评。许衡（1209—1281），字仲平，宋末元初理学家，以教学为业，讲学授徒。中统元年（1260），忽必烈召许衡北上，许衡执掌国子学，最后官至集贤大学士兼国子祭酒，领太史院事，教授蒙古勋贵及百官子弟道学理念，奠定了元朝国子学基础，并阐扬程朱学说，使朱熹学说在元朝定于一尊。但他尽量抹杀朱熹华夷观的影响，以辽、金、元为正统王朝，因而在整个朝鲜后期，许衡一直

---

① 成海应：《研经斋全集》卷三二《正统论》，《影印标点韩国文集丛刊》2001年第274册，第221—223页。柳重教：《省斋集》卷三二《正统论》，《影印标点韩国文集丛刊》2004年第324册，第145—146页。
② 宋时烈：《宋子大全》卷五《丁酉封事》，第108册，第208—209页。

是被批判的对象,成为朝鲜儒生们论述正统论的一个反面的典型。

  成海应,字龙汝,号研经斋,祖籍昌宁,生于儒学世家。其父虽为庶孽,但因才被征用,在朝鲜王朝算是特例。父子皆以性理学著名,同在正祖时期为官。成海应在其《正统论》中对中国历史上的王朝进行了分析,他认为春秋以来,得天下之正统者,唯汉、唐、宋、明四朝。四朝之中,又以唐高祖乃篡夺隋位、宋太祖陈桥兵变乃夺周之位,以为皆非正途,"得天下而无疵议,人戴之天与之,如三代之盛,唯汉与皇明也。皇明之世,阃门正于上,权柄不移于下,将帅不敢恣,直士奋舌强谏,朝廷清明纯粹,比汉又过之"。在他看来,唯有汉、明乃得天下最正的,较之汉朝,明朝又胜一筹。汉代以后,"由中华而君人者,唯魏、晋、宋、齐、梁、陈、隋",但诸朝皆是篡夺而来,故谓之"不正"。成海应认为中国历史上,明朝是唯一没有任何瑕疵的完美王朝:"自三代以来,居天下之正者,皇明也;合天下之统者,亦皇明也。夫正统者,有名有实者也。"成海应把明朝看成是中国历史上三代以来唯一有名有实的正统王朝,故南明时,"皇明虽残破,然弘光皇帝在南都,则正统在南都;隆武皇帝在福州,则正统在福州;永历皇帝在桂林、在缅甸,则正统在桂林、在缅甸者,天下之正义也。永历皇帝崩,正统于是乎绝矣"[①]。成海应对中国历史上的王朝逐一分析后,只认同汉朝、明朝为正统的王朝,对其他的王朝皆有微词,即便汉朝亦以为不如明朝,意在强调明朝的中华正统性质。强调明朝的同时,否认清朝的正统地位。他批评清朝破坏了几千年来的中华衣冠制度,因为衣冠制度乃是"布文章、正等位、秩上下、辩贵贱者,唯是物耳",是中华礼义文物的象征和正统的表征,但清朝却"辫发左衽,服马蹄

---

① 成海应:《研经斋全集》卷三二《正统论》,第222—223页。

袖，戴绒帽为犬羊之服"，"不宁惟是，且坏尧舜以来上衣下裳之制，使天下泯然皆为臊羯，莫克自异，天下之变极矣，若是者，可谓正统之归乎"①。

由此可见，成海应对正统论的论述，意在崇明贬清，极其强调明朝的正统性，从而表明明朝在朝鲜人心目中至尊无上的地位，并对清朝加以无情的贬斥。成海应乃主张极端尊周思明理念的代表人物，他的正统观有相当代表性，实际上他是从正统论的角度论述了朝鲜尊周思明的必要性与正确性，为朝鲜尊周思明提供更为可信的理论基础。因此他对正统论的论述也是基于以明朝为尊的基础，而忽视对中国其他王朝的评论是否公正与合理。甚至可以换个说法，成海应关注的正统论问题，并不在于历史上王朝的正统与否，实际上，只是为宣扬明朝正统性作铺垫。这是他论述正统论问题的独特之处。对于成海应的思想及相关问题，后文还会专门论述。

金平默，号重庵，朝鲜王朝后期重要的性理学家，编过《朝宗岩志》，宣扬思明尊周的春秋义理观。他继承和弘扬了宋时烈的尊周思想，对宋时烈极为推崇，特撰《尤庵宋先生事实记》，对宋时烈一生进行了详尽的介绍，引用友人柳稚程的话称赞宋时烈道："上古，道在于上，而成天下之治，唐尧其首也；中世，道在于下，而开万世之治，孔子其首也；下代，上下无道，中原以之陆沉，而道在于外国，以当地底之阳德，宋子其首也。故宋子之功，实与尧、孔并立而为三。"②明清更替，中原陆沉，道在外国，宋时烈起而担之。把宋时烈看成是承继尧、孔之后的第一人，称颂无以复加。他的正统思想体现在《宋元华东史合编纲目·附录》中。

---

① 成海应：《研经斋全集》卷三二《正统论》，第223页。
② 金平默：《重庵先生文集·尤庵宋先生事实记》，《影印标点韩国文集丛刊》2003年第320册，第442页。

《宋元华东史合编纲目》是李恒老主编，由其弟子金平默、柳重教最后完成，一部贯彻朱熹《通鉴纲目》正统思想的代表作。《附录》和《发明》分别详细介绍了金、柳的正统观。金氏对中国历史上正统王朝有这样的认识：

> 唐、虞、夏、商、周之有天下，是也；其次，虽非必圣贤之君，礼乐文物犹有中国之旧，如秦、汉、晋、隋、唐、宋及我皇明之有天下是也；又其次，僭叛割据，三分五裂，而正统之子孙犹能保守一方，以存正统之烝尝，如东周、蜀汉、东晋、南宋及我明三皇帝之建号南方是也。

但对于元朝，"今元氏之主中国，未闻用夏变夷，脱落荽甲，涤去腥膻，徒能窃据疆土，肆然以令于衣冠之族，则是乃阴反统阳，天地古今之变逆，岂复有大于此哉"[①]。他对偏安一隅的东周、东晋，以为正统犹存，而朱熹将其归于无统。金平默关注的重心乃元朝和南明，以为南明存正统，而元朝则是阴阳倒置，天地古今之逆变。金平默论元即是论清，因为他把元类比于清，二者没有差别。

柳重教，号省斋，高兴人。朝鲜王朝晚期重要的性理学家。他在《正统论》一文中，将中国历史上的王朝分为三类：一类真正享有大一统的王朝，如夏、商、周三代及"能一统天下，继世传国"者；二类为"统之而不能一"也，乃如偏安之蜀汉、六朝五代分治之君；三类为"一焉而不得正"，乃夷狄之君与篡逆之主。文中多次引用朱熹的论述作为论据，他根据朱熹的《通鉴纲目》评判中国历史上王朝的正统性，最终目的则是论证清朝不具正统性。最后

[①] 李恒福：《宋元华东史合编纲目》《附录》第四《发明》下，汉城：宇钟社，1976年，第1286页。

言："至于所值清虏之世，则其处之益严。国人士大夫守其义者，举有不欲西向而坐之心，至今垂三百年，犹以皇明旧君为君，以俟天下义主之兴。"①清朝虽已统治两三百年，而朝鲜儒林仍认为其不得正统。可见，论中国历史上王朝的正统，意在说明清朝不具备正统地位，这才是其讨论正统论的最终目的。

综上所述，《通鉴纲目》意在明纲常、树正统。而朝鲜学者秉承朱熹的论述，探讨中国历史上王朝的正统地位，主要目的在于强调明朝与南明的正统地位，否定元朝与清朝的正统地位，从而为其尊周思明提供理论根据。由上面所引的几位朝鲜王朝性理学大师对正统论的论述，我们可以看出以下几点：

其一，朝鲜儒林正统观的思想来源于朱熹的正统观。朝鲜正统观对朱熹之认同，几乎到了机械模仿的地步。当时朝鲜王朝有人对朱熹称金为"夷虏"而朝鲜却不以"夷虏"称清，加以批评，曰：

> 靖康以后，宋称臣于金虏，而朱子每于文字辄曰夷、虏、戎、狄，以称臣非本怀，而亦不掩其实也。奈何今之人，于文字称彼，必曰敌、曰清，而戎虏之本称，讳而不书。岂以丁丑下城为当然之事，而欲为甘心臣服耶？②

由此可见，朝鲜对朱熹之仿效到了何种地步。

其二，他们虽为朝鲜人，但所讨论的却是中国历代王朝正统性问题，而没讨论朝鲜历史上王朝的正统问题，这点尤值得注意。反映出中华儒家文化圈的朝鲜对中国文化的认同，是以中国

---

① 柳重教：《省斋集》卷三二《正统论》，第145—146页。
② 李宜显：《陶谷集》卷二八《陶峡丛说》，《影印标点韩国文集丛刊》1996—1997年第181册，第442页。

文化为本位。正如Michael C. Rogers 所指出的，朝鲜王朝的正统性由中国王朝确认，故他们并不关心本国历史上王朝的正统性问题，反而关心的是中国历代王朝的正统性问题①。中国王朝正统与否关系到朝鲜本身的正统问题。这是朝鲜历史上讨论正统论问题的特点。他们正是基于这种认识，确立朝鲜国内的政治秩序和统治理念。

其三，成海应为18世纪末、19世纪初的人，柳重教、金平默都是19世纪的人，但他们同两个世纪前宋时烈的思想极其相似，都强调华夷有别、倡导尊王攘夷的思想。从最初宋时烈以尊攘的理论倡导北伐，到金平默依然大声疾呼尊王攘夷理念，正是这种尊攘思想影响了有清一代中朝关系的发展。

其四，他们都贬斥许衡。"用夏变夷"的观念是中国儒家华夷观中非常重要的一环。孟子即提出"用夏变夷，未闻变于夷"的观念，后来发展为"用夷礼则夷狄之，进中国则中国之"，成为儒家处理非汉族中央政权的重要原则。许衡弘扬了这种思想，主张元朝承继中华大一统，建立了大一统天下。朝鲜性理学者们对此一致否认，并大加挞伐。因为他们否认"夷可变夏"，不承认元朝、清朝能承继中华正统。但有意思的是当他们谈及自身的"华夷观"时，则认为作为东夷的朝鲜人可以入"华"，而且早成"小中华"了。在他们的观念中，唯独朝鲜才实现了由"夷"变"华"，其他任何非华族都不可能变"华"。下面我们从朝鲜与明、清的关系中具体探讨这种正统观在双方交往中的反映与影响。

---

① Michael C. Rogers, "The Chinese World。Order in the Trans-mural Extension: the Case of Chin and Koryo", *Korean Studies Forum*, 4 : 1-22.

第二节　慕华事大：朝鲜对明朝的基本文化心态

　　朝鲜自古就与中国有着紧密的联系，在与中国长期交往中，其思想文化、政治制度都深受中国影响，形成了以慕华思想为主要特色的小中华思想。正如朱云影指出："韩人一向仰中国文化为本位，自认为中国文化的分支，这是韩国传统文化的一大特色。"①

　　李成桂建立朝鲜王朝后，以朱子学作为立国准则，以儒治国，其中华观遂得以完善，慕华思想广为士人接受，朝鲜称为"小中华"②。正是在这种中华思想的指引下，朝鲜认同明朝为中华正统，诚心事大，大讲慕华，极力宣讲亲华、慕华，使得朝鲜的中华主义思想得以完善。朝鲜推行历来采取的事大主义政策，对明朝诚心事大，恪守藩邦之责。而同样以程朱理学立国的朱明王朝，秉持儒家理念，对朝鲜"字小以仁"，双方经过国初一段磨合期后，建立了一种良好的宗藩关系③。当1592年丰臣秀吉对朝鲜发动侵略时，明朝视维护藩国不受侵犯为己任，毅然出兵，击败日军，使"藩邦"得以"再造"。因之，在朝鲜人心目中对明朝更产生一种难以报答的感恩情感，从而使双方认同进入一个新的阶段。

---

① 朱云影：《中国文化对日韩越的影响》，第264页。
② 朝鲜"小中华"之称，既是自称，而中国有时亦如斯称之。吴庆元在《小华外史总要通论》中说："小华者，中国称朝鲜为小中华，以其礼乐文明亚于中国也。"（吴庆元：《总要通论》，《小华外史》，上册，京城：朝鲜研究会，1914年，第208页），朝鲜有许多史书皆自称"小中华"。
③ 叶泉宏在《明代前期中韩国交之研究，一三六八——一四八八》书中，对明初与朝鲜相互往来、纠纷与摩擦进行了详细研究。指出明代与朝鲜朝贡制度是经过多方的折冲与交涉始克达成，并非一开始就是令人如意的。他以董越出使朝鲜（1488）作为这种交涉的结束，意味着朝贡体制得以建立和完善。

一、朝鲜王朝的慕华观

洪武元年（1368），朱元璋建立明朝，"驱除胡虏，恢复中华"的理想得以实现，确立了其中华正统王朝的地位。朱元璋立国后，即定下德化外交政策，《皇明祖训》中言：

> 四方诸夷，皆限山隔海，僻在一隅，得其地不足以供给，得其民不足以使令。若其自不揣量，来扰我边，则彼为不祥。彼既不为中国患，而我兴兵轻伐，亦不祥也。①

遂定下不征之策，作为与藩国交往的基本原则。而十五不征诸国中，首列朝鲜。明朝与朝鲜交往中，从一开始就摒弃战争，从此开启了明朝德化外交之门②。洪武二十五年（1392），李成桂废除高丽幼主，自立为王，建立李氏朝鲜政权③。尽管朱元璋对李成桂篡夺王位、犯上作乱的行为并不满意，最初双方的交往亦颇不融洽，表笺问题、贸易问题，接二连三发生摩擦④，但这并不影响李

---

① 朱元璋：《皇明祖训·首章》，《四库全书存目丛书》史部第264册，济南：齐鲁书社，1996年，第167—168页。
② 德化外交，乃是中国历代宗主国对藩属国所采用的一种方式。费正清强调"德治"对维护中华世界体系的重要性；高明士指出德化原理、结合原理、亲疏原理、统治原理四项是维系传统中国世界体系的基本原理（参见其《从天下秩序看古代的中韩关系》）；黄枝连亦强调德化对于传统中华礼治体系的重要性（参见上揭黄枝连：《天朝礼治体系研究》系列）。
③ 对于朝鲜王朝的建立与形成过程，参见John B. Duncan, *The Origins of the Choson Dynasty*, Seattle : University of Washington Press, 2000. 具体论述了从高丽到朝鲜王朝在政治制度、两班阶层、立国理念等方面的问题，探讨了朝鲜王朝与高丽王朝的内在发展联系。
④ 对于丽末鲜初的中韩关系，L. Carrington Goodrich, "Sino-Korean Relations at the End of the XIVth Century," *Transactions of the Korea Branch of the Royal Asiatic Society*, V.30, pp.33–46. 文中指出，虽然太祖并未出兵干涉朝鲜内政，但他扣压朝鲜使臣，断绝朝贡贸易，这些都是干涉内政的表现。朴元熇：《明初朝鲜關係史研究》（汉城：一潮阁，2002年），尤其注重靖难之役时朝鲜的反应与采取的措施。另参见孙卫国：《略论明初与丽末之中韩关系》，《韩国学论文集》1997年第6辑，第33—41页。

成桂对明朝政权正统地位的认同。李成桂一立国就定下了对明朝的事大政策,认同明朝为中华的正统①。李成桂后人英祖撰文道:"至于皇朝,得国正大,规模宏远。毅皇殉社,往牒未闻。猗欤盛哉!"②明朝得国正大,这成为朝鲜君臣的一致看法。因而一开国就奠定了其事大慕华的基调。

李成桂立国,即以"权知国事"的名义,派韩尚质以"和宁""朝鲜"请国号于明朝。朱元璋以为"东夷之号,惟朝鲜之称美,且其来远,可以本其名而祖之"③,乃赐其国号为朝鲜,令朝鲜君臣甚为感激。明亡后,朱元璋之赐国号被称为"大造之恩"。以"朝鲜"作国号,显示李成桂对王朝正统性的考虑,既从本国历史上寻找新朝的合法性,又通过箕子朝鲜接受周武王册封的传统,来争取明朝天子的册封,从而为其王朝获取宗主国的认同,以确立其正统性④。请求中国皇帝赐予国号,在朝鲜历史上也仅此一次。李朝一开国就显示出对明亲附的态度,而当时多次出使明廷的朝鲜开国功臣权近,作诗颂道:

东国方多难,吾王功乃成;

抚民修惠政,事大尽忠诚。

锡号承天宠,迁居作邑城。

---

① 参见叶泉宏:《郑梦周与朝鲜事大交邻政策的渊源》,《韩国学报》1998年第15期,第97—114页;《权近与朱元璋——朝鲜事大外交的重要转折》,《韩国学报》2000年6月第16期,第69—86页。两文分别以郑梦周和权近为中心对朝鲜王朝确立事大交邻外交体制进行了详细研究,探究出朝鲜事大体制成立的经过。

② 英祖国王:《英祖庄祖文集》,《御制集庆堂编辑》卷一,韩国国学振兴事业推进委员会编《韩国学资料丛书》第12册,城南市:韩国精神文化研究院,1997年,第34页。

③ 《朝鲜太祖实录》卷三,太祖二年二月庚寅,《朝鲜王朝实录》第1册,第41页。

④ 陈尚胜:《论朝鲜王朝对明朝的事大观》,《第三届韩国传统文化国际学术研讨会论文集》,第924页。

愿言修职贡,万世奉皇明。[1]

正因此,朝鲜立国初就定下了"愿言修职贡,万世奉皇明"之策,对明行事大之礼,极尽亲华之意,对其悠久的慕华传统是一种极有力的推动,使其中华思想得以进一步完善。而朝鲜这种以慕华为基本内核的中华思想,首先表现在对箕子的崇拜上。

(一)箕子崇拜与慕华思想

朝鲜半岛上古有三朝鲜:檀君朝鲜[2]、箕子朝鲜[3]、卫满朝鲜[4]。檀君朝鲜是神话传说[5],箕子朝鲜、卫满朝鲜史书多有记载。箕子是殷末"三仁"之一,周武王灭商后,箕子东走朝鲜,建立箕子朝鲜。最早记录此事的《尚书大传·洪范》曰:"武王胜

---

[1] 权近:《阳村集》卷一《李氏异居》,《影印标点韩国文集丛刊》1990年第7册,第14页。
[2] 一然:《三国遗事》(汉城:明文堂,1977年)之《古朝鲜》篇(第33—34页)载:"昔有桓国庶子桓雄,数意天下,贪求人世,父知子意,下视三危大伯,可以弘益人间,乃授天符印三个,遣往理之。雄率徒三千,降于太伯山顶神坛树下,谓之神市,是谓桓雄天王也。将风伯、雨师、云师,而主谷、主命、主病、主刑、主善恶,凡主人间三百六十余事,在世理化。时有一熊一虎,同穴而居,常祈于神雄,愿化为人。时神遗灵艾一炷,蒜二十枚,曰:尔辈食之,不见日光百日,便得人形。熊、虎食之,忌三七日,熊得女身,虎不能忌,而不得人身。熊女者无与为婚,故每于坛树下咒愿有孕。雄乃假化而婚之,孕生子,号曰坛(檀)君王俭,以唐高即位五十年庚寅,都平壤城,始称朝鲜。"以后檀君被称为朝鲜始祖。
[3] 《尚书大传》最早记载箕子东去之事,后来《史记》之《宋微子世家》、《汉书》之《地理志》等皆有记载。对于箕子朝鲜之研究,可见于梁嘉彬:《箕子朝鲜考》,《史学汇刊》第10期,第1—32页;邓海涛:《箕子》,台北:海外文库出版社,1956年;张博泉:《箕子与朝鲜论集》,长春:吉林文史出版社,1995年。
[4] 《史记·朝鲜列传》《汉书·朝鲜列传》皆载录卫满朝鲜之事。秦末,燕人卫满东去,击败箕子朝鲜四十一代王箕准,自立为王,是为卫满朝鲜。
[5] 高丽、朝鲜时期对于檀君朝鲜皆有详细的论述,有朝鲜王朝学者以其荒诞不经,不足为信。即如安鼎福:《东史纲目》(汉城:景仁文化社,1970年)中说:"檀君事皆荒诞不经。"(第103页)。日治时期,檀君作为韩民族的象征,受到关注,并因此形成大倧教,崇奉檀君。1921年,将传说中檀君诞生日11月3日定为开天节。光复以后,檀君作为韩民族的象征得到广泛宣扬,研究汗牛充栋。具体参见尹以钦等编:《檀君:그이해와자료》,汉城:汉城大学出版部,1994年。

殷，继公子禄父。释箕子囚。箕子不忍为周之释，走之朝鲜，武王闻之，因以朝鲜封之。箕子既受周之封，不得无臣礼，故于十三祀来朝。"① 故而朝鲜历史上，箕子朝鲜是檀君朝鲜之后的第二个古王朝，在朝鲜王朝极受推崇。朝鲜王朝把箕子朝鲜看成是其"小中华"的初始。朱元璋赐李成桂政权国号为朝鲜，朝鲜君臣举国感恩，因为他们马上同箕子朝鲜联系起来。对箕子朝鲜的认同，正是其慕华的本源，难怪朴趾源称"东方慕华，即其天性也"②。箕子是朝鲜文化建设的英雄，因为他将朝鲜提升到与中华文明平等的位置，这是朝鲜信奉箕子的一个因素，也是其慕华观的体现。

虽然当今的韩国学者大多否认箕子朝鲜的存在③，但其先祖们却以箕子朝鲜为荣，因为箕子朝鲜使朝鲜王朝在中华世界体系中

---

① 皮锡瑞撰：《尚书大传疏证》卷四《周传·洪范》，吴仰湘编，北京：中华书局，2015年，第163页。
② 朴趾源：《燕岩集》卷一三《热河日记·忘羊录》，《影印标点韩国文集丛刊》2000年第252册，第256页。
③ 崔南善、李丙焘、金贞培等皆否认箕子朝鲜东去说，其中以崔南善为其发端。他生活于日本殖民时期，一反朝鲜王朝崇拜箕子朝鲜之传说，转而加以否认，以强化檀君的地位，确立其自古以来民族独立的形象。韩国学者否认箕子朝鲜，一则受日本学说的影响。自20世纪初期日本学者今西竜（《箕子朝鲜伝说考》，《中国学》1922年6、7月第2卷第10、11期）否定箕子朝鲜以后，并得到日本学术界的附和认同，随之韩国史学界亦承袭其观点，否定箕子朝鲜的存在。二则确立其民族的独立发展的形象。在近代民族主义形成和发展过程中，檀君作为韩民族的始祖和民族象征，得到强化。而与之同时，箕子朝鲜似乎被当成韩国民族主义独立的障碍而予以否定。参见 *The Identity of Korean people*, pp.132–134. 另外部分韩国学者认为箕子国并非在朝鲜半岛，而是在中国的河北省内，即所谓孤竹国。代表人物有李亨求：《大凌河流域의殷末周初青铜器文化와箕子및箕子朝鮮》，《한국상고사학보》1991年第5册，第7—54页），千宇宽（《箕子考》，《東方學志》1974年第15期，第1—69页）。正如梁嘉彬所批评的，其所谓孤竹国，摒弃《史记》《汉书》等史料，却采用《旧唐书》的只言片语，违反了用史料的基本规范，不足为据。韩国学者韩永愚（Han Young-woo）在其英文论文 "Kija Worship in the Koryo and Early Yi Dynasties: A Cultural Symbol in the Relationship between Korea and China"（*The Rise of Neo-Confucianism in Korea,* New York: Columbia University Press, 1985）探讨了高丽与朝鲜王朝的箕子崇拜，肯定箕子崇拜是朝鲜对中国文化认同的象征，但是他还是否认箕子朝鲜的存在。而指出大韩帝国成立之际（1897），箕子崇拜达到顶峰，箕子被封为太祖文宣王，乃因为箕子是从中国逃出来的，因而箕子成为韩国保持独立的象征而大受推崇。

找到一个特定的位置，是其认同中国文化的象征，更是其慕华观的重要表征。朝鲜初期的重臣郑道传，对于朱元璋赐国号之事，如斯称颂：

> 盖以武王之命箕子者命殿下，名既正矣，言既顺矣。箕子陈武王以《洪范》，推衍其义，作八条之教，施之国中，政化盛行，风俗至美。朝鲜之名，闻于天下后世者如此。今既袭朝鲜之美号，则箕子之善政亦在所当讲焉。呜呼！天子之德，无愧于周武，殿下之德，亦岂有愧于箕子哉！将见《洪范》之学、八条之教，复行于今日也！①

朱元璋赐李成桂国号为朝鲜，所谓"其来远矣"，即与箕子有关。郑道传是李成桂的开国功臣，朝鲜王朝的一切政制皆其亲手制订，对于朱元璋赐号朝鲜，他立即将李氏朝鲜与箕子朝鲜相提并论，并以箕子朝鲜作为李氏朝鲜效仿的目标，深以为荣。"天子之德，无愧于周武；殿下之德，亦岂有愧于箕子哉！"把明太祖朱元璋比作周武王，将朝鲜王朝太祖李成桂比作箕子，以为《洪范》之学、八条之教，皆将行于今日。因此，从最开始朝鲜君臣就以箕子朝鲜作为比附的对象，随后为历代国王所遵循。世宗国王即言："吾东方文物礼乐侔拟中国，迨今二千余祀，惟箕子之教是赖。"②并推崇武王封箕子于朝鲜，乃"天厚东方，畀之仁贤以惠斯民"。英祖亦以为"东方能免左衽之俗者，赖箕子八条之

---

① 郑道传：《三峰集》卷七《国号》，1990年第5册，第414页；又见《朝鲜经国大典》上之《国号》。
② 《朝鲜世宗实录》卷四〇，世宗十年四月辛巳，第3册，第126页。

教"①。箕子在朝鲜王朝受到了空前的重视和称颂。箕子被塑造成小中华的始祖,成为朝鲜宣称其为小中华的最有力证据。

其实,箕子崇拜,在朝鲜半岛上古已有之。三国时期就已开始箕子崇拜,高句丽时期把箕子当神崇拜②。高丽时期,箕子被看成是历史人物,而且箕子崇拜在政治上亦有相当重要的象征意义。高丽肃宗七年(1102),有感于"我国教化礼义,自箕子始,而不载祀典,乞求其坟茔,立祠以祭"③。令平壤府立箕子祠以祭。从此箕子就被确立为韩国文化的象征、文明的始祖。朝鲜王朝一开国,就把箕子作为太祖比附的对象,赋予其极高地位。因而箕子受到广泛尊崇。箕子祠亦受到广泛关注④,朝鲜王朝派专人守护箕子祠与箕子墓⑤,时常举行祭祀活动。对箕子的研究亦颇为士林所重。宣祖时,尹斗寿(1533—1601)编《箕子志》,并附箕子像⑥。李

---

① 李容元等纂:《国朝宝鉴别编》卷七,《域外汉籍珍本文库第二辑·史部》第4册,北京:人民出版社,重庆:西南师范大学出版社,2011年,第586页。
② 刘昫等:《旧唐书》卷一九九上《东夷·高丽(高句丽)传》(北京:中华书局,1975年,第5320页):"其俗多淫祀,事灵星神、日神,可汗神,箕子神。"
③ 郑麟趾:《高丽史》卷六三《礼志》,《四库全书存目丛书》第160册,济南:齐鲁书社,1996年,第556页。
④ 《朝鲜世宗实录》卷一五四《地理志》平壤道曰:"箕子庙,在府城北兔山上亭子阁,石人石羊皆南向,祠堂在城内义理坊。(小字)春秋传香祝致祭,今上(世宗)十二年庚戌传旨于有司曰:'昔武王克殷,封殷太师于我邦,遂其不臣之志也,吾东方文武礼乐侔拟中国,惟箕子之教是赖。'于是立石于祠堂。"第5册,第682页。
⑤ 洪大容《湛轩燕记》之《吴彭问答》有言:彭翰林询问有关箕子事,答曰:"平壤有箕子坟及庙,以其孙世袭守庙,井田尚有遗址可考。"见《影印标点韩国文集丛刊》2000年第248册,第243页。而《东稗》(郑明基编《韩国野谈资料集成》第20册,汉城:启明文化社,1992年)和周家禄:《奥簃朝鲜三种》,都记载了朝鲜称箕子庙为崇仁殿,置殿令、奉参二官看护箕子庙。《东稗》卷二《待前朝》称:"平壤旧有箕子殿,监司差出参奉以守之。所谓殿恭奉也,光海癸丑郑赐湖为监司时,改号为崇仁殿,以关西人鲜于姓者为箕子后,拜崇仁监,奉其祀,秩正六品,盖仿麻田崇义监例也。"第232页。
⑥ 《藏书阁图书韩国版总目录·史部·杂史类》,城南:韩国精神文化研究院,1984年,第48页。

珥撰《箕子实纪》，韩百谦撰《箕田考》①，英祖命徐命膺整理了《箕子外记》②，分别对箕子立国始末、世系、年表、政制、田制详加考订。甚至当时有朝鲜人宣称是箕子后裔，如上党（清州）韩氏、德阳（幸州）奇氏、太原鲜于氏等③。1897年大韩帝国建立时，箕子崇拜达至顶峰，箕子被称为"太祖文宣王"，原因乃当时把箕子作为韩国独立的象征，因为他从中国逃出来，建立了一个独立政权。韩国学者韩永愚把朝鲜王朝这种强烈的箕子崇拜看成是一种民族意识的反映。如果说大韩帝国独立时，推崇箕子是民族独立的象征的话，那在独立前，更应该说体现的是朝鲜王朝的慕华观念。因为：

> 箕子率中国五千人入朝鲜，其诗、书、礼、乐、医、巫、阴阳、卜筮之流，百工技艺，皆从而往焉。既至朝鲜，言语不通，译而知之。教以诗书，使其知中国礼乐之制，父子君亲之道，五常之礼。教以八条，崇信义，笃儒术，酿成中国之风，教以勿尚兵斗，以德服强暴，邻国皆慕其义而相亲之。衣冠制度，悉同乎中国。故曰诗书礼乐之邦，仁义之国也，而箕子始之，岂不信哉！④

---

① 韩百谦：《箕田考》（北京：中华书局，1985年，第4页），其曰："丁未秋，余到平壤，始见箕田遗制，阡陌皆存，整然不乱。古圣人经理区画之意，犹可想见于千载之下。就其地谛审之，其田形亩法与孟子所论井字之制，有不同者焉。其中含毬、正阳两门之间，区画最为分明。其制皆为田字形。田有四区，区皆七十亩。大路之内，横计之有四田八区，竖计之亦有四田八区。八八六十四，井井方方，此盖殷制也。孟子曰：殷人七十而助。七十亩本殷人分田之制也。箕子殷人，其画野分田宜仿宗国，其与周制不同，盖无疑矣。"并附上了箕田图。

② 对于徐命膺的研究，参见金文植：《18세기후반徐命膺의箕子認識》，于松趙東杰先生停年紀念論叢刊行委員會編《韓國史學史研究》，汉城：一潮阁，1997年，第325—356页；《徐命膺著述의種類과特徵》，《竹夫李璜衡教授定年退職紀念論叢——韓國의經學과漢文學》，第127—198页，1996年。

③ 简江作：《韩国历史》，台北：五南图书出版公司，1998年，第30—31页。

④ 徐居正：《东国通鉴》外纪《箕子朝鲜》，汉城：景仁文化社，1994年，第22—23页。

因之，箕子是其"小中华"的开始，正是箕子的东来，把中华文明带给了朝鲜半岛，从而奠定其以后文化发展的基础。箕子崇拜正是其慕华观的反映。

尊中华，还体现在朝鲜对孔子的崇拜上。李成桂即位六年（1397）立太学，次年又于汉城崇教坊立文庙，筑房屋96间，并置田以供其粢盛[1]。太学是宣讲儒学、培养人才的场所，文庙则是祭祀孔子及儒门先贤的场所。自太祖始，历代朝鲜国王都亲祭孔子，而世宗等国王一生多次祭祀文庙，并将王子送入太学读书，从而使得儒学成为朝鲜王朝独尊的学问。崇扬儒学，成为历代国王所遵循的准则，因而也造就了朝鲜儒学人才辈出的局面。地方上又有众多的乡校、书院，这些都是培养儒学人才的场所，使得朝鲜士人皆出自其门下，从而夯实程朱理学作为治国原则的根基，使朝鲜成为一个真正的儒教国家。儒教原本以中国为中心，沐浴于儒教之中的朝鲜就更尊华、亲华，从而也为明清更替之后，朝鲜坚持尊周思明的国策，提供了丰厚的土壤。朝鲜尊孔，成为国策，士人皆为孔子信徒。乾隆时期，北学派先驱洪大容前来北京，有清人问他朝鲜尊孔否，洪大容答曰："孔子，天下共尊，况我国崇礼义，专尚儒道！"他得知有一宋姓举人来自山东，即向他打听孔子后孙，表明其"尊慕之极，愿见其孙"[2]。由此可见孔子之尊崇在朝鲜至于何等地步。朱云影称："随着儒学的兴盛，春秋大义深入人心。"[3]所言甚是。

因此，朝鲜王朝以箕子崇拜确立其小中华的地位，从而确立其

---

[1] 宋秉稷编：《尊华录》卷一，汉城：骊江出版社，1985年，第70页。
[2] 洪大容：《湛轩燕记》之《宋举人》，《影印标点韩国文集丛刊》2000年第248册，第258页。
[3] 朱云影：《中国文化对日韩越的影响》，第636页。

仅次于明朝的中华正统地位。而对儒学的尊崇与程朱理学的宣扬，使得程朱理学的正统观念，成为儒林判别正统观、华夷观的原则。朝鲜向来以与明朝车同轨、书同文自豪。朝鲜王朝五百年间，上自朝廷，下至民间，都以仿中国为能事，李成桂建国，命郑道传仿《周礼》编纂《经国大典》，中央仿明朝六部设立六曹，刑法全部照搬《大明律》，成为其慕华的实质性的体现①。而文字一直以汉字作为官方文书的专用文字。世宗时期，创制朝鲜文字谚文，但当时受到世人的批评和抵制。1444年，集贤殿副提学崔万理等上疏，力言谚文之不妥。其曰：

一、我朝自祖宗以来，至诚事大，一遵华制。今当同文同轨之时，创作谚文，有骇观听。倘曰谚文皆本古字，非新字也，则字形虽仿古之篆文，用音合字，尽反于古，实无所据。若流中国，或有非议之者，岂不有愧于事大慕华？一、自古九州之内，风土虽异，未有因方言而别为文字者。唯蒙古、西夏、女真、日本、西蕃之类，各有其字。是皆夷狄事耳，无足道者。《传》曰：用夏变夷，未闻变于夷者也。历代中国皆以我国有箕子遗风，文物礼乐比拟中华。今别作谚文，舍中国而自同于夷狄，是所谓弃苏合之香而取螳螂之丸也，岂非文明之大累哉！②

可见谚文在最初阶段因有违事大慕华之精神，而受到贬斥和攻击。因而在朝鲜王朝时期，虽然谚文创制于世宗年间，但是长期以来，并不为世人所用。儒士及官方以汉文为写作文字，《朝鲜王朝实录》和其他官方文书一直是用汉文编写的。而朝鲜王朝绝大部分

---

① James Palais, *Confucian Statecraft and Korean Institutions: Yu Hyongwon and the Late Choson Dynasty*, Seattle: University of Washington Press, 1996.
② 《朝鲜世宗实录》卷一〇三，世宗二十六年二月庚子，第4册，第543页。

作品亦是汉文,虽然拼音文字系统仍旧得到推广并大大刺激了朝鲜民族文化的发展,但除了非常普及的作品外,朝鲜文中仍大量使用汉字,且比日本使用的方法简单得多,汉字为朝鲜语接纳,使用一字一意,一字一音①。用汉文正显示朝鲜与明朝书同文、车同轨的特色。在王崇武的研究中,明清更迭时期,朝鲜的汉文水平远高于满人,这也是朝鲜将满人视作夷狄的原因②。

综上所述,箕子崇拜使朝鲜在中华世界体系中找到一个特定的位置,成为朝鲜王朝宣称其为小中华的有力证据。在长期与中国的交往中,朝鲜的慕华思想逐步发展,到了朝鲜王朝,由于儒学盛行,朝鲜对明朝力行事大,心悦诚服,文化上的认同达到巅峰时期。而现实政治中,朝鲜通过慕华解决其正统问题,从而借重明朝强化其政权的正统性。因之使双边的宗藩关系达至水乳交融的境地。

(二)以夷变华,慕华之动机

朝鲜历来讲究慕华,是因为其最初自我定位是"夷"。朝鲜慕华意在"变夷","以夷易华"。《三国史记》载:新罗真德王太和二年(贞观二十二年,648),金春秋入唐,请袭唐朝仪服,唐太宗皇帝诏可之,兼赐唐代衣冠。金春秋携归,新罗遂行华服,从而使得新罗"以夷易华"③,开始华化。高丽开国,太祖王建立国时即教导:"惟我东方,旧慕唐风,文物礼乐,悉遵其制。"④因而确立慕华之道,展开与宋的交往。而对于辽、金虽亦有交往,但视之为"禽兽之国",不得效仿其制度。所谓"化民成俗,由乎

---

① 汪德迈:《新汉文化圈》,陈彦译,南昌:江西人民出版社,1993年,第101—102页。
② 王崇武:《朝鲜三田渡清帝功德碑文考》,《东方杂志》第39卷第15期,第44页。
③ 金富轼:《三国史记》,长春:吉林大学出版社,2015年,第452页。
④ 郑麟趾:《高丽史》卷二《太祖世家二》,太祖二十六年四月,《四库全书存目丛书》第159册,第66页。

《大学》之风;用夏变夷,藉彼先王之教"①,以慕华为主要的对策,发展与宋朝的关系,以求"用夏变夷"。终于在朝鲜王朝"教化大行,男有烈士之风,女有贞正之俗,史称小中华"②。而清朝时期,朝鲜则实现了其"以夷易华"的目的,成为中华的礼乐文明之保存地。可见其"以夷易华"最终取向还是使朝鲜变成中华。

朝鲜自我定位为夷,是其历来的共识。即便在最为华化的朝鲜王朝时期,朝鲜也只是自称"小中华",只是当清朝入主中原大地后,朝鲜陡然以中华正统而自任。北学派先驱洪大容说:

> 我东之为夷,地界然矣。亦何必讳哉!素夷狄行乎夷狄,为圣为贤,固大有事在,吾何慊乎!我东之慕效中国,忘其为夷也久矣。虽然比中国而方之,其分自在也。惟其沾沾自喜,局于小知者,骤闻此等语类,多怫然包羞,不欲以甘心焉,则乃东俗之偏也。③

而韩元震(1682—1751)更进而论曰:"虽以夷狄之人,而能弃夷狄之行,慕中国之道,服中国之服,言中国之言,行中国之行,则是亦中国而已。人亦将以中国待之,岂可复问初之为夷狄也。"④正因为其自我定位为"夷",所以长期以来,"以夷易华"、慕华成为其改变自身的法则。明亡之后,由于把入主中原的清朝视为"虏""胡",朝鲜以为中华渊薮的中原,中华精神风范已荡然无存,原为"夷"的朝鲜遂有取而代之之意。"华

---

① 郑麟趾:《高丽史》卷一四《睿宗世家三》,第159册,睿宗十年七月戊子,第287—288页。
② 《朝鲜成宗实录》卷二〇,成宗三年七月己巳,礼曹启,第237页。
③ 洪大容:《湛轩书内集》卷三《又答直斋书》,《影印标点韩国文集丛刊》2000年第248册,第67页。
④ 韩元震:《南塘集拾遗》卷六《杂著》,《影印标点韩国文集丛刊》1998年第202册,第453页。

夷自有界限，夷变为华，三代以下，惟我朝鲜，而得中华所未办之大义，独保其衣冠文物，则天将以我国为积阴之硕果、地底之微阳。"①以为中华世界之中，唯有朝鲜由"夷"而入"华"了。而且明朝灭亡，中华大义只得赖朝鲜保存，从而凸显朝鲜在中华世界中无可替代的地位。而倡导北伐、大讲尊周思明的宋时烈则论道：

> 中原人，指我东为东夷，号名虽不雅，亦在作兴之如何耳。孟子曰：舜，东夷之人也；文王，西夷之人也。苟为圣人、贤人，则我东不患不为邹鲁矣。昔七闽实南夷区薮，而自朱子崛起于此地之后，中华礼乐文物之地，或反逊焉。土地之昔夷而今夏，惟在变化而已。②

在宋时烈看来，只要圣人、贤人出，则夷地可成华夏，如朱熹出，中华礼乐文物之中原地区反不如以前"南夷区薮"之七闽。此其"夷可变夏"之观念，同元朝儒学大师许衡等所论之"用夏变夷"的观点有本质的不同。宋时烈强调的是"夷"地贤人、圣人的作用，使"夷地"成为礼乐文物之中心，"夷"可胜"华"。而"用夏变夷"强调的是只要遵循儒家礼义文明，夷亦可变夏，从而为少数民族统治者所利用，以确立其正统地位。正因如此，元朝将程朱理学官学化，清代亦将程朱理学置于独尊的地位。反观"以夷易华"，则是朝鲜华夷观一种特别的表示，以显现朝鲜正统的独特性，是其民族性的一种表示，也是其对抗中原非汉族王朝，以求自保的一种理论武器。但它最终依然从属于慕华观，因为中华永远是

---

① 《大义编》凡例，汉城：骊江出版社，1985年，第3页。
② 宋时烈：《宋子大全》卷一三一《杂录》，《影印标点韩国文集丛刊》1993年第112册，第438页。

其关注的中心。

李恒老则指出,朝鲜是中国的属国,高丽时"骎骎然知尊周之义,有变夷之实,而至我朝则纯如也"[1]。非常明白地指出,新罗时期开始"以夷易华"之举,而高丽已有"变夷"之实。而朝鲜王朝则是"纯如"之中华,已无丝毫"夷"的成分,是典型的"小中华"了。近代性理学大师崔益铉论道:

> 或曰吾东亦夷也。以夷事合于中国之正史,有例乎?曰:夷而进于中国,则中国之,《春秋》之意也。况吾东箕子立国,革夷陋而为小中华,后虽中微,而贸贸始自高丽,已骎骎有用夏之渐,所以风俗好见称于朱子也。至于本朝则得复小中华,而崇祯以后则天下欲寻中国文物者,舍吾东无可往,实所谓《周礼》在鲁也。岂不可以先表章其所始,以昭布百代,示法四裔乎。此亦孔子《春秋》因鲁史及天下之义也。[2]

崔益铉这段话清楚地说明朝鲜由夷到华的过程,而他言下之意在清朝时期,中原中华不存,而朝鲜是唯一保存"中国文物"之所,自然也就是中华正统当之无愧的唯一合法继承者。

综上所述,朝鲜华夷观具有强烈的种族意识。虽然朝鲜自认为"夷",但认为是华化的"夷"。而且在朝鲜看来,中华世界体系中,唯有朝鲜民族实现了由"夷"到"华"的转变,对中国历史上的其他非汉族民族,始终认为他们是夷狄,而不可能华化。他们只信服汉族建立的王朝的正统性,只认为汉族是文明的种族。相反韩

---

[1] 李恒老:《华西先生文集附录》卷三《语录》,《影印标点韩国文集丛刊》2003年第305册,第395页。
[2] 崔益铉:《勉庵先生文集》卷二四《华东史合编跋》,《影印标点韩国文集丛刊》2004年第325册,第566页。

民族每每以文化民族自称,且以此自豪。将非汉族的民族视作夷,以强烈的对抗意识处之,甚至不惜战争①。故而对清王朝,朝鲜盲目自大,自认作华,清人被理所当然地视作夷狄。这是朝鲜华夷观的特色,也是其"以夷易华"的基本所在。

(三)朝鲜慕华的根源

"惟我小东,世慕华风。"②慕华是朝鲜的传统,生活于19世纪的朝鲜性理学大师柳麟锡论道:"吾之慕中国,非我独为也,吾之先师、吾东诸先贤,为之已甚矣。先贤、先师为之已甚,吾不敢不为也。"③因而可以说慕华思想深入人心,是朝鲜一种悠久的文化精神。朝鲜王朝时期,将其迎送明朝诏使之馆驿,命名为慕华馆。馆在敦义门外西北,本名慕华楼,世宗十二年(1430)改为馆。④慕华楼最初建于太宗时期,楼建成后,向诸臣征求馆名,儒臣成士璘提议用"慕华",当即得到太宗批准⑤。世宗初年,将这里定为迎送明朝使节和诏敕之场所⑥。以慕华作为迎送明使馆楼之名,可以说朝鲜王朝的国策以慕华为中心。因而朝鲜王朝终得"小中华"之称,并以"小中华"为荣。但其何时被称为"小中华"?其称"小中华"又具有怎样的意义?柳麟锡在解答这个问题时,认为"小中华"之始首推箕子。他论道:"朝鲜始国于唐尧之世,有与于涂山之会。而及箕子来君,则以叙九畴之

---

① 参见李泫淙:《韩国历史文献中之东亚大陆民族观》,见《中韩关系国际学术讨论会论文集》,第1—22页。
② 李穑:《牧隐文稿》卷一一《受命之颂并序》,《影印标点韩国文集丛刊》1990年第5册,第99页。
③ 柳麟锡:《毅庵先生文集》卷五一《宇宙问答》,《影印标点韩国文集丛刊》2004年第339册,第386页。
④ 卢思慎等修、李荇等增修:《新增东国舆地胜览》卷三《汉城府》,汉城:书景文化社,1994年,第71页。
⑤ 《朝鲜太宗实录》卷一四,太宗七年八月癸卯,第1册,第411页。
⑥ 《朝鲜世宗实录》卷二九,世宗七年闰七月乙卯,第2册,第685页。

见，有设八条之教，为辟小中华。"①传说檀君晚尧五十年，于公元前2333年出世，而与尧有涂山之会，从而开启与中华之交往。箕子则首辟小中华。随后虽有衰败，但世慕华风的传统，则世代遵行不悖。朝鲜王朝时期终"致极小中华之实，终焉为鲁存《周礼》，有如大宗家失宗祀，小宗家不得不权奉祀事……此其为小中华必然之故也"②。朝鲜真正大肆宣称其为"小中华"是在朝鲜王朝时期，明朝灭亡前，朝鲜称小中华，讲求的是慕华；明亡后以"小中华"自任，讲求的是如"鲁存周礼"，保存中华礼乐文物③，这与慕华密切相关。

慕华根源何在？吴庆元以为"中国为盛明之会，而礼义之所宗也"④，故此不得不崇慕。而柳麟锡认为，中国有伏羲、神农、黄帝、尧、舜、禹、商汤、周文王、周武王之为君王；有若皋、夔、后稷、契、伊傅、周召之为臣；有若孔子、颜回、曾子、子思、孟子、程颐、程颢、朱熹之为圣贤；有若伦常、礼乐制度文物之为准则；有若六经四子之为文。这些皆为朝鲜所崇尚的，是故又焉能不慕！而作为儒家文化圈下的朝鲜：

> 服事中国，效中国君臣之为治而治焉，学中国圣贤之为道而道焉，法中国伦常礼乐制度文物之为则而则焉，读中国六经四子之为文而文焉。细大何法，无不自中国而法焉。国以为国，人以为人矣，君中国而师中国也。⑤

---

① 柳麟锡：《毅庵先生文集》卷五一《宇宙问答》，第387页。
② 柳麟锡：《毅庵先生文集》卷五一《宇宙问答》，第388页。
③ 韩国学者柳根镐《朝鲜朝中华思想의性格과意味：宋时烈의小中华思想을中心으로》一文中具体阐述了这个问题，认为"小中华思想"最终是由宋时烈完成的。
④ 吴庆元：《小华外史·总要通论》，上册，第208页。
⑤ 柳麟锡：《毅庵先生文集》卷五一《宇宙问答》，第387页。

这正是朝鲜慕华思想根源所在,一切以中国为本位,"细大何法,无不自中国而法焉"。尊中国圣贤、习中国典籍、用中国文字、以中国之君为君。因此,他不但主张慕华,而且提出"慕中国可不先于本国乎",将慕华置于朝鲜之上,因为只有在崇慕中国的过程中,才能找到朝鲜在中华世界中的位置。而其自称"小中华",正是慕华的体现,也是慕华的结果。正如前面所提到朱云影的观点,朝鲜传统的一切以中国文化为本位,是其文化的一大特色,慕华可以说正是这种特色最为集中的反映。

由于明朝以程朱理学作为治国理念,而朝鲜王朝亦以儒立国,遵循朱熹理学,因而他们的观念几乎相同。儒家文化使朝鲜大讲慕华,并以小中华自居,这种完全认同中国的心态在明朝发展得相当彻底,以至于明朝灭亡以后他们认为其所认同的中华与明朝一同消失,由其慕华观中衍生出尊周的理念。慕华转变为尊华,尊周即是尊华。面对清朝,大讲尊周。慕华只作为一种理念存在于朝鲜王朝君臣心目之中,而朝鲜王朝对明朝所奉行的具体政策则是事大主义。

二、朝鲜王朝的事大观

朝鲜王朝对明朝的基本心态是慕华,而具体表现则是事大。在对明朝关系中,朝鲜"恪勤事大之礼,深被字小之恩"[①],朝鲜对明朝奉行事大政策,明朝对朝鲜实行"字小主义",在经过最初时期的磨合以后,双方就进入一种融洽的宗藩关系之中。事大,是朝鲜对明朝的基本策略,虽广为人知,但对其内涵与渊源鲜有具体的

---

① 沈民觉:《斥和疏》,《文苑》卷四一,见《朝宗岩文献录》,第326页。

学术论定[①]。笔者认为有仔细探讨的必要，只有弄清事大主义的真正内涵，才会更好地把握中朝关系的实质，也才能更好地认识朝鲜尊周思明的根源。

（一）中国历史上的事大主义

事大、事大政策、事大主义，用词虽异，实质如一。简单地说，都是传统中华秩序下，小国应对大国的方式。但这种方式并非中韩关系中特有的现象，而是在中国历史上普遍存在的，因为"事大字小"是儒家处理外交关系的一种观念。"事大"最初见于《孟子》，曰：

> 齐宣王问曰："交邻国有道乎？"孟子曰："有。惟仁者为能以大事小，是故汤事葛、文王事昆夷。惟智者为能以小事大，故太王事獯鬻、勾践事吴。以大事小者，乐天者也；以小事大

[①] 韩国学者李春植著有《事大主義》（汉城：高丽大学出版部，1997年），但他主要探讨春秋战国时期小诸侯与大诸侯之间的关系。按其说法小诸侯对大诸侯即以事大主义为准则。这是迄今为止唯一专门研究事大主义的著作，但此书未涉及朝鲜，亦未讨论历史上的中韩关系。李基白在《民族乊歷史》（汉城：一潮阁，1971年初版，1994年新版）第六章专门讨论事大主义。分为《事大主义再检讨》《事大主义的问题点》《韩国人的依他主义与拜外思想》和《现代韩国人的事大主义》四节进行讨论。比较详细地阐述了韩国事大主义的传统与相关的问题，是迄今为止韩国学者研究事大主义较为客观和全面的论述之一。专论事大主义的中文著作迄今尚无。杨渭生在《宋丽关系史》（杭州：杭州大学出版社，1997年）对高丽所行之事大主义有较详的研究，认为高丽能周旋于宋、辽、金、蒙古之间，而顶过重压，生存下来，靠的就是"事大"法宝。而对朝鲜王朝事大主义的政策研究则有叶泉宏：《郑梦周与朝鲜事大交邻政策的渊源》，《韩国学报》1998年第15期，第97—127页；《权近与朱元璋——朝鲜事大外交的重要转折》，《韩国学报》第16期，第69—86页。叶氏二文围绕朝鲜初年的重臣郑梦周和权近，在确立对明事大外交所起的作用与地位而展开论述。陈尚胜：《论朝鲜王朝对明朝的事大观》，《第三届韩国传统文化国际学术讨论会论文集》，第921—935页，对朝鲜一代对明事大外交进行了通盘的考察。韩国亦有学者对本国历史教科书中否认存在过事大与朝贡关系，表示批评。参见Lee Tae-Young: "Problems in the Writing of Korean History Textbooks", *Korea Journal*（1998），38:1, 323-336.

者,畏天者也。乐天者保天下,畏天者保其国。①

孟子肯定以大事小为仁,以小事大为智。前者乐天而保天下,后者畏天而保其国,实际上这就是"事大字小"的基本观念。孟子以后,"事大字小"就成为儒家的一种礼仪规范,是儒家在处理"大""小"关系中所遵循的准则。意即大国对小国以仁,小国对大国以忠、以顺。体现了大小、上下、尊卑的关系。春秋时期,周室衰微,诸侯争霸,小诸侯为图自存,对大诸侯国只得采取谨慎事大之策。这种理念为《春秋》所肯定。《左传》曰:"小所以事大,信也;大所以保小,仁也。"②所谓"见机而作,《周易》所贵;小不事大,《春秋》所诛"③。因而事大字小,成为中国历史上各政权所遵循的外交准则。《汉晋春秋》载:"圣人称有君臣,然后有上下礼义,是故大必字小,小必事大,然后上下安服。"④由此可见,"字小""事大"的观念为儒家所推崇,《春秋》对其加以肯定。这说明春秋战国时期"事大字小"是一种深入人心的观念。当时的夷狄小国亦信奉并遵循这种观念,一旦违背,祸即不远矣。战国时,晋国智伯想征讨周边夷狄小国仇犹,于是遗之大钟,载以广车。无端获此厚礼,仇犹大臣谏阻国君,不可接受,因为"小所以事大,而今大以遗小,卒必随"。这悖逆了"以小事大"的原则,变成了"以大遗小",故非福乃祸也。但国王不听,纳

---

① 《十三经注疏·孟子注疏》卷二上《梁惠王章句下》,北京:中华书局,2009年,第5817页。
② 《十三经注疏·春秋左传正义》卷五八《哀公七年》,北京:中华书局,2009年,第4697页。
③ 房玄龄等:《晋书》卷五六《孙楚传》,北京:中华书局,1974年,第1540页。
④ 转引陈寿:《三国志》卷四八《吴书·嗣主孙皓》,北京:中华书局,1982年,第1163页。

之。果真晋卒藏于大车内，遂灭仇犹①。可见，当时的诸侯已坚信"以小事大"是保国之道，小不可逆大，小亦不可贪大。

在中国历史上的大分裂时期，若南北朝、五代十国时期，群雄并起，弱小政权对强大势力亦往往采取"事大"之策，以求自保。而若表示事大，就有称臣纳贡之意。南北朝时期，慕容超立国燕，姚兴立国秦，分庭抗礼。但慕容超的母亲不幸为姚兴所获，慕容超遂派使臣韩范前往索母。一见韩范，姚兴即问其来意："为依《春秋》以小事大之义？为当专以孝敬，为母屈也？"②若行"以小事大"之礼，则意味着称臣纳贡。姚兴一见慕容超使臣，就问是否为"以小事大之义"而来，意在使慕容超屈服于其藩篱之下。当时为求自保，诸割据势力弱小时，对强势政权就得采事大之策。若张瑾与诸将商量如何应对强大的前秦之策时，诸将皆曰："姚襄、张平一时之杰，各拥众数万、狼顾偏方，皆委忠献款，请为臣妾。小不事大，《春秋》所诛，惟君公图之。"③可见其诸将皆劝其对前秦俯首称臣，以小事大，以求保全实力。这充分说明中国历史上当面对强大势力时，古人总有一种"小不事大，《春秋》所诛"的观念，于是就行"事大"之策，以求自保。

而周边各族政权与中原王朝交往时，亦往往行事大之策。贞观二十年（646），唐太宗巡幸灵州，西北诸族若铁勒、回纥、拔野古、同罗等十一姓，鉴于"延陁可汗，不事大国，部落鸟散，不知所之"④，有此前车之鉴，故皆遣使朝贡，诚心事大。历史上，亦以叛将割据一方，企图以行"事大"之礼，以求苟延残喘。唐高

---

① 司马迁：《史记》卷七一《樗里子甘茂列传》，北京：中华书局，1959年，第2309页。
② 房玄龄等：《晋书》卷一二八《慕容超载记》，第3179页。
③ 房玄龄等：《晋书》卷一一二《苻生载记》，第2876页。
④ 刘昫等：《旧唐书》卷三《本纪·太宗下》，北京：中华书局，1975年，第59页。

祖李渊立国初年，为攻薛举，遣使凉州，称李轨为从弟。时李轨割据凉州，称帝。对于如何处理与唐朝的关系，李轨听从大臣建议，"必欲以小事大，请行萧詧故事，称梁帝而臣于周"。于是遣使入唐，奏书自称"从弟大凉皇帝"。但李渊并不满足，"轨谓朕为兄，此不臣也"①。不予理睬，不久灭之。赵匡胤伐南唐李煜，李煜遣使徐铉面见赵匡胤说："煜以小事大，如子事父，未有过失，奈何见伐？"赵匡胤对曰："尔谓父子者为两家可乎？"②可见，"以小事大"只能是藩国的保身之道，而割据政权亦借机苟延世系，则往往不能得逞。

由兹可见，事大主义并非朝鲜独存，而是在中国历史上为历代弱势政权所采用的自保之策，为弱国和藩国常用的一条保国之道。综括论之，它具有以下几个方面的特征：

其一，它是基于儒家礼义观的，出自《春秋》，而具体论述则见于《孟子》，为孔子、孟子所重。也可以说是《春秋》所规范的小国应对大国、以求自保的准则，传统中国维系大小、强弱关系的儒家观念。因而它广泛存在于儒家文化圈内，是维系中华世界体系内诸国大小、尊卑、上下等级的规范。

其二，它是一种外交思想与策略。以小事大，保国之道，而具体表现则是北面称臣，恭行臣服之礼。其小、大之分，关键在于实力的差异，大国实力强、小国实力弱。小国为了避免遭受大国的威胁，主动表示臣属于大国，接受大国的保护，故有服从与被服从的关系。但小国的事大政策，意在求得相对的独立性，以苟延其宗系政权。而大国接受小国的事大，则对小国采"字小"之策。不干

---

① 欧阳修、宋祁：《新唐书》卷八六《李轨传》，北京：中华书局，1975年，第3709页。
② 欧阳修：《新五代史》卷六二《南唐世系第一·李煜》，北京：中华书局，1974年，第780页。

涉小国的事务，接受小国的朝贡，并保护小国的利益不受外来的侵犯。这种事大与字小的关系，中国历史上具体存在于三种类型的政权之间：春秋战国小诸侯国与大诸侯国之间，中国分裂时期若魏晋南北朝、五代十国时期势力强大的政权与弱小政权之间，中原王朝与周边藩国之间。

其三，它与朝贡关系密切相关，事大主义是一种原则，一种指导思想，一种态度，化作行动即是朝贡。不过，二者亦略有差别。事大主义是藩国、弱国的保全之策，以小事大力求保护。但有时可能行事大之礼，却未必会有朝贡之实；而有朝贡行为，则必恭行事大之礼。

其四，一般而言，是周边藩国向中原王朝朝贡，行事大之礼，但当力量悬殊，强弱易位时，中原王朝亦向周边行事大之礼。若南宋与金的关系即为一例。1127年，金攻入汴京，俘徽、钦二帝，高宗南逃临安，立小朝廷偏安江南，然屡受金人攻伐。高宗建业三年（1129），在金人的攻击下，高宗"幸杭州，自杭州幸江宁府，寻幸浙西，自浙西幸浙东"。真可谓走投无路，遂诏曰："如金人尚容朕为汝兵民之主，则朕于事大之礼，敢有不恭！"①言下之意，只要能得苟安，即当向金恭行事大之礼。后来南宋果真向金称臣纳贡，行事大之礼。可见，事大与否，纯粹是一种力量上的较量，弱国不向强国行事大之礼，就会惹祸上身。

可见，事大理念广泛存在于中国历史中。而事大主义之所以引人注意，主要是朝鲜王朝将其奉为国策，对中国恭行事大之策，世代遵行不悖。中国内部所存在的事大，更关键的是一种力量上的较量，小对大、弱对强的策略。朝鲜推行此策，力量上的弱小固然是个基本原因，更重要的是朝鲜心悦诚服地奉行事大政策，事大成了

---

① 脱脱等：《宋史》卷一一四《礼志·巡幸》，北京：中华书局，1977年，第2705页。

朝鲜传统上某种文化精神。在政治上、军事上它臣服于明朝，接受明朝的保护，在思想文化上亦以明朝所代表的中华文化为准绳，这一点是中国内部和南宋对金所行事大之礼中不存在的。朝鲜王朝事大与慕华二者结合，事大使得朝鲜接受明朝为宗主国，而慕华更促使朝鲜在文化精神上依从明朝，更诚心事大，从而形成典型的朝贡体制。

（二）朝鲜对明朝所行事大政策

朝鲜王朝对明朝行事大政策，由李成桂奠定基础。高丽末年，当得知明太祖宣布元铁岭卫北面、东面、西面归明朝，南面归高丽时，高丽国王辛禑强烈不满，遂与权臣崔莹谋划进攻辽东。当时镇守北边的将领李成桂上疏谏阻，声言出师有四不可："以小逆大，一不可；夏月发兵，二不可；举国远征，倭乘其虚，三不可；时方暑雨，弓弩胶解，大军疾疫，四不可。"[①]李成桂的谏疏未被采纳，他遂挥师南下，发动政变，杀崔莹，废辛禑，不久即取而代之，建立李氏朝鲜政权。在其疏文的四不可中，第一条即是"以小逆大"之不可，这正是事大主义的核心原则。只能"以小事大"，不可"以小逆大"。所以当朝鲜政权建立后，事大主义即成为朝鲜对明外交的基本策略。当然朝鲜确立事大主义的策略，原因是多方面的，叶泉宏指出三条重要原因：丽末朝鲜政局的演变、对元明改朝换代之因应、对日本倭寇侵逼之因应[②]，很有见地。而朝鲜奉行的事大主义承继了新罗以来的传统，高丽王朝对宋朝行事大之礼，高丽末年亦曾一度摇摆于北元与明之间，其策略亦是事大。而朱元璋定下的不征之策，对朝鲜事大主义也是一种鼓励和支持。朝鲜遂

---

① 《朝鲜太祖实录》卷一，辛禑十四年四月，第1册，第11页。
② 叶泉宏：《郑梦周与朝鲜事大交邻政策的渊源》，《韩国学报》1998年第15期，第98—101页。

以"事大为重"①。李成桂所确立的事大之策，成为其后代遵循不替的国策。正如朝鲜性理学大师金平默所论，"康献圣祖，克断威化，回军之举，则我东之复沦胥为夷，将不可救矣，此圣祖先正，所以有功于礼义之大宗也。名正理得，上获乎天朝，下启乎后圣。字小用宣，事大以忠，世世不替"②。事大终成朝鲜王朝世代遵循的国策。

明与朝鲜在短暂的摩擦后，双方建立了一种良好的宗藩关系。李成桂定下事大之策，为其后继者世代相承。尤其是在朝鲜太宗和明永乐皇帝时期，双方消除了误会和摩擦，从而进入一种和谐发展的关系中。朱棣"锐意通四夷"，积极发展与海外往来，他十分重视与朝鲜的交往，而迁都北京后，与朝鲜往来更为方便。朝鲜对相关之求索亦极力应承，谨守事大之策：

> 自后每岁圣节、正旦（嘉靖十年，外夷朝正旦者，俱改冬至）、皇太子千秋节，皆遣使奉表朝贺，贡方物，其余庆慰谢恩无常期。若朝廷有大事，则遣使颁诏于其国，国王请封，亦遣使行礼，其岁时朝贡，视诸国最为恭慎。③

双方往来相当密切，以至于《明史》称："朝鲜在明虽称属国，而无异域内。"④对此朝鲜人亦有同感，《小华外史》称："虽称属国，而无异域内，锡赉便蕃，殆不胜书。"⑤真可谓亲密

---

① 《东稗》卷九《事大》，见郑明基编《韩国野谈资料集成》第21册，汉城：启明文化社，1992年，第383页。
② 李恒老主编：《华东纲目合编》附录第四《发明下》，第1406页。
③ 申时行：《明会典》卷一〇五《主客清吏司·朝贡·东南夷·朝鲜国》，第1585页。
④ 张廷玉等：《明史》卷三二〇《朝鲜》，北京：中华书局，1974年，第8307页。
⑤ 吴庆元：《小华外史》卷二，上册，第246页。

无间。崔溥亦言:"盖我朝鲜地虽海外,衣冠文物悉同中国,则不可以外国视也。"①综观有明一代朝鲜与明之交往,其事大与字小表现在以下几个方面:

其一,朝鲜认同明朝的中华正统,思想文化上以明朝为本位,大讲慕华。这是朝鲜事大主义在思想文化上的反映。以明朝为本位,深入朝鲜儒林之心。朝鲜初年,儒士卞季良(1369—1430)指出:事大之礼必须恭谨。因为:"君臣之分,如天尊地卑之不可紊也,则事大之礼,固不可以不谨矣。大小之势,如白黑之不可以相混也,则事大之礼,亦不容于不谨矣。"②在他看来,君臣如天尊地卑之势,黑白之不可混,故作为臣的朝鲜对明朝不可不谨慎事大。梁诚之(1415—1482)亦论道:

> 事大以礼,盖以小事大,礼之常也……事大之礼,不可不尽,而又不可以数也。前朝则称宗改元矣,在今日小小节次,不必拘例,但尽其诚意而已。今后例恩,附表以谢,勿烦使命,以休平安之民,以存事大之体。③

李滉在答日本将军书中言:"天无二日,民无二王,春秋大一统者,乃天地之常经,古今之通义也。大明为天下宗主,海隅出日,罔不臣服,亦贵国之世修朝贡者矣。"④李珥(1536—1584)则曰:"今夫以小事大,君臣之分已定,则不度时之艰易,不揣势

---

① 崔溥:《锦南集》卷三《漂海录》,闰正月二十五日,《影印标点韩国文集丛刊》1988年第16册,第443页。
② 卞季良:《春亭集》卷六《永乐十三年六月封事·谨事大》,《影印标点韩国文集丛刊》1990年第8册,第89页。
③ 梁诚之:《讷斋集》卷一《论君道十二事》,《影印标点韩国文集丛刊》1988年第9册,第293—294页。
④ 李滉:《退溪集》卷八《礼曹答日本国左武卫将军源义清》,《影印标点韩国文集丛刊》1989年第29册,第261—262页。

之利害，务尽其诚而已。"①到明朝末年，更有士人论道："小之事大，大之役小，此固天定之君臣也。……今我朝鲜之人也，则朝鲜乃大明之朝鲜也。"②他把朝鲜看成是大明之朝鲜，明与朝鲜几乎成了不可分割的整体，正是由于这种思想的发展，才使得朝鲜在明亡之后有强烈的思明感恩之情。

其二，由于其认同明朝正统地位，所以在朝鲜，国王、世子要得到真正的名义，必须经明朝册封。李成桂建立政权，奏告明廷，请求国号，是以"权知国事"的名义，而非以朝鲜国王的名义，因为在未得明朝册封以前，他们还不能被称为朝鲜国王，这成为一重要的标准，为历代朝鲜国王所遵循。《小华外史》论道："自洪武以来，事朝廷恭。岁时朝贡外，庆慰、报谢无常期，行李踵于道。王嗣立则使者往，有大事则颁诏其国。虽称属国，而无异域内。锡赍便蕃，殆不胜书。"③

世子的册立亦要得到明朝批准，否则亦不真正具有世子的名分。壬辰倭乱时期，朝鲜国王宣祖以长子临海君无能无德，而次子光海君则"自幼好学，聪明端厚，又能斥去纷华，简俭自奉"④，以其为贤，期待明朝册封光海君为世子，但礼部以"主器必长子"为由，多次拒绝册封光海君为世子。明礼部所依从的是儒家立长之规，其实背后却另有原因，"时中朝虽立太子，而皇上意在福王，故我国册封奏请，正犯所忌，每为礼部所沮"⑤。而表面上明朝所认同的则是礼仪制度，宣称：

---

① 李珥：《栗谷全书拾遗》卷四《贡路策》，《影印标点韩国文集丛刊》1989年第45册，第538页。
② 李起浡：《西归遗稿》卷八《湖南伯问答》，《影印标点韩国文集丛刊续编》2006年第29册，第429页。
③ 吴庆元：《小华外史》卷二，上册，第246页。
④ 《朝鲜宣祖实录》卷七〇，宣祖二十八年十二月甲子，第22册，第617页。
⑤ 《朝鲜宣祖实录》卷一六九，宣祖三十六年十二月戊子，第24册，第552页。

> 长幼之序，礼莫大焉；储嗣之立，礼莫重焉；舍长立幼，于礼不顺。若令之自中国，是以非礼令也；若徇之自臣部，是以非礼徇也……朝鲜称我外臣，禀我正朔，事孰大于继立，乃舍其长子而请立第二子讳，无乃非我国家之制乎？①

明朝始终拒绝册封光海君为世子，一直到宣祖国王崩，都未加册封。光海君十几年始终处于有实无名的状态，得不到正统的世子身份。宣祖崩后，光海君已获得"权署国事"的身份，神宗依然认为"立国以长"，朝鲜舍长立幼，望查问清楚，再作定夺②。五月初一日，礼部以朝鲜国王嗣位之事，"事在彼国，难以遥断，似当行勘以求确据"③。光海君已承其位，却仍需勘察。一直到十月，即五个月后，礼部方上奏：光海君袭封已成事实，只得以"事在夷邦，姑从其便"④，方加以册封。光海君在明册封使来临前夕，为免节外生枝，遂缢杀临海君，明朝方勉强册立光海君为国王。这件事对光海君影响至巨，也成为促使他为免受女真日益严重的威胁，一直游离于后金与明之间的最大原因，后面再细述。

同时，用明正朔，采用明朝纪年，明朝每年颁《大统历》给朝鲜。使得朝鲜与明用同样的历法，"年号法度，一遵大明"⑤。而朝鲜国王崩，明朝要赐谥于他，才算修得正果，朝鲜对此相当看重。朝鲜王朝有燕山君和光海君皆因政变被废，未得明朝赐谥，皆

---

① 《朝鲜宣祖实录》卷一八一，宣祖三十七年十一月辛丑，第24册，第701页。
② 《明神宗实录》卷四四五，万历三十六年四月壬午，第8453页。
③ 《明神宗实录》卷四四六，万历三十六年五月丙戌，第8457页。
④ 《明神宗实录》卷四五一，万历三十六年十月庚辰，第8536页。
⑤ 崔溥：《锦南集》卷四《漂海录》，闰正月二十一日，《影印标点韩国文集丛刊》1988年第16册，第441页。

只能称为"君",乃其为国王前的封号,而不能称为王,亦无庙号。明朝"每当圣节、正旦、皇太子千秋节",朝鲜都要奉表朝贺,皇帝崩、新帝立,皆得遣使表奏,奉行藩邦之责,对明朝的要求莫不认真对待。这些皆可谓其事大之礼。

又则,衣冠制度是华夷区分的重要标志。所以新罗以后,朝鲜半岛力求采用中国衣冠制度。在朝鲜人看来,"箕子朝鲜衣冠制度悉同中国",故华夷一样。但以后"自三国以来,冠服皆循土风,新唐武烈王法唐制,仪章服饰稍拟中华"。高丽初年曾又自定服饰,但经长年兵火,又皆散乱。"事元以来开剃辫发,袭胡服,殆将百年。"进入明朝,"文轨攸同,赐王冕服,王妃群臣亦皆有赐,衣冠服饰,焕然一新,使我东方得免胡元左衽之俗,复见礼乐文物之盛,诚千载盛际也"[①]。朝鲜把礼乐衣冠制度看得相当重,明朝赐其王、妃、百官服,认为是"千载盛际",因为其衣冠制度悉尊华制,能得中华衣冠,自然是莫大的荣幸。

其三,明朝对朝鲜字小以仁,朝鲜事大,一是保持相对独立,不受大国威胁;二是寻求保护,故明朝以保护朝鲜藩邦利益不受侵犯为己任,所以当1592年丰臣秀吉发动大军侵略朝鲜时,明神宗不惜倾全国之力,动员几十万大军,出兵朝鲜,历时七年之久,终于将日军赶出朝鲜,使"藩邦"得以"再造"。朝鲜深感"万历再造之恩,将百世不可忘也"[②]。这种感恩的心态是其思明尊周的一种原动力。为明神宗建大报坛,也使其事大主义思想达至巅峰时期。

---

① 洪凤汉:《增补文献备考》卷七九《礼考·章服》,下册,汉城:东国文化社,1981年,第3页。
② 成大中:《青城集》卷七《明隐记》,《影印标点韩国文集丛刊》2000年第248册,第477页。

综上所述，事大主义是儒家信奉的一种理念，是小国保存自身、应对大国的策略，广泛存在于古代的中华世界体系之内。发端于东周，因为周中央政权的式微，诸侯列国并起，小诸侯为求自保，遂以事大应对大诸侯。在中国数千年的封建王朝中亦时可见到，广泛存在于中国的分裂时期诸政权之间、周边藩国与中央王朝之间。而它之所以引人注目，是朝鲜王朝高举事大主义的大旗，诚心事奉明朝。不但是力量上大小关系的体现，更体现出朝鲜文化上对中华文化的归依，这是朝鲜事大主义的特色①。正是在这种事大原则下，朝鲜与明朝建立了一种相互信任的宗藩关系，朝鲜成了明朝藩国中的典范。形式上它依从儒家礼仪制度，奉行朝贡之策，思想上归依中华。在朝鲜对明"事大"，明则对朝鲜"字小"，维护朝鲜的利益不受侵犯，是壬辰战争时期明朝出兵的原动力，从而使朝鲜在事大、慕华的思想中对明朝更增入一种无法偿还的感恩思想。这种感恩思想使朝鲜对明朝的认同更进一步，达到不分彼此，产生"今之朝鲜即大明朝鲜"的观念。正是这种观念的影响，使得朝鲜在与清建立宗藩关系时，横生重重障碍，并长期无法认同清朝的中华正统地位。下面从明清更迭之际，清朝与朝鲜宗藩关系建立的过程中，探讨朝鲜为确保与明宗藩关系的稳固与延续，对于清朝的干预与控制所作出的种种抗拒的努力。

---

① 韩国当今学术界对事大主义一律采取批评态度，甚至予以否认。全海宗说："支配者的政治及文化的事大主义很可能引起韩国人追慕中国的心理，或许有些人认为事大主义是支配者的一种政策。但是，即使我们认为是一种政策，那也绝非是我们所希望的。"见《中韩关系史论集》，第22页。

第三节　明清交替时期朝鲜文化心态之变动

在明清易代的几十年间,朝鲜扮演了十分重要的角色,所谓"属国安则大明亦安,属国危则大明亦危"[①],明与朝鲜可谓唇齿相依,命运与共。明亡之前,清朝两次出兵,把明朝这个最为重要的藩国变成清朝的藩属,从而剪除明朝羽翼。张存武指出,从1592到1637年,清朝与朝鲜是从无关系到非正式的关系,到兄弟联盟,再到封贡关系,而这种关系转变的手段则只能诉诸战争[②]。但在清朝征服过程中,朝鲜始终不改对明朝的忠心。即便臣服清朝以后,朝鲜还是想方设法与明朝潜通往来。明亡之后,朝鲜又企图与南明及台湾郑氏政权相通。而支配朝鲜行动背后的即是春秋义理思想。对于明清交替时的中韩关系,刘家驹、张存武等先生已作过细致深入的阐述[③]。笔者无意重复前人的研究,只想透过朝鲜应对清朝的过程,来揭示其所持的义理观,从而理清朝鲜思明的渊源与历程。

一、萨尔浒战前朝鲜与建州之往来

清朝兴起于建州。按照吴晗的话说,建州介于三大势力之间,西有明朝,北有蒙古,南有朝鲜。建州在势力强盛时,乘虚入寇,或助明朝攻伐蒙古,或联合蒙古寇犯明朝边境,或南下攻击朝鲜。

---

① 黄景源:《江汉集》卷二七《明陪臣传一》,《影印标点韩国文集丛刊》1999年第225册,第28页。
② 张存武:《清韩宗藩贸易》,台北:"中研院"近代史研究所,1979年,第2页。
③ 参见刘家驹:《清朝初期的中韩关系》;张存武:《清代中韩关系》。

势衰时便卑辞求内服，同时受三方官职，乞求赏赐粮食①。朝鲜与清朝宗藩关系发展的艰难，与朝鲜长期同清人祖先女真交往密切相关。因为朝鲜在长期与女真的往来中，一直将女真看作是夷、胡，非中华族类。在文化上始终认为朝鲜较女真高出一等。而在双方交往中，亦存在过某种程度上的上下尊卑关系，这些都是阻碍清代中朝关系正常化的重要原因。

日本学者河内良弘对明代女真史进行了深入的研究②，他把女真与朝鲜的关系视作藩属与宗主国的关系，女真诸部以事奉上国的姿态事奉朝鲜，而朝鲜又以待藩邦的态度对待女真诸部。朝鲜与女真的关系是在以明朝为中心的大中华体系之下，以朝鲜为中心的小天朝体系。笔者对此论不敢苟同，因为女真各部卫所皆是明朝设立的，并非朝鲜所设立的。而且女真诸卫所隶属明朝版图，并非朝鲜的领地，故而不能说具有宗藩关系。但朝鲜与女真之间确实存在着某种上下、尊卑不平等的关系，在明代双方的交往中，朝鲜处于主动和支配地位，女真处于被动和被支配地位。这样在朝鲜的心目中，女真是夷人、胡人、未开化的民族，他们与女真交往采羁縻之策，确保女真不对其北部边疆构成威胁，从而使北部边疆领土得以巩固。

朝鲜王朝初年，朝鲜北部（今朝鲜咸境道一带）是女真人的活动地域。辽、金、元三朝四百年间，中朝北部边界基本稳定在朝鲜江原道的永兴地区。元朝时朝鲜北部由铁岭卫管辖，明朝永乐以

---

① 吴晗：《关于东北史上一位怪杰的新史料》，《燕京学报》1935年6月第17期。后更名《朝鲜李朝实录中的李满住》，收入氏著《读史札记》，北京：三联书店，1956年，第47页；又见北京市历史学会主编：《吴晗史学论著选集》，北京：人民出版社，1984年，第524页。

② 参见河内良弘：《明代女真史の研究》，京都：同朋舍，1992年（河内良弘：《明代女真史研究》，赵令志、史可非译，沈阳：辽宁民族出版社，2015年）。

后，铁岭卫北撤，这片土地遂由朝鲜掌管①。但当时这一带的居民以女真人为主，女真部族构成了朝鲜北部藩篱。世宗（1419—1450在位）以后，朝鲜先后在北部设立了四郡六镇②，以加强控制，并从南方强制迁徙朝鲜人在北部地区定居，逐步实施对北部地区的有效控制。当时迁徙来的朝鲜人，因为不适应北方的气候，疾疫流行，以致"不安其居，思归故土，或至亡命"③。为了确保北部地区的稳定与安全，控制女真，朝鲜采取羁縻与武力征伐两手措施。女真因为盐、铁等物资的需求，亦常与朝鲜进行贸易往来，接受朝鲜的羁縻之策。

朝鲜对女真的羁縻之策，首先是施恩笼络，授女真酋长以侍卫、将军等职位，同时，遇上天灾，亦予以救济。太宗时开始对女真施恩。当时建州卫酋长猛哥帖木儿求见，即以其"居吾境内，为吾藩篱，宜待之以厚"④，遂厚待之。世宗时期对女真诸卫酋长多除侍卫一类头衔，《世宗实录》载："中朝于夷狄，不惜除都督以下之职者，非欲侍卫也，欲其羁縻也。又国初万户宣略将军之职，不惜遥授，亦欲羁縻也。"⑤于是对当时建州卫酋长童仓、凡察等人子弟，除授官职，并令在朝鲜娶妻，使其安心侍卫，"使之迭相往来觐亲，则彼自有永久按堵之心"⑥。世宗年间，建州三卫天火焦地，谷食皆枯，朝鲜遂给粮，人给米二升、盐一升救荒，令女真各部感激不尽。此皆是笼络措施。

---

① 对于明代中朝边界的形成，可参见王冬芳：《关于明代中朝边境形成的研究》，《中国边疆史地研究》1997年第3期，第54—62页。
② 四郡乃懋昌、闾延、虞芮、慈城，六镇乃庆兴、庆源、稳城、钟城、会宁和富宁。对其研究可参见李仁荣：《韓國滿洲關係史의研究》，汉城：乙酉文化社，1954年。书中对四郡的设废过程进行了详细研究，而对朝鲜与女真关系亦作了详细讨论。
③ 《朝鲜世宗实录》卷七七，世宗十五年五月己酉，第4册，第76页。
④ 《朝鲜世宗实录》卷四五，世宗十一年九月丁卯，第3册，第198页。
⑤ 《朝鲜世宗实录》卷七九，世宗十九年十二月辛巳，第4册，第120页。
⑥ 《朝鲜世宗实录》卷八九，世宗二十二年四月丙申，第4册，第281页。

但朝鲜与女真关系时好时坏,关系好时则和平相处,相互贸易;关系不好时,则对女真加以征伐。朝鲜多次出兵扫荡女真驻地。永乐八年(1410)三月,朝鲜边将赵涓屠杀女真众多,又捕捉女真首领甫乙吾,杀他无借口,又不敢放回,因为朝鲜顾忌若将其放还,担心他回归故里,见到积尸遍野,屋庐烧尽,妻子朋友皆已死亡的情况,会"怨极于天,必告诸天子,誓死复仇矣"①。世祖年间,申叔舟多次领兵征讨女真,焚其庐舍,毁其庄稼,断其贸易。女真在不能与朝鲜贸易时,往往在朝鲜边境抢窃财物,以维持生计,朝鲜则派兵镇压,故而战事不断。弘治九年(1496),朝鲜使者童清礼出使建州卫,建州卫首领完者秃还在向他述说朝鲜征讨其祖李满住之事:朝鲜无故征讨李满住,使其身被九创,其妻子皆死于锋刃之下,李满住"由是含怒,痛入于骨"②,实施了一系列的报复行动。

因此,在朝鲜与女真长期的交往中,朝鲜处于主动的地位,女真处于分散、被动的境地。这种长期的不平等地位,造就了朝鲜鄙视女真的文化心态,深深烙上了女真是夷狄的观念。当女真强大起来,建立政权以后,尤其是实力膨胀到足以与明朝抗衡时,为使朝鲜臣服,即便是让朝鲜接纳女真,赋予平等的地位,都必施以战争,否则不得成功。而将其臣服为藩国,必须诉诸战争。故而清先后两次出兵朝鲜,将朝鲜置于藩属国地位。原来对女真具有某种宗主地位的朝鲜王朝,却被迫成为其后人的藩国,以前的上下、尊卑关系完全易位,对于秉持儒家礼义,尤其是持程朱理学华夷观的朝鲜来说,这是个十分痛苦的过程。为了寻求心灵与思想上的平衡,朝鲜遂将尊周观念大加发扬。对于清朝出

---

① 《朝鲜太宗实录》卷一九,太宗十年三月壬辰,第1册,第536页。
② 《朝鲜燕山君日记》卷一九,燕山君二年十一月甲辰朔,第13册,第155页。

兵朝鲜这一过程已为治史者所熟知，笔者对具体的出兵过程不再讨论，只是讨论在此过程中朝鲜是如何把持春秋义理与清人抗争的，以检视朝鲜文化心态的变动。

二、光海君通"虏"与仁祖反正

光海君可以说是朝鲜唯一一位对明朝不但没有诚心事大之意、可能还有刻骨仇恨的国王。前面已经提及，明朝因为他是次子，十几年间曾经五六度拒绝册封他为世子，令他一直处于寝食不安的状态，光海君时刻担心世子之位随时被他的哥哥临海君抢去。所以，在他成为朝鲜国王后，虽然礼节上对明朝维持事大的传统，但事实上，面对日益严重的女真人的威胁，他采取"事大则日新恪谨，待夷则务尽其权"①的策略，以图保安社稷②。

萨尔浒战前，为了筹划与努尔哈赤决战，明朝以杨镐为经略。杨镐在朝鲜人心目中享有很高的声誉，视之为壬辰战争（1592—1598）拯救朝鲜于水火的功臣。但面对杨镐派来督促朝鲜出兵支援的使节，朝鲜在光海君游离政策下，一再推诿，"不曰建贼见蹙，骎突可虞，则曰我国力分势孤为虑"，杨镐斥其"岂遽忘昔年……援东国之急乎？……不免大失中外之望"③。其实，朝鲜对于明朝征讨后金的重要性看得相当清楚，以为"国之存亡，民之死生，都在于征胡之一役"④。但光海君敷衍推诿，以致"经略（杨镐）于我国深恶而痛绝之"⑤。与此同时，朝鲜则极力开展与后金的往来，

---

① 《朝鲜光海君日记》卷一四三，光海君十一年八月壬戌，第33册，第255页。
② 对于光海君时代的女真与朝鲜的关系，可参见日本学者稻叶岩吉：《光海君时代の满鲜关系》，京城：大阪屋号书店，昭和八年（1933）初版；汉城：亚细亚文化社《满蒙学术史料丛书》中录入，1986年。
③ 《朝鲜光海君日记》卷一三〇，光海君十年七月己酉，第33册，第136页。
④ 《朝鲜光海君日记》卷一三三，光海君十年十月丁丑，第33册，第180页。
⑤ 《朝鲜光海君日记》卷一三三，光海君十年十月甲申，第33册，第184页。

暗中遣使联络。

由于光海君刻意周旋于明朝和建州之间，所以当得知刘綎派刘海前来督察之时，朝鲜君臣上下一片恐慌，因为刘海本来是朝鲜人，后为刘綎部将，"凡我国大小事必无所不知，尤极可虑"①。朝鲜商议派译官将其止于途中，这在明与朝鲜的交往上是极为罕见的现象。在此情形下，国王光海君方令都元帅姜弘立、副都元帅金景瑞率领三营兵马一万三千人，往援辽东。但姜弘立秉承光海君旨意，在战场上坐观其变，发现明军失利，即与金兵约和，除金应河等少数朝鲜士兵开战外，朝鲜大部分军队在姜弘立率领下降于后金。其实，他们在未开战前，就已暗通，《光海君日记》称：

> 当初弘立之渡江也，王以重违天朝督发，黾勉出师。而我国初非仇敌，实无战攻之意，密谕弘立，遣人潜通于虏。故深河之役，虏中先呼通事，弘立应时投附。至是在拘囚中，书状启裁作纸绳以送，备及结好缓祸之意。②

获知姜弘立降清以后，承政院、备边司屡启拘捕姜弘立家属，但光海君以为"弘立等只陈奴情而已，有何卖国之事乎"而不予批准。③以致修《光海君日记》的史臣们大发议论，"弘立等专军投贼，卖国逃生，则其忘君负国之罪，固所难逭。所当即施邦刑，传首中朝，而备局之系械上送，亦未免饶贷之责，而自上反以'有何负国'为教，惜哉"④。此论代表相当一部分人的看法。由此可见，明朝迟迟不册封光海君为世子，影响是何等之大。这也反映出

---

① 《朝鲜光海君日记》卷一三四，光海君十年十一月癸卯，第33册，第191页。
② 《朝鲜光海君日记》卷一三九，光海君十一年四月辛酉，第33册，第244页。
③ 《朝鲜光海君日记》卷一五〇，光海君十二年三月丙午，第33册，第307页。
④ 《朝鲜光海君日记》卷一五二，光海君十二年三月丙午，第30册，第325页。

姜弘立降清实乃光海君幕后所定之策。同时光海君始终暗中与后金往来，但当时后金对其暗中往来方式很不满，以为"交则交，不交则已，何必暗里行走"①。光海君试图寻找一条既应付明朝，又不得罪后金的策略，相当艰难。

光海君的两面政策，虽然使朝鲜免遭一时兵灾，但与朝鲜的事大主义传统相违背。朝鲜人把后金看作夷虏，光海君却弃"中华"（明朝）而交"夷虏"（后金），背逆了朝鲜信奉的正统观。天启三年（1623）二月，朝鲜发生宫廷政变，光海君被废。从废除他王位的大妃教中，可以看出，正是那种根深蒂固的儒家正统观念，使得他无法被宗室与大臣们接受：

> 我国服事天朝二百余载，义即君臣，恩犹父子。壬辰再造之惠，万世不可忘也。先王临御四十年，至诚事大，平生未尝背西而坐。光海忘恩背德，罔畏天命，阴怀二心，输款奴夷。己未征虏之役，密教帅臣观变向背，卒致全师投虏，流丑四海。王人之来本国，羁縻拘囚，不啻牢狱，皇敕屡降，无意济师。使我三韩礼义之邦，不免夷狄禽兽之归，痛心疾首，胡可胜言！夫灭天理、致人伦，上以得罪于宗社，下以结怨于万姓，罪恶至此，其何以君国子民，居祖宗之天位，奉宗社之神灵乎？兹以废之，量宜居住。②

此教完全以华夷正统作为理由，认为光海君"忘恩背德，罔畏天命，阴怀二心，输款奴夷"使"三韩礼义之邦，不免夷狄禽兽之归"，其"灭天理，致人伦，上以得罪于宗社，下以结怨于万

---

① 《朝鲜光海君日记》卷一六九，光海君十三年九月戊申，第33册，第401页。
② 《朝鲜仁祖实录》卷一，仁祖即位年三月甲辰，第33册，第503页。

姓"，罪恶至此，理当废之。光海君先被流放江华岛，再放于济州岛，67岁卒于流放地。他的悲剧说明儒家正统观念对朝鲜影响何等深远，不但思想上将其奉为圭臬，现实中亦不得违背。否则，国王宝座将有不保之危险。这样的危机令以后的国君时刻警醒，以免重蹈覆辙，故始终将尊攘的大旗高高举起，以确保政权的稳定。

仁祖（始称仁宗，后改仁祖）即位，改弦易张，一切以明朝为本位，绝不与后金往来，终于迫使后金发动丁卯之役，将不平等、不往来的关系改变成平等的兄弟之国关系。

三、清两征朝鲜与朝鲜之对抗

天聪元年（1627）正月初八日，皇太极命阿敏率军攻打驻守朝鲜的毛文龙，顺便攻打朝鲜。后金军队长驱直入，朝鲜则望风披靡。后金十四日攻入义州，廿一日克安州，廿六日入平壤，遂开始与朝鲜谈判。朝鲜虽然军事上远不是后金的对手，但在谈判过程中却充分显示了作为"礼义"之邦的特色，坚持事大理念，与阿敏的代表展开了激烈的谈判，顽强对抗。此固然是为了维护其自身的利益，但更重要的是基于春秋义理。自元月二十七日，阿敏试着遣人致书于朝鲜国王仁祖开始，直到三月三日后金八大臣与朝鲜盟誓，历时月余，谈判过程较之战争经过长了许多。

后金最初坚决要求朝鲜断绝与明朝的宗藩关系，而与后金约为兄弟之邦。但朝鲜极力维持与明朝的宗藩关系，因这是"大义所系，断不可许"[①]。朝鲜举国上下认为："此则君臣天地，大义截然，有以国毙，不敢从也。"[②]在文书往来中，朝鲜屡书"天启"年号，令阿敏大怒，以为后金并非明朝属国，不当用"天启"年

---

① 《朝鲜仁祖实录》卷一五，仁祖五年二月己亥，第34册，第167页。
② 《朝鲜仁祖实录》卷一五，仁祖五年二月辛丑，第34册，第168页。

号,而"天启""天聪"不过一字之差,可用"天聪"。朝鲜则认为此非小节,而是"毁灭纲常"的大义。"君臣之分,天经地义,截然不可犯,宁以国毙,岂忍为此?请还收改书之命。"①后来双方妥协,依揭帖式②,不书年号。年号问题解决了,却又因议和盟誓问题而争执,朝鲜国王以母丧"方在忧服之中","三年之内,绝不杀生"③为由,拒绝与后金阿敏盟誓。阿敏以为"无盟誓,何以信其诚,令贵国王悭滞不誓,是言和而意不欲和也"④!几经交涉,双方妥协,以朝鲜国王在殿上焚香告天,令大臣于外廷刑牲以誓,方达成盟誓协议。朝鲜与后金谈判中始终坚持不背离明朝,其正朔之争和仪式之争皆关乎正统,正统观是朝鲜谈判秉承的原则,故而寸步不让。

阿敏最终以朝鲜对明朝始终不改其忠心,以为朝鲜是有节义之国,故而不再坚持永绝明朝一款。而此又招致清朝第二次进兵朝鲜。1636年皇太极称帝时,朝鲜既不朝贺,又不接待前来劝说的清朝使臣,终于使得皇太极亲领大军第二次征伐。面对清大军压境,朝鲜束手无策,赖以自卫的就是其坚信的儒家义理观。答清使书曰:

> 凡贵国之责于我者大略有三:一则汉人之事也,二则边民之事也,三则谍间之说也。我国臣事中朝,敬待汉人,乃礼之当然也。凡汉人所为,我岂可以号令禁断也?当约和之初,我国以不

---

① 《朝鲜仁祖实录》卷一五,仁祖五年二月己未,第34册,第177页。
② 揭帖乃古代一种文书。戚继光《练兵实纪》杂集三载:"凡有大事申报上司,于文书之外,仍附以揭帖,备言其事之始末情节,利害缘由。"(戚继光撰,邱心田校释:《练兵实纪·杂集》卷三《将官到任宝鉴》,北京:中华书局,2001年,第260页。)可见揭帖是正文以外详细说明事情原委一类的文书。
③ 《朝鲜仁祖实录》卷一五,仁祖五年二月丁卯,第34册,第179页。
④ 同上。

背中朝为第一义,而贵国乃谓"朝鲜不背南朝,自是善意",遂定交邻之契,此上天之所监临也。今者每以向南朝接汉人责我,此岂约和之本意也?以臣向君,乃穷天地、亘古今之大义也。以此为罪,则我国岂不乐闻而顺受乎!①

此时仁祖被围困于南汉山城,外无救兵,内乏粮草。而朝鲜依然高举传统义理观的大旗,逐一驳斥清朝的指责。始终坚持"不背中朝"的原则,把臣事明朝,敬待汉人,看成是理所当然之事。因为汉人、明朝是"华",中华之象征,故不得不尊。而与清朝只是交邻关系,清人并不具"华"的资格。朝鲜以为与明朝乃君臣事大关系,并搬出丁卯之役时后金肯定朝鲜"以不背中朝为第一义"为理由与清朝争辩,但是皇太极征讨朝鲜正是冲着这一点来的,要将朝鲜由"不背中朝"变成"不背清朝"。

丁卯之役后,朝鲜虽与后金建立了兄弟之国的关系,但对后金采取敷衍塞责的态度,对于后金的使者亦不加礼遇,以致后金使者抱怨:南朝使者来,则供馈赠遗甚厚,"而今接吾辈,还同隶人"②。在贸易、逃人等问题上朝鲜也采取消极敷衍塞责的态度。为了消除这种不公平,剪除明朝的羽翼,清朝就要将朝鲜臣服。

仁祖困守南汉山城时,崔鸣吉请与清议和,清亦派人议和谈判。但在朝鲜内部斥和派势力极大,洪翼汉曰:"建州欲窃大号即自帝,何询殿下耶?彼其意欲藉殿下之言,将以称于天子曰:'朝鲜尊我为天子。'殿下何以解天下之惑乎?宜斩使者之头,并其书奏之天子。"③吴达济论崔鸣吉,"夫崔鸣吉,一憸臣也……

---

① 《朝鲜仁祖实录》卷三二,仁祖十四年六月庚寅,第34册,第635页。
② 《朝鲜仁祖实录》卷二二,仁祖八年三月甲申,第34册,第367页。
③ 黄景源:《江汉集》卷二七《明陪臣传·洪翼汉传》,第29页。

愿殿下抵鸣吉罪，以厉人臣之节"①。尹集论曰："明天子，民之父母也。虏，父母之仇也。属国之义，固不可连和于虏也。今虏逼京师，辱先帝之陵，殿下兵弱力微，虽不能悉赋而从征，以报天子之仇，亦何忍复遣使者，与虏连和乎？"②"不去鸣吉，国必亡矣。"这使得当时双方议和相当艰难，清朝为了打击朝鲜斥和势力，勒令朝鲜缚送斥和主首者，于是金尚宪、郑蕴、尹煌、尹集、吴达济、金益熙等11人请行，而洪翼汉时在平壤，故不得"首实"。仁祖大惊。最后只定尹集、吴达济及在平壤的洪翼汉三人，尹集等对清使英俄尔岱说：朝鲜事明天子且三百年，"臣民惟知有明天子耳……吾等……所争者义也，成败存亡不论也"③。可见支配他们斥和的正是与明朝三百年来的君臣礼义，不惜一死。他们被押到沈阳，不屈而死。斥和三臣之死，在朝鲜随后二百多年中备受称颂，被视作是朝鲜尊周大义的象征。即如权尚吉《吊三学士文》称颂道：

> 呜呼，三先生之死，其亦幸矣。城下之事尚忍言哉！三纲沦矣，九法斁矣，冠屦倒植，夷夏变易。当此之时，不有吾三先生死，则堂堂数百年小中华之国，将至于君不君，臣不臣，父不父，子不子，而后史之秉笔者，直以夷狄之陋待之矣。于是乎三先生死，天下之大纲常废而复举，国家之大义理晦而复明。庙社之神灵庶可以安，祖宗之臣民亦可以定。后世之修《春秋》者，必书之曰：某年、某月、某日，皇明遗臣洪某、吴某、尹某，为虏汗所杀，不亦大快矣乎！然则三先生之死，非直为三先生之

---

① 黄景源：《江汉集》卷二七《明陪臣传·吴达济传》，第31—32页。
② 黄景源：《江汉集》卷二七《明陪臣传·尹集传》，第30页。
③ 黄景源：《江汉集》卷二七《明陪臣传·吴达济传》，第32页。

幸，实为吾东方万万世之幸也！①

但后来为形势所迫，仁祖只得采用崔鸣吉之办法，与清签订城下盟约。盟约首要一条即是"去明国之年号，绝明国之交往，献纳明国所与之诰命册印"②，意在割断朝鲜与明朝的一切关系。其后是一系列敦促朝鲜遵循此规范的规约，质子、奉清正朔，清帝万寿节及中宫千秋、皇太子千秋、冬至、元旦及庆吊等事，俱行贡献之礼，并遣大臣及内官奉表。从而奠定清代中朝关系的基调。当时朝鲜实际上无任何力量与清谈判，一切听命于皇太极安排。清朝深知朝鲜对明朝之情感及对清之心态，因此采取人质的策略，以朝鲜世子并另一王子及朝鲜诸大臣之子为质，加以牵制和督促。

南汉山城盟约使朝鲜成为清朝藩属，但朝鲜国王仁祖"以计穷力尽，屈意图存之状"③，将降服经过报告皮岛都督陈洪范，希望转呈明朝，又支持平安兵使林庆业派僧申歇与洪承畴相通，从而开启潜通明朝之举。对于朝鲜臣服于清，明朝不久即获悉其情状，当时朝鲜使节金堉尚在出使明朝途中，但是明对金堉不但未加丝毫为难，反而一再安慰，沿途派兵护送，陆路早已不通，遂由海路返回，途经椵（皮）岛，都督陈洪范赠大米四十石，青布百匹，令其带回，以奉给国王，令朝鲜君臣更加感激不尽④。对于朝鲜潜通明朝始末，刘家驹有详尽的讨论⑤，笔者无意全面论述，

---

① 权尚吉：《南谷先生文集》卷二《吊三学士文》，韩国文集编纂委员会编《韩国历代文集丛书》第2367册，汉城：景仁文化社，1997年，第381—382页。
② 《清太宗实录》卷三三，崇德二年正月戊辰，第430页。
③ 《尊周录》之《丁丑下城后》，见《朝宗岩文献录》，第15页。
④ 具体情况可参见金堉：《潜谷朝天日记》，见《燕行录选集》，上册，第226页。
⑤ 参见刘家驹：《清朝初期的中韩关系》第八章《朝鲜潜通明朝始末》，第343—396页。

只论其数点：

其一，潜通明朝，时间是从南汉盟约之后一直到松锦之战前的数年间（1637—1643），松锦战后，由于明辽东经略洪承畴降清，洪承畴将朝鲜潜通明朝之事和盘托出，清朝彻底追查，惩处一批朝鲜官员，最终使得潜通明朝结束。

其二，虽然只有几个人参与潜通明朝之事，最重要的有安州节度使林庆业、僧人独步、义州府尹黄一皓、壮士崔孝一、车礼亮等人，但实际上背后有左议政崔鸣吉等人及仁祖的支持。朝鲜潜通明朝与国王仁祖直接相关。南汉城下：

> 王每岁正朔西乡（向）哭，左右皆泣，乃求义士之可以使明者，未得也。及鸣吉因林庆业得独步，乃遂遣之。移咨于承畴，具道为清所围，不能城守状。独步间走承畴军。因致国书，承畴上之天子，是岁崇祯十二年也。天子下诏褒其义，因赐独步号曰丽忠。十四年，独步归自京师，王大喜。赐独步米五百五十石，白金千五百两，人参五十觔，复遣之。①

僧人独步，成了明廷与朝鲜王室之间传递信息的使者，洪承畴担当了非常重要的角色。洪承畴降清后，朝鲜与明方真正断绝一切往来。

崔孝一原为朝鲜军人，多次与清朝作战。朝鲜臣服于清后，明室日渐衰微。崔孝一募得力士车礼亮谋求刺杀皇太极，以报明室。义州府尹黄一皓、安州节度使林庆业皆与其事。崔孝一浮海到东江向皮岛守将陈洪范出谋划策，未见采纳。又去宁远投奔吴三桂，吴三桂以为谋士。崔孝一到登州次年，清朝得知其事，将其家人皆处

---

① 黄景源：《江汉集》卷三〇《明陪臣传·僧独步》，第67页。

死。吴三桂降清后,崔孝一到北京,"独不朝贺,不剃发,待先帝殡,昼夜临,十日不食,死于先帝之旁,三桂为收而葬之"①。真乃忠明义士。

安州节度使林庆业先后参与了策划独步、崔孝一潜通明朝之事,而作为朝鲜当时最为重要的将领,清多次要求其率军援助,他都阳奉阴违,拖延塞责。松锦战时,清令林庆业率舟师前往旅顺口,林庆业船行甚慢,故意把三条船漂到登州,把清将要攻打锦州情报泄露给明军。船行海上,遇明水军,明兵佯与之战,诫射者不装铅头空发火药,曰:洪都督军也。炮毋中,承畴亦诫其射者不铅而发,曰:林总兵军也。双方发空炮,以故两军无一死伤者。又使两人潜水到明军告知清阴谋,又日沉船,凡六十四船。②如斯援清,实则坏事,引得清朝大加指责。崇祯十二年(1639)八月,朝鲜令林庆业率兵三百人到九连城,传令于义州、宣川、郭山等,令其中军督率五邑军进凤凰城,但其意不在助攻,而在于"解清人之喷责"③。进兵途中,总是故意拖延时间或想方设法自我破坏。松锦之战后,潜通之事败露,清使前来抓捕林庆业。林庆业逃亡,削发为僧,伺机浮海到登州,效忠于都督黄龙麾下。不久明亡,林庆业被清兵俘获,被送回朝鲜。当时朝鲜亲清派势力金自点掌权,林庆业被刑审逼供,跟随林庆业的人皆被惩处,林庆业亦被掠杀④。

纵观朝鲜潜通明朝,虽然好像是几个人所为,其实很有代表性。独步为僧人,崔孝一为退役士兵,林庆业是将领,而背后则有朝鲜国王的支持。崇德六年(1641)崔孝一致书于义州族属,言

---

① 黄景源:《江汉集》卷三〇《明陪臣传·崔孝一》,第63页。有关崔孝一之史事,可能系编者杜撰出来,可信度不大。如其守崇祯陵旁而死,即为不可能之事。
② 黄景源:《江汉集》卷三〇《明陪臣传·林庆业》,第65页。
③ 《朝鲜仁祖实录》卷三七,仁祖十六年八月癸丑,第35册,第34页。
④ 《朝鲜仁祖实录》卷四七,仁祖二十四年六月戊寅,第35册,第278页。

"本国（朝鲜）亦欲潜通中原（明朝），三公六卿皆有此意"①，这些潜通明朝的人和事，是否确有其事，因为无法从中国找到相应的史料，故而难以断定。即便只是一种传说，实质上也反映出当时朝鲜人一种普遍心态，试图通过这种传说，寄托某种思明的情感。朝鲜尊周思明正是在潜通明朝无法实施的情况下开始的。潜通明朝的心态在明朝灭亡后转化为尊周思明心态，这种心态影响着朝鲜的思想与现实政治，成为朝鲜处理与清关系及国内政治的基本原则。

第四节 尊周攘夷：朝鲜对清朝之文化心态

朝鲜臣服于清后，虽然原则上已断绝了与明朝的宗藩关系，但与明朝仍有潜通往来的机会。1644年明朝灭亡，对朝鲜是个极大的打击，"闻此报，虽舆台下贱，莫不惊骇陨泪"②。明清更替，使朝鲜自身的认识发生危机，原来的"蛮夷"满洲入主中原，冲击着朝鲜传统正统观的认识，而现实中却不得不与清朝建立宗藩关系，使得其文化上、思想认同观中都发生矛盾和冲突，于是就只得依从传统，强化其与明朝的关系，重新确立其自我正统。随着与清宗藩关系的日益正常化，朝鲜内部原来的亲明势力极力倡导尊周攘夷的理念。尊周实质即是尊明，怀念明朝；攘夷乃攘斥清朝。二者乃一体两面的关系，尊周是为了攘夷，攘夷重在尊周。这种思想贯穿于清代中朝关系始终，构成清代中朝宗藩关系背后的潜流③。其时隐时现，几有将清代中朝关系再推向战争之势。从下面的讨论中，我

---

① 《朝鲜仁祖实录》卷四二，仁祖十九年十一月辛巳，第35册，第124页。
② 《朝鲜仁祖实录》卷四五，仁祖二十二年五月甲午，第35册，第184页。
③ 参见刘春兰：《试论明清之际朝鲜社会的慕华崇明思想对明遗民的影响》，陈尚胜主编：《第三届韩国传统文化国际学术讨论会论文集》第936—937页。

们可以深切感知此种思想在清代中朝关系中的表现。

一、尊周思想与朝鲜的对明情感

明朝灭亡,朝鲜所认定的中华正统随之在中国消亡,于是,朝鲜努力塑造自身为中华正统的继承者,"独持天下正,宗周幸鲁中"①。尊周思想应运而生。其实,尊周并非朝鲜独创,而是源自传统儒家思想。发端于春秋时期,为《春秋》所肯定,成为《春秋》大义的重要内涵。不过中国历史上更多地讲求尊王攘夷,而较少谈尊周攘夷。尊王,即加强中央政府权力;攘夷,即抵抗外寇侵略。数千年来,不论政体如何,对此二义必遵行不悖。朝鲜则只谈尊周,鲜讲尊王。这显示朝鲜王朝所宣讲的"尊周",具有某种特定含义,他们大讲"尊周",意在"尊明"。明朝始终作为一个无法消除的潜在力量,影响着清代中朝关系,这就是朝鲜讲求"尊周思明""尊周攘夷"的根源。而"尊周攘夷"长期以来成为朝鲜君臣对清朝的一种基本文化心态。弄清尊周的渊源及其在中国历史上的表现,有助于理解朝鲜王朝尊周的实质。

(一)中国历史上的尊周观念

西周末年,王室昏庸,犬戎攻入镐京,周平王东迁,周王朝从此日渐衰落,往日宗主国的威势不复存在。但正统犹存宗周,为了恢复传统政治秩序,春秋时期诸侯国把尊周作为诸侯称霸所资利用的一个旗号。齐桓公任用管仲首先实现其"尊周公、霸诸侯"的理想,开启尊周争霸的时代。

尊周观念,从儒家礼义思想来看是极其应当的。历史上对尊周十分称颂,刘向称赞曰:"昔齐桓公前有尊周之功,后有灭项之

---

① 成大中:《青城集》卷四《华阳书院二十咏依感兴诗韵·一治堂》,第418页。

罪，君子以功覆过而为之讳行事。"①综合论之，春秋以后尊周具有以下几个特点：

其一，代表中央权威的周室衰微了，无法号令于天下。但周室名义上的权威与正统仍在，具有一种诸侯国无法取代和获得的优势和权威。用当时诸侯的话说，周天子对当时的天下，"犹衣服之有冠冕，木水之有本原，民人之有谋主"②。其作用无法取代，于是必须尊周。尊周的具体表现则是尊周天子，亦即尊王。当时尊周与尊王，二者并无本质区别。尊王以强化中央集权，尊周乃尊周朝正统。

周初大封宗亲，以藩屏王室。但西周末年，平王东迁之后，王权衰微，诸侯并起。小并大，弱役强，周天子无法控制。于是诸侯挑战王权，挑战周天子权威。诸侯以下犯上之事屡屡发生，如郑庄公射王中肩、郑文公执王使臣、楚庄王观兵问鼎，等等。诸侯既不臣于天子，大夫亦不臣于诸侯，如鲁之三桓、晋之六卿，皆废诸侯而自立。有鉴于此，孔子作《春秋》贬之，诸侯已称王公，而《春秋》书其本爵；周室早已衰微，而经文致其尊崇；其他如臣子弑君，大夫擅国，亦皆大著贬词，极力宣扬尊王攘夷思想，故《孟子》谓："孔子成《春秋》，而乱臣贼子惧。"由《春秋》所倡导的尊王思想，以后历代皆受到注意③。而宋代尤其讲求尊王，其原因主要是惩唐末五代藩镇荼毒之祸，痛斥权奸柄国，明三纲以伸正统，惩强侯以尊天王，从而加强中央集权统治。故而，尊王成为中国历代中央集权的手段与口号，也是分裂时期各政权强化自身正统的一个法宝。历代宗主的正统地位，是分裂时期可以从思想和文化

---

① 班固：《汉书》卷七〇《陈汤传》，第3017页。
② 《十三经注疏·春秋左传正义》卷四五《昭公九年》，第4467页。
③ 参见宋鼎宗：《春秋宋学发微》，台北：文史哲出版社，1986年，第127页。

传统中唯一令诸侯信服的正统。统一王朝倡导尊王，则重在加强中央集权。

其二，春秋时期，即便某个强大的诸侯很有实力，但事实上无法取代作为正统的周朝在精神文化上的影响力，故只能借"尊周"来强化自身权威，为本国树立正统的地位。因为周室式微了，失去了真正的权威，只具象征意义的宗主身份，所以要诸侯尊奉，才可能恢复以往的权威。尊周可以为诸侯赢得号召力，增强诸侯国的信服度，为其树立威信。春秋战国时期，列国纷争，要称霸，先尊周。秦晋争霸，赵衰对晋文公说："求霸莫如入王尊周，周、晋同姓，晋不先入王，后秦入之，毋以令于天下，方今尊王，晋之资也。"晋文公采纳建议，遂"入襄王于周"，从而实现其称霸的梦想[①]。楚庄王、秦穆公、吴王阖闾、越王勾践莫不假尊周之名，行称霸之实，先后称霸诸侯。越王勾践卧薪尝胆二十余年，终于灭吴，报会稽之耻，并陈兵于淮，以临齐、晋，"号令中国，以尊周室"[②]，从而达到其称霸诸侯的目的。

其三，尊周观念，向来为儒家所肯定。因为至少形式上它维护了传统的正统形象。三国时期，曹操"挟天子以令诸侯"，乍看来同尊周相似，其实，"挟天子"与春秋讲求之"尊周"有本质的不同。汉献帝只是一个傀儡，一切控制在曹操手上。而周朝则是一个政权，一种象征。周天子虽然失去了往日的威风，但始终有自己的军队和官僚机构，东周以后，尚历二十五王。周室对诸侯始终有着非常大的影响力。战国初年，田氏代齐后，恳求魏武侯介绍，经周安王册封，才算正式的诸侯。而且诸侯各国高举"尊王攘夷"的大旗，即便最显赫的诸侯也没有取周天子而代之的非分之想，唯有

---

① 司马迁：《史记》卷三九《晋世家第九》，第1663页。
② 司马迁：《史记》卷四一《越王勾践世家》，第1752页。

楚庄王曾有问周鼎之意，但王孙满当头棒喝，"周德虽衰，天命未改，鼎之轻重，未可问也"①！而曹氏无一日不想代汉，终于其子曹丕取而代之。这些都显示二者有本质的不同。曹操并非"尊天子"，而是"挟天子"，天子几成人质为其所用，他颠倒了原来的君臣主次与上下关系，因而受到儒家正统史家的指斥②。

中国历史上，每每中央王权衰微之际，或处于分裂之时，尊周观念就为世人所倡导和推崇，因为原有的正统权威无力行使，但仍然具有正统的名分，不尊正统则受到批评，新的正统权威尚未形成，尊王、尊周，即成为强势政权塑造正统、号令诸侯的手段，它广泛存在于中国历史之中。

（二）朝鲜王朝尊周与思明的关系

朝鲜王朝的尊周思想，源自中国春秋时期的尊周观念。宋时烈称："孔子之作《春秋》也，大义数十，而尊周最大。朱子初见孝宗，罄陈所学，而讨复为先。此义一晦，则三纲沦，九法敦，中国入于夷狄，人类化为禽兽矣。"③李恒老更认为"朱子修《纲目》亦然"④。可见，朝鲜尊周之理论根据，就是《春秋》和《资治通鉴纲目》。但是朝鲜只讲尊周，鲜谈尊王。而中国历史上大谈尊王，鲜讲尊周。虽然在《春秋》中尊王与尊周意义相同，但是后来意义上则略有变化。尊王重在强化王权，而尊周原本意在强化周朝的正统性。而朝鲜只讲尊周，不谈尊王，即显示出二者的差别。

---

① 《十三经注疏·春秋左传正义》卷二一《宣公三年》，第4056页。有关春秋争霸问题，可参见晁福林：《霸权迭兴——春秋霸主论》（北京：三联书店，1992年）和李隆献：《晋文公复国定霸考》（台北：台湾文史丛刊，1988年）。
② 曹操被史家斥为奸雄。而对魏的正统，虽然陈寿《三国志》、司马光《资治通鉴》以魏为正统，但朱熹《资治通鉴纲目》削其纪年，以蜀汉为正统，后来多有贬之者。
③ 宋时烈：《宋子大全》卷二七《上安隐峰》，《影印标点韩国文集丛刊》1993年第109册，第12页。
④ 冯荣燮编：《朝宗岩文献录》，汉城：保景文化社，1979年，第491页。

朝鲜所尊之周,则是已经灭亡的明朝。它作为一种文化正统则根植于朝鲜人心目中。而当时他们大谈尊周,是作为对付清朝的一种手段,是其塑造自身正统的一种策略,从而确保朝鲜文化心态上的优越感。

朝鲜大讲尊周,意在尊明,实际上表示朝鲜依然只认同明朝,拒斥清朝。明朝灭亡后,朝鲜认同明朝大体表现在以下几个方面:

第一,朝鲜与明朝的关系乃君臣父子,故不可不讲尊周。所谓"我邦之于明室,君臣之义,父子之恩,盖二百有余年"①。故义则君臣,恩则父子也。"臣不可不祀君,子不可不孝敬父母",故朝鲜要谨事大、诚尊周。明朝虽然灭亡了,作为正统的化身仍然存在,故必须尊奉。

第二,朝鲜乃大明之朝鲜,尊周、尊明,即是尊朝鲜自身,确保朝鲜之正统观。李起淳(1602—1662)声称"朝鲜乃大明之朝鲜也"②。宋时烈亦以明朝灭亡后,唯独朝鲜保有"大明天地,崇祯日月"③,故不可不尊奉明室,崇祀明朝皇帝。郭钟锡(1846—1919)论道,朝鲜乃"天地为大明天地,日月为大明日月,山河区域为大明山河区域",因为:"方皇猷御极,车书礼乐,典章文物,固已协万邦、光四表,而格上下矣。天地所囿,日月所照,山河区域之所包,被服谣俗之所及,动植群生之所自乐,夫何往而非大明也!"因而即便崇祯后二百四十余年时,依然可"唤我作大明人"④。朝鲜君臣以大明遗臣自居,尊周以尊明,也就是尊朝鲜自身,借此加强自身的正统地位。成大中(1732—1812)对尊周的具

---

① 金炳学《小华外史序》,见吴庆元:《小华外史》,上册,第202页。
② 李起淳:《西归遗稿》卷八《湖南伯问答》,第429页。
③ 权尚夏:《寒水斋集》卷二二《书华阳崖刻后》,《影印标点韩国文集丛刊》1995年第150册,第404页。
④ 郭钟锡:《俛宇集》卷一四一《某里纪行录跋》,《影印标点韩国文集丛刊》2004—2005年第344册,第35页。

体含义进行了透彻的阐述,他说:

> 尊攘大义,属国反为之主,而周之史无与也。如其周也,尊王之义安所施哉?吾故曰《春秋》幸在鲁也。明之于我,即周之于鲁也!况重之以万历之恩耶!然恩义一理也,未有无义而恩者,故恩莫大于君父,而义为之则。我之恩明,即我义也。不然,何其感人心而立人纪,若是之久耶?故上焉而皇坛崇其报,下焉而华阳阐其义,使我东免为夷貊之归,而焕乎其冠冕,如日月之辉。黄河再清,必来取法,《礼》所谓广鲁于天下者,不其在斯耶?明虽亡,赖我而犹不亡也!①

成大中是英祖(1724—1776在位)、正祖(1776—1800在位)时期的重要文臣,其时朝鲜与清朝的关系已相当融洽,而他依然大讲尊周,大讲思明,可见这种思想之根深蒂固。概括起来看,成大中所阐述朝鲜尊周思想具有以下几个特点:

其一,尊周是藩国对宗主国的一种反映。尊周大义、尊王攘夷是属国应行之事,如周朝本朝是无法实施尊周的,也就是说宗主国不能行尊宗主国之事,只能由鲁国实行尊周。"明之于我即周之于鲁",这句话点明了朝鲜大讲尊周的内在实质,尊周即是尊明,明之于我即周之于鲁,反过来讲,我之于明,即鲁之于周也。所以更应大讲尊周,以示尊明。这是朝鲜尊周的内在实质。

其二,朝鲜尊周表现是崇祀明诸帝。"上焉而皇坛崇其报,下焉而华阳阐其义"。肃宗建大报坛时说:"今日建庙,不特予崇报之诚,宣在于此,神皇在天之灵,亦安知不恋兹东土耶?尊周之

---

① 成大中:《青城集》卷七《明隐记》,《影印标点韩国文集丛刊》第248册,第477页。

义,皎如日星,予志之定,坚如金石,断不可已也。"①明确表示尊周是其建大报坛的意图,建坛崇祀。

1704年明朝灭亡六十周年之际,肃宗国王在昌德宫后苑建大报坛,崇祀明神宗,英祖将其扩展到明太祖和明崇祯帝。此后,大报坛就成为历代朝鲜国王崇祀明朝皇帝的祭坛,直到1908年被毁。华阳洞是宋时烈临终前遗命弟子所建的。1703年权尚夏(1641—1721)等在华阳洞建万东庙,崇祀明神宗和明崇祯帝,以后就成为朝鲜儒林祭祀明朝皇帝的圣地。1830年代,明朝九义士后裔在朝宗岩建大统庙,崇祀明朝三帝和九义士。凡大报坛、万东庙、大统庙对明朝皇帝的崇祀皆是尊周的具体表现,被视作"崇明三义"②。

其三,尊周以存明,尊周以报恩。正因为崇祀,正因为尊周,"明虽亡赖我而犹不亡",从而报明朝壬辰"再造"之恩。朝鲜以为明朝有三大恩:明太祖的赐国号乃"大造"之恩、明神宗出大兵拯救朝鲜于水火乃"再造"之恩、崇祯帝在内忧外患焦头烂额之时,尚出兵思救的拯救之恩。"有此三大恩而不思崇奉,则岂可曰礼义之国也哉?"③明已亡,朝鲜以尊周崇祀而使之不亡,从而报答明朝之恩。

可见,朝鲜对明朝始终有割不断的情感。明清更替,而朝鲜王朝由明朝藩国变成清朝藩国。清朝是取代明朝而建立的政权,是对明王朝正统的否定。朝鲜的正统地位是来自于宗主国中国的确

---

① 《朝鲜肃宗实录》卷三九,肃宗三十年四月己卯,第40册,第77页。
② 柳麟锡:《毅庵集》卷三《崇明三义》(《影印标点韩国文集丛刊》2004年第337册,第109页):"皇明屋社后,圣朝设大报坛于御苑,士林建万东庙于华阳洞,皇朝九义士子孙设大统坛于朝宗川,为之崇奉享祀。"
③ 吴浣根:《序》,《朝宗岩文献录》,第8页。作者为当代明义会成员、明遗民后裔。

认①,华夷观的影响,使得朝鲜不可能接受清朝的正统性,故而只得依从明朝,强化与明朝的关系,从而解决其正统危机,避免现实中的矛盾,这样就转化为尊周思明的行动。尊周与攘夷紧密相关。因为朝鲜始终视清为夷狄,朝鲜尊周意在贬斥清朝。尊周与攘夷是一体两面的关系,二者相辅相成,不可分割。仔细探明尊周观的另一面,即攘夷观,我们会有更清楚的认识。

二、攘夷观念与孝宗北伐

如前所述,尊王攘夷的华夷观发端于中国的春秋时期,为儒家重要的观念,《春秋》大加肯定,并为历代儒学大师们加以丰富,尤其是面临周边异民族的威胁时,尊华攘夷的华夷观就会大讲特讲,成为捍卫中华的有力武器。

西周末年,犬戎攻入镐京,杀死幽王,迫使平王东迁洛邑,"华夷"之别在当时引起诸侯各国高度重视。诸侯国面临犬戎等诸边游牧民族的侵扰,遂大讲"尊王攘夷"之策。春秋时代,当时所认识的社会基本上分作华夏与夷狄两大类。中原大地原本是夷夏杂居,到战国早年形成了"内冠带外夷狄"的局面。在这一过程中,尊王攘夷一度成为各诸侯的主导旗号。当时中原地区有许多异姓族落活动,若邢、郑、齐之间有北戎,晋国南部有茅戎、丽戎、大小戎等部落,十分活跃,狄人则遍布于今天的山西、河北和山东一带,"夷夏杂居"。"天子卑弱,诸侯力征,南夷北狄交伐中国,中国之不绝如线"②。在异族的攻伐下,中原各国得以在"尊王攘

---

① 参见Michael C. Rogers, "The Chinese World Order in the Trans-mural Extension: the Case of Chin and Koryo," *Korean Studies Forum* (Spring-Summer, 1978), 4 :1-22. 并参见朱云影:《中国正统观对日韩越的影响》,载《中国文化对日韩越的影响》,第249页。
② 刘安等撰,何宁集释:《淮南子集释》卷二一《要略》,北京:中华书局,1998年,第1460页。

夷"的旗帜下团结一致,共同对敌。齐国、晋国相继扮演了中原国家的领袖角色,《公羊传》称"(齐)桓公救中国而攘夷狄"①。孔子亦曰:"微管仲,吾其披发左衽矣。"齐桓公为春秋五霸之首,他为华夏出力亦最多,为救燕,存邢、卫,定周襄王之位,平鲁乱,立晋惠公,更联合中原诸侯,共同抵御北方之戎狄与南方的荆楚,使华夏免于异族的掠夺与蹂躏。齐桓公死,夷狄又猖獗,交侵中国。南之蛮楚,侵齐伐宋,势逼中原,陈、蔡、鲁、卫、郑相继服楚,北狄进犯王畿,天子蒙尘。于是晋文公起,勤王、救宋、伐卫,与楚战于城濮,败楚而抑其师。晋楚之争,非仅一国之得失,实关乎华夏之存亡,此晋文公之功也。而齐、晋也实现了称霸诸侯的野心。这种行为得到孔子的称颂,此后尊王攘夷的思想遂成为儒家正统思想的一个重要内容。

《春秋》以来,中国历来所讲"华夷之辨""夷夏大防"有几个特点:其一,夷夏有别,这是一个最基本的观念,"非我族类,其心必异"②,甚至将夷狄与动物相比,夷夏之别竟可等同于人和动物之间的差别;其二,"内中国而外诸侯,内诸夏而外夷狄",中国居内,夷狄居外;中国为中心,夷狄为边缘。在地理位置上有此分别,以致出现了"东方曰夷""西方曰戎""南方曰蛮""北方曰狄"的四夷局面。夷居四方,华夏处中;其三,"用夏变夷,未闻变于夷",华夏可以改造夷狄,夷狄却无法改造华夏。孟子有"用夏变夷者,未闻变于夷者也"之说③,韩愈称颂"孔子之作《春秋》也,诸侯用夷礼则夷之,夷而进于中国则中国之"论④。

---

① 《十三经注疏·春秋公羊传注疏》卷十《僖公四年》,北京:中华书局,2009年,第4883页。
② 《十三经注疏·春秋左传正义》卷二六《成公四年》,第4128页。
③ 《十三经注疏·孟子注疏》卷五下《滕文公章句上》,第5884页。
④ 韩愈:《韩愈文集汇校笺注》卷一《原道》,北京:中华书局,2010年,第3页。

这种认识是儒家文化高于种族差别的象征,也是中国历史上北方游牧民族能入主中原,继续采用儒家文化的一种内在因素。也正因此,陈寅恪先生在研究南北朝历史时,以为当时的差别是文化而非种族[①]。文化是主要的,也是唯一可以化解种族矛盾的。

朝鲜之华夷观虽然是从中国儒家华夷观中衍生出来的,除了一些基本的特色得以继承外,它还具有朝鲜本土特色。在朝鲜的华夷观中,民族差别较之文化差异更为重要。它只把汉族看成是中华文化的代表,其他民族,无论契丹、女真,还是蒙古、满洲都被视作夷狄,不可信任。历史上朝鲜排辽、排金、排元、排清,时代虽不同,根源如一[②]。以为中华世界之中,汉族是中华,其他皆为夷狄,唯有朝鲜由"夷"而入"华"了。明朝灭亡,中华大义只得赖朝鲜保存,从而凸显朝鲜在中华世界中无可替代的地位。至于朝鲜以外的其他各族,并不认为可以"用夏变夷",从而改变其夷狄的本性。朝鲜从根本上对中国历史上的其他民族,在文化心态上存在着一种自大的蔑视心理。即如对与其交往甚为频繁的契丹,高丽非常担心受其影响,衣冠制度皆禁绝之。如高丽太祖二十六年(943)制曰:"惟我东方,旧慕唐风,文物礼乐,悉遵其制。殊方异土,人性各异,不必苟同。契丹禽兽之国,风俗不同,言语亦异,衣冠制度,慎勿效焉。"[③]又如对元朝,高丽王室与元朝皇室之间有姻亲关系,蒙古公主下嫁高丽国王,高丽是元朝的"外甥之国"。然而高丽终究认为:"夫所谓蒙古者,猜忌莫甚,虽和之,

---

① 参见陈寅恪:《陈寅恪魏晋南北朝史讲演录》,万绳楠整理,合肥:黄山书社,1987年。
② 参见李泫淙:《韩国历史文献中之东亚大陆民族观》,《中韩关系国际学术讨论会论文集》1983年,第1—22页。
③ 洪凤汉:《增补文献备考》卷七九《礼考·章服》,中册,汉城:东国文化社,1959年初版,1981年再版,第13页。

不足以信之,则我朝之与好,非必出于本意。"①

朝鲜王朝对清朝的认识正承继了这样贬视他族的传统。而清朝与朝鲜的关系,除朝鲜固有的偏见外,正如前面论及的,清人更具有先天性的不足。因为它崛起于偏远的建州,相当长的时期清朝先祖们居于朝鲜北部,被视作朝鲜之"藩篱"。《慵斋丛话》曰:

> 野人与我平安道接界者为建州卫,与我永安道接界者为毛麟卫,又有依我城底而居者,其类不一。每年之冬,分运上京,其所贡,但貂皮数领,朝廷亦以红黑绵布偿之。其拜职,自司猛、司正、司果、司直、护军,至升通政、嘉善、资宪而止。新拜堂上者给玉贯品带绳床,又依例给禄。②

朝鲜臣服清朝后,以前的"藩属"反成其宗主,故朝鲜极不服气。

与此同时,清丁卯、丙子两次出兵,迫使朝鲜订立城下之盟。两次兵事,朝鲜受祸甚惨。崇德二年(1637),朝鲜与清朝举行三田渡盟约后,皇太极并未立即撤军,而在朝鲜境内滞留两个半月,听任士卒抢掠,不少朝鲜人被俘,成了清人战利品,随后在沈阳拍卖,朝鲜被迫"赎还"被俘亲属,这更增朝鲜人的仇恨③。朝鲜原本就将清人看成夷狄,经此一役,旧恨新仇,使得朝鲜将攘夷的大旗高高举起,成为历代国王遵行不悖的法则。朝鲜历代皆讲尊周攘夷之策,最烈者莫过于孝宗北伐。而孝宗北伐依从的理论正是《春

---

① 郑麟趾:《高丽史》卷二三《高宗世家》,高宗十九年十二月,《四库全书存目丛书》史部第159册,第475页。
② 成伣:《慵斋丛话》卷一〇,见《大东野乘》第1册,汉城:庆熙出版社,1968年,第266页。
③ 刘家驹把这个后果看成是"造成朝鲜对明朝的怀念,也影响清国与朝鲜君臣藩属关系的迅速正常化"的原因。参见氏著《清朝初期中韩关系》,第130页。

秋》大复仇说。

《春秋》大复仇说初见于《公羊传》，谓齐襄公之灭纪，乃为复九世之仇，且加以肯定曰："以襄公之为于此焉者，事祖祢之心尽矣。"①汉武帝即以此为据，为报高祖平城之耻，大肆征讨匈奴，至其降服而后止。北宋末年，徽、钦二帝被俘于女真，赵宋南渡，诸儒因经立义，慷慨陈词，大讲复仇乃圣人之意，极力倡导复仇雪耻之大义。朱熹所生活的时代正是大讲攘夷的南宋，南宋一朝始终未摆脱金的威胁。朱熹遂大讲攘夷，他数次上奏折于皇帝。在《垂拱奏札二》中论道：

> 仁莫大于父子，义莫大于君臣，是谓三纲之要，五常之本，人伦天理之至，无所逃于天地之间。其曰君父之仇不与共戴天者，乃天之所覆，地之所载，凡有君臣父子之性者，发于至痛，不能自已之同情，而非专出于一己之私也。恭维国家之与北虏，乃陵庙之深仇，言之痛切，有非臣子所忍闻者，其不可与共戴天明矣……然则今日所当为者，非战无以复仇，非守无以制胜，是皆天理之自然，非人欲之私忿也。②

在朱熹看来，徽、钦二帝被金兵俘虏，这是不共戴天之仇。金是"北虏"，是"夷狄"，华夷原本要辨明，而今又有"陵庙之深仇"，故为不共戴天之势，决不可议和，只能北伐，以雪耻复仇。同时，朱熹讲求"修攘"——内修外攘，意在复仇。"须知自治之心不可一日忘，而复仇之义不可一日缓"③。因此朱熹提倡"内

---

① 《十三经注疏·春秋公羊传注疏》卷六《庄公四年》，第4834页。
② 朱熹：《朱熹集》卷一三《垂拱奏札二》，郭齐、尹波点校，成都：四川教育出版社，1996年，第508页。
③ 朱熹：《朱熹集》卷二五《答张敬夫书》，第1052页。

修政事，外攘夷狄"①，两者并举，不可偏废。朱熹的这种思想为朝鲜儒林所弘扬，而"复仇雪耻"的口号也在朝鲜响彻了二百多年②。而朝鲜孝宗之北伐，就是本着《春秋》复仇之义理和朱熹之精神而大加宣扬的。

仁祖当政期间，清两次出兵，终将朝鲜征服，仁祖对清朝当然有刻骨的仇恨，但随着清兵入关，清一改以前的高压政策，转而大加施恩，推行德化政策。朝鲜人质昭显世子和凤林大君先后被放归，仁祖的态度渐渐软化，清与朝鲜关系有改善的迹象。但不久仁祖去世，昭显世子此前就已去世了，在清朝的支持下，凤林大君接任国王。凤林大君却对清朝充满仇恨，具有强烈的复仇心态。仇清心理当时普遍存在于朝鲜士人心目中，正如宋时烈所言："虏，予仇也，誓不忍共戴一天。积怒累怨，衔痛匿愤。卑词之中，冤恨愈切；金币之中，谋猷愈壮。"③宋时烈是孝宗最为重要的心腹大臣，他的这些话正反映孝宗的复仇心态。而八年的质子生涯使得孝宗对清朝满怀刻骨的仇恨。

（孝宗）生九岁而遭丁卯之难……十八岁而遭丙子之难，入于江华。十九岁，而丁丑正月，得朝仁祖于南汉之城下，仍质于沈阳。既而西至于蒙古界，南至于山海关，又南至于锦州卫、松山堡，见诸将败降。又东至于铁岭卫、开元（原）卫，又东北至如奚部，凿玄冰丈余而饮其水。二十六岁，而居北八年，始得东归。未数月旋入燕山，见京邑灰烬。二十七岁乙酉自燕山归国，

---

① 朱熹：《朱熹集》卷一三《垂拱奏札三》，第511页。
② 关于《春秋》复仇说，可参见宋鼎宗《春秋宋学发微》第七章。
③ 黄景源：《江汉集》卷三二《明陪臣传·宋时烈》，《影印标点韩国文集丛刊》第225册，第81页。

前后二十余年之间,天之忧戚玉成者,靡所不至。①

早年的坎坷经历,在孝宗内心积聚了对清朝的刻骨仇恨。质子时期他曾撰诗云:

> 怨尤何敢及天人,自耻无谋到死滨。
> 此日不堪燕质泣,何时重观汉仪新。
> 心悬凤阙频惊梦,齿切龙庭厌见春。
> 为问岩廊枢密地,昔年髯妇尚冠巾。②

又如:

> 惨痛连仍犹未休,又罹乐子下堂忧。
> 天心人事从难测,搔首床头不耐愁。③

诗饱含怨愤之气,这种怨愤情感日益积淀,当时就已酝酿着复仇的计划。孝宗自言:"夫天使寡人蚤罹忧患,教之以军旅战阵之事,习之以敌国强弱之势,喻之以山川险易道里远近,又使之久居房中,不气慑,不心畏,故曰天意于我不邈然,庶无此虞也。"④他表示:

> 我愿长驱百万兵,秋风雄阵九连城。

---

① 宋时烈:《宋子大全》卷一八一《宁陵志文》,《影印标点韩国文集丛刊》第114册,第162页。
② 孝宗:《失题》,世宗大王纪念事业会编辑部编:《列圣御制》卷八,首尔:世宗大王纪念事业会,2017年,第254—255页。
③ 孝宗国王:《列圣御制》卷八《戊戌未宁时书赐东平尉郑载仑》,第268页。
④ 李义骏、成大中等编:《尊周汇编》卷五,第402—403页。

指挥蹴踏天骄子,歌舞归来白玉京。①

成为国王后,孝宗就将以前这种复仇的心态化作行动,从而实施其北伐计划。

孝宗即位之初,就大肆起用山林隐逸之士。他的用人原则是:"死节人子孙、战亡人兄弟,岂不为我股肱!草野读书知义理之人,岂不为我心腹乎?"②在这批人的推波助澜下,遂大张攘夷旗帜,密谋北伐。宋时烈在孝宗即位年十一月,即上密疏,提出应"忍痛含冤,期以五年、七年,以至于十年、二十年"③,谋划北伐,以报其仇。同时对那批亲清分子若金自点、李馨长则加以疏远斥退。这样引起了他们的强烈不满,原为领议政而被斥退的金自点遂与通事李馨长谋告清朝,向清朝告密三事:一,孝宗尽黜旧臣,进用斥和人士金尚善等,欲举兵北伐;二,赵絅撰《长陵志文》,未书清朝年号,不用清朝正朔;三,郑太和赴燕时"有倭情叵测之语,力请缮修城池甲兵者,以为经营北伐之证左"④。清朝获知此情况,当即派特使前来查证。孝宗大惊,赶快斥退那批山林隐逸。金尚善、宋时烈、宋浚吉等皆被退归山林。清使遂将罪责归到领议政李景奭和大提学赵絅头上,要求处死他们,但孝宗坚执不允,只将他们发配到义州白马城。不过金自点等一干人也未得好下场,清使将他们的告密又和盘托出,两年后,孝宗借故将他们全部处死。但他一腔复仇之志,经此一役,亦湮没于无形之中。

孝宗九年(1658),清朝监视已松动,于是孝宗召回宋时烈,出任赞善,后升任吏曹判书,甚为倚重。三月十一日,孝宗屏退诸

---

① 孝宗国王:《列圣御制》卷八《失题》,第268页。
② 李义骏、成大中等编:《尊周汇编》卷四,第377页。
③ 李容元等纂:《国朝宝鉴别编》卷四,第565页。
④ 李容元等纂:《国朝宝鉴别编》卷四,第565页。

臣，独留宋时烈于熙政堂，详谈北伐计划，孝宗依然坚信"彼虏有必亡之势"，其"得中原人，教以中国制度，虏渐衰微者也"。"虏"势既衰，即有可伐之机，"予以十年为期，十年则予年五十矣，十年内不成，则志气渐衰，无复可望矣。至此则予亦许卿退归矣"。待时机一成熟，即举兵北上，杀入辽东，"养精炮十万，爱恤如子，皆为敢死之卒，然后俟其有衅，出其不意，直抵关外，则中原义士豪杰，岂无响应者"①。孝宗亦知道"大概今日事，于吾身不能有为，则将不能有为矣"②，故积极谋划。但次年，他就去世了，所谓的北伐大计则只记于宋时烈的《幄对说话》中，反映出孝宗国王强烈的复仇心态。如果孝宗再多活数年，碰上"三藩之乱"的大变乱时期，他所谓的北伐计划就真有可能付诸行动，而不只是停留在"幄对说话"上了。

孝宗之所以有北伐计划，除强烈的复仇心态外，还因为他与朝臣们对清朝的形势认识不足，以为"虏之必亡"，清朝时日不多。孝宗对宋时烈说："今虏有必亡之形，前汗时兄弟甚众，人材亦多，而专尚武力。今也，兄弟死亡略尽，人物皆驽下，兵事渐弛，颇效中国法制，且虏主荒于酒色，其势不久，此所谓必亡之形，予料之熟矣。"③孝宗及其随后的几位国王，也以为清国运将不长，明朝有朝一日将会重新恢复江山，如肃宗诗曰：

胡运古来无大安，人心犹忆汉衣冠，
白水中兴何日见，甲申追说涕流澜。④

---

① 宋时烈：《宋子大全拾遗》卷七《幄对说话》，第138页。
② 宋时烈：《宋子大全拾遗》卷七《幄对说话》，第139页。
③ 李义骏、成大中等编：《尊周汇编》卷五，第400—401页。
④ 肃宗国王：《赐海昌尉吴泰周》，见《朝宗岩文献录》，第20页。

基于复仇的心态与义理精神，又基于"胡无百年之运"的想法，孝宗始终谋求北伐。不过，迫于压力，所谓的北伐计划，最终只不过见于孝宗与宋时烈的一席谈话之中。

对于孝宗北伐计划，当时的朝鲜人亦有疑问，以为孝宗若真有北伐大志，则在位十年之间，未见维新之政令，为何"末年始欲为之耶"？曾为孝宗重臣，参与北伐密谋的宋时烈解释说：孝宗初年即有志向，但因人告密，而清朝盘查又紧，"故荏苒岁月，至于十年而圣志奋发矣，旋见天夺之寿，奈何！奈何！"又问天假圣寿，则举义当在何年？答曰："御营军满十万则欲举大义，举大义似当在辛丑年间也。"①辛丑年，即1661年，是年永历皇帝被杀，南明灭亡，朝臣推测于此年起事，意在秉承南明之志，承南明之统。

仔细分析孝宗北伐计划，事实上终究也只能是纸上空谈。共商北伐大计的宋时烈只是一个儒学家。孝宗问宋时烈"当世要务"，宋时烈陈以"穷理居敬，修己治人之道"，又问养兵之术，宋时烈对以"《周官》保伍之法"②，皆是不切实际的空言。治兵之术，所谓《周官》保伍之法，陈词滥调，不切实用，难以付诸行动，因而北伐根本不可能成功。而同时对清朝形势的分析及其计划本身就是错谬的。

其一，虽然当时清朝内部还有南明小股势力在活动，台湾郑氏政权亦相当活跃，但清朝大一统的大局已定。虽然以后有"三藩之乱"，一时间虽江南几乎半壁江山非清所有，但清朝根基稳固，经八年的战争，终于将"三藩之乱"平定，确立大一统的局面。因此孝宗所谓清用汉人之法，而日渐衰落，基本观点是错误的。而这种观念一直被肃宗、英祖、正祖所认同和继承，成为朝鲜尊周思

---

① 崔慎：《鹤庵集》卷三《华阳闻见录语录》，《影印标点韩国文集丛刊》1995年第151册，第256页。
② 李义骏、成大中等编：《尊周汇编》卷五，第404页。

明、尊王攘夷一个非常重要的原动力。康熙初年，燕行使郑太和以为清朝已露衰败之相，因为他看到入关后的清人，溺于富贵，奢侈日甚；而甲申以后出生的，又皆脆弱无力，"异于真獾，衰弱之渐也"。并认为"真獾之侵虐汉人，罔有纪极，人多愁怨，故清人亦无久远之计"。又说清人将工匠、妇女、财宝、军器移送沈阳、宁古塔等处，"项背相望"，乃担心事变，以为归途之计①。康熙二十五年（1686），当时"三藩之乱"已经平定，清朝疆土稳固，国力强盛，肃宗依然认为，自古匈奴入主中华者皆不能长久，而今"清虏"据中国过五十年，天理实难推知。明朝积德甚厚，其子孙必有能中兴者②。胡无百年运，这是朝鲜长期以来所坚信不疑的，正是在这样的心态下，他们总是对清朝做出错误判断。乾隆初年，朝鲜这种看法还没有改变。乾隆九年（1744），沈阳问安使赵显命描述清朝是"外似升平，内实蛊坏"③，以为不出数十年，天下必有大乱。当时清朝正是国力强盛，百姓富庶之时，而朝鲜问安使竟以为天下将大乱，其根据不知从何而来。

其二，孝宗养十万精兵，即企图北伐，也只是梦想。清有数十万能征惯战的部队，以儒立国的朝鲜，兵力向来薄弱，不堪战阵，十万兵又作何用处？而其十年计划，国力能否支撑，皆成问题。当时宋时烈曾问道："诸葛亮尚不能有成，乃曰难平者事，万一嗟跌，有覆亡之祸，则奈何？"孝宗以为："予非以予才能办此事也，只以天理人心之不可已者，岂可以才不逮而自画不为哉！"④完全出于义理，认为即便覆亡，亦无愧于天下万世。从这一段史料看，孝宗亦并不认为有足够的实力可以同清朝抗衡，他只

---

① 《朝鲜显宗改修实录》卷八，显宗三年十一月癸巳，第37册，第295页。
② 《朝鲜肃宗实录》卷一七，肃宗十二年十一月庚戌，第39册，第84页。
③ 《朝鲜英祖实录》卷五八，英祖十九年十月丙子，第43册，第117页。
④ 宋时烈：《宋子大全拾遗》卷七《幄对说话》，第138页。

是凭着复仇的理念,和自以为是的"天理人心",作不切实际的妄想。

其三,其北伐的时间,朝臣推测当在1661年。设若如此,等于自寻绝路。当时清朝天下一统,只有台湾郑氏政权,但已不足为患。朝鲜大臣黄景源分析北伐不成功的原因道:

> 明亡,然后始出师。檄于天下曰:吾固将为明天子恢复中原,天下之士孰信而孰应之邪?故有明未亡之前,出师可速,而不可迟也。中国之遗民思先帝,则其心未尝不恻怛也。脱中国之衣冠,剃发而左衽,则其色未尝不怛怃也。及明既亡,感清人煦濡之惠,归附日众,向之恻怛于心者,今反沂沂;向之怛怃于色者,今反阳阳。属国之兵虽入辽阳,辽阳之民不为清人力战而固守者,余未之信也。①

他的分析颇有见地,明遗民之心态至关重要,明亡之前,若出兵,或许会得到遗民响应,但明亡之后,再打着恢复明朝的旗号,以属国之兵,恢复明朝,这本身就值得怀疑,而中国遗民又受清朝的影响,难免力战而卫护。孝宗所谓一入辽,辽民莫不响应,自然是一种极不现实的、一厢情愿的推断。

因此,孝宗北伐,终归是一个空中楼阁似的梦想。在清"三藩之乱"前,它根本不可能有任何成功的机会。即便发生在"三藩之乱"时期,当然会给清朝增加危机,但整个东北一直是清朝最稳固的后方,"三藩之乱"时期也没有任何反清举动,朝鲜举兵攻入辽东,辽东军民也会誓死捍卫,不可能会出现倒戈相迎、支持朝鲜的举动。

---

① 黄景源:《江汉集》卷三二《明陪臣传六》,第79页。

孝宗北伐计划虽然没有成功，也根本不可能有成功的机会，但他所遵循的尊周思想，倡导尊王攘夷的理念，则为以后历代朝鲜国王所继承和弘扬。即便在朝鲜后期，朝鲜与清朝关系已十分密切时，他们依然高举尊王攘夷的旗帜，大讲尊周思明的道理。这不能不说与孝宗北伐大义和其重臣宋时烈的尊周思想密切相关。北伐思想在相当长的时期内为儒林所倡导，影响相当深远。

由此可见，朝鲜对清心态贯彻始终的是尊周思明、尊王攘夷的思想，表明中华正统在朝鲜，以此解决其正统危机，并且避免国内政治中的危机。孝宗以后，随着清朝国力日益强盛，朝鲜深切地感到其复仇雪耻的计划根本不可能实现，于是其尊周思明理念就转化为其他方式，如崇祀明朝皇帝、编修明史书籍、采用明朝正朔，等等，这可以说是清代中朝宗藩关系中的一股不可忽视的潜流。

第二章　尊周思明与大报坛崇祀

朝鲜王朝与明朝交往时奉行慕华、事大政策，明亡后则大肆宣扬尊周思明之理念。"尊王心法，列圣相传"①，就是一种清晰的写照。促使朝鲜奉行这种策略的原因，首先是感恩思报。朝鲜以为明朝有三大恩，故而从君臣到儒林，以至明遗民后裔皆有崇报之举，以报明朝恩德，以伸尊周思明之大义。"春秋大义，是予家法。"②肃宗明确地表示其思明尊周大义，乃上承祖先、下启后人之"家法"，而设坛崇祀，正是这种家法最集中的体现。本章将以大报坛为中心，具体分析朝鲜王室崇祀及其内在的意义。

其实，崇祀明朝皇帝、明朝将领，并非始于肃宗。壬辰战争期间，有感于明朝兵将"再造"之举，朝鲜宣祖国王就开始建造祠庙，祭祀东征将士，而且不少是生祠，从而开启对明朝感恩崇报之举。肃宗建大报坛正是承继了这一传统。

第一节　朝鲜崇祀明朝东征将士之祠庙

万历二十年（壬辰，1592）四月，日本"太阁"丰臣秀吉派大军入侵朝鲜，旬日之间即下王京汉城，朝鲜遂向明朝紧急求援。

---

① 英祖四十年《英祖大王御制御笔大报坛联句帖》领府事申晚言，见《朝宗岩文献录》，第57页。
② 李义骏、成大中等编：《尊周汇编》卷六，上册，第484页。

在兵部尚书石星的坚持下,明神宗派大军援朝。"前后二十三万人,出白金五百八十三万,运饷费三百余万以给军,凡七年,然后乃定。"①使朝鲜藩邦得以"再造",从而使宣祖以下历代朝鲜君臣,皆以深受明朝拯救之恩而感激图报。"邦国亡而复存,宗庙绝而复祀,其为德至盛,自东方以来未始有也。"②宣祖对群臣语:"一则曰皇恩罔极,二则曰皇恩罔极,一念对越如在左右。"③他把明朝东征将领看成是具体施予"皇恩"的执行者。为了表示对东征将士的感激之情,他建造了许多碑、祠、庙,作为崇祀明朝东征将士的场所。最主要的有宣武祠、武烈祠、愍忠坛,此外还有明朝将领建造的颇具朝鲜特色的关王庙。碑则相当多,若望日思恩碑、明游击将军蓝公种德碑、杨经理去思碑、杨公堕泪碑、釜山平倭碑、明委官林济碑、游击将军季公清德碑,等等④,不一而足,记载明朝东征之恩,并表达朝鲜感激之情。下面就以最具代表性、最

---

① 李义骏、成大中等编:《尊周汇编》卷八《万历庙庭碑铭》,下册,第142页。对于出兵人数及相关粮银数目,《小华外史》(卷五)则曰:"自倭患起,更督巡六人,推毂十四,前后征浙、陕、湖、川、贵、云、缅南北兵通二十一万一千五百余人,往来诸将及任事人三百七十余员,粮银约五百八十三万二千余两,交易米豆银三百万两,实用本色粮米数十万斛,诸将赏银三千两,山东粮米二十万斛,赈米十二万石。火药器械马匹不与焉。又诸军待命海外,糜饷几二年。"(第300页)。王鸿绪《明史稿》(台北:文海出版社,1962年)卷一九四《朝鲜传》所载数目与《小华外史》同。
② 李义骏、成大中等编:《尊周汇编》卷八《万历庙庭碑铭》,下册,第142页。对于壬辰战争中明朝军队的作用,当代韩国学者与其先祖们的评价完全不同。他们在论述壬辰战争时,对明朝出兵拯救竟然全不重视。在韩国当代最为重要的韩国通史,韩国国史编纂委员会编的25卷本《韩国史》(汉城:韩国国史编纂委员会编,1981年)中,第12卷《两班社会的矛盾与对外战争》一书中,专有一节论述壬辰战争,大标题为"日本侵略",次目为:1.日本侵略战争的准备;2.倭军的侵略;3.宣祖西迁;4.义兵蜂起;5.水军胜利;6.反击战争与媾和会谈;7.丁酉再乱;8.倭乱的影响,(第279—326页)。如此叙述此次战争,将战争的胜利归诸李舜臣领导的水军和义兵,文中偶尔提及明军时,则多论其作战不力,一味媾和,与其先祖们倡导的"再造"之恩形成鲜明对照。
③ 吴庆元:《小华外史》卷五,上册,第303页。
④ 见上介冯尔康文,他依《朝鲜王朝实录》材料,列表说明了宣武祠、武烈祠、愍忠坛、李如松祠、三忠祠、关王庙的概况,见其文第134页。

为重要的武烈祠、宣武祠和关王庙为主,探讨宣祖对明朝的感恩之情。大报坛等崇祀明朝皇帝的场所建成后,这些碑、庙、祠不但未被取代,反而更受重视,是大报坛崇祀的重要补充。故先于论述大报坛前,略述朝鲜碑、祠、庙的问题,以见朝鲜感恩崇祀明朝之渊源。

一、崇祀石星、李如松之武烈祠

如果说明神宗出兵朝鲜,"再造藩邦",那么,在朝鲜人看来,具体执行神宗"再造"之恩的主要功臣为石星、李如松与杨镐、邢玠四人。石星时为明朝兵部尚书,是明朝出兵拯救朝鲜的决策者和主要支持者。李如松乃壬辰(1592)倭乱时收复平壤的功臣,战争前期最为重要的明朝将领,时为提督。杨镐、邢玠则是倭寇丁酉(1597)再乱时保卫汉城击退日军进攻的主将。战后他们四人成为朝鲜重点崇祀祭奠的对象。正因为如此,万历三十一年(1603)八月,建武烈祠,祠在平壤府,崇享兵部尚书石星、提督李如松、左协将杨元、中协将李如梅、右协将张世爵、参将骆尚志,并供奉其画像①。

丰臣秀吉侵朝之际,宣祖北走义州,意欲内附。当时明朝内则纪纲废弛,外有宁夏哱拜之乱,西北多事,朝议多不欲救朝鲜。独兵部尚书石星力排众议,认为不可不亟发兵拯救,而且自请率兵前往,疏陈愿即日就道,往决战守,必使一倭不入,然后奏凯以还。"如其不效,自甘军法。"②神宗肯定他忠心报国之心,但认为他身为兵部尚书,不宜亲自领兵出征。遂令辽东巡抚郝杰,派祖承训率兵五千先入朝鲜,保护宣祖。随后以宋应昌为经略、李如松为提

---

① 参见《增补文献备考》卷六四,第835页。
② 《明神宗实录》卷二五三,万历二十年十月辛卯,第4705页。

督,率大兵入援。此后数年援朝战争中,石星一直主持其事。李如松受挫于碧蹄馆之役后,朝议遂主封贡和谈,石星又力主封贡。可惜所用非人,重用浙江人沈惟敬主持封贡事宜,不久封贡事败,石星因之获罪,最终竟瘐死狱中,妻儿被流放。

朝鲜君臣对石星力主救援并受牵连而死之情状,非常了解,且深觉歉疚。李瀷遂把壬辰东征之功归诸石星,认为朝鲜开口闭口便说壬辰"再造之恩",只是虚名,并非实心。壬辰倭乱,明朝重兵援救,"功专在石星一人,再造之恩,星实当之"①。正因为如此,万历三十一年(1603)八月设位以祭。作为兵部尚书,石星竟以封贡议败而死,《明史》亦未给其立传,能获朝鲜祭奠,亦算得到回报。

李如松,字子茂。明东征初期的主要将领,提督蓟、辽、保定、山东诸军,与经略宋应昌克期东征。1592年,他率四万大军,三路进攻,以副总兵杨元为左协大将,副总兵李如柏为中协大将,副总兵张世爵为右协大将,一举攻克平壤。辰时接战,已初陷城,收复平壤,乘机将"所失黄海、平安、京畿、江原道四道并复"②。后因轻敌冒进,败于碧蹄馆,进攻受挫。但日军北进势力受到遏制,双方进入相持阶段,遂举封贡之事。封贡议时,明朝大军撤归,李如松亦于万历二十一年(1593)九月班师,加太子太保,后在征辽东土蛮时战死。正是李如松在朝鲜的九个多月时间内,收复平壤、开城,后又收复王京汉城,从而奠定了封贡的局面。虽然后来封贡不成,战事再起,然而明军在朝鲜已奠定了制胜的格局,因之朝鲜以李如松为功臣,而崇奉于武烈祠。另在公州公山城建李如松望日思恩碑,因为其建功于平壤,故祠亦建于平壤,其他从祀人员皆其部将。

---

① 李瀷:《星湖僿说》卷二三《经史门》,下册,汉城:庆熙出版部,1967年,第233页。
② 张廷玉等:《明史》卷二三八《李如松传》,第6194页。

二、崇祀杨镐、邢玠的宣武祠

宣武祠乃祭奠邢玠和杨镐的祠庙。倭寇丁酉（1597）再乱时，邢玠和杨镐是最为重要的明朝将领，也是他们奠定了战争胜利的格局，杨镐竟因蔚山一役被诬撤职，更令朝鲜深觉不平。故在其被撤职回国次年，朝鲜为他建造生祠，加以崇祀，世代颂扬。

万历二十五年（1597），封贡议败，朝鲜战事再起。明朝逮捕主持和议的石星、沈惟敬，以兵部尚书邢玠总督蓟辽军务，以右佥都御史杨镐经略朝鲜军务。时日军由南往北进攻，锋势甚锐，汉城告急。六月，杨镐抵达平壤，当即指派诸将。日军小西行长、加藤清正围攻驻守南原的明将杨元，杨元不敌弃守，邻近全州守将陈愚衷亦不战而逃，汉城危在旦夕。在此关键时刻，杨镐自平壤紧急赶赴汉城，调集军队，与倭寇大战，大破日军，从而解除王京汉城之危机，遏止了日军的北进，取得稷山大捷。李光涛论之曰："稷山大捷，由丁酉倭祸言之，乃明人再度援韩第一功。而是役立功人物，又应以经理杨镐为第一。"① 此战之后，日军不再北上，全都龟缩在南部的几个据点里面，是丁酉再乱时期一个关键性战役。随后，杨镐乘胜进攻，指挥明军将日军主力团团包围于蔚山，可惜连绵十数日下大雨，明进军不利，反为日军所乘，蔚山失利，使战果未能扩大②。蔚山之役后，明朝赞画主事丁应泰弹劾杨镐"贪猾

---

① 李光涛：《朝鲜壬辰倭祸研究》，台北："中研院"历史所专刊之六十一，1972年，第208页。

② 对于蔚山之役，《明史》卷二五九《杨镐传》，卷三二〇《朝鲜列传》，皆以为大败。《杨镐传》称："是役也，谋之经年，倾海内全力，合朝鲜通国之众，委弃于一旦，举朝嗟恨。"（第6686页）。李光涛在《朝鲜壬辰倭祸研究》一书中，对《明史》的说法进行了批驳，他引用《朝鲜王朝实录》材料，认为蔚山之役并非大败，只是清正趁雨天反攻，令明军进攻失利，但并非大败。朝鲜对此虽有愧惜，亦未归罪于杨镐。他说"蔚山之役，由杨镐言之，可谓虎头蛇尾，有始无终"。（可参见其书，第228—260页），笔者以为李先生所言可信，所论允当。

丧师，酿乱欺罔"，杨镐被革职撤回。但朝鲜君臣皆以丁应泰所言为诬妄之辞。杨镐回还之日，朝鲜自国王宣祖至平民百姓皆恋恋不舍，宣祖率百官泣送于弘济院，汉城士民男女，重髫戴白，皆出送郊外，诸臣以诗为别①。不久，宣祖即派右议政李元翼、参判许筬入奏明朝，为杨镐辩诬。

万历二十七年七月，朝鲜建宣武祠于汉城南，特别崇享明朝兵部尚书邢玠、经理杨镐，宣祖亲书"再造藩邦"匾额，揭于宣武祠。万历三十四年（1606），谢恩使柳寅吉、崔濂赴北京，专求杨镐画像。时杨镐家居河南商丘，朝鲜使臣千方百计寻得一名商丘举人前往其家乡，方摹得杨镐画像②。光海君二年（1610），将其画像奉安于武烈祠。肃宗三十年（1704），画像改为位版。英祖三十六年（1760），建一室于宣武祠东面，崇享明朝征东阵亡官兵。"一则继述先志，一则不忘皇恩。"③朝鲜为崇祀杨镐煞费苦心。可见杨镐在当时朝鲜人心目中的地位是何等之高。

宣武祠是崇祀杨镐与邢玠之所，对于杨镐本人，另还建有杨公去思碑、杨公堕泪碑④，以宣扬其功绩。而朝鲜君臣颂扬杨镐之诗文更屡见不鲜。李廷龟作《都御史杨公镐去思碑》，称颂杨镐道：

云胡不思？公实生之。攀慕莫追，汉城之阳，有祠辉煌。公像在堂，白羽纶巾，立发嚼龈，含噫未伸，英姿飒爽，镇我保

---

① 《再造藩邦志》五，见《大东野乘》第三册，第1811页。
② 具体经过，可参见《朝鲜宣祖实录》卷二一三，宣祖四十年闰六月癸亥，第25册，第347页。
③ 洪凤汉编著：《东国文献备考》卷六四《宣武祠》，汉城：明文堂，1959年，第835页。
④ 此二碑现尚存，1996年10月，笔者在高丽大学进修韩文期间，由汉城西大门乡土研究会会长洪宪一先生陪同，特去考察二碑。杨公去思碑在明知大学校内，现作为韩国重点文物得到保护。杨公堕泪碑则随意放置在明知大学附近的一小学校园内，不知何故，未被列为受保护的文物。

障；没世瞻想，勒此贞珉，事与名新，万古精神。①

对于杨镐东援之功给予极高的评价，以为朝鲜得以"再造"，实赖杨镐"生之"；而立杨镐生祠，以"镇我保障"，并为其"没世瞻想"，深深表达朝鲜缅怀感恩之情。18世纪实学名家朴趾源在《杨经理镐致祭文》中称颂道："再造我东，系谁之功？天子攸命，苍屿杨公。"②他将"再造"之功，竟全归诸杨镐。

可见，在朝鲜人心目中，自宣祖开始，咸以为杨镐是功勋卓著的名将、再造之恩的功臣。但在清官修《明史》中，杨镐被描绘成胆小怕事、丧师辱职的庸才。上面已提及《明史》对其蔚山之役罪责的指责，而随后不久的1619年，杨镐为辽东经略，统率明主力四路大军，与后金努尔哈赤决战于萨尔浒，大败而归，从此使明军在辽东战场上丧失主动，也埋下了明朝覆亡的祸根。随后，杨镐被下狱，崇祯二年（1629）被处死，受到世人的万般指责。明、清人对杨镐的指责，丝毫不影响杨镐在朝鲜人心目中崇高的地位，朝鲜依然每年春、秋两季举行祭祀，一直持续到大韩帝国时期③。

如果说朝鲜最初建造宣武祠、武烈祠是为了崇祀杨镐、邢玠、石星、李如松等人，那么明朝灭亡以后，这种崇祀就不只是针对几个人而言，而变成为朝鲜表达思明情感的代表性场所。肃宗时建造了大报坛，而从肃宗御制《宣武祠致祭文》中，可以看出借宣武祠祭祀以表达思明感恩之情。文曰：

---

① 李廷龟：《月沙集》卷四五《皇明都御史杨公镐去思碑铭》，《影印标点韩国文集丛刊》1991年第70册，第235页。
② 朴趾源：《燕岩集》卷九《杨经理镐致祭文》，第133页。
③ 冯尔康论宣武祠祭祀曰："始为春秋二祀，后为春祀，经常遣官致祭。规格甚高，1896年定小祀，比以前地位降低。"参见《朝鲜大报坛述论——中朝关系和中国文化传播的一个侧面研究》，《韩国学报》1991年第10期，第134页。

追忆壬辰,永慕皇恩;瞻彼公宇,永慕皇恩;受命东援,永慕皇恩;再造藩拜(邦),永慕皇恩。不能继述,莫报皇恩;遥望中州,莫报皇恩;河清杳邈,莫报皇恩;只诵风泉,莫报皇恩。北苑尺坛,恭谢皇恩;宣武祠中,恭谢皇恩;四载再临,恭谢皇恩;承旨替酌,恭谢皇恩。①

可见,宣武祠、武烈祠与大报坛一样成为肃宗追慕、恭谢"皇恩"的场所,而非单纯祭祀明朝将领的祠庙,越到后来,象征意义也越强。宣武祠、武烈祠的祭祀就成为朝鲜尊周思明的重要组成部分。英祖即位不久,即派遣官员致祭于宣武祠,意在"以示予体圣祖尊周之大义"②。英祖二十三年(1747),特书"垂恩海东"的匾额于宣武祠,以示重视③。

由上可知,宣武祠与武烈祠二祠,一在汉城,一在平壤,实有深意焉。石星、李如松等人乃壬辰出兵朝鲜的重要功臣,而平壤之战是当时最具决定性的战役,在石星的支持下,李如松率部一举成功,立功于平壤,故立祠祭祀亦于平壤。邢玠、杨镐乃封贡败后,丁酉明朝再次出兵的统帅,稷山一捷,击败清正、行长之进攻,确保汉城之安全,奠定了第二阶段的大局。因其立功地点不同,时间亦异,故立二祠分祭,以示隆重其事。

除以上二祠外,宣祖二十六年(1593)于汉城建愍忠祠,亦曰愍忠坛,乃专门祭祀明朝东征阵亡官军之祭坛,与前二祠则有所不同。前二祠有以下几个特点:其一,皆为生祠。建祠之时,相关被崇祀之人还活着,其意在感恩崇报,表示不忘明朝再造之恩。其二,以东征将领为主,分别指明崇祀之明领将,同时供奉其画像。其

---

① 《大义编》前集卷三《宣武祠致祭文》,第140—141页。
② 李容元等纂:《国朝宝鉴别编》卷七,第585页。
③ 《朝鲜英祖实录》卷六三,英祖二十二年闰三月庚戌,第43册,第208页。

三，皆建于宣祖年间，但以后为历代国王所重视，每年春、秋两祭。肃宗建大报坛后，朝鲜国王每每在大报坛祭祀前后，会亲自或派官员前往二祠祭祀。宣武祠、武烈祠被看成是大报坛的重要补充。

在朝鲜诸多崇祀明朝将领的祠庙中，关王庙的崇祀显得特别不同。朝鲜关王庙既遵循明朝关王庙祭祀的传统，又与朝鲜尊周思明的特殊背景颇有关系。

三、朝鲜的关王庙及其相关问题

可以说有华人的地方就有关公崇拜，就有关王庙。朝鲜的关王庙也说明了这样一个道理[①]。明清时期，孔子为文圣，关公为武圣，具有非常崇高的地位，深受时人崇拜。壬辰战争期间，明朝大军东征，数万明军云集朝鲜，不仅增强了朝鲜击败日军的信心，而且为朝鲜带去了关公崇拜的信仰。明朝将士在朝鲜建造了许多关王庙，战争结束后，明朝军队虽全部撤回，关公崇拜却为朝鲜所继承和发扬，朝鲜的关王庙成为崇享关公和明朝将领的场所，而且关公崇拜也被朝鲜人接受，变成朝鲜人的一种信仰，因而形成了颇具特色的朝鲜的关公信仰。

---

① 关于朝鲜关王庙的研究有：中村荣孝：《朝鮮における関羽の祠廟について——壬辰・丁酉倭亂と「関王廟」の創始》，《天理大學學報》第24卷第5期，1973年3月，第246—260页；李成焕：《韩国朝鲜中期的关帝信仰》，《道教学探索》第4期，1991年10月，第466—477页；金荣华：《汉城关帝庙的传说和特色》，《大陆杂志》第77卷第2期，1988年，第1—7页；另李光涛《中韩民族与文化》中亦谈及韩国的关王庙，第311—315页。中村荣孝只介绍朝鲜建南关王庙和东关王庙的经过，详细探讨了最初建庙时朝鲜王朝的敷衍塞责。金荣华的文章较为全面地介绍了韩国关公崇拜的特色。但甚少人注意到韩国关公崇拜与思明的关系和朝鲜以明朝将领陪祀的问题。研究关公信仰的著作主要有李福清：《关公传说与三国演义》（台北：云龙出版社，1999年），等等。另外，东庙编有《東廟材料集》（汉城：钟路文化院编刊，1997年），系内部印行的一部资料，收录一些韩国关庙的研究文章及《海东圣迹志》。

笔者依据手头有关资料①,将主要的关王庙建造时间、创建者、地点及相关内容列表如下。

表1 朝鲜王朝关王庙情况表

名称	建造者	建造时间	地点	备注
汉城南关王庙	陈寅	1598	崇礼门外	陈寅因伤建庙,得杨镐等将领与朝鲜资助而成。乃汉城所建第一座关王庙。
汉城东关王庙	万世德	1601	兴仁门外	神宗皇帝资助所建,耗时三年。神宗皇帝赐匾"显灵昭德武安王庙"。《小华外史》:"壬辰征倭时,武安王屡显其灵。以神兵助战,天将各出金创庙宇于崇礼门外,至是天朝以四千金付抚臣万世德建祠,宣祖驾临。"今存,为韩国第142号宝物。
古今岛关王庙	陈璘	1597	全罗道康津县古今岛	丙午(显宗七年)以陈璘、李舜臣配享;正祖十六年邓子龙配享。并升为国祭。
安东关庙	薛虎臣	1598	庆尚道安东府	
星州关庙	茅国器	1597	庆尚道星州牧	总兵祖承训、游击茅国器、卢得功配享。
南原府关王庙	蓝芳威	1597	全罗道南原府城西门外	肃宗四十二年以明中军李新芳、千总蒋表、千夫长毛承先配享,别立一祠享祀都督刘綎。今存,为韩国地方有形文化财第七号。
北关王庙	仁祖	1643	汉城北门	平定沈器远叛乱,仁祖与王后皆梦见关公,故建庙崇祀。
奖忠洞关王庙	韩国末太子李垠生母	1906	汉城奖忠洞	今存。

---

① 韩国《东国文献备考》(卷六四,第833—834页)对关王庙有介绍。据《奎章阁图书目录》载韩国有《关圣帝君圣迹图志全集》《关圣帝君圣迹图志续集》《关圣帝君宝训像注》等资料,现韩国主要大学图书馆皆有保存,乃翻录清人著作汇编而成。

续表

名称	建造者	建造时间	地点	备注
成均馆关王庙		不详	成均馆	今废。
平壤关王庙		1881	平壤	商人所建。
显灵昭德义烈武安关帝庙	光武帝	1898	汉城宋洞	

上表所列11处关王庙，6处为明朝东征将士所建，5处为朝鲜人自己兴建，其中3处与朝鲜王室有关。光武元年（1897），高宗称帝，朝鲜摆脱清朝藩属国地位，建立大韩帝国，光武帝特建关帝庙。由明朝东征将领建造到大韩帝国皇帝敕建，从中显示出关公崇拜在朝鲜的历史性突破。明朝将领为何要在朝鲜建造关王庙？而明军撤走后，朝鲜又为何要延续与发扬关公崇祀呢？

关公是中国历史上的战神，最初明朝将领陈寅在汉城南大门建造关王庙时，就是因为征倭时，他们认为关公屡显灵，以神兵助战[1]。而陈璘建关王庙于古今岛，竟因一梦。当时，陈璘与李舜臣率水军驻守古今岛，屡屡破日水军[2]。"于时关王之灵感于陈公之梦，赖其阴骘，竟树大捷之功。"[3]陈璘和李舜臣以其所领水军屡战屡捷，而归功于关王"阴骘"，故建庙于古今岛，崇享关公。明朝将领建造关王庙，乃因为关公崇拜是中国的传统。朝鲜承继关公崇祀活动，则主要有以下几点原因：

---

[1] 吴庆元：《小华外史》卷五，上册，第299页。
[2] 对陈璘与李舜臣联军抗日，参见孙卫国：《陈璘与李舜臣》，《韩国学论文集——韩国传统文化国际学术讨论会论文集》1995年第4辑，第224—233页。
[3] 申璨：《陈都督东征纪实》之《关王庙重修记》，见《朝宗岩文献录续集》，汉城：景仁文化社，1982年，第442页。

其一，明朝将领的影响，这自然是最重要的原因。陈寅建成南关王庙后，请宣祖亲临。宣祖迟疑不定，因为朝鲜此前对关公崇拜一无所知，遂令大臣查考关公崇拜祭祀典制。副提学吴亿龄与应教申钦考《大明会典》，遂以"关庙在山川各神之列，春、秋降香，以此具奏"，宣祖知关公为明代崇拜之神，遂亲临，躬行祭典，当时"天朝将官齐会祠下，备呈杂戏，都人饫观"①。国王亲临祭奠，朝鲜君臣上下就这样接纳了关王崇拜。由于当时朝鲜慕华思想深入人心，作为明朝祭祀的神，也就很容易被朝鲜接纳和崇奉。朝鲜大臣判尹李献庆作诗曰："至尊每下拜，祀礼亦已崇；山河鼎吕力，雄镇久无戎。"②自此朝鲜开始建造关王庙。

其二，明朝将领建造关王庙崇祀关公，传说乃因为其显灵助战，多有大捷。东庙、南庙皆有匾额曰"威镇华夷"③。而关公显灵帮助明军，也就是帮助朝鲜，朝鲜人自然也感其恩德。正如《海东圣迹志》所言：

> 皇明万历壬辰、丁丑之间，倭寇朝鲜，蹂躏三京，皇帝命师东援，平壤之捷，岛山之战，三路驱倭之役，关帝辄显灵。每见神兵穰穰，云雾滨渤间，有戈甲声，将卒勇气益倍，擒斩累千百，渠魁授首，余孽潜奔，迅扫七年祲气，恢复八域旧界。④

正因此，朝鲜把关帝看成是保护神，故宣祖下诏曰："平倭之

---

① 申钦：《象村集》卷一〇《南关王庙送客有感》，《影印标点韩国文集丛刊》1991年第71册，第392页。
② 李献庆：《艮翁集》卷八《谒关王庙》，《影印标点韩国文集丛刊》1999年第234册，第172页。
③ 《东庙材料集》卷三，第129页。
④ 《东庙材料集》，第10页。

役亦赖显助，本国固当尸祝之。"①明朝将领与朝鲜君臣都觉得深受关公庇护，故加崇祀。

其三，感其忠义。关公之所以受中国人崇拜，其忠义之心永为世人所称颂，明亡之后，朝鲜对关公崇祀之继承和弘扬，这是一个相当重要的原因。时人论曰：关公生炳大义，没为明神，千秋正气，拂郁于宇宙。明朝更极受尊崇，盖多灵异，"中国至今家尸而户侑，公灵如水，无不之矣，何独不可祀于东土也"！②肃宗更以为关武安王精忠大义，昭如日星，"盖其忠义之气，令人感慨于千载之下"③。并宣称宣祖与他驾临关王庙，并非在于游观，而是瞻仰其像，感其忠义之气，从而表示其崇敬之情。他对关公忠义之气大加颂扬，而当时朝鲜也正大肆宣扬先忠先烈之事，对朝鲜忠烈之人大加褒扬，坚持春秋义理，颂扬节义之人，崇享关公忠义之气，正切合当时的时代背景。

后来，英祖、正祖等多次瞻仰关王庙。光武元年（1897），朝鲜王朝宣告独立，改国号为大韩帝国，当时，不仅未取消对关公的崇拜，反而进一步强化这种崇祀。光武二年，光武帝命建关帝庙于宋洞，庙制则依原汉城东南关王庙之建制。特诏曰：

> 关庙之崇奉敬祀，今焉三百有余年矣。精忠节义之灵，凛凛然亘千秋而不泯；中正刚大之气，浩浩乎包六合而往来。阴骘朕邦，屡显神威，景仰钦慕之诚，宜其靡不用极。况有历代已行之礼，令掌礼院议定，尊帝崇号曰显灵昭德义烈武安关帝。④

---

① 吴庆元：《小华外史》卷五，上册，第299页。
② 李颐命：《古今岛遗祠记》，《李忠武公全书》卷一一《附录三》，《影印标点韩国文集丛刊》1990年第55册，第358页。
③ 《朝鲜肃宗实录》卷三八上，肃宗二十九年六月壬辰，第40册，第31页。
④ 《增补文献备考》卷六四《关帝庙》，第834页。又见《高宗文集》卷二四《关庙崇号仪节择日举行诏》，韩国精神文化研究院编《韩国学资料丛书》第23册，1999年，第558页。

朝鲜王朝一直称"关王庙""关公庙",而成立大韩帝国以后,则加封为"关帝",地位更为尊崇。所以,韩国人继续崇祀关王,与重视其忠武节义有关。

其四,壬辰战后关王庙变成崇祀关公与明朝将领共同之场所,与当时朝鲜尊周思明的时代思想密切相关。明朝将领建造关王庙时,大概没有想到日后他们自己会成为从祀关公的对象。从上表看出,显宗丙午(1666)之时,节度使柳斐然即修缮古今岛关王庙,并募缘僧傍置庵守之,又于左庑设陈璘、李舜臣从享之位。后来经议政李颐命倡议,朝鲜朝中遂议定"陈、李之祠,在关王庙庭,关王当与国家抗礼,不可宣以额,但宣具牲币,岁以惊蛰、霜降之节,遣官并祭"。古今岛关王庙遂以陈璘与李舜臣陪祀。当时人解释道:"陈公奉天讨扬皇灵,宜得神理之助顺……李公功闻天下,身殉国难,振华夏之威。"①认为陈璘、李舜臣与关公三人皆为忠义之士,而陈璘、李舜臣战功已得关王之助,故当可同祀一祠。全罗道的南原关王庙亦以刘綎及其部将李新芳、蒋表等陪享。朝鲜在崇拜关王之同时,又对明朝将领予以崇祀,因此关王庙变成了崇祀关公与明朝将领的场所,亦可谓朝鲜尊周思明的又一种表现。

至于关王庙祭祀时间,最初似乎并不相同。肃宗以后方规定以汉城东、南关王庙之祭祀为准。祭日用惊蛰、霜降,祭羞用笾豆。而具体主持祭祀的官员,汉城东、南关王庙或是国王亲自祭奠,或遣朝中重臣主持其事。其他各地的关王庙,"而献官以本邑营将或堂上武守令差遣,配位则差堂下武官,诸执事用乡将官"②。后来,随着大报坛的建成,关王庙的祭祀也更受重视。英祖二十二年(1746)八月乙酉,英祖命修缮汉城东、南关王庙,亲行祭奠,

---

① 李颐命:《古今岛遗祠记》,《李忠武公全书》卷一一《附录三》,第358页。
② 《朝鲜肃宗实录》卷五〇,肃宗三十七年正月壬辰,第40册,第384页。

亲书"显灵昭德王庙"六字揭于东、南关王庙。又命修复安东、星州、古今岛三处关王庙,以显其尊周之意。

综上所述,在朝鲜王朝所建的崇祀明朝将领的祠庙之中,最为重要的就是以上的两祠一庙:宣武祠、武烈祠,以及各地的关王庙。从以上的论述中,我们还可以得出以下几点结论:

第一,这些祠庙祭祀正式纳入朝鲜王朝的国家祭礼之列,是朝鲜王朝尊周思明的重要表征。宣武祠创立之时,出发点是对杨镐、邢玠之崇祀,而武烈祠则主要是对石星、李如松等人,因为朝鲜把这些东征将领看成是明朝"再造"之恩的具体实施者,因而要报恩崇祀。明亡后,对明朝将领个人的崇祀转变成为对整个明朝的感恩行动,是其尊周思明的重要表征。尤其是在大报坛还未建立前,朝鲜国王往往把这种祭祀活动看成其尊周象征。关王庙,明朝将领建造之时只是为了崇祀关公,明亡后,原来建造关王庙的明朝将领又成为从享的对象,关公崇拜变成朝鲜表达思明感情的又一种方式。后来,关公崇拜竟然完全为朝鲜人所继承和发扬,在尊周思明崇祀的潜移默化之下,关公崇拜最终变成了韩国的民间信仰。大韩帝国成立之时,再建新庙,并加封关公为关帝,显示其更为重视。不过与思明的关系则相对疏远了。

第二,这些祠庙基本上承继了壬辰战争以来的传统,与明朝抗倭援朝战争密切相关,没有壬辰战争就不可能有这些祠庙,由此也凸显出壬辰战争对于强化朝鲜与明朝之间的关系相当重要,壬辰战争使双方认同达到新的高度,使朝鲜对明朝在原来的慕华、事大的心态外,又增加一种更为强烈的感恩心态。

其三,相对于肃宗以后的大报坛,这些祠庙祭祀的影响要小得多,不足以真正完全表达朝鲜尊周思明的情感。因为明朝毕竟是朱家的天下,皇帝才是最为直接和真正的代表。故而,要真正了解朝鲜之思明感恩,还须仔细探讨大报坛、万东庙以及朝宗岩的崇祀。

第二节　肃宗思明与大报坛之创设

思明感恩，是朝鲜仁祖以后历代国王对明朝的基本心态。肃宗以前的几位国王，仁祖被迫臣服于清，但鼓励朝臣潜通明朝。孝宗以反清复明为己任，孜孜谋求北伐。显宗年间，南明灭亡，不久，"三藩之乱"起，朝臣尹鑴上书力请兴兵，最终不果。1675年，肃宗继位以后，清朝大一统的江山已固若金汤，朝鲜反清复明只不过是一场梦想而已，于是肃宗就将其对明朝的满腔感激之情化作崇祀的行动。在明朝灭亡"周甲"（六十年）之际，建大报坛于宫中后苑，首开崇祀明神宗的活动。由宣武祠、武烈祠崇祀明朝将领，而到大报坛崇祀明朝皇帝，标志着朝鲜思明感恩礼仪化的一大飞跃。中外学术界对于大报坛的研究向来较为重视[①]，但对于为何在肃宗时期方设立此坛，尚缺乏深入的论述。本章将由此入手，逐步探讨大报坛的相关问题，进而阐明朝鲜王室尊周思明的实质。

[①] 有关大报坛的研究主要有：王崇武：《朝鲜大报坛史料汇辑》，《学原》第2卷第7期，1948年11月，第60—74页。这应是中国学者首次具体论述大报坛的文章，在学术上有开创之功。李光涛：《记朝鲜实录中之大报坛》（参见《"中研院"历史语言研究所集刊外编》第四种，1960年；李光涛《明清档案论文集》，第831—849页），将《朝鲜王朝实录》中有关大报坛的资料汇编排比，略加论述，末附大报坛略图。冯尔康：《朝鲜大报坛述论——中朝关系和中国文化传播的一个侧面研究》（《韩国学报》第10期，1991年5月），对大报坛犹注重其祭祀仪节与文化的探讨，从中看出中国祭祀礼节对朝鲜的影响。另有于澎：《大报坛与明清之际的中朝关系》（见陈尚胜主编《朝鲜王朝对华观的演变——〈朝天录〉和〈燕行录〉》，第313—359页）；郑玉子：《대보단창설에관한연구》（见《邊太燮博士華甲紀念史學論叢》，汉城：三英社，1995年，第527—550页）王崇武、李光涛的文章是资料汇编，冯尔康重在从礼仪制度、中国文化对韩国的影响等方面看待大报坛，于澎则从中韩关系的角度看大报坛，郑玉子重在大报坛创设经过的阐述。笔者将大报坛作为整个朝鲜尊周思明的重要表征来进行研究，并对其创建的原因、设立经过等作细致的考证，力求将这个问题的研究推向深入。

一、大报坛创设之原因

万历二十七年（1599）明朝抗倭援朝战争结束，崇祯十七年（1644）明朝灭亡。但明亡六十年后（1704），朝鲜方设立大报坛，以崇祀出兵拯救朝鲜"再造藩邦"的明朝皇帝明神宗。

其一，设立大报坛，最直接动因是感恩思明。前面已经提到，壬辰战争结束以后，宣祖大王建造了宣武祠、武烈祠等祭祀东征时的明朝的主要将领，但并未崇祀明朝皇帝。明亡后，历代朝鲜国王对明朝"再造"之恩念念不忘，总以各种方式表达其对明朝的感恩之情。李光涛指出，因为明朝援军打垮了日本丰臣秀吉侵朝之众，"再造藩邦"，朝鲜以德报德，故设立大报坛，加以崇祀①。对于壬辰战争朝鲜受祸惨状及明朝拯救之功，赵庆男在《乱中杂录》中论道：

> 君父至于播越，宗社尽为灰烬，八道沦陷，万姓鱼肉。我国家堂堂赫业，殆乎不忍言矣。何幸人心思汉，天意归周。官军败而义旅起，我师退而天兵至。始行薄伐，驱贼出境，疆场重恢，蜀驾还都。六月之师，恩莫重焉。②

寥寥数语，将朝鲜受祸之惨状和明朝的大恩大德，勾勒出来。故而历代朝鲜国王皆以感恩明朝作为其治国行政之首要。宣祖"衔恩感德，未尝背西而坐，又大书'再造藩邦'四大字，以寓慕用之诚"③。仁祖之初，以斥和为事，君臣上下，专心一力，上尊皇朝，"虽妇孺亦知大义之不可犯，大分之不可逾"。孝宗时期，

---

① 李光涛：《记朝鲜实录中的大报坛》，见《明清档案论文集》，第832页。
② 赵庆男：《乱中杂录》自序，汉城：民族文化推进会，1977年，第3页下。
③ 《东稗》卷九《事大》，见郑明基编《韩国野谈资料集成》第21册，第382页。

"丧乱虽平，冠履易置，朝野冤愤，愧恨呕吟，思明室而上方励薪胆之志，斥逐顽钝嗜利之辈，进用山林宿德之士，将以伸大义于天下。于是士皆欲执殳荷戈，有北首争死之意"①。肃宗认为明朝对朝鲜有"罔极之恩"，尤其强调壬辰"再造"之恩。认为"再造邦家，吾东方昆虫草木，何莫非皇灵所被也"②。对于明朝之大恩大德，他在《感皇恩》诗中写道：

恩深再造感铭骨，效蔑丝毫负圣明。
何日手提三尺剑，铁骑长驱九连城。③

肃宗有提兵长驱直进辽东，报仇雪耻之心愿，报答皇恩，"丑虏腥尘何日扫，尊周大义几时伸"④。但这种愿望根本无法付诸实施，只得将强烈的感恩心态化作崇祀的行动。

可见，肃宗建大报坛，正是朝鲜历代国王思明感恩的继承和发扬。他将这历来感恩的传统施之于祭祀，使之具体化、礼仪化。大报坛的建成，是朝鲜思明感恩礼仪化的标志，此后制度化、经常化的祭祀活动可以使朝鲜思明情感得以表露和宣泄，成为朝鲜王朝其后二百余年最重要的祭祀大典。

而更为重要的是，朝鲜以崇祀明朝皇帝的方式，确立其政权的正统性。正如上章所述，作为藩国，朝鲜的正统性来源于宗主国中国的确认，但成为清朝的藩属，违背了朝鲜秉持的《春秋》义理观念。依从历史传统，唯有强化与明朝的关系，才能找到解决正统性危机的办法。建庙崇祀明朝皇帝，既是感恩的表示，又是正统的象

---

① 李义骏、成大中等编：《尊周汇编》义例，第7—8页。
② 《朝鲜肃宗实录》卷三九，肃宗三十年正月庚戌，第40册，第65页。
③ 《大义编》前集卷一《感皇恩》，第82页。
④ 《大义编》前集卷三《重遇丙子岁有感》，第84页。

征。仁祖晚年，发生沈器远叛乱，亦是对仁祖成为清朝藩属不满所致。仁祖二十二年（1644），青原府院君沈器远等认为当时"国事艰危，为清国所侵辱，百姓皆思中国"，故欲发动政变，"内清朝廷，外攘夷虏"，"拒斥清人，日月重光"，"主上违豫已久，必择先王子及宗室中有令名者，劝上传位，而尊上为上王。事成即用崇祯年号，书示八方"①。叛乱目的十分明确，就是对仁祖臣服清朝极其不满，要推翻仁祖王位，另立他王，最终叛乱被镇压下去。可见对正统问题，一旦处理不当，就有可能引发危机，以致政权动荡，而尊周思明正是解决这一矛盾的良策。拒斥清朝正统性，宣示朝鲜承继了明朝以来的中华正统，从而强化其政权的正统性与合法性。这是朝鲜"尊王心法，列圣相传"的内在和现实的原因。

其二，朝鲜反清复明无望，只得放弃冒险的军事对抗行动。同时，清朝控制松弛，使朝鲜修筑祭坛成为可能。长期以来，朝鲜以"反清复明"为己任。"扫清胡虏，恢复明室"，为孝宗毕生的志向。但这从最开始就是一个无法实现和付诸行动的梦想。孝宗初期，稍露不臣端倪，清朝即派使臣前来查问，孝宗就只得斥退那批反清斥和人士。长期酝酿于孝宗心头的"北伐大计"，最终不过表露于孝宗晚年与宋时烈的一席谈话上。有鉴于孝宗反清之不果，显宗似乎就甘于命运，再无那些类似反清的举动。肃宗年间，清朝平定了"三藩之乱"，人心稳定，国力昌盛。朝鲜亦看到清朝"即今南方人多为达官"，遗民子孙亦皆为大清官吏，杨涟和孙承宗的子孙都为清朝官吏，"天下之忘大明久矣"②。认为即便明太祖再世，亦不可能恢复大明江山。面对着清朝这种景象，朝鲜一方面放弃以前恢复明朝江山的梦想，而同时思明反应更为强烈。

---

① 《朝鲜仁祖实录》卷四五，仁祖二十二年三月己酉，第35册，第175、176、178页。
② 《朝鲜肃宗实录》卷一四，肃宗九年四月辛丑，第38册，第640页。

肃宗尽管觉得恢复明朝已不可能,但内心仍在祈求明朝兴复。肃宗四十年(1714)正月初一春节,肃宗赐海台尉吴泰周诗曰:

> 新年何以祝,燕氛愿廓清。
> 泰运从今启,皇朝业复明。①

在思明、对清小心应对的矛盾心态下,他致力于祭祀礼节上,以达到其内在心态的平衡。

肃宗之前的国王,未敢建大报坛,与清朝所采取的政策有关。清朝对朝鲜一直是采取施恩与约束二者并用的手法。入关前,拘人质,以监视督责为主,因为明朝尚存,为了迫使朝鲜履行藩邦之责,清朝只得采取强迫的手段。入关以后,清朝对朝鲜的政策有很大的改变,主要以施恩笼络为主,同时也时刻警惕着朝鲜的举动。明亡后,南明又残存了十六年,不久"三藩之乱"再持续八年,而台湾郑氏政权一直延续到康熙二十二年(1683),相当长的一段时间内,敌对势力始终存在。因而,清朝在施恩之同时,对朝鲜的举动也倍加防范。显宗时期,有人提议为神宗建庙,即以时机不当而被否决。"三藩之乱"期间,清内外骚动,朝鲜虽亦有人主张乘此机会举事,杀向辽东,显宗未加采纳,安守藩国之位。因此"三藩之乱"后,朝鲜获得康熙信任,以后清朝即以施恩为主,而不加提防了。这样也就营造了一个适当宽松的环境,使朝鲜能较为正规地从事祭祀明朝皇帝的活动。

大报坛的祭祀,既是一种报恩的行为,同时又是一种正统观的表示。肃宗之前,虽然清入主中原,但南明势力在相当长的时期内存在。南明未灭亡前,朝鲜并不觉得承继明朝的正统,因此那时它

---

① 《朝鲜肃宗实录》卷五五,肃宗四十年正月朔癸卯,第40册,第526页。

并未形成所谓"大明一脉,偏寄于东"的自我责任感。南明政权灭亡后,朝鲜萌生出一种承继大明正统的责任感。而建大报坛,直接祭祀明朝皇帝,正是这种承接正统观的表示。《小华外史》作者吴庆元称:

> 兴废系乎天时,义理根乎人心,故天时或与人违,而义理无时可熄。今此中国之沦为夷狄,天时之舛也。尊周而攘夷,内华而外夷,人心之正也。今自永历壬寅,皇统虽绝,其后四年已有我东建庙之议。遂设坛而祀三皇,三皇陟降,洋洋在上。于是乎已晦之日月,复明于一隅青邱;既绝之皇统,长存于数尺崇坛。则天意人心不归于此,而将奚适也!①

永历绝后,明统无存。一种使命感、一种责任感,迫使朝鲜萌生建坛以存明朝正统的思想,而肃宗建造大报坛正是这一思想的具体实施者。

其三,企图以大报坛振肃世风,扭转颓废局面,乃肃宗建坛的又一重要原因。肃宗是朝鲜尊周思明非常重要的人物,也是朝鲜建造大报坛的关键人物。他即位以后,大肆提倡尊周思明理念,经常与朝臣谈论明朝再造之恩。"王常以武略不竞为忧,命群臣议定防胡陈(阵)法。筵臣讲朱子书'至义理无限,岁月如流'之语,深陈国耻未雪,圣谟未展,王为之怆然摧咽。尝曰:'春秋大义,是予家法。'其至诚恻怛,永有辞于后世。"②肃宗三十年(1704),明朝灭亡周甲之际,肃宗同朝臣谈及亡明之事。"今年即甲申也,大明以是岁三月亡。"③对于崇祯如此"英明"的皇帝

---

① 吴庆元:《小华外史》卷七,下册,第200页。
② 李义骏、成大中等编:《尊周汇编》卷六,上册,第483—484页。
③ 《朝鲜肃宗实录》卷三九,肃宗三十年正月庚戌,第40册,第65页。

竟沦为亡国之君,"有呜咽不忍读者矣"。崇祯上吊于煤山,以身殉社稷,朝鲜始终认为乃千古罕见之大义。虽然大明于朝鲜有大恩,但是朝鲜人则事久而忘,对此,肃宗显得相当不满:"到今年纪愈久,世道愈下,复仇雪耻,固非朝夕所可期,而至于疏章间,慷慨之言,亦未有闻已,至于寝远寝忘之域。予尝慨然。今逢周甲,一倍感怆矣。"领议政申琓亦有同感,认为"今日则人心恬嬉,非但世无慷慨之人,并与大义都忘之矣"。肃宗对清使前来,而朝鲜人夹道观光,"视同华使,其无含冤忍痛底意可知",直称"世道至此,良可寒心"!于是肃宗就努力寻求一条"使之不忘之道"。肃宗十九年(1693),在观武堂旁建日新轩,肃宗亲制《日新轩记》,其曰:

> 大抵天下之事,不日新则必日退。而况人主一心出治之本、万化之源,苟不日新其德而振作之,则何以建中于民哉……今夫学有所未尽,则思所以日新之;德有所未修,则思所以日新之;听言之道不恢,则思所以日新之;作人之方不古,则思所以日新之;怀保之泽未孚,则思所以日新之;自强之策未至,则思所以日新之。随事省察,终始惟一。而若其日新之本,必自割断一个私字而始。①

凡事皆要"日新"之,肃宗对明朝有满腔的追忆感恩之情,他经常提及壬辰再造恩情,为万世不可忘,其意在"日新之"。他想建造大报坛,以唤起感恩思明之情感,进而将那种思明的情感礼仪化、制度化,真正使之能"苟日新,日日新,又日新"。

对于南明政权迅速灭亡,肃宗以为与神宗再造藩邦、消耗了国

---

① 《朝鲜肃宗实录》卷二五,肃宗十九年五月丙辰,第39册,第280页。

力有关，因而对明亡有种负罪感，这更促使肃宗建坛。肃宗将南明与南宋进行比较，认为宋高宗虽然不能收复祖宗旧境，但还可以偏安江左，保有江山百余年。而南明弘光以后，分崩离析，"皇朝之速亡，未必不由于东征"，即与壬辰战争之际明出大兵拯救朝鲜而伤损国力有关，但朝鲜既不能"复仇雪耻"，又未能与南明相通，因而"未尝不慨恨"①，内心隐藏着深深的内疚之情。诸多因素促使肃宗要建造大报坛，以崇祀明朝皇帝。杨镐、邢玠这些东征将帅皆有祠宇崇祀，而作为皇帝的神宗却尚无庙祀，认为朝鲜之得有今日，莫非神皇之力，"而深仁厚泽，无地酬报，予心感慨，尤切于是年矣"②。故而肃宗认为当给神宗建庙，以加崇祀。

二、大报坛创设之经过

明朝灭亡为甲申年，肃宗三十年（1704）又为甲申年，六十年一个轮回。正月初一，新春来临，肃宗触景生情，当即对朝臣谈及明朝壬辰再造之恩，随即向朝臣提出应当给神宗皇帝建庙。没想到，此论一出，竟受到了空前的阻力。从首次讨论到大报坛最后建成，历经三次大的讨论，历时九月有余，方才最后定夺。从这几场讨论中，可以看出一般朝臣对崇祀明朝皇帝的心态与肃宗国王的不同，并进而透视当时整个朝鲜士大夫的思明心态。

正如前面已经提及的，崇祀明朝皇帝并非发端于肃宗。崇祯十年（1637），南汉兵败，仁祖臣服于皇太极。崇祯十一年（1638）正月初一日，仁祖于宫中为明朝设祭，面向中原，痛哭流涕，次年再举行一次，开启祭祀明朝之先例。肃宗建坛崇祀神宗皇帝，可以说受其启发，他多次提及仁祖被围南汉山城，内外交困之际，尚知

---

① 《朝鲜肃宗实录》卷一八，肃宗十三年二月辛亥，第39册，第92页。
② 《朝鲜肃宗实录》卷三九，肃宗三十年正月庚戌，第40册，第65页。

崇祀，而他自己统治之时，天下太平，倒无崇祀，不合情理，这样，更促使肃宗下决心建造祭坛。

肃宗三十年之前，至少有四次朝臣奏请为神宗皇帝建庙。显宗八年（1667）五月，湖西进士李重明上疏，首倡建庙之议。显宗十三年（1672）闰七月祥原儒生周东伯，肃宗十三年（1687）五月高城进士慎懋，肃宗二十五年（1699）前佥使朴昆，皆上疏请求为神宗建庙。而在肃宗与朝臣讨论之际，宋时烈门人权尚夏等秉承师命，已建成万东庙于清州之华阳洞，开始崇祀明神宗、崇祯帝的活动。可见为神宗皇帝立庙，是朝鲜士人心目中的一种相当普遍的观念。此次肃宗国王本人提议为神宗建庙，大臣之所以反对，并非认为不当崇祀神宗，而是觉得建庙崇祀神宗牵扯太多，怕惹麻烦。综合言之，反对理由主要有几点：

首先是礼节上的问题，以藩国之君祭祀中国皇帝，古无此礼，不知如何处置。藩国崇祀天子为僭猥，于礼难处，这是诸大臣议论最多的一点，"但念庙而享之，于礼为僭，况仪文之窒碍"。若建庙崇祀明神宗，那与朝鲜太庙的关系又如何，亦是考虑的问题。朝鲜建造神宗庙，"则事体当加隆于宗庙，如处所、时享、乐章等仪文，节节难便"①。依从儒家理念治国的朝鲜，十分重视礼仪制度，不得有半点错谬，故而成为朝臣反对的重要理由。

其次，事机不密，恐泄漏于清，徒增麻烦。"人心世道，日益危恶，我国机事，象胥辈无不漏泄，万一有诘问之举，则实为目前之急矣。"②显宗时有人提议为神宗建庙，即以此原因而被否决。因为以清朝藩国却祭祀前朝皇帝，于礼节上无疑有僭越之嫌，是对清朝不臣的表示。而当时清朝对朝鲜还并非完全信任，虽然开始施

---

① 《朝鲜肃宗实录》卷三九，肃宗三十年正月庚戌，第40册，第65页。
② 同上。

恩，但对朝鲜的举动甚为敏感，一旦发觉朝鲜有反清举动，清朝势必会再施压。

而同时，朝鲜国力匮乏，民力殆尽，难有兴作之役。"方今国储匮竭，民力殆尽，兴作之役，岂不难哉！"①因此，朝臣提出国王欲报明朝拯救之恩，不必求诸末节，"殿下欲报天地之大德，则恐无逾于励志薪胆，刷耻雪冤"②。

首次讨论中，朝臣之中唯独户曹参判权尚夏支持肃宗。他似乎并不在朝中，左议政李畲特以私书问之。权尚夏在回书中对反对意见一一加以批驳，他认为肃宗提议建庙，表明肃宗"睿志卓然高出百王"，因为建庙"可以激三韩忠义之气"，如果诸臣反对，使之不成，"则我圣上尊周之义，无以著明于天下后世，而群下亦不得辞其责"，因此不能顾忌一时嫌碍而有所持难。首先，关于藩国祀天子是否僭猥，他认为春秋时期杞宋以诸侯祀夏殷，未闻有僭猥之讥，古有此礼，故不能说朝鲜祀神宗为僭猥。且认为君臣、父子其义相同，"今既无子孙之祀，则以旧臣而祀旧君，亦何所不可哉"。其次，关于礼是否加尊于宗庙，他提议神宗之祀可置于上旬，宗庙之祀退于中旬，"固不害于为尊屈之道"。而至于佾舞、乐章，重新撰定，由有关衙门专门处理，当可解决，并非难事。其三，关于清人之责难。他以为明朝对朝鲜有恩，天下所共知，如今朝鲜追念旧事，略举崇祀之典，出乎天理，合乎人情，"何必为之呵禁哉"。清人亦以明亡于流贼，其入关乃为大明报仇，并上崇祯谥号。若清人呵责，可以此为对。所谓国力匮乏，民不堪兴作之役，皆为托词，不足为辩。同时，他提议，若以都城非便，可择旧都江都，既僻静，建庙必无"碍逼之势"③。

---

① 《朝鲜肃宗实录》卷三九，肃宗三十年正月庚戌，第40册，第65页。
② 同上。
③ 同上。

大臣中虽只有权尚夏一人支持，成均馆儒生则支持者甚众。此次讨论数日后，儒生郑享益等160余人联名上疏支持为神宗皇帝建庙①。第一次辩论，虽然反对者多，赞成者少，但朝臣皆知肃宗心意。肃宗亦于是次讨论时，知道权尚夏已建祠于华阳洞，更坚定了建庙的决心。

　　两个多月后的三月丙午，再次讨论此事，反对意见竟大为减少。朝议一开始，肃宗即说：神皇建庙事已告谕诸臣，"此是早晚必行之盛礼"②。他首先表明建庙决心，令反对者不敢再有异议。后来朝臣商议，建庙于礼制难行，设坛则可省麻烦，于是就改庙制为坛制。左议政李畬引中国汉朝丞相韦玄成之言：父不祭于支庶之家，王不祭于下士诸侯，故对神宗不能立庙，只能建坛。从而将庙制改为坛制③。这样既实现了崇祀明神宗的目的，又避免了礼节上的难题④。同时以昌德宫宫中后苑为"不烦耳目"之地，决定建坛于此处。此事遂定下来，肃宗顿感欣慰。《备忘记》引肃宗言曰："今日建庙，不特予崇报之诚，亶在于此，神皇在天之灵，亦安知不恋兹东土耶？尊周之义，皎如日星，予志之定，坚如金石，断不可已也。"⑤在肃宗看来，建庙崇祀神宗是重要的尊周举动。崇祀神宗即是尊明，尊明也就是朝鲜尊周的实质。

　　第三次讨论则是在大报坛议定之后，肃宗觉得建坛还不足以表达其感恩之情，"上既于今三月设坛后苑，亲祭毅宗皇

---

① 肃宗在答书中称："省览多士之封章，不觉感涕之沾衣也，尔等今日之请即予之至愿，可不留心焉？"见《朝鲜肃宗实录》卷三九，肃宗三十年正月壬戌，，第40册，第67页。
② 《朝鲜肃宗实录》卷三九，肃宗三十年三月丙午，第40册，第74页。
③ 《朝鲜肃宗实录》卷四〇，肃宗三十年九月癸丑，第40册，第108页。
④ 参见冯尔康：《朝鲜大报坛述论——中朝关系和中国文化传播的一个侧面研究》，《韩国学报》第10期，第124页。
⑤ 《朝鲜肃宗实录》卷三九，肃宗三十年四月己卯，第40册，第77页。

帝，必欲为神皇立庙以致隆"①。肃宗以为庙比坛更为重要，更为隆重。所以在立坛议定六个月后，他提出要为神宗立庙。此次遭到几乎是一致反对，因为诸臣皆以为既已立坛，就无需再建庙。正如右议政李畬所论："立庙一款，终恐难行。抑有一道：天之于天子，天子之于诸侯，其尊相等。若以天子祭天之礼祭天子，则稍有可仿。而设坛扫地而行事，实祭天之礼，至敬无文之意也。"②李畬的意见很具代表性，以为坛制乃比拟明朝皇帝祭天之礼，作为藩国的朝鲜无祭天之礼，宗主国明朝方有祭天之礼。明朝与朝鲜就如上天与明朝的关系，只能用祭天之礼祭神宗，立庙反而乱了礼节。肃宗见诸臣皆以设坛为是，虽不甚如意，但觉得"亦可以少伸至诚"③，后来肃宗亦认识到："不庙而坛，出于周思，则虽用坛制，实同立庙。"④于是方最后打消建庙的念头。

肃宗三十年十月初三日，大报坛破土动工。历时二月余，十二月即建成。三十一年（1705）三月癸卯，肃宗在大报坛首次亲祭神宗皇帝，设黄帐房，奉安神宗神位，用纸榜，入六佾舞，奏乐。王世子率百官陪祭。祭毕回至宫中，肃宗于承政院曰："今晓祗诣皇坛，已举殷礼，几年经营，竟遂至愿。"⑤一桩心事终于得以了结，肃宗内心不尽欣悦。他意犹未尽，当即挥毫作诗道：

大报坛成肇祀亲，时惟蚕月属和春。
衣冠济济班行造，磬筦将将醴币陈。

---

① 《朝鲜肃宗实录》卷四〇，肃宗三十年九月癸丑，第40册，第108页。
② 同上。
③ 同上。
④ 《朝鲜肃宗实录》卷四〇，肃宗三十年十二月丙戌，第40册，第123页。
⑤ 《朝鲜肃宗实录》卷四一，肃宗三十一年三月癸卯，第40册，第145页。

> 昔被隆恩铭在肺，今瞻神座涕沾巾。
> 追思岂但微诚寓，切愿宁陵圣志遵。①

又作诗曰：

> 莫须建庙更持疑，德海恩山忍忘之。
> 况是重丁皇祚绝，永怀一陪黍离悲。
> 朝宗大义伸无处，崇报微诚即在兹。
> 岂但平生吾愿遂，宁陵志事庶期追。②

宁陵即孝宗，其诗表明其祭祀后之兴奋状态，而且表达这种追思明朝恩德的行为，并非只是肃宗本人之"微诚"，而是遵循了孝宗以来历代国王的志愿。对于肃宗之诗，诸臣皆以为，"一字一句，皆从尊周血诚中流出，有以见大圣人所作出寻常万万，凡在瞻聆，孰不耸动？臣等一唱三叹，感涕自零，不知所以为喻也"③。肃宗命诸臣和进。在肃宗看来，这是何等快慰之事，因为此后，"年年祭享，自当与国同存矣"④。他的愿望最终成为现实，而他所希望的大报坛"与国同存"，后来也成为事实。几百年间，大报坛香火不断，直到1908年，迫于日本的压力撤享，两年后，1910年，朝鲜就被日本吞并。

可见，尽管面临着诸多的困难，肃宗建庙以祀神宗之愿望虽未成，但立坛以祀神宗皇帝，肃宗多年的心愿终于得以实现。大报坛此后就成为朝鲜尊周的圣地，意义相当重大。

---

① 《朝鲜肃宗实录》卷四一，肃宗三十一年三月癸卯，第40册，第145页。
② 《大义编》前集卷二，第86页。
③ 《朝鲜肃宗实录》卷四一，肃宗三十一年三月癸卯，第40册，第145页。
④ 《朝鲜肃宗实录》卷四一，肃宗三十一年三月乙巳，第40册，第146页。

首先，朝鲜有一个真正表达思明感恩的场所。肃宗之所以念念不忘要建庙崇祀神宗，是因为他总觉得处太平天下，尚不如仁祖南汉山城之时。壬辰再造之恩，使朝鲜背负着一种责任，"恩是债务，而且必须偿还……'报恩'则是积极的，紧张如弦，刻不容缓的偿还"[①]。既然明朝已经灭亡，无法实施其偿还的目的，于是就只得以崇祀神宗皇帝的方式，来表达其偿还的心态，寻求内心的安慰。

其次，虽然思想上，明朝对朝鲜有永世不忘之恩，对清朝则有刻骨的仇恨，但现实中朝鲜不得不向清朝执事大之礼，扮演藩国角色，力尽藩国义务。这种现实与内在心态的矛盾迫使朝鲜要寻求调和的方式，大报坛正可扮演这样的角色。每当祭祀之际，朝鲜总觉得是向明朝表示感恩，可以弭平现实中的内疚。朝鲜国王接见了清朝使节后，即便按照惯例须行大报坛祭祀礼节，国王也总会先暂时放下，再寻找适当的时机，而不会马上就举行祀明祭礼。

其三，大报坛不只是一个崇祀的场所，更是朝鲜保存中华正统的标志。南明灭亡以后，朝鲜看来，中华正统已绝，作为夷狄的清朝并未承接这种正统。而原为明朝藩邦的朝鲜，历来有"小中华"之称，朝鲜王朝更以"小中华"为荣，因而通过大报坛的设立，对明神宗的崇祀，从而宣示其承接了中国自古以来的而绝于明末的中华正统。

---

① 鲁思·本尼迪克特著：《菊与刀》，吕万和等译，北京：商务印书馆，1990年，第80页。本尼迪克特虽然是论述日本人对"恩"的想法，在此用于分析朝鲜对明朝的心态亦是相当贴切的。

三、大报坛的构造与崇祀礼节

朝鲜以明朝天子祭天之礼来祭祀明神宗,故建坛而不立庙。坛制仿社稷之制,从坛号到坛制,都有慎重的考虑。下面略述其坛制构造及相关的崇祀礼节,从中可以体味出朝鲜建造大报坛的象征意义。

(一)坛号与坛制

肃宗与朝臣议定建坛后,即以二品以上官员议定坛号,"以重其事"。闵镇厚以为泰坛即圜丘之号,以"泰"字定号,以仿效天之义为当。大提学宋相琦则以"大报"二字上。"大报"之义,具载于《小戴记·郊特性》,云:"大报天而主日也","万物本乎天,人本乎祖,此所以配上帝也。郊之祭也,大报本反始也"①。意思是诸神之祭,以日为主,祭天之时,以祖宗配享,示以不忘本根。取其语为坛号者,"以郊祀之礼而寓崇报之意"②。坛号即点明其建坛目的,崇祀以报恩。肃宗当即批准采用,"定入二字,允叶义理,无容更议也"③。

坛建在昌德宫禁苑之西,乃朝鲜国王宫中后苑,既避人耳目,又便于国王祭祀。坛制采左议政李畬言,"仿我国社稷之制",具体而言:有壝有墙,墙高四尺,比社坛加高一尺,方广二十五尺,四面皆为九级,壝、墙四面皆三十七尺,自坛所筑外墙,以防行人俯视④。可见,虽然仿社稷之制,但比社稷坛加高一尺,更高更大。而祭物品式,遵用明朝之制,祭器依《大明集礼》图式,神座、黄帐房,皆依《明会典》图说,六佾乐器,则以南北郊祀所用

---

① 《十三经注疏·礼记正义》卷二十六《郊特性》,北京:中华书局,2009年,第3146、3149页。
② 李义骏、成大中等编:《尊周汇编》卷八《皇坛志》,下册,第3页。
③ 《朝鲜肃宗实录》卷四〇,肃宗三十年十一月辛酉,第40册,第121页。
④ 《朝鲜肃宗实录》卷四〇,肃宗三十年十二月丁亥,第40册,第124页。

推移用之,行祭仪文,一并依明朝之制①。

(二)祭礼时间与规格

朝鲜王朝的祭祀有大祀、中祀、小祀之分。大祀有宗庙、社稷等祭祀,宗庙祭祀一年凡五次,各孟月上旬以及腊月皆行祭。社稷之祭一年凡三次,春、秋仲月上戊及腊祀行祭。中祀凡风、雷、雨、岳、海、渎、先农、先蚕、文庙王孔子、历代始祖,或一年两祭,或一年三祭②。而大报坛则被列为大祀,在朝鲜王朝中是最为突出、地位最高的祭祀。

肃宗三十年十二月,大报坛建成,乃定一年一祀。但何时举行为宜,则稍有争论。肃宗以为"大报坛祀事在季春,而宣武祠春祭,先行于仲春为未安,命自今退行于坛祀之后"③。大臣反对肃宗之提议,主要认为从礼节上讲,大报坛祭祀同于天子祭天,乃是朝鲜至尊无上的祭祀,不可同其他的祭祀相提并论。判府事李畬指出:

> 大报坛之设,不以庙而坛,岁一献享者,盖仿郊天之义。其礼至尊至严,不可与常祀以时节行事者比论也。古今祀典,如风、云、雷、雨、岳、渎、山、川,皆祭以春秋,而至于圜丘、方丘之礼,岁只一祭,疏数不同,岂非以敬愈至而礼愈简故也?④

李颐命亦认为"不可与他祠较量祭祀疏数先后,又与祀前代帝王而与享其臣者自别,况论以大一统之义,则自我宗社百祀,并

---

① 《朝鲜肃宗实录》卷四〇,肃宗三十年十月辛已,第40册,第115页。
② 《经国大典》卷三《礼典·祭祀》,东京:学习院东洋文化研究所刊行1971年刊行,《学东丛书》第六种,第273—274页。
③ 《朝鲜肃宗实录》卷五三,肃宗三十九年二月戊辰,第40册,第486页。
④ 《朝鲜肃宗实录》卷五三,肃宗三十九年三月癸未,第40册,第487页。

压其尊,何独于宣武之祠,特杀其礼乎?①"由此显示当时的大臣皆认为大报坛祭祀是至尊无上的,不应以祭祀次数多少来判定其尊卑。一年一祭,正表明其至尊无上,不可与常祀相比。不能因为大报坛为一年一祭,而减少宣武祠一年两祭的传统。因为:"杨、邢二公,自其生时绘像,而俎豆于春、秋,国人《甘棠》之恩已百年矣,今不宜遽变其享式。"②故而,最终宣武祠祭祀一仍其旧,一年春、秋二祭。

大报坛祭祀既然以祀天之礼来祭神宗,一开始就确定其为至尊无上的祭礼。值得注意的是,大报坛祭祀亦高于朝鲜宗庙祭祀,是朝鲜任何山川神仙祭祀都无法比拟的。这种祭祀此后二百年内,一直成为朝鲜王朝最为重要的祭典,也是最为隆重的祭礼。

第三节 英祖感皇恩与大报坛的变化

英祖1725年继位,1776年去世,在位52年,是朝鲜王朝在位时间最长的国王③。1776年去世后,上庙号为英宗,1889年改为英祖,是朝鲜王朝第21位国王。他继位之后,继续推行仁祖、孝宗、肃宗以来的尊周思明政策,大力提倡尊周理念。英祖在位期间,清朝为雍正、乾隆时期。在清朝看来,当时的朝鲜已是一个极其恭

---

① 《朝鲜肃宗实录》卷五三,肃宗三十九年三月癸未,第40册,第487页。
② 同上。
③ 英祖庙号原为英宗,后尊为英祖,为求统一,本文一律用英祖相称。JaHyun Kim Haboush, *A Heritage of Kings : One Man's Monarchy in the Confucian World,* (New York: Columbia University Press, 1988)乃研究英祖的专著,全书五章,分别是: 1. Confucian Kingship and Royal Authority in the Yi Monarchy; 2. Yongjo's Reign: Images of Sagehood; 3.Yongjo's Rule: Politics of Patriarchy; 4. Yongjo's Court: Magnificent Harmony; 5. Yongjo's Tragedy: the Prince of Mournful Thoughts. 对于英祖治国理念、儒家正统对他的影响以及晚年处死思悼世子的悲剧都进行了详细的研究。

顺的藩国，谨守藩邦职责。但英祖在国内却大力推行思明之策，宣扬明朝恩德，他不仅组织官员编修了许多明史书籍，而且继承和弘扬了大报坛的崇祀活动；他将肃宗以来大报坛只崇祀明神宗一人，进而推及明太祖、明崇祯帝，使大报坛由独祀神宗而扩展为三皇并祀。英祖大讲尊周之策，是朝鲜王朝尊周思明的重要人物，他在位期间是朝鲜王朝尊周思明的重要时期。

一、英祖的思明情感

英祖在位期间，苦心扶植反清崇明的理念。在处理现实与理念矛盾时，英祖表现了高超的技巧。现实中，他与清朝保持藩属关系，表现相当恭谨，但同时在理念中又把清朝看成夷狄，极其推崇尊周思明之策。他以《国朝宝鉴》未能首录肃宗尊周大事，深感"痛心"，而特编《国朝宝鉴别编》，开启编修《国朝宝鉴别编》之先例[①]。他自己每每对朝臣大谈明朝恩典。他亲制《皇坛仪序》，论道："吾皇壬辰再造之恩，可谓没世不忘者，而我圣考建坛追报，垂大义于万世。呜呼！此坛可以与青丘而不泯"[②]。极其称颂肃宗建造大报坛之功。而他一生中写过多首《感皇恩》诗，或名《忆皇恩》，或曰《颂皇恩》，或名《感皇恩》，其中心内容是感激明朝之恩德，其中一首《御制忆皇恩》诗，转录如次：

忆皇恩，忆皇恩，受命朝鲜是皇恩；
忆皇恩，忆皇恩，九章八音是皇恩；
忆皇恩，忆皇恩，特定宗系是皇恩；
忆皇恩，忆皇恩，再造藩邦是皇恩；

---

① 详见第六章第五节。
② 英祖：《御制皇坛仪序》，见《朝宗岩文献录》，第24页。

忆皇恩，忆皇恩，命将东援是皇恩；
忆皇恩，忆皇恩，慰谕颁历是皇恩；
忆皇恩，忆皇恩，粤昔国初受皇恩；
忆皇恩，忆皇恩，海东草木受皇恩；
忆皇恩，忆皇恩，光国志庆受皇恩；
忆皇恩，忆皇恩，宗社再安受皇恩；
忆皇恩，忆皇恩，小邦亦微受皇恩；
忆皇恩，忆皇恩，永诵风泉受皇恩；
忆皇恩，忆皇恩，瞻彼中州心掩抑；
忆皇恩，忆皇恩，何时河清胆欲坠；
忆皇恩，忆皇恩，壹隅海东有大明；
忆皇恩，忆皇恩，北苑一坛奉三皇；
忆皇恩，忆皇恩，躬见肄仪若亲行；
忆皇恩，忆皇恩，何时报，心千亿；
忆皇恩，忆皇恩，何时谢，怀百万。①

此诗写于英祖四十九年（1773），诗中他把明朝对朝鲜所施的一点一滴的举动皆看成是皇恩，如赐号朝鲜到颁历赐乐、改定宗系、命将东援、再造藩邦，等等。诗的后半部分则表明其为了报答明朝之恩所采取的感恩举措，表明其感恩思报的志向千年不移、世代感恩。

英祖对明朝的这种心态，决定了他所采取的措施。他了解在仁祖被围南汉山城时，崇祯帝不顾内外交困的局面，指令山东巡抚出兵救援朝鲜之史实时，当即决定在大报坛一同崇祀崇祯皇帝，并进

---

① 英祖国王：《御制忆皇恩》，时当"岁皇朝崇祯戊辰纪元后三癸巳，即阼四十九年春三月壬辰日敬书"，见明义会编刊《大明遗民史》下卷，汉城：保景文化社，1989年，第398—403页。

而因"大造"之恩,把崇祀对象扩及明太祖朱元璋,从而将大报坛的崇祀又推向新的阶段。

二、大报坛由独祀神宗到三皇并祀

大报坛创设之初,经过了三次大讨论,而由独祀神宗到三皇并祀,亦经过了三次大的讨论,其难度甚至较初创设时更为困难。把崇祯与神宗一并祭祀,这过程似乎并不太难,但当英祖提出要一道崇祀太祖时,竟遇到了前所未有的阻力,英祖由疾言厉色到痛哭流涕,都无济于事。英祖无奈,只得搬出肃宗《御制隆武堂》二绝,方才说服诸臣。从这一过程中可以体味英祖思明感恩之坚定与崇祀明朝三帝之决心。

英祖二十五年(1749)三月初一日,应教黄景源报告《明史》记载崇祯十年(1637),崇祯帝获悉朝鲜仁祖被皇太极围困于南汉山城之消息,当即命令总兵陈洪范调集各镇舟师赴援。《明史》原文如次:

> (崇祯)十年正月,太宗文皇帝亲征朝鲜,责其渝盟助明之罪。列城悉溃,朝鲜告急,命总兵陈洪范调各镇舟师赴援。三月,洪范奏官兵出海。越数日,山东巡抚颜继祖奏属国失守,江华已破,世子被擒,国王出降,今大治舟舰来攻皮岛、铁山,其锋甚锐。宜急敕沈世魁、陈洪范二镇臣,以坚守皮岛为第一义。帝以继祖不能协图匡救,切责之。亡何,皮岛并为大清兵所破,朝鲜遂绝。①

《明史·朝鲜传》雍正年间即先颁行朝鲜,乾隆初年《明史》

---

① 张廷玉等:《明史》卷三二〇《朝鲜》,第8306—8307页。

刊行后再颁行朝鲜。肃宗建大报坛时，《明史》尚未完稿，故而不悉此事。而英祖二十五年（1749，乾隆十四年）应教黄景源遂以此事上告英祖。他以为如果南汉山城数月不下，陈洪范部队必至城下，崇祯帝不责备朝鲜不能守城，反而责备陈洪范援救不力，以为"出师之恩，毅宗、神宗何间……其悯念属国之恩，未有如我毅宗者也"。于是他提出"皇坛不祀毅宗，臣窃伤之"①。英祖马上表示同意，并说如果肃宗建坛之时，看到《明史》记载，必将崇祯帝一并崇祀的。

三月初二日，也就是第二天，英祖正式与朝臣商讨。与肃宗第一次讨论设立大报坛情况一样，反对意见居多，诸臣以为大报坛原只为神宗皇帝而设，朝鲜世受明朝之恩，"今皇朝沦亡，虽自高皇帝祀之，岂曰尽伸情礼。而神宗竭天下之力，再造垂亡之国，此实载籍以来所未有之恩，故盖只为神皇设坛而不并祀毅皇也"②。崇祯之救援与万历再造之恩有轻重厚薄的不同。金若鲁曰："事固有异，神宗动天下之兵，再造东国，毅宗出师旋撤，德意不无轻重。"对此英祖不以为然，批评道：

> 臣与子以受恩厚薄事君父，焉用臣子哉！试思崇祯时景像，清兵满辽阳，流贼遍中原，然犹欲涉海出师，远救属国。中夜念此，不觉泪下。毅宗德意，无异神皇。甲申以后，一未受祀典，一间祭昭王者，岂不在于青丘乎？③

英祖坚持要崇祀崇祯帝，第一次讨论不了了之。十余日后，三月壬戌，再次讨论崇祀崇祯帝之事，如同肃宗第二次的情况一样，

---

① 《朝鲜英祖实录》卷六九，英祖二十五年三月己酉，第43册，第332页。
② 《朝鲜英祖实录》卷六九，英祖二十五年三月庚戌，第43册，第332页。
③ 《朝鲜英祖实录》卷六九，英祖二十五年三月乙巳，第43册，第332页。

经过十余日的酝酿，反对意见竟销声匿迹。朝臣一致同意大报坛同祀神宗、毅宗，咨议宋明钦进而曰："毅皇国亡君死之正，载籍所未有，推此一节，足以血食于无穷。"对于朝臣皆能理解并支持崇祀崇祯帝，英祖非常欣慰地说："佥议询同，呜呼！报我毅宗，其将有日。瞻仰皇坛，涕泣沾襟。"① 当即指令改造大报坛，设立崇祯帝的祭祀神位。

崇祀崇祯帝的事情很顺利，但英祖思来想去，认为只祀神宗、毅宗，还不足以完全表达其崇报之意。十天后（辛未），英祖再召朝臣议论崇祀之事。一开始，英祖就表明心意：

> 予于无寐之夜，静以思之，皇坛之只享二皇，不无怵惕之心，神宗陟降，将谓斯何？中州腥膻，而青丘独存，此正志士痛泣处也。三皇一坛事体恰当，卿等之意如何？高皇以"朝鲜"二字锡我国号，其恩其义，岂忍忘耶？！②

提出不但要崇祀神宗、崇祯二帝，还要崇祀明太祖，因为太祖有赐国号的"大造之恩"。朝臣竟一致强烈反对。理由有二：其一，大报坛崇祀神宗，是报"壬辰之恩"；崇祀毅宗，是"报丙子之事"。太祖并无此类出兵拯救朝鲜之恩，故"并祀高皇则于礼终有所重难"，于"大报"之本义不符。且并祭太祖，于礼仪上近于渎，三帝时间上相差太大，礼节上亦不知如何处置。其二，大报坛最初祭祀明神宗，后以《明史》出，再推及毅宗，皆因其有出兵拯救之举，故"比附而祀"。现再以"大造"之恩推及明太祖，破坏了以前的意图，且由此毫无原则的推及，"恐无限节"，故不宜轻

---

① 《朝鲜英祖实录》卷六九，英祖二十五年三月壬戌，第43册，第333页。
② 《朝鲜英祖实录》卷六九，英祖二十五年三月辛未，第43册，第335页。

议同祀太祖。

面对朝臣坚决反对,英祖痛哭流涕,一再说:"高皇有'大造'之恩,神皇有'再造'之恩,忘其大本,似为未安。"① 而且认为只祀二皇,还不如不祀!但朝臣毫不退让。自午时议至申时,讨论了三个时辰,仍无有结论。延至深夜,英祖无法说服诸臣,遂命少退。

二更时分,英祖再于集瑞门召集大臣商议。他改变策略,他令大臣读肃宗《隆武堂》二绝。其一曰:

高皇锡我朝鲜号,祸惨龙蛇孰再造。
侯度恪勤三百年,如天圣德若何报。

其二曰:

忍道孤城月晕年,自兹不得更朝天。
痛哉申年已周六,故国无人荐豆笾。

大臣读完诗后,英祖拱手,俯伏流涕许久,方解释道:

予不忠不孝人也,诸臣亦非矣。先朝御制中"报"字,即大报之义;"笾豆"即享祀之意。御制予未记忆,使儒臣读之,然后始识昔年圣意,此予不孝也。高皇帝、神皇帝功德恩义,有所较量于筵中,思之凛然,此予不忠也。今日诸臣以并祀高皇于大报坛,谓甚未稳,忘却三百年皇朝之恩,岂不非

---

① 《朝鲜英祖实录》卷六九,英祖二十五年三月辛未,第43册,第335页。

乎？吾意已定！①

见到英祖搬出肃宗之诗，并表明其意已定，原持反对意见的朝臣也只得转变态度。原来反对最烈的金在鲁首先表态："先朝御制既有'报'字之意，在圣上继述之道，当决意行之。"李显命亦曰："圣教四字，臣罪万死，上意既定，臣何敢复言！"②经过这么一场激烈的争辩，三皇并祀之事方才定夺下来。

随之，英祖觉得只有皇帝而无从祀大臣，"一隅青丘，大明犹存，而寂寥北苑，一年一度之祭，有君无臣，心常嗟惜。"认为"皇坛无一臣从焉，皇灵岂不怅然乎"③！与诸臣商量后，即以明朝开国功臣中山武宁王徐达、壬辰战争时明朝总兵宁远伯李如松和以身殉明的文贞公范景文从享大报坛。既已定下三皇共祀，大原则得以确立，余下细节就好办理了。

诸臣最后妥协，英祖终于完结心愿，于是亲写坛图，下其制，以一坛分三坛。英祖二十五年五月二十六日，大报坛改修完成，英祖首次举行三位皇帝祭祀。大报坛由独祀神宗而变成三皇并祀，意义甚大，原先崇祀之含义更加得以发扬，具体有以下几点：

其一，如果说肃宗设立大报坛时，重在对壬辰再造之恩的报答，而英祖将其扩大，其崇祀对象由一帝而成三帝，虽然报恩之意仍在，但更重要的在于表明朝鲜与整个明朝的关系，而并非只是局限于感恩。在朝鲜看来，清朝以野蛮人的姿态跃居中原之首，击碎了朝鲜原本所认同的以明朝为化身的中华世界体系的正统观，同时威胁着朝鲜本身的文化认同，伴随着对朝鲜王权权威性的一种焦虑，是对其一贯认同的儒家正统观的极大打击，故而，朝鲜总

---

① 《朝鲜英祖实录》卷六九，英祖二十五年三月辛未，第60—61页。
② 《朝鲜英祖实录》卷六九，英祖二十五年三月辛未，第43册，第335页。
③ 《皇坛从享仪轨》，见《朝宗岩文献录续集》，第176、173页。

想方设法加强与明朝的联系,从而强化其自身的文化与正统性①。这也是英祖强调要崇祀明太祖的重要原因,这样大报坛就不只是三位皇帝的祭坛,而是代表整个明朝,是朝鲜强化正统的重要场所。英祖自言:"孔子曰:罪我者,其《春秋》;知我者,其《春秋》。予以为知予滥予,皆在此举也。中华祀太祖于历代帝王庙,陟降之灵,其肯歆飨乎?今日坛祀可续皇明已绝之香火矣。"②正祖亦言:

> 我东以蕞尔鲽域,粗知礼义之方,世有中华之称,而今则人心渐至狃安,大义转益湮晦。北走之皮币,看作常事,不以为耻。思之及此,宁不心寒!汉官威仪,不可复睹;神州腥膻,不可复扫。惟此北苑尺坛,略寓执壤之诚。大明日月,祇照一区之邦,庶可以有辞于后世。矧当此年,仰惟孝庙未就之志事,不胜慷慨激昂也。③

把大报坛作为儒家礼义之象征,大义之寄托。企图以大报坛祭祀唤起人们对明朝的思念,对华夷大义之执着,大报坛成为朝鲜确保和弘扬中华正统的象征。纯祖亦言:"吾邦之有大报坛,即天下列国之所无也,可以永有辞于千百代矣。"④大报坛设立之初,就有表示正统的象征意义,三皇并祀之后,这种正统意义就更加强化。这也是历代朝鲜国王重视大报坛祭祀的内在深层的原因。

其二,申朝鲜尊周之诚。尊周思明通过大报坛崇祀,从此制度化、经常化了,崇祀三皇的意义较之崇祀一帝要大得多,崇祀一帝

---

① JaHyun Kim Haboush, *A Heritage of Kings : One Man's Monarchy in the Confucian World*, p.24.
② 《朝鲜英祖实录》卷六九,英祖二十五年三月辛未,第43册,第335页。
③ 《朝鲜正祖实录》卷八,正祖三年八月甲寅,第45册,第112页。
④ 李容元等纂:《国朝宝鉴别编》卷九,第610页。

可谓一帝一事,而三皇实际上代表的是整个明朝,这样象征意义更大,也更加体现出朝鲜尊明尊周思想。由一帝而三帝,大报坛崇祀实现了质的飞跃,而礼义上带来的变化亦有不同,下面略论及之。

三、大报坛之扩建

由独祀神宗到三皇并祀,大报坛自然要重修扩建。而相关崇祀礼节也有变化,礼节更为隆重,更重要的是处处围绕着尊周崇明来设计,象征含义更为明显。

(一)大报坛之变化

崇祀三皇议定后,英祖亲制其图,以一坛分三坛。但随后改修大报坛时,仍然是一坛,并非三坛,只是将其规模加以扩大。工曹判书赵观彬、礼曹判书李周镇和户曹判书朴文秀督责大报坛扩建工事,费时两旬即竣工。《大报坛重修后小识》曰:

> 粤在甲申冬,设坛禁苑。伊后己未春建神室,辛酉春制乐器,乙丑春营斋殿之由,俱悉于前小识中。而今因三皇并祀,恢拓坛墠,更增其高,厘正九级之制。而神座、神榻,一遵皇朝旧式,并为重修。建三间净室于坛东饼幔台之傍,而名曰奉室。①

大报坛原是仿社坛之制,高四尺,方阔二丈五尺。英祖重修时,将坛增高一尺为五尺,广增一丈四尺,为三丈九尺,纵增五尺为三丈。祭祀时则设三黄帐房,以安三帝神位。

黄帐房依《大明会典》图式,"即幄座之制"。上覆黄幄,加以长梁,横亘中屋脊,如屋制。幄之三面绕以黄帐,只开南向,又内隔二小帐,及坛之半。"略仿同堂异室之制",中立二高柱,

---

① 《朝宗岩文献录》,第98页有《大报坛重修后小识》悬板照片,文字说明在第99—100页。

植于狮蹲之上,上缀隔帐以承长梁,幄上覆以油幕,幕上又覆以布幕,并撑以竹竿,引以麻索,钉于地上,使之得以加固。幄内设神榻,榻上设神座位。太祖位在西,神宗位在中,毅宗位在东,皆坐北向南①。三帝神位即安于黄帐房内,以"同堂异室之制"祭之。可见并非三坛,而是一坛三帐。其祭祀所设立的神位,并非中国传统意义上的昭穆制度。昭穆制度是将祖先神位置于中央,而子孙牌位则按照左昭右穆的原则,分置两旁,而太祖神位永不改变,其他则按亲尽则迁的原则,存放于大殿的东西夹室。对于大报坛三帝位置如何摆放,英祖与大臣首先亦考虑了昭穆制度,但以太祖为中心也并不符合昭穆制度,因为太祖与神宗、崇祯二帝辈分相差太大,又不崇祀三帝以外的其他皇帝,故而昭穆制度不合适。于是最后决定用"同堂异室"之制,设黄帐房以置其神位,从而解决礼节上的难题②。大报坛虽为坛,但并不排斥庙制,可以说是坛制、庙制结合一起而成的。

除黄帐房外,尚有壝、宫墙、奉室等辅助建筑。而最值得一提的是正祖时将敬奉阁移于奉室西墙外。敬奉阁原在槐院(承文院)近处,乃仁祖以后珍藏明朝遗物之所。肃宗时将明朝所赐蟒衣、宝章及御制御笔、御画等藏于敬奉阁,英祖亲制《感皇恩编》,亦置于敬奉阁。敬奉阁与万东庙之焕章庵一样,成为朝鲜储存明朝遗物之所。正祖年间,因"院廨颓圮,岿然一阁在路傍,甚妨于观瞻"③,将其移置于大报坛西墙。阁在皇坛西边,"揭敬奉、钦奉两扁于阁之内外楣,皆英祖御笔也。安小柜于北壁,奉安《追感皇恩编》二卷,皇朝赐宝印本一件、太祖高皇帝御笔障子一、宣宗

---

① 《大义编》,第27页。
② 参见冯尔康:《朝鲜大报坛述论——中朝关系和中国文化传播的一个侧面研究》,《韩国学报》第10期。
③ 《朝鲜正祖实录》卷五二,正祖二十三年七月丁丑,第47册,第201页。

章皇帝御制御笔障子一、毅宗烈皇帝御笔御画障子各一，御笔刻板二"①。将敬奉阁移置于大报坛，就如同珍藏明朝遗物的博物馆，大报坛真正成为明朝的象征。

（二）崇祀之礼节及其象征意义

成海应曰："坛享之初虽用祭天之礼，坛制仿社坛之故，仪式多从之。"②大报坛乃仿明朝祭天之礼，而其仪式又多类社坛。祭祀有一套严格的礼节，最初是参合明朝礼仪与朝鲜礼仪而成。肃宗时期，礼曹判书李颐命认为"杞宋犹用夏殷之礼，况我国之于皇朝乎"，即便《大明集礼》中有不合朝鲜风俗者，亦当从之。肃宗采纳其主张，认为："斯礼也，即神宗皇帝平日耳目之所熟习，而亦尝用于宗庙丞尝者。"③故肃宗时期祭祀时就有意采用明朝礼仪。

英祖对崇祀礼节相当慎重。有疑问之处，皆一一询问朝臣，力求使礼节中规中矩。最后，礼节规范皆依从《大明集礼》。祭祀用牲，或曰用黑牛，或曰用黄牛，赵明履以为："明以火德，故当用骍牛，而骍为深黄色，黄近于骍，故用之以黄也。"④金在鲁赞同其议，于是祭祀时就用骍牛。肃宗定大报坛乐制。有鉴于中国古代天子用八佾舞，作为藩国的朝鲜则只用六佾舞，以示尊重。英祖十七年（1741），又亲制大报坛祭礼之乐器。大报坛祭祀原无乐器，只用山川祭乐器用于坛祀，英祖十七年三月大报坛祭祀时，先有蚕祭，山川乐器要先用于蚕祭，然后才可能施于大报坛，影响了大报坛的祭祀，于是就决定造大报坛乐器。九月即告成，以后大报坛祭祀就有专用乐器。

祭祀时间，定在每年农历三月十九日，乃崇祯皇帝自尽于煤

---

① 《朝鲜正祖实录》卷五二，正祖二十三年七月辛巳，第47册，第201页。
② 成海应：《研经斋全集》卷三二《坛制说》，第207页。
③ 李义骏、成大中等编：《尊周汇编》卷六，第476页。
④ 《朝鲜英祖实录》卷五三，英祖十七年二月壬戌，第43册，第6页。

山之祭日。对于这个日子,亦是经过多次讨论而定的。最初定在每年正月上旬,但礼曹判书闵镇厚认为:正月庙社大享及朝贺俱为相值,坛享恐难每每亲行,借二月东州狩之义,将以二月行之,亦有嫌于中祀,"定以三月,皇朝不血食在于三月故也"。后来又有改变,"一年一行之祭,与时节常祀不同。苟有可取之日,则不当拘于孟、仲、朔。而今此坛祀,实为古今旷绝之礼……欲定于三月,此亦以事势言也……但念三月行祀,便同忌辰之义。在人情,虽若衬近于古礼,未有经据……二月东巡狩……春月既殷东方之气,方行圣帝之巡东服觐东后,必以此月,则东后之有事于皇灵,取于此月,其义庶几近之欤!祭之道,以时气为重,而春为四时之首,二月为春之中,以此言之,依当初所定行于二月……而此是莫重之节,有难以臆见强定,惟在圣上参以群议而行之"①。李畬建议定于二月。但朝臣几番讨论,英祖最终决定一年三度祭祀,以三皇忌日(三月十九日毅宗忌辰,五月初十日高皇帝忌辰,七月二十一日神皇忌辰)为望拜礼之日。

至于具体的礼仪有多种形式,若"亲临誓戒仪""摄事时受誓戒仪""取明水火仪""纸位书写仪""亲享仪""王世子摄事仪""大臣摄事仪""特行望位礼仪"等类别,不一而足。其中以国王亲享仪最为重要,若国王有病或因故不能亲享,则遣王世子或大臣代行其礼,故又有王世子摄事仪和大臣摄事仪。其祭祀仪式有很强的象征意义,具体有以下几点值得注意:

其一,取明水火仪。因为祭祀明朝皇帝,故而祭祀时特有一礼节取用明朝水火,祭祀时要用洁净的明朝之水、明朝之火,不能用一点非大明的东西,以示不用大清之物。这一仪式既表明其承续了明朝以来的祭礼,又暗含"大明日月,独照我东"之意。

---

① 李畬:《睡谷集》卷八《大报坛行祭时月议》,《影印标点韩国文集丛刊》1995年第153册,第164—165页。

其二，祭祀中明遗民后裔与朝鲜忠烈之后受到相当的重视。朝鲜是个极其讲求等级制度的社会，有两班、中人、良人、奴婢四个等级，两班阶层居于社会最上层。而所谓忠臣后孙多非两班子弟，明遗民子孙在朝鲜社会地位就更低了。肃宗以后对这部分人相当重视，一再有意提高其社会地位。这也说明当时其社会地位不高，方才需要提高。但在祭祀中明遗民后代子孙、朝鲜忠良子孙都比两班官僚阶层地位更为尊贵、更为重要。即以国王亲享仪为例，行祀之日，明遗民后孙、忠臣子孙及文武百官先期至坛，排好阵列，等待国王、王世子前来，但排列时：

> 北向设陪享官位，忠臣后孙及文官一品以下，于洌泉门内道东，每等异位，俱重行北向；西上皇朝人后孙及宗亲、武官一品以下，于洌泉门内道西，当文官每等异位，俱重行北向。①

明遗民后裔是排在宗亲及武官之前，忠臣后孙排在文官之前。祭祀结束，离开之际，又如斯排队，先由国王离开，再世子，然后"皇朝人后孙及忠臣后孙，宗亲、文武百官以次出"②。而祭祀之中行礼，亦由明遗民后孙带头。祭祀中，明遗民后孙是仅次于国王和王世子的地位，是最为重要的陪享人员。由此更凸显大报坛的意义，以及大报坛祭祀与明朝的关系。

其三，这是当时朝鲜规格最高的祭祀，也是朝鲜当时最为重要的祭祀活动。国王亲享时，先得斋戒数日，以示诚心。上自国王，下及宗亲文武百官都得参加。其用六佾舞，用的祭品是太牢，牛一鼎、羊一鼎、豕一鼎，供奉三牲。三皇神位只用纸写好，祭毕，焚

---

① 李义骏、成大中等编：《尊周汇编》卷八，下册，第35页。
② 李义骏、成大中等编：《尊周汇编》卷八，下册，第55页。

毁不用。祭祀礼节，肃宗时草创，一切皆依《大明集礼》，用明之仪式，英祖时加以完善和发展，以后就为朝鲜历代国王所沿用。

综上所述，大报坛由独祀神宗到三皇并祀，坛制有所变化，得以增高增阔。而与此相关的祭祀礼节亦得以完善，在崇祀礼节中，打破了其等级社会的界限，将社会地位并不高的明遗民后裔和忠臣后裔置于仅次于国王、王世子的位置，凸显其与明朝的关系，其"大明日月，照此一域"，即此意也。

四、余论

由宣武祠、武烈祠崇祀明朝东征将领，到肃宗建大报坛崇祀明神宗，最后英祖将大报坛延及明太祖、明崇祯帝，这是朝鲜王室感恩思明思想发展的结果。在感恩崇报的过程中，朝鲜借此加强与明朝的联系，确立其承继了明朝以来的中华正统，从而解决其现实政治中的正统危机与矛盾。

我们从上面对大报坛设立时的争论过程看出，国王比朝臣对崇祀明朝皇帝更为热切。大报坛从设立到扩展，都是经过国王肃宗与英祖同朝臣三次大的辩论后，方才付诸实施。清朝取得中原王朝的统治地位，对朝鲜国王原来所信奉的中华正统加以极大的冲击，国王不可能从清朝得到其统治的合法性，因为这同其所坚持的儒家义理观相违背，作为藩国的朝鲜，唯有强化与明朝的关系，通过对明朝皇帝的祭祀，表明其正统性由来已久，而且是得到中华正统王朝明朝的确认，以确立和强化其自身的正统地位，强化其统治基础。这是历代朝鲜国王重视崇祀明朝皇帝，强调尊周思明的背后深层的原因。朝臣反对并非认为不该崇祀明朝皇帝，而是担心礼节上与现实中的困难，但在国王的坚持下，相关的问题皆一一克服。在对大明皇帝的崇祀中，朝鲜找寻到自身的正统性。

"尊王心法,列圣相传。"①由仁祖到肃宗,各位国王都想方设法讲求尊明义理,发展到肃宗时期终于建成了大报坛,崇祀明神宗,而到英祖时期,由一帝而三帝,并及三大臣,大报坛成为实实在在的明朝的象征。随后正祖、纯祖、文祖②、宪宗莫不谨慎从事大报坛之祭祀活动。正祖作诗颂道:

江汉朝宗万里涛,皇恩浩荡注麟毫。
唐尧并立山河巩,周稷重光日月高。
草木皆知今鲽域,风云犹带旧龙袍。
昭回北苑瞻新构,百世吾东奉赤刀。③

文祖作为世子代政时,曾咏大报坛道:

匪风思古帝,何处是中原。
内苑三坛屹,千秋感旧恩。④

哲宗(1850—1863在位)亦有诗咏大报坛:

大报坛高日月明,顾瞻周道砥如平。
斋居肃穆洋洋在,寓慕风泉百感生。⑤

---

① 英祖四十年《英祖大王御制御笔大报坛联句帖》领府事申晚言,见《朝宗岩文献录》,第57页。
② 文祖即孝明世子李旲,为纯祖的世子、宪宗的父亲。纯祖晚年曾代为主持政事。他于纯祖三十年(1830)去世,宪宗即位后,上庙号翼宗,后改为文祖。
③ 《朝宗岩文献录》第256页有《御制謹题敬奉阁》照片,第101页有文字说明。
④ 李旲:《敬轩集》卷三《小西斋斋居感赋》,《影印标点韩国文集丛刊续编》2011年第129册,第546页。
⑤ 哲宗国王:《敬次纯考御制韵》,《朝宗岩文献录》,第75页。

文祖、哲宗生活在朝鲜晚期，他们对大报坛祭祀尤且如此热诚，对大报坛的意义还是如此热诚地赞颂，真可以说思明感恩、尊周义理成为朝鲜王朝世代遵循不替的家法，并借此"家法"，宣示其承继明朝的中华正统，从而巩固其王朝的合法性和正统性。

第三章　朝鲜儒林与华阳洞万东庙

大报坛、大统庙、万东庙号称"崇明三义"[①]。大报坛是朝鲜王室祭祀之所,更多地体现着朝鲜王朝政治上的感恩与正统上的传承关系;大统庙是明遗民子孙崇祀之地,显示出明朝遗民后裔对故国的怀念情怀;万东庙则是朝鲜儒林关注的中心,自宋时烈晚年隐居此地,摹刻崇祯皇帝御笔后,其弟子们在此建华阳书院,倡导尊周思明理念,宣扬春秋义理精神,把它变成朝鲜儒林尊周思明的中心,因而有"独持天下正,宗周幸鲁中"[②]之称。万东庙与华阳书院被朝鲜儒林视同中国孔子故乡曲阜,成为朝鲜尊周思明之圣地。因而弄清万东庙的崇祀和华阳书院在朝鲜尊周思明历史中的地位,对我们全面了解朝鲜王朝的尊周思明思想,透视朝鲜王朝对明、清两朝的不同心态,具有非常重要的意义。

第一节　宋时烈与万东庙之创立

宋时烈是朝鲜儒学史上非常重要的人物,也是华阳洞万东庙崇祀的关键人物。他高举尊周思明的大旗,主张尊王攘夷的理念,在朝鲜儒林界阐发朱熹的正统思想,形成了一套尊周思明学说,成为朝鲜王朝尊周思明重要的理论依据。正如前文所论,宋时烈是朝鲜士林最

[①] 柳麟锡:《毅庵集》卷三《崇明三义》,第109页。
[②] 成大中:《青城集》卷四《华阳书院二十咏依感兴诗韵·一治堂》,第418页。

具影响力的人物①,在朝鲜王朝儒学史上,他的地位仅次于退溪李滉(1501—1570)和栗谷李珥(1536—1584),是朝鲜历史上唯一以子相称的儒学大师。正是宋时烈晚年隐居华阳洞,方使华阳洞成为儒生向往之所,也正是遵循宋时烈的遗命,万东庙才得以创立。可以说没有宋时烈,就没有万东庙,也就没有华阳书院。因而弄清宋时烈的思想,是把握万东庙崇祀的关键,同时也是了解朝鲜尊周思明问题的关键。

一、宋时烈其人其事

宋时烈(1607—1689)②,字英甫,号尤庵、华阳洞主。恩津人。容貌魁伟,气象尊重。"拱手嘿坐,望之可畏,真所谓泰山乔岳。"③其父宋甲祚(1574—1628)是著名的朱子学者,乃宋时烈的启蒙老师。对宋时烈要求甚严,常责励宋时烈以圣人事业,认为朱子乃后孔子,栗谷乃后朱子。要学孔子,当从栗谷开始,遂教以栗谷《击蒙要诀》④。宋时烈之家学为其开启童蒙,从李栗谷入手⑤,研习儒家思想。稍长,

---

① 韩国史学界将朝鲜王朝历史分为几个时期:太祖到燕山君时期为功臣期,中宗到肃宗为士林期,景宗到高宗为外戚期。而宋时烈正是士林期最具影响力的人。参见郑玉子:《正祖代對明義理論의整理作業——「尊周彙編」을中心으로》,《韓國學報》1992年第69期。
② 参见權五惇:《北伐大義——尤庵宋時烈先生을中心으로》,见《斯文論叢》第1辑,第183—204页;赵成山:《宋時烈의性理學理解와現實觀》,《韓國史學報》2004年第17期;禹景燮:《宋時烈의華夷論과朝鮮中華主義의성립》,《震檀學報》2006年第101号;鄭上薰:《17세기尤庵宋時烈의政治思想》,《韓國思想과文化》2008年第42期;李根浩:《18세기전반宋時烈文廟從祀논란의정치적의의》,《韓国史学报》2016年第62期。国内有洪军:《尤庵宋时烈性理学思想浅析》,《韩国研究论丛》2004年;宫键:《论尤庵宋时烈的春秋义理观》,延边大学硕士学位论文,2009年;文光春:《尤庵宋时烈的义理思想研究》,延边大学硕士学位论文,2017年。
③ 金榦:《宋子大全·附录》卷15《金榦录》,《影印标点韩国文集丛刊》1993年第115册,第510页。
④ 《宋子大全附录》卷二《年谱》,万历四十二年戊午,《影印标点韩国文集丛刊》第115册,第203页。
⑤ 李栗谷即李珥,是朝鲜大儒,与李退溪被尊为"李朝两贤",更被门生称为"东方圣人"。他主诚正阐发朱子学说。参见蔡茂松:《韩国近世思想文化史》,台北:东大图书公司,1995年,第363页。

就学于精通礼学之金长生(1548—1631)与金集(1574—1656)父子。金长生,字希元,乃李栗谷的学生,通朱子学说,尤长于《礼》,著有《礼记记疑》(八卷)、《家礼辑览》(三卷)、《丧礼备要》(一卷)等。礼学为朱子晚年所重,金长生则是东方礼学之集大成者,后亦被从祀于文庙。宋时烈师从金长生,礼学造诣相当深,成为当时的儒宗。

宋时烈仕途一生坎坷。他生活的时代正是多事之秋,清朝两次出兵,把朝鲜由明朝藩属变成清朝藩属。不久,作为中华正统的明朝灭亡,身处此关键时刻的宋时烈,"闻毅宗皇帝殉社,则举哀于家"[①],遂大力倡导尊周思明理念。仕途上,他受到过重用,显赫一时。但亦屡遭打击,多次被流放,最后竟被赐死。他的一生境遇,与当时朝中党派斗争密切相关。入仕初年,朝中以西人和南人为主要派别,后来宋时烈竟成西人派首领[②]。不久,西人分裂为老

---

① 金平默:《重庵集》别集《尤庵宋先生事实记》,第408页。
② 朝鲜党派斗争相当复杂,自宣祖时始萌芽,显宗、肃宗以后党派纷争极其严重。由内政而外交,错综复杂,大抵如丧服之制、王妃册立、相关礼仪上的议论,意在夺权倾轧。宣祖时东人、西人互为进退。宣祖十七年,李珥卒,东人掌权,分为南人、北人,不久又由北人分大北、小北,由大北、小北又分数派。光海乱政,西人奉仁祖有反正之功,遂挽回势力,而立于朝廷。西人势力时代,又分尹西、申西、清西、功西,最后裂为老论、少论,宋时烈则为老论派领袖。参见林泰辅著:《朝鲜通史》,陈清泉译,上海:商务印书馆,1934年。详细研究参见Edward Willett Wagner, *The Literati Purges: Political Conflict in Early Yi Korea*, (Cambridge: Harvard University Press, 1974) 以及姜周鎮的《李朝黨爭史研究》(汉城:汉城大学出版社,1971年)和李銀順的《朝鮮後期黨爭史研究》(汉城:一潮阁,1988年)。中国学者的研究成果,参见李岩:《朝鲜朝中期四色党争的文化性格》,《韩国学论文集》2013年;蒲笑微:《朝鲜王朝朋党政治研究》,延边大学博士学位论文,2016年。对于朝鲜王朝党争如此严重,在费正清等主编的《东亚文明:传统与变革》一书中,分析其原因道:"李朝自1506年燕山君被废黜后,就再也没有出现过真正强有力的统治者,强大的朝廷机构一去不复返了。同特权两班阶层一样,很少再有官吏敬畏国王或高级官吏。都察院机构和王家朝廷成了辩论和人身攻击的理想场所。结果,在中国偶然出现的偏离现政权的党争,却成了李朝的主要政治特征,而且还走入极端,每次都有大批失败者被杀和数百名官吏被清洗。"(参见费正清、赖肖尔、克雷格著:《东亚文明:传统与变革》,黎明、贾玉文等译,天津:天津人民出版社,1992年,第316页),此论有一定道理。

论和少论两派,他又为老论派领袖。在朝鲜政坛上反反复复,上上下下。

1633年,宋时烈中生员试,时年27岁,任职敬陵参奉,1635年即被任命为凤林大君的老师,凤林大君即以后的孝宗国王,这样就奠定了宋时烈仕途上一个非常重要的契机。1637年,仁祖被清太宗围困于南汉山城之际,宋时烈正随侍仁祖左右。被围46日后,仁祖无条件地与皇太极签订南汉山城和约,从此朝鲜成为清朝的藩国。宋时烈深感屈辱,遂辞职归乡,隐居不仕。1649年,凤林大君登基,即征用宋时烈。宋时烈入朝上疏陈政事:"殿下亦愿节哀以保躬,讲礼以慎终,勉学以正心,修身以齐家。远便佞以近忠直,抑私恩以恢公道,精选任以明体统,振纪纲以砺风俗,节财用以固邦本,择师傅以辅储贰,正贡案以纾民力,崇俭德以革奢侈,修武备以御外侮。"①很想有一番作为,积极与孝宗谋划北伐事宜。不久,因金自点告密,清朝施压,孝宗被迫将宋时烈等斥和义理派人士放归山林。孝宗九年(1658),宋时烈再获重用,出任赞善。后升任吏曹判书,又与孝宗谋求北伐。宋时烈先后担任判议政府事、判中枢府事、左参赞,权倾一时。但大计未成,1659年,孝宗去世。孝宗子即位,为显宗(1659—1674在位),对于孝宗嗣子显宗如何服丧,宋时烈与南人派尹鑴(1617—1680)出现分歧,展开激烈论争,为朝鲜历史上第一次礼论之争。显宗十五年(1674),仁宣王后(孝宗王妃)去世,对于慈懿大妃如何服丧,朝廷出现争论。宋时烈根据《大明律》和《经国大典》,力主"期年之制",即主张服丧一年。但尹鑴等人认为当服丧三年,此为第

---

① 宋时烈:《宋子大全》卷六《还到城外待罪疏(二疏)》,《影印标点韩国文集丛刊》第108册,第223页。

二次礼论之争[①]。由于礼论之争,后来酿成朝中激烈的党争,对宋时烈一生影响甚大。不久肃宗即位,南人派得势。宋时烈受到打击,先后被流配到德源、熊川、巨济、清风,长达五年之久。肃宗六年(1680),南人派许积庶子许坚谋逆,于是发生庚申大黜陟,南人派失势。西人派重掌政权,宋时烈重回朝廷。肃宗对宋时烈极其尊敬,他有时自称"小子",而称宋时烈为"大老"。肃宗九年(1683)宋时烈致仕,但仍被任命为奉朝贺。西人派掌政时,在如何处理失势的南人派方面,宋时烈受到同党中少壮派的攻击,与其弟子尹拯(1629—1714)决裂,以宋时烈为首的为"老论派",以尹拯为首的称"少论派",两派互相倾轧,加剧了政治上的动荡。

肃宗十四年(1688),因正妃仁显王后无子,肃宗册封昭仪张氏子为元子,准备日后立为世子。朝中老论派人士都保持沉默,因为朝中乃南人派掌权,而身处山林的宋时烈则上疏指责操之过急,认为不妥。肃宗大怒,先下令将其流配济州岛,在南人派的推波助澜下,又下令将其赐死。1689年,宋时烈以82岁高龄服刑,竟被赐死。宋时烈的死是朝鲜党争的牺牲品。六年后,肃宗二十年(1694),南人派势衰,西人复起,宋时烈遂得以平反,恢复官爵。肃宗四十三年(1717),宋时烈文集《宋子大全》得礼文馆刊行。此后,他的思想一直颇受重视,而他本人亦被追授许多荣誉。英祖二十六年(1750)得从享文庙,后又被追赠为领议政。英祖五十二年(1776),命配享孝宗大王庙庭。正祖即位之初,就诏令编修《两贤传心录》,将朱熹与宋时烈的著作合编在一起,在朝鲜儒学界,朱熹被推崇为仅次于孔子的圣人,而宋时烈竟能与朱熹相

[①] 对于礼论之争,可参见Jahyun Kim Haboush, "Constructing the Center: The Ritual Controversy and the Search for a New Identity in Seventeenth-Century Korea." in Jahyun Kim Haboush, Martine Deuchler ed. *Culture and the State in Late Choson Korea,* (Cambridge, Mass. : Harvard University Asia Center, 1999), pp.46-90。

提并论,可见受推崇至于何种境地。正祖手书宋时烈墓碑"有明朝鲜国左议政尤庵宋先生之墓",又亲赐书院"大老祠碑",说:"明天理,正人心,使衣冠之伦,得免为被发左衽,不与夷狄禽兽同归者,赖有大老之力也。"[1]正祖对宋时烈倡导春秋义理大加颂扬,从而肯定他在朝鲜儒学史上的地位。尽管宋时烈生前境遇坎坷,死后则声名甚重,而他一生所倡导的尊周思想,则不论党派如何,皆共同遵循。所以弄清宋时烈的尊周思想相当重要,因为正是宋时烈的思想成为朝鲜尊周思明的理论指导,为朝鲜历代义理派人士所继承和发扬。

二、宋时烈尊明贬清的尊周观

明清更替,乃天崩地裂的时代,在朝鲜看来,原为边陲蕞尔小夷的满洲,竟建立了入承中原大统的清朝。1637年,朝鲜被迫成为清朝藩国,这令以程朱理学立国的朝鲜王朝难以接受,于是宋时烈起而倡导尊明贬清的尊周观念,以解决朝鲜思想与现实中的困惑。

宋时烈门人把宋时烈比附孔子和朱子,以为其时代亦有相类似者。在他们看来,孔子生于周末,朱子生于宋末,宋子生于明末,皆值大乱之世,故而需要圣人指导。所谓:"三夫子之生,天意最不偶然。周室东迁,不可以不生孔子。宋室南渡,不可以不生朱子。大明没于腥膻,不可以不生宋子。"[2]朝鲜人以为,孔子所处之时代,周室尚存,桓文之世未远,诸夏保有衣裳,先王遗风尚存。朱子所在之南宋,虽然中原已非华夏所有,宋代偏安东南,甘为仇戎之臣妾。然东南一隅,尚存华夏。而宋时烈所在明清之际,

---

[1] 正祖国王:《弘斋全书》卷三三《先正宋时烈后孙参皇坛望拜礼教》,《影印标点韩国文集丛刊》2001年第262册,第545页。
[2] 金平默:《尤庵宋先生事实记》,第441页。

"帝社既屋,三皇被弑,天地全幅皆为彼有"①。较之孔子和朱子所处的时代,形势更为严峻。当时是"道学亡而莫之救,异端兴而莫之辟","春秋日月之义无地可讲","子焉而不父其父,臣焉而不君其君"的时代,独存"中华余脉"的朝鲜又国小力弱,将相顽蠢,党习成痼,邪说横流,"有宋朱夫子奋起于洙泗之后"②,遂以"天地之心为心,孔朱之事自任"③,倡导尊王攘夷、尊周思明学说。从而使孔子之心法得以传,朱子之声教得以兴。在朝鲜儒学界看来,在明清更替、天崩地裂的时代里,宋时烈乃上承孔子、朱子,担负起了原来孔子、朱子所起的责任,倡导尊王攘夷的大一统观念。因而他的思想具有强烈的尊明贬清的特点。大讲尊周,讲求春秋义理,高举华夷之辨的正统观,构成宋时烈思想的主体。韩元震评价宋时烈学说思想说:"学宗朱子,义秉《春秋》,崇节义,辟邪说。以不负孝庙明天理正人心之托,民到于今赖之,事业之盛,莫或尚之矣。"④"为天地立心,为生民立道。"为朝鲜尊周思明树立指导思想,正是宋时烈尊周观意义之所在。宋时烈思想一秉于朱子,他通过对朱熹学说全面、系统的学习,理解和接受了以孔子为创始的儒学⑤。他多次表示极其推崇朱熹学说,如:"言言而皆是者,朱子也;事事而皆当者,朱子也……故已经乎朱子言行者,则夬履行之,而未尝疑也。"⑥正因为宋时烈对朱熹极其佩

---

① 金平默:《重庵集》别集《尤庵宋先生事实记》,第441—442页。
② 正祖国王:《弘斋全书》卷一七九《群书标记一·两贤传心录》,《影印标点韩国文集丛刊》2001年第267册,第489页。
③ 金平默:《重庵集》别集《尤庵宋先生事实记》,第442页。
④ 韩元震:《宋子大全》附录卷一九《记述杂录》,《影印标点韩国文集丛刊》第115册,第587—588页。
⑤ 韦旭升:《宋子选集序言》,《宋子选集》,第1页。
⑥ 崔慎:《宋子大全》附录卷一七《语录·崔慎录》,《影印标点韩国文集丛刊》第115册,第224页。

服,对朱熹处处依从,认为"朱子得孔、孟之正统"①,他自己的思想皆来自朱熹,自言:"吾所主者,朱子也,栗谷也,则上质皇天而无愧矣。"②正祖因而曰:"我东之宋先正,即宋之朱夫子也。"③

正因为他处处以朱子思想为准则,故而容不得丝毫反对朱子的意见。宋时烈与尹鑴政治上是死敌,思想上亦势同水火④。在对待朱子学说上,尹鑴与宋时烈采取完全不同的态度,尹鑴辩驳、质疑朱子学说,宋时烈则把其当作经典,不得有丝毫违背。尹鑴著《说辨》论理气关系,斥退溪、栗谷之说,并攻朱子。论《中庸》,则去除朱子章句,大肆阐述其本人的看法。其门徒争相传诵,以为其学说胜过朱熹理学,一定会举世风行,广受欢迎。宋时烈对尹鑴之异说大加挞伐,指斥尹鑴曰:"朱子后圣也。尧舜以下,群圣之道,至朱子而大明。鑴也敢肆其訾侮,以立其说,则此乃诐淫邪遁之甚,斯文世道之乱贼也。"⑤将尹鑴看成是"斯文世道之乱贼"。后来尹鑴获罪被诛,宋时烈因问门人权尚夏尹鑴之罪,何事为大,权尚夏对以谋逆之罪为大,宋时烈答曰:"不然,背朱子之罪为大,人苟侮圣人,无所不为也。"⑥可见,在宋时烈看来,一旦悖逆了朱子学说,就会胡作非为。尽管在对待朱子学说上,尹鑴与宋时烈采决然不同的态度,政治上亦是死对头,但是在感恩思明

---

① 宋时烈:《宋子大全》卷六八《与朴和叔》,《影印标点韩国文集丛刊》第110册,第328页。
② 宋时烈:《宋子大全》卷八九《与权致道》,《影印标点韩国文集丛刊》第111册,第171页。
③ 正祖:《弘斋全书》卷一七九《群书标记一·两贤传心录》,《影印标点韩国文集丛刊》第267册,第489页。
④ 对宋时烈与尹鑴的斗争,可参见三浦国雄:《十七世紀朝鮮における正統と異端——宋時烈と尹鑴》,《朝鮮学報》1982年,第102辑,第191—243页。
⑤ 金平默:《重庵集》别集《尤庵宋先生事实记》,第414页。
⑥ 金平默:《重庵集》别集《尤庵宋先生事实记》,第428页。

问题上则并无分别,他们都讲求尊周思明之道。第一章已经论及,尹鑴曾鼓动显宗借清"三藩之乱"出兵北伐,以雪耻复仇之事。可见,尊周思明理念为朝鲜王朝各党所公认。综观宋时烈的尊周思想,主要有以下几个方面的内容:

其一,尊周以尊明。在第一章中已经讨论过中国历史上的华夷观问题,指出中国儒家的华夷观有三点核心内容:夷夏有别、内诸夏而外夷狄、用夏变夷三个观念。宋时烈的华夷观秉承朱熹的华夷思想,但却抨击元朝许衡提出的"用夏变夷"的观念①。他强调"中国当尊,夷狄可丑"。曰:

孔子作《春秋》,以明大一统之义于天下后世,凡有血气之类,莫不知中国之当尊,夷狄之可丑矣。朱子又推人伦、极天理,以明雪耻之义……其曰:君父之仇,不与共戴天者,乃天之所覆,地之所载。凡有君臣父子之性者,发于至痛,不能自已之同情,而非出于一己之私也。②

在宋时烈看来,明朝是中华,清朝是夷狄,故而理应尊明贬清。对故宗主国明朝,他尤其强调作为藩国朝鲜应处的态度,以为当遵循三纲五常之道。三纲五常、华夷有别,是其尊周思想的理论基础:"三纲五常,天理人伦之大体,于此有缺,则国不可为国,人不得为人。"③与之同时,明之于朝鲜,义则君臣,恩如父子:"我太祖高皇帝初定天下,文忠公郑梦周首建大义,辨夷夏阴阳之

---

① 对于许衡,可参见李治安:《元初华夷正统观念的演进与汉族文人仕蒙》,《学术月刊》2007年第4期,第134—139页;福田殖:《許衡について》,《文学論輯》1985年第31期,第89—111页。
② 宋时烈:《宋子大全》卷五《己丑封事》,《影印标点韩国文集丛刊》第108册,第199—200页。
③ 宋时烈:《宋子大全》卷五《己丑封事》,《影印标点韩国文集丛刊》第108册,第201页。

分,背胡元而事真主。至于我太祖大王开国,高皇帝视同内服,恩礼周渥。我太祖大王,忠贞恪勤,如子事父。"①故而朝鲜应该对明朝始终如一地忠诚。同时他又强调壬辰战争明朝的再造之恩:"至于壬辰之变,受报酬勤,宗社亡而复存,生民死而复生,环东土数千里,一草一木,何莫非帝德之所濡哉?"②故而朝鲜在明朝灭亡以后,历代国王皆感恩思报,从而强调对明朝感恩以求报答之重要。曰:

> 是故,我宣祖大王益罄忠诚,手写"再造藩邦"四大字,以寓睿志矣。不幸丙丁之变,国势菱弱,将相驽劣,至有三田之举,可胜痛哉!然而仁祖大王诚意深笃,每于皇朝庆节,独诣后园,痛泣拜跪。二三大臣亦密伸私义,以受皇朝嘉奖。宗社之至今扶持者,实赖于斯矣。③

宋时烈对尊周的现实意义亦进行了阐述,以为尊周思明正是关涉纲常伦理之事,是朝鲜立国之本,应大加宣扬,论曰:"何也?君上者,臣民之所视效。自君上而尚义理、正伦常,则忠君事长之义明,而虽至危急之际,犹能固结而不解,观于宋之崖山可见矣。"④这道出了朝鲜尊周思明的根源所在,也说明尊周思明理念超越朝鲜党派斗争的根源。因为尊周实有关于纲常伦理,关系到朝鲜立国的根本原则,故而成为当时朝鲜上至国王、朝廷大臣,下至儒生、处士坚持的一种信仰。故上有肃宗建大报坛,下有儒林建万东庙、明遗民后裔建大统庙,以崇祀明朝皇帝之事。虽然表面上朝

---

① 宋时烈:《宋子大全》卷一六《进修堂奏札》,《影印标点韩国文集丛刊》第108册,第391页。
② 同上。
③ 同上。
④ 同上。

鲜依然是清朝的藩国，但是朝鲜却无法认同清朝的正统地位，只能以尊周思明来强化与明朝的关系，以求解决现实中的正统危机，故而宋时烈将其看作是纲常根本，一旦违逆，就会产生危机，威胁政权的稳定。

其二，攘夷以贬清。正如前所提到，在宋时烈看来，明之于朝鲜，义则君臣，恩犹父子，因而对明朝有满腔的感恩之情。"钦惟我太祖高皇帝与我太祖康献大王同时创业，即定君臣之义、字小之恩、忠贞之节，殆三百年不替矣。"①对清朝则极端贬斥。宋时烈对清朝的认识，有几个层面：首先把清朝看成是夷狄、是虏，这是最基本的观念。进而认为与清朝有不共戴天之仇，称"此虏者，君父之大仇，矢不忍共戴一天，蓄憾积怨，忍痛含冤"②。"君父之仇，不与共戴天者，乃天之所覆、地之所载，凡有君臣、父子之性者，发于至痛，不能自己之同情，而非出于一己之私也。"③故而孝宗年间他积极与孝宗谋划北伐复仇之事，与孝宗提出，"期以五年、七年，以至于十年、二十年而不解，视吾力之强弱，观彼势之盛衰"④，而采取相应的行动。北伐未有行动，而孝宗先崩。后来，宋时烈常常以孝宗之志为己志，多次向肃宗提出当继承孝宗之志，"臣之以继述之义勉殿下者，只欲遵述先王之志事也"⑤。

而复仇与雪耻相比较，宋时烈认为雪耻更为重要。对中国而言，"大明亡于流贼，非亡于胡也"。而永历则是清朝所灭，"盖夺取中国之地，左衽中国之民，非仇而何？况闻弘光皇帝被戮于虏

---

① 宋时烈：《宋子大全》卷五《己丑封事》，第200页。
② 宋时烈：《宋子大全》卷五《己丑封事》，第201页。
③ 宋时烈：《宋子大全》卷五《己丑封事》，第200页。
④ 宋时烈：《宋子大全》卷五《己丑封事》，第201页。
⑤ 《宋子大全》附录卷五《年谱》，辛亥入侍召对条，《影印标点韩国文集丛刊》第115册，第296页。

云,则复仇之义为主而重矣"①。宋时烈门人崔慎等皆以为大明复仇为大义,而宋时烈又认为"《春秋》大义,夷狄而不得入于中国,禽兽而不得伦于人类,为第一义;为明复仇,为第二义"②。可见,首要的还是宣讲《春秋》大义,提倡尊王攘夷,从而确立正统观念。而为明朝复仇反而为其次,从而反映出其尊周的实质。宋时烈临终之际,遗言众弟子曰:"学问则当主朱子,事业则以孝庙所欲为之志为主。我国国小力弱,虽不能有所为,常以'忍痛含冤、迫不得已'八字存诸胸中,同志之人传授,不失可也。"③宋时烈对明朝有深厚的感情,他不但大肆宣扬明朝恩德,宣讲明朝再造之恩,而且他衣着服饰亦仿明制。其弟子老峰闵鼎重赴燕京,得皇明儒服襕衫之制,宋时烈甚为高兴,遂令闵鼎重依样仿造,使其学宫弟子皆着此制服。对于明朝之亡,宋时烈有痛切之感,闻知崇祯皇帝身殉社稷,则举哀于家。后来,永历皇帝被吴三桂弑于昆明,宋时烈"失声恸哭曰:'天下事无复可望矣!'天定如此,孝庙安得不遽失遐龄也"④。

由上可知,宋时烈的尊周观一本于朱子,强调华夷观,尤其重视明朝的恩德,极端贬斥清朝,他深知尊周对现实的影响,故而不遗余力地提倡,其尊明贬清的尊周观念成为朝鲜尊周思明的理论指导,并为历代义理派思想家所承继和发扬。

三、华阳洞万东庙之创立

> 华阳洞与首阳山,万古纲常树此间。

---

① 崔慎:《宋子大全》附录卷一八《语录·崔慎录》,第565—566页。
② 尹凤九:《宋子大全》附录卷一九《记述杂录·江上语录》,《影印标点韩国文集丛刊》第115册,第590页。
③ 《宋子大全》附录卷一一《年谱》,壬申至井邑条,《影印标点韩国文集丛刊》第115册,第446页。
④ 金平默:《重庵集》别集《尤庵宋先生事实记》,第418页。

客到试看千仞壁,腥膻天地别人寰。①

这是宋时烈写的一首题为《华阳洞》的诗,华阳洞是宋时烈晚年隐居的地方,即变成为朝鲜之"首阳山",忠义之所、首善之区。而万东庙的创立正是遵循宋时烈遗愿,承继了宋时烈所赋予的纲常意义。宋时烈自号"华阳洞主",可见他对华阳洞的钟爱。

(一)宋时烈之隐居与摹刻崇祯御笔

万东庙,在今韩国忠清北道槐山郡青川面华阳洞。地处县城东二十五里洛阳山中,多黄杨,故又名黄杨洞。洛阳山亦称落影山,又名弥勒山。高耸清秀,山上大岩刻画大小弥勒像。高丽朝曾有元朝僧人结庵而居,庵亦名弥勒,后毁于火。华阳洞即在此山下②。宋时烈喜其山高谷深,林木茂盛,常欲息影于此,静心向学。"洞壑幽邃,峰壁峻削,清溪贯之,白石相错。始则李相庆亿庄也,尤庵宋文正公借之居。"③李相庆亿即李庆亿④。显宗七年(1666)八月,宋时烈首次归隐于此,后来虽又几度出仕,但一旦归隐,即居于此地⑤。1674年,又摹刻崇祯御笔"非礼不动"四字于此,此后华阳洞就为朝鲜儒林界所注目。成海应论之曰:

---

① 宋时烈:《华阳洞》,在成海应:《研经斋全集》外集卷三一《尊攘类·华阳洞志》之《诗文上》首先即录入此诗。见《影印标点韩国文集丛刊》2001年第276册,第467页。
② 见成海应:《研经斋全集》外集卷三〇《尊攘类·华阳洞志》之《基址第一》,第422页。
③ 成大中:《青城集》卷七《华阳洞记》,第480页。
④ 李庆亿(1620—1673),本贯广州,字锡尔,号华谷,先后任大司宪,京畿道观察使,左议政。在己亥礼讼中支持宋时烈。
⑤ 宋时烈晚年隐居的房屋,现在仍然可以完好保存,号曰岩栖斋,建在一处陡峭的岩壁上,从华阳书院方向往岩栖斋去,必须经过一条小溪,再攀上十余级台阶,过一个小山门,方进入。岩栖斋只是一间相当狭窄的房子,不过从岩栖斋往四周看,周边山色美景尽收眼底,确实是个读书冥思的好地方。在岩栖斋附近的岩壁上还保存宋时烈书的岩刻"忠孝节义"和"苍梧云断、武夷山空"两幅岩刻。

> 始，文正宋先生隐于怀川之上，孝宗大王延之为宾师，将以伸大义于天下。先生起而上开鱼水堂，屏人议国家大计。既而弓剑遽遗，而义旗不能出，先生退而栖华阳。与鹿豕为群，虽穷约困苦而不自悔。华阳于是名于国中，盖因先生而重也。先生独持《春秋》之义，深藏于邱壑之中。国人慕其风，公卿士大夫往从之游，以资其诱掖渐磨。先生虽不出，利泽之及于人，不亦广乎？[①]

由此可见，正因为宋时烈隐居此地，才使得华阳洞受到世人注目。

显宗十二年（1671），宋时烈门人闵鼎重出使清廷，购来毅宗皇帝御笔"非礼不动"四字，出示宋时烈。宋时烈睹物思明，感恩之情难以自制。他说：

> 夫圣人告时君之言，莫备于《九经》，而《九经》之中，惟此四字为第一要道矣。今我皇帝陛下之表章，独在于是，则圣学之高明可知矣。故其甲申三月之变，不失国亡君死之正，以明圣训于无穷，岂不盛哉！呜呼，有君如是，而天下竟至于沦丧，岂当时臣子之罪哉！[②]

他在致闵鼎重信函中说："崇祯皇帝御笔，每奉玩血泣，不知身在海外鲽域。执事之能得此幅，亦有冥冥之相感者欤。"[③]遂与闵鼎重将其摹刻于石上。1674年，首先将其摹刻于木板上，再摹刻

[①] 成海应：《研经斋全集》卷三一《风泉录一·华阳洞记》，《影印标点韩国文集丛刊》第274册，第189页。
[②] 成海应：《研经斋全集》外集卷三〇《尊攘类·华阳洞志》之《缘起第二》，《影印标点韩国文集丛刊》第276册，第424页。
[③] 宋时烈：《宋子大全》卷五七《答闵大受》，《影印标点韩国文集丛刊》第110册，第83页。

于华阳洞之瞻星台。由此开启朝鲜摹刻明朝皇帝御笔之先例。1684年,许格等三处士继其后,在朝宗岩摹刻崇祯御笔及朝鲜诸臣之感恩条幅,以摹刻的方式表达思明之情。对于闵鼎重得此条幅,《大义编》论之曰:

> 噫,四字之书,不归于兵燹,而为老峰之得,必于华阳之石而刻之。以华阳之"华"为中华之"华",可乎?抑华阳是周时归马之地也,尊四字于华阳,安知非异时归马之验也!以"华"而得四字之刻,其有缘耶?云霞似有御气,草木如带天香,亦恐龙蛇变化于雷雨也。①

表明将崇祯御笔摹刻此处,实有将华阳之"华"视同中华之"华"之意。宋时烈由此四字之义,推崇崇祯"圣学之高明",进而称颂崇祯"国亡君死之正",以为天下沦丧,乃"当时臣子之罪"。对于崇祯帝身殉社稷,朝鲜君臣上下一直大力推崇,称颂不已,故而宋时烈以摹刻的方式来纪念和称颂崇祯皇帝。同时借此宣示朝鲜在明朝灭亡以后,作为原来藩属的朝鲜所应具有的正统地位。宋时烈原本想在摹刻御笔的基础上有所作为,把华阳洞变成崇祀神宗、毅宗的圣地,但是最终此愿未能实现。后门生权尚夏等依其遗愿,设立万东庙,以崇祀明神宗、毅宗。

(二)权尚夏创立万东庙

1674年三月,宋时烈摹刻崇祯御笔"非礼不动"。1689年,宋时烈因上疏论元子位号事而被赐死,在临终前给门人权尚夏留下遗书,即《与权致道别纸》,将崇祀神宗、崇祯二帝的意义及想法交代无遗,全文录之如次。曰:

---

① 《大义编》附集卷一《焕章庵记》,第641—642页。

显庙朝湖西（似是天安）一士人上疏，请立万历皇帝庙。其时异论之人，托言天子之尊，不可祀于偏邦，又其祭仪不亦难乎云。余知其时议之终不可行，只言："此言出于此时，其人可尚，此则不可无嘉尚之典。"又不肯听，心常慨然矣。其后，华阳石龛既刻崇祯皇帝御笔，又刻于片石，藏之焕章庵，而又有文谷哀词，此为之兆矣。常欲建一间祠宇于焕章之后左，以牌子书"万历神宗皇帝""崇祯毅宗皇帝"。春、秋依武夷神礼，祀以干鱼、酒，则用书室基田所出，务其精洁，惟祝辞不可不盛其称颂也。此事经营于心者久矣，未果而至于此，恨孰大焉？其以天子之尊，不可祀于偏邦者，此实无识之言也。韩退之（韩愈）时，有楚昭王庙，而遗民私荐之。故退之诗云："犹有国人怀旧德，一间茅屋祭昭王。"南轩（张栻）尝于所守之州，立虞帝祠而祭之，而朱先生有表章文字。此岂非可据之典乎？文谷诗亦使可赓之人赓之，联为大编，藏之于庵里，亦一事也。"非礼不动"四字，老峰奉来者也。片石所刻，李择之摹出者也。此事当与金、闵、李诸人议而成之，则善矣。此事力极简，不难成矣。虽有非之者，既有朱子、南轩故事，何必自沮也！惟书室基田，闻守婢之言，后颖亭奴子，乘我巨济时，以为其上典之物，而欲夺之云。若然则难矣。若备本钱，付之庵僧，则亦是一道耶。须善思之如何。若与三家议之，则必有良谋矣。始欲配以孝庙矣。更思之，此则非但事体未安，时人必以为大罪，不敢生意矣。年年祭官，则忠显宋公子孙在本州，此可任之。而其余洪、卞诸君亦可也。曾谋二程书写役也，吾友断置某按使此义精矣。斯役也，尤不可不审也。神宗皇帝祝词，主于威德，加于壬辰东人受赐；毅宗皇帝，主于国亡君死之正也。[1]

从中可以看出以下几点：其一，为神宗、崇祯建庙是宋时烈多年的心愿，此事虽然"经营于心者久矣"，但终未如愿，"恨孰大焉"，于是指令权尚夏"与金、闵、李诸人议而成之"。针对有人以为"以天子之尊，不可祀于偏邦者"的议论，宋时烈直斥之为"无识"之论，引韩愈、张栻和朱熹之先例予以驳斥。其实，宋时烈指责为"无识"之论的意见，在大报坛建立时期，又亦有朝臣提出，但肃宗不以为然，大报坛最终得以建立。其二，共同崇祀神宗，乃因为壬辰战争而感恩思报；崇祀毅宗，则是对毅宗身殉社稷义理的肯定。"神宗皇帝祝辞，主于威德，加于壬辰东人受赐。毅宗皇帝主于国亡君死之正也。"一以恩，一以义。万东庙乃由权尚夏、李氏、闵氏共同参与建立的。李氏指李秀彦，闵氏为闵镇厚，此外还应有关氏。所以都是宋时烈的助手和学生，亦都是老论派人物。

酝酿十五年之后，在明亡周甲之际（1704），权尚夏等人终于建成万东庙，实现了宋时烈的遗愿。巧的是，该年正月，肃宗与诸臣讨论设庙祭祀神宗皇帝时，方从左议政李畲口中得知权尚夏以"一间茅屋祭昭王"之意立庙以纸榜祀万历、崇祯两皇帝，闵鼎重之侄闵镇厚将建庙经过详细禀报肃宗。此前，权尚夏等并未将祭祀事情禀报肃宗，因为他们担心政敌诬陷倾轧，以为"兹事事体极其重大，未有朝命之前，不无僭猥之惧，且恐不逞之徒，或欲因此而嫁祸士林"[2]。故而只得悄悄进行。但即便心存恐惧，权尚夏等还是如期进行祭祀活动。在告知肃宗时，闵镇厚提议王庭不宜参与

---

[1] 宋时烈：《宋子大全》卷八九《奉诀致道·别纸》，《影印标点韩国文集丛刊》第111册，第175—176页。
[2] 《朝鲜肃宗实录》卷三九，肃宗三十年正月庚戌，第40册，第65页。

万东庙祭祀事项，听任士子去做，以维持现状，肃宗采纳其建议。对于大臣私下崇祀神宗、毅宗，肃宗没有任何责备之意，而是更坚定决心，筹建大报坛，因而可以说万东庙之建成推动了大报坛的建立。

第二节 万东庙之建制与崇祀

华阳洞崇祀明神宗、明毅宗，除万东庙作为主体崇祀场所外，还有许多相关辅助建筑，若焕章庵、云汉阁、瞻星台等，有相当规模。透过介绍这些建筑设施并考察其职能，我们对万东庙崇祀情况可以获得全方位的了解。并从中把握朝鲜士林崇祀明朝皇帝独特之处，以及士林崇祀与朝鲜王室、明遗民后裔崇祀的差异，进而探讨其象征意义。

一、万东庙之建制

华阳洞地势独特，山形秀美，地形有"华阳九曲"之称，成大中如斯描述：

> 华阳九曲，我东之武夷也。洞壑幽邃，峰壁峻削，清溪贯之，白石相错。始则李相庆亿庄也。尤庵宋文公借之居，仍为万东庙及文正书院。一曲曰擎天壁，二曰云影潭，三曰泣弓岩，四曰金沙潭，五曰瞻星台，六曰凌云台，七曰卧龙岩，八曰鹤巢台，而九则巴串、列峙溪南北，而巴串独据其会，皆遂庵权文纯公所名，而丹岩闵文忠公篆也。①

---

① 成大中：《青城集》卷七《华阳洞记》，第480页。

可见，九曲之名乃权尚夏所取，并由闵镇厚择石以篆刻标之。此乃自然景观，人文建筑亦不少，主要有万东庙、华阳书院、焕章庵、云汉阁等，构成华阳洞崇祀的主体建筑群落，瞻星台、泣弓岩之石刻，亦是重要的组成部分。不同的建筑有不同的作用，这一系列的建筑组成了儒林崇祀的圣地。作为祭祀主体场所的万东庙建在九曲第二曲云影潭上，正寝三间，东西夹室各一间，前堂五间，寝阁以阁堂垂以帘，前楣匾曰"万东"，取宣祖"万折必东"之语。匾门曰"星拱"，则取自《论语·北辰章》语①。万东庙修建之时，李光稷写的开基祭文曰：

> 猗欤皇明，父母四海；神宗盛德，率土咸戴；活我鲽域，恩深义大；功存再造，泽洽万代；逮我毅皇，克承前烈；治本九经，心要四勿；君明运讫，天曷故焉；国亡君殉，有辞千年；讴吟思汉，偏切东藩；肆我宁考，首明大义；有臣文正，契合鱼水；乙夜前席，吁谟密勿；鼎湖龙飞，弓剑遽遗；大老于世，未伸初志；一部麟经，无地可读；卷而怀之，华山之曲；尊周微意，用寓其中；于厓有镌，四字煌煌；回瞻域中，九有昏浊；惟兹一洞，大明日月；皇灵陟降，舍此于谁；兹谋建屋，庙以享之；爰卜其基，结构以时；涓吉虔告，荐此肴醴；神其保佑，永世无替。②

---

① 李义骏、成大中等编：《尊周汇编》卷八《皇坛志》下附《华阳洞》，下册，第122—123页。"庙在洞之云影潭上，背洛阳山中峰向北之地，距崖刻可一里，仿厦屋制，前堂后寝。正寝三间，东西夹室各一间，前堂五间，寝闭以合，堂垂以帘，前楣扁'万东'，取宣祖宸翰'万折必东'之语。第一门扁'星拱'，取《论语》北辰章语，凡三间，左右夹门稍低，各有廊，第二门三间，缭以周垣，庙中二扁俱权尚夏笔也。"
② 见于成海应：《研经斋全集》外集卷三〇《尊攘类·华阳洞志》之《建置第三》，第429页。

此文将万东庙崇祀明神宗、明毅宗的原因和目的一一点明,既感神宗"再造"之恩,又叹毅宗"国亡君殉"之千秋大义,同时伸宋时烈未竟之志,明尊周之大义。九州昏浊,唯此一庙独存大明正统,从而点明朝鲜承继大明正统之意。而庙名取自宣祖"万折必东"之匾,即寄寓深深的感恩图报之情。《万东庙庙庭碑铭》点明此意:

> 呜呼,函夏腥秽,九庙颠覆,天子之祠,降寄于稗海下邑、穷厓深谷之间,此天下之至变也。虽然使我东土义理以明,彝伦以定,以我当日君臣之志,上献于先帝之灵,而永有辞于天下后世者,亶在于斯。其事微而其义深矣,彼拘拘以无于礼而拟于僭者,恶足以知之哉。①

九州沦丧于清人统治之下,明朝正统不继,而万东庙虽于偏邦深壑之中,然终承担起祭祀明神宗、毅宗之重大任务,从而宣示其强烈的正统意识。因而万东庙之建立,有十分强烈的象征意义,乃"崇祯日月,大明天地"之寄托。

万东庙是儒士崇祀明朝神宗、毅宗之所,而瞻星台又是朝鲜王朝摹刻明朝皇帝御笔最为集中的地方。自宋时烈摹刻崇祯御笔"非礼不动"四字于瞻星台以后,瞻星台就成了朝鲜儒林自发摹刻明皇帝御笔之所。以后又先后摹刻了神宗御笔"玉藻冰壶""思无邪",和宣祖手书"万折必东"、宋时烈手书"大明天地、崇祯日月"。之所以将其全摹刻于此,意在宣示:"显皇帝字小之德、烈皇帝殉社之正、宣祖事大之诚、文正尊攘之义,并载于穷山之

---

① 李义骏、成大中等编:《尊周汇编》卷八《万东庙庙庭辞铭》,下册,第144页。

石。"①当时朝鲜士林形容华阳洞瞻星台"幅幅石屏，座座盘石，刻字题名，不可胜计"。而"苍梧云断、武夷山空"八字，及"忠孝节义"四字，乃宋时烈所书；"华阳水石，大明乾坤"八字，乃观察使尹宪柱所书②，皆寄寓他们尊周之意。而华阳洞几乎每座建筑都与朝鲜尊周思明理念相关，焕章庵、云汉阁即是典型代表。

宋时烈摹刻崇祯御笔之后，即想在其傍建一小庵，名以焕章，取《论语》"焕乎其文章"之意，募僧守之。不果，遂以对崖一书斋为焕章庵，命八九僧徒守之。将崇祯御笔"非礼不动"四字原本藏于此处，后来其他御笔模本亦藏于此庵中。英祖时又于焕章庵傍特造小屋，"奉安皇笔及肃庙御笔、华阳院额印本，名其屋曰云汉阁"③。因为阁建在一大石上，故山中人取《诗》所称"倬彼云汉"，名之。此为专藏明朝皇帝御书及朝鲜宣祖、肃宗、英祖手书之所。其贮藏这些手书，使"数楹之屋，虽巍然寄置于山中，其所奉宝墨之光荣，常烂然辉映日月。发而视者，无不怵惕徊惶，流涕稽首，相与勉戒，以明天理、正人心，则列圣之泽，又可以悠久如天地矣"④。华阳洞之云汉阁与大报坛之敬奉阁一样，都以收藏明朝皇帝之字画、日历，或原件，或拓本，或模本，或印本，以保留明朝遗风，以寄托其幽思感恩之情，明天理、正人心。正如朝鲜陪臣⑤郑澔所言："皇明屋社甲子，已一周矣，典章文物邈然无

---

① 成海应：《研经斋全集》外集卷三一《风泉录一》之《华阳洞记》，《影印标点韩国文集丛刊》第274册，第193页。这些石刻依然完整地保存在瞻星台下。
② 金泽述：《后沧先生文集》卷一七《华阳洞游录》，韩国文集编纂委员会编《韩国历代文集丛书》第385册，汉城：景仁文化社，1999年，第22页。这几处石刻亦得以完整保存，在宋时烈岩栖斋附近。
③ 成海应：《研经斋全集》外集卷三〇《尊攘类·华阳洞志》之《建置第三》，第432页。
④ 成海应：《研经斋全集》卷三一《风泉录一》之《华阳洞记》，第193页。
⑤ 诸侯之大夫对天子自称陪臣，朝鲜是明朝藩国，故而朝臣对明朝天子自称陪臣。

征,矧其太平盛际,如若天授时协月正日之制,欲寻其仿佛于影响之末,何可得也?此后人所以寓感于匪风下泉之思,愈远而愈切矣。"① 因而,万东庙为崇祀之所,瞻星台为摹刻御书之地,而焕章庵、云汉阁为贮藏遗物之室,构成了华阳洞崇祀明朝皇帝的一个整体。加上华阳洞所在的洛阳山奇峻山景,几百年来一直为朝鲜儒林所向往之地,是朝鲜儒林崇祀明朝皇帝之圣地。

二、万东庙之祭祀

万东庙崇祀明朝皇帝,乃依韩愈"一间茅屋祭昭王"之例。而祭祀礼节,宋时烈则提议"依沧州祭孔子礼,旋设纸榜,祭讫焚之"②。宋时烈定下的原则为其门生们所遵循,而具体的祭祀原则是:

> 其祭日卜春秋之季,其祭品用四豆四笾,其位用纸榜,其迎送有词曲。卜春、秋之季者,不可先于皇坛之享也;用四豆四笾者,以少为贵也;用纸榜者,依沧州祭孔子礼也;用词曲者,依虞帝庙仪也。祭之日,掌馔告腯,祝告充,献官奠币上香。既三献而饮福受胙,望瘗并如仪。祀万历皇帝者,以恩也;崇祯皇帝者,以义也。③

此段史料将其祭祀时间、祭品、仪节并其用意,皆一一点明。祭祀时间,最初定在孟春上丁,后来因大报坛行祀在于季春,

---

① 见于成海应:《研经斋全集》外集卷三〇《尊攘类·华阳洞志》之《古迹第五》,第446页。
② 成海应:《研经斋全集》外集卷三〇《尊攘类·华阳洞志》之《祀典第四》,第437页。
③ 成海应:《研经斋全集》卷三一《风泉录一》之《华阳洞记》,第190页。

则"士庶先行享礼,有所不敢,故改用季春、季秋上丁"①。可见,作为朝臣之祭祀得让先于王室。祭祀时所用神位亦是临时性的,设牌位,用纸书神宗显皇帝、毅宗烈皇帝神位,设位而祭。这种方式与大报坛所立之神位相似。以朝臣祭天子,祭以四豆四笾,秉着以少为贵的原则。万东庙之祭祀无论从规模还是仪式上看,都较大报坛祭祀要差一大截。主祀之人皆为朝廷官员,最初皆为宋时烈弟子,如权尚夏、郑澔等,亦是华阳书院山长。权尚夏为万东庙的第一位主祭者。"荐以四笾四豆,用大牢献三爵,纸榜祭之,祭毕焚之,以为定式。又别有祝文,每祭用之,亦先生所制也。"②祭祀有祝文,其祝文式可看一例:

  维崇祯几年,岁次某年、某月、某朔、某日干支,朝鲜国陪臣某官姓名,敢昭告于神宗显皇帝神位,伏以德合天地,化流无疆,三韩大恩,百世难忘,兹值春/秋季,式荐芬馨,尚冀降临,歆我微诚。③

上面这一祝文格式可看出几点:其一,用崇祯纪年,不用清朝年号,这是朝鲜崇祀明朝所采用纪年之特色。其二,主祭者皆为朝廷官员,但这一官员是否朝鲜王室派往的,则没有足够的史料予以说明,但从最初开始万东庙祭祀完全是儒林自发的行为,主祭者应该不会是朝鲜王室所派的。以后万东庙一直是朝鲜儒林自发的祭祀场所。其三,祭祀时,将神宗与崇祯并祭,当时的朝鲜人认为:

---

① 成海应:《研经斋全集》外集卷三〇《尊攘类·华阳洞志》之《祀典第四》,第440页。
② 韩元震:《寒水斋先生年谱》,见于《寒水斋集》之《年谱》,《影印标点韩国文集丛刊》1995年第151册,第172页。
③ 成海应:《研经斋全集》外集卷三〇《尊攘类·华阳洞志》之《祀典第四》,第439页。

"崇祯乃万历皇帝之孙也,忘崇祯则忘万历也,忘万历则忘父母也。崇祯使妇孺见之亦涕,况耻与共天者乎?"[①]

万东庙崇祀明神宗、明毅宗二帝,一年两祭,极具象征意义。

其一,这种祭祀是自发性的,宋时烈倡导尊周思明,而万东庙崇祀明朝二帝,正是这种思想的贯彻与体现,它是宋时烈及其弟子们一种自发自主的行为,从中体现朝鲜儒林对明朝之感恩思报的情怀。

其二,以藩国之臣崇祀宗主国皇帝,这在礼节上原本是僭越,虽然宋时烈以韩愈"一间茅屋祭昭王"为先例,但毕竟有所差别。肃宗时,坚持以"一间茅屋祭昭王之义,付之百姓"[②]的原则处理万东庙之祭祀,英祖依此原则,并于英祖元年(1725)划给田产,从此万东庙即有了庙产,为其崇祀提供了物资上的保证,使祭祀世代延续成为可能。

其三,"大明天地,崇祯日月",独保大明正统。"大明亡于崇祯,而崇祯不亡于华阳之石,非以偏藩二臣之不忘明于明亡之后乎。"[③]可见华阳洞之重要性。又有论者曰:"以华阳之华为中华之华,可乎?抑华阳是周时归马之地也。"[④]从而宣示其在确保中华正统中的非常重要作用。

作为祭祀明朝皇帝的场所,万东庙的一切都与明朝有关,就连植物亦与大明有关。若大明桃、大明竹、大明梅、大明稻、大明红等不一而足,而文人雅士们纷纷撰文作诗加以颂扬,即如金迈淳(1776—1840)的《大明桃诗序》曰:

---

① 《大义编》附集卷下,《焕章庵记》,第641页。
② 《朝鲜英祖实录》卷九,英祖二年三月己酉,第41册,第586页。
③ 金寿恒:《尊周录·焕章庵记》,见《朝宗岩文献录》,第194页。
④ 同上。

桃曰大明，称物而系其国号也。元孝王时，陪臣闵文忠镇远得大明万岁山桃核于燕中，归而植之华阳洞万东庙下。万东庙者，陪臣宋文正时烈义起祀神、毅二皇帝处也。春秋奉纸牌，荐豆笾，二帝御笔、崇祯《大统历》在夹室，用象裳衣玉璧之设，桃得以类附焉，故邦人名之曰大明桃。陪臣金迈淳曰：华阳之桃，非大明宫苑旧也，镇远所植，特其核之传耳，犹得系大明而称之者。辨种推本，以明子父、孙祖非异体也。树木犹然，况亲为高皇帝苗裔，建号颁朔，发政施令，三百年宗庙社稷，一日托之而不坠。如南都三皇帝，论者或谓其业不克终，擅卑夷之曰福、曰唐、曰永明而不得系大明而称之者，何也？……三州李选得华阳孙枝，接之家园，征诗士友，以纪其事，自此大明桃将渐于域中矣。迈淳既为诗，又表其义，为之序，以告天下后世之秉史笔者。①

据说闵镇远从北京万岁山下捡得一桃核，归种于华阳洞，所生之桃树，朝鲜人就名之曰大明桃。树木犹且如此，何况南明三帝"为高皇帝苗裔，建号颁朔，发政施令，三百年宗庙社稷，一日托之而不堕"。批驳那些不以南明为正统之做法，这是借物来讽刺那些忽视南明之人。金平默则有诗曰：

　　昨栽大明梅，今栽大明竹。
　　江干春雨歇，当栽大明菊。
　　主人新卜开三迳，与子同为大明族。②

---

① 金迈淳：《台山集》卷七《大明桃诗序》，《影印标点韩国文集丛刊》2002年第294册，第404—405页。
② 金平默：《重庵集》卷一《自朝宗岩移种大明竹》，《影印标点韩国文集丛刊》第319册，第36页。

可见,在朝鲜咏大明竹、大明梅、大明菊时,意在表明"与子同为大明族",以示为明朝子民。李桓翼《裕山集》卷三《大明梅序》曰:

> 我李氏有大明古梅一本,乃文忠公遗植,而公朝天时所移以东也。不三十年,天下大乱,而故都墟有麦穗黍离之悲。当梅之东渡,中国之士其有知其后有浔滩,浔滩之后而尚有朝鲜,其古家子孙持千百世不坠之义乎?梅一卉,微也。迹其显晦去来,岂徒尔也,一日而辞中国,浮海而托东人贤者,呜呼,可异也。物之生天下,不生中国,而生海外,固谓不善生,况以中国生而徙海外,吾知其必有由也。①

无论是大明桃、大明梅、大明竹,还是其他任何冠以"大明"为称的植物,都只不过是一种象征而已。因为在朝鲜看来,明朝早已不存,朝鲜以大明余脉得以独存,而朝鲜人为"大明人",朝鲜江山为"大明天地",照耀朝鲜的为"崇祯日月",而相关的植物皆为大明之物,从而凸显其承继了明朝正统,以否定清朝的正统地位。

第三节 华阳书院与万东庙之关系

万东庙之所以成为朝鲜儒林崇祀明朝皇帝的圣地,与华阳书院

---

① 李桓翼:《裕山集》卷三《大明梅序》,《韩国历代文集丛书》第2580册,第202页。

是分不开的①。朝鲜王朝的书院既是教授生徒之地，又是崇祀先贤之场所，华阳书院即是崇祀宋时烈的书院，因而在宣讲正统方面具有非常特殊的地位。

一、华阳书院之设立

朝鲜王朝中晚期以后，书院遍布全国，成为儒学士子们读书的场所②。朝鲜时代最早的书院为白云书院，建于中宗三十六年（1541），祭祀高丽名儒安裕。而书院的兴盛发展，得力于李退溪的大力提倡，他把书院作为倡明道学之所，在《答卢仁甫书》云："大抵学校之设，谁非为道学耶，而在书院，则为道学之意尤专，其祀贤也，以道学为主可也。"③书院乃朝鲜宣讲道学的场所。作为朝鲜两大性理学大师李退溪、李栗谷都相当重视书院。宣祖十一年（1578），李栗谷上疏道：

---

① 2001年10月27日，笔者特地去华阳洞考察万东庙和华阳书院遗址，从它们遗址的位置看，二者是一个整体。华阳书院在右前方，华阳书院的后墙与万东庙的前檐在一条水平线上。万东庙的左前方则是风泉斋，现今唯一完整保存的建筑。万东庙的规模较之华阳书院还大，现在遗址尚保存完好，围墙与原来墙壁基石都还维持原样。万东庙碑仍然保存完好，只是碑文被刻意破坏，旁边立了一块标牌，说是日治时期被人破坏的。万东庙大致是三进，地势由前往后，越来越高。当时应当是拾级而上，明朝三皇帝的牌位放在最上端。万东庙在大院君裁撤华阳书院时，被一同裁撤，后来又得恢复。最终破坏则是在日治时期，现在作为俗离山国家公园的一部分，遗址得以妥善保存。而华阳书院则成了一块平地，隐约能看到房基的基址。现在，万东庙、华阳书院已然重建完竣，并分别被指定为韩国忠清北道第25号、第107号纪念物。此外，尤庵宋时烈在此隐居的岩栖斋也被指定为忠清北道第175号有形文化遗产，加以保护。
② 关于朝鲜书院的研究，参见蔡茂松《韩国近代思想文化史》中，第七章《书院与乡约》，第一节为书院，比较全面地介绍了朝鲜王朝书院的发展情况（第237—268页）；亦可参见Choe Yong-ho, "Private Academies and the State in Late Choson Korea." in Jahyun Kim Haboush, Martine Deuchler ed. *Culture and the State in Late Choson Korea*, Cambridge, Mass. : Harvard University Asia Center, 1999, 15-45.
③ 李滉：《退溪集》卷一二《答卢仁甫书》，《影印标点韩国文集丛刊》1989年第29册，第329页。

近来书院之建，可养志学之士，为益不浅，而但不设师长，故儒生相聚，放意自肆，无所矜式，不见藏修之效，国家设立本意，必不如此。故议者或诋书院，以为可罢，此则出于愤怼，非正论也。臣愚欲乞于大处书院，依中朝之制，设洞主山长之员，薄有俸禄，如童蒙教授之例，择有学行可为师表者及休官退隐之人，使居其任，责以导率，则其教育之效必有可观，而他日国家之得人，未必不资于此也。①

李滉请求国王为书院颁赐匾额，使"绍修书院"成为第一所国王赐额书院，以后赐额之时，同时赐以土地、书籍、奴婢。当时，朝鲜王朝全国有书院50余所，但无硕学名儒德行高操者为山长，有鉴于此，李栗谷遂提议效法中国书院之制，设山长以管理。到了孝宗、肃宗时代，书院广布全国，以至于一道至有八九十所之多。且"宫室之美，守护之盛，往往逾越圣庙"②，成为地方上的一大势力。书院在朝鲜逐渐取得佛教寺院在高丽时所享有的地位③。华阳书院的创立正是在书院大盛的肃宗年间。

宋时烈被赐死七年后，1696年，他的弟子们建书院于华阳洞外万景台。"书院之设，盖为诸生肄业之所，而仍以报祀先贤，寓其尊慕之心者也。"④华阳洞是宋时烈晚年隐居并悉心经营之地，他在山崖上修建了岩栖斋，虽然简陋，但可以俯瞰山涧，尽览山色，意以求得一片尊周圣地。其殁后书院之建，自是为了崇报宋先正。

---

① 李珥：《栗谷全书》卷六《应旨论事疏》，《影印标点韩国文集丛刊》1989年第44册，第127页。
② 金万重：《西浦集》卷七《陈所怀疏》，《影印标点韩国文集丛刊》1995年第148册，第59页。
③ 李基白：《韩国史新论》，厉帆译，北京：国际文化出版公司，1994年，第216页。
④ 成海应：《研经斋全集》外集卷三二《尊攘类·华阳洞志》之《答华阳院儒》，第505页。

黄世桢作《开基祭文》曰：

> 伏以我尤庵先生，考亭正统，隆中大义，宾师王国，领袖士类，若将有为，圣考殂落。欲报神孙，丹衷弥灼，谗奸猬起，祸竟罔极。尚何忍言！理不可测，天道循环，日月重明，悠章沓下，褒典增荣，凡系遗躅，罔不享宇，刼彼华阳，讲学之所，是宜俎豆，用寓慕忱。①

因此，华阳书院首先是崇祀宋时烈之所，"盖自牛、栗诸贤以后，道莫大于吾师，历观湖、岭数州之间，地最胜于兹境，作斯院，乌可已也。求诸国，罕有比焉"②。宋时烈既为名儒硕学，晚年又隐居于华阳洞，因而建立华阳书院意义甚大。

书院既立，诸生又上疏请求肃宗赐额，当时宋时烈已平反。且恢复名誉，朝鲜王朝有多处为宋时烈建书院，"于圻内则有水原焉，于湖南则有井邑焉，于北路则有德源焉"③。但因各地建书院太滥，故有叠设之禁，华阳书院诸生请赐额甚力，以为：

> 惟此清州之华阳洞，即时烈卜居讲学之所，多士从游于此，以资其诱掖渐磨，故清州之人，赖有洙泗之遗风！……此实与晦翁之武夷异世而相符，今若于华阳而不享时烈，则是于武夷而不享晦翁也。其可乎哉！④

---

① 黄世桢：《开基祭文》，《研经斋全集》外集卷三〇《尊攘类·华阳洞志》之《华阳书院》，第451页。
② 任堃：《祠宇上梁文》，《研经斋全集》外集卷三〇《尊攘类·华阳洞志》之《华阳书院》，第452页。
③ 蔡之涵：《请额疏》，《研经斋全集》外集卷三〇《尊攘类·华阳洞志》之《华阳书院》，第454页。
④ 蔡之涵：《请额疏》，《研经斋全集》外集卷三〇《尊攘类·华阳洞志》之《华阳书院》，第454—455页。

肃宗览其疏，亦认为："虽有叠设之禁，奉朝贺（即宋时烈）平日礼遇殊异，与他儒贤不同，华阳又非他处之比，创设书院在所不已。"①因此欣然赐以匾额，并遣官致祭。华阳书院又是"环湖中士林"讲学之所，由于："时烈之于华阳，其爱好之笃如此，其讲劘之功如此，其于当天地晦塞之日，独持春秋大义，昭揭于兹。然则时烈腏享之所，举一国之中，而宜莫如华阳。"②书院比万东庙建得更早，它虽然并不是以崇祀明朝皇帝为主，而是以崇祀宋时烈为主的书院，但建于华阳洞，就是对宋时烈遗志的继承。万东庙建成之后，华阳书院在崇明正统方面的重要性更增，最终成为朝鲜王朝儒林尊周思明的圣地。

二、华阳书院建制与历代山长

华阳书院建在万东庙前右方，背负洛阳山右前方，寝门上悬挂肃宗所赐匾额"华阳书院"四大字。《华阳志》载录书院建制曰：

> 书院在皇庙之前右，北向，因地势也。背负洛阳山右麓，前直泣弓岩，五梁三间，屋脊与皇庙外阶相等焉。寝门楣上揭御额，即肃庙宸翰华阳书院四大字，而丙申备忘记，亦以金字镂板，揭于寝西门上，并笼以纱。正门曰承三，门凡三间，东西有夹门，取孟子承三圣之语扁之。门外有两庑斋，东曰居仁，西曰由义，东西相向各三间，而有夹堂，亦取孟子语扁之。斋下讲堂曰一治，堂仿五梁之制，东西房各二间，中堂两楹凡九间，又有

---

① 《影帧移奉祠宇时告辞》，《研经斋全集》外集卷三〇《尊攘类·华阳洞志》之《华阳书院》，第454页。
② 蔡之涵：《请额疏》，《研经斋全集》外集卷三〇《尊攘类·华阳洞志》之《华阳书院》，第454—455页。

北阿两夹堂各一间，亦取孟子语扁之。丙申御额后，前赐丙子院额移揭于堂之前楣上，中门曰开来，在东斋之西，讲堂之南，向西一间，门外之左有斋曰昭阳，四阿四间，东堂西室，取朱子感兴诗《阳德昭穷泉语》扁之，乃院任所处之斋。斋西又有斋曰洌泉，三间，东堂西室，有夹室。先生时（宋时烈）生徒所居，旧有草舍数间，中废，后因其址改构瓦屋，而取下泉诗语扁之。

洌泉之西有草堂，亦称书室，而无扁。凡五间，正处三间，一堗二板，东西夹房各一间，南簷皆有夹室，即先生所处，几杖之属，封锁之庭。除左右尚有先生时所植花卉，梨束梅芍生春花等根丛，年年发荣，而惟老梅已枯久矣。

南有小夹门，正向皇庙，外门曰进德。前后各三间，上加层楼。自开来门，历皇庙外庭神厨前，又历洌泉斋草堂，有此门，亦向西，门外有下马碑，竖在路左岩上。洌泉、昭阳两斋之间，及昭阳、一冶之间，各有小夹门，一冶之北及东垣，亦各有小夹门，以通往来，北可至泣弓岩，东可至崖刻下。[①]

从上面这段文字，我们看出华阳书院规模相当大，而其相关的斋名、门名皆取自儒家典籍中，这亦显示其宣讲道学的风格。其中有宋时烈生活的遗迹，唯其如此，才更体现出崇祀宋时烈的特色，而随后建的万东庙即在其后侧，因此从建制上来讲，与万东庙是一个整体。

书院既是崇祀先贤之所，就有例行的祭祀活动，蔡茂松以陶山书院为例，指出其享祭之礼有香谒、正谒礼和春秋享祀礼之类

---

① 《华阳志》卷五，第1页，转引蔡茂松《韩国近世思想文化史》，第252—253页。在成海应的《研经斋全集》外集第4册亦录入《华阳洞志》，第2页中有一段文字与此段文字大同小异。

别①。华阳书院乃享祭宋时烈的,万东庙建立以后,以四笾四豆祭明神宗、毅宗,以一笾一豆祭宋时烈②。以后宋时烈之祭祀总是同明朝两帝祭祀连在一起的。蔡茂松指出,在朝鲜全国各道祠院中,享祭之韩国贤儒,以宋时烈为最多,达36所,其次则为李退溪(31所)、李栗谷(21所)、赵光祖(17所)、郑梦周(13所)③。而在36所崇祀宋时烈的书院中,又以华阳书院最为重要,它具有领袖群伦的地位,这自然是因为万东庙的关系。

华阳书院之山长都是显赫一时的儒学大师,王朝中的重要官吏。对此蔡茂松有所提及,但并不全面,笔者结合蔡之研究及成海应《研经斋全集》外集第四中所录入的资料,将其相关情况列表如下:

表2 华阳书院历代山长表 ④

姓名	生卒年代	字	号	籍贯	任官	备注	谥号
李秀彦	1636—1697	美叔	醉梦轩	韩山	判书	宋时烈门人之先进者,清州人俎豆之始。	文敬
权尚夏	1641—1721	致道	遂庵	安东	议政	尤庵传钵高第。	文纯
郑澔	1653—1734	仲淳	丈岩	延日	议政	游尤庵门最久,士林领袖,善类宗主。	文敬
闵镇远	1664—1736	静能	丹岩	骊州	议政	士林宗主,丈岩末年,为副院长。	文忠
李宜显	1669—1745	德哉	陶山	龙仁	议政	善类宗主,文章宗匠。	文简
李縡	1678—1746	熙卿	陶庵	牛峰	参赞	儒林领袖,斯文宗匠,陶山末年副山长。	文正

① 参见《韩国近世思想文化史》,第255—257页。
② 成海应:《研经斋全集》外集卷三〇《尊攘类·华阳洞志》之《建置第三》,第428—429页。
③ 参见《韩国近世思想文化史》,第257页。
④ 主要参考资料为成海应:《研经斋全集》外集卷三〇《尊攘类·华阳洞志》之《华阳书院》,第462页。蔡茂松:《韩国近世思想文化史》,第254—255页,蔡文中多出赵明覆,而缺金钟秀、郑澔二人,他是以《华阳志》为据,但未列出《华阳志》版本资料。笔者依据前者并参稽后者,并运用韩国历代人物综合信息系统(网址: http:// people. aks. ac. kr / index. aks)查缺补漏而列出此表。

续表

姓名	生卒年代	字	号	籍贯	任官	备注	谥号
朴弼周	1665—1748	尚甫	梨湖	潘南	吏曹判书	末年为山长。	文敬
闵应洙	1684—1750	声甫	梧轩	骊州	议政	老峰从孙。	文宪
赵观彬	1691—1757	国甫	悔轩	阳州	判书	典文衡。	文简
俞拓基	1691—1762	展甫	溪阴	杞溪	议政		文翼
金元行	1702—1772	伯春	溪湖	安东	赞善	金农岩之孙。	文敬
金亮行	1715—1779	子静	止庵	安东	参判	金农岩之从孙。	文简
金钟秀	1728—1799	定夫	安东	清风	议政	典文衡,丁卯夺谥。	文忠
宋焕箕	1728—1807	子东	性潭	恩津	赞成	尤庵五世孙。	文敬
南公辙	1760—1840	元平	恩颖	宜宁	议政	能诗、善书法、名传中国。	文献
赵寅永	1782—1850	义卿	云云	丰壤	议政	有文名。	文忠

上表可以看出以下几点:第一,所有山长都为当时高官。总共16人中有9人官至一品的议政,即相当于中国的宰相,为判书(尚书)者三人,由此也决定着华阳书院的半官方性质。第二,所有山长都是当时的文坛宗主,都有谥号,谥号一律有"文"字。除少数几位是以遗逸入仕外,大多数都是经科举入仕的。

华阳书院与万东庙可以说是二位一体的。主持华阳书院的士林们主持着万东庙的崇祀活动。李秀彦、权尚夏、闵镇厚等是华阳书院的创始人,同时又是万东庙的创始人;既是华阳书院的山长,又是万东庙的主祭者和管理者。凡赐额书院,例得朝廷赐田三结,而万东庙因为崇祀明朝皇帝之故,赐田二十结①,因而保证了崇祀的物资供应。因为主持书院的山长们皆是领袖群众的士林领袖,因而也决定了华阳书院在儒林中特殊的地位。而作为朝鲜250余所赐额书院中唯一崇祀明朝皇帝的书院,华阳书院更确立了其无可替代唯

---

① 参见蔡茂松:《韩国近世思想文化史》,第264页。

我独尊的地位。它保证了万东庙崇祀的世代进行，而万东庙又为华阳书院权威地位的树立提供了保证。二者相辅相成，互相依从。

第四节　大院君改革与万东庙之重建

万东庙崇祀百余年后，竟有一次被裁撤的事件，而主持其事的则是韩国近代史上有名的大院君。1862年，在位14年的哲宗以肝病猝死，未有嗣子，几经酝酿，遂以兴宣君次子李熙为继，熙时年十二，以明年为元年，是为高宗。封其父李昰应为大院君。因高宗年幼，大院君以"协赞大政"之名义①掌握政权。他为了巩固自己的地位，大刀阔斧地进行改革。为了打击士林，加强王权，竟向遍布全国的书院开刀，裁撤大部分书院，华阳洞华阳书院及万东庙亦难逃劫运。大院君垮台以后，万东庙遂得以恢复重建。

一、大院君改革与万东庙之撤废

1864年，大院君掌权之后，即着手进行改革，意在加强君主专制。他首先打破官吏的录用办法，当时多从南人、北人、老论、少论所谓"四色党"派系中，录用高级官吏，大院君则采取既不问地域背景，也不问社会身份，打破少数阀阅世家或外戚家族把持政权的局面，以削弱两班阶层的势力。经济上，他将以前仅向平民征收的军布税收，改变成既向平民也向两班征收的户布税。既减少平民负担，又增加了国家收入。为了提高王室的尊严，他重建景福宫。景福宫毁于壬辰倭祸，因国家财政支绌，一直未能重建，为了筹措资金，大院君不论身份，向地主按地每结征收一百文的

---

① 林泰辅：《朝鲜通史》（第244页），以为大院君协赞大政，实开国以来之新例也。

"结头钱"。对出入汉城城门的商品征收"城门税"。高宗四年（1867），景福宫终于完工，勤政殿、庆会楼、光化门一并建成，为之增色不少。

大院君加强王权，主要目标是压制以安东金氏宗族为核心的门阀和两班官僚势力，以维持其政权。而压制两班官僚势力的政策，其中一条措施即是坚决关闭书院。当时的书院遍布全国，拥有大中农庄和大批奴婢，并享有免役特权。书院超出了原来作为祠堂和教育机构的职能，变成了雄踞一方的势力集团。同时书院又是地方儒生朋党聚会的中心场所，变成了朝中党争的后方基地[①]。大院君出身南人之家，生长于贫困之中，通闾巷之事，故察知书院弊害。上台不久，大院君就下令禁止重建书院和乡贤祠，1868年下令向书院征税，1871年大幅削减全国书院数目，全国只允许47个小书院继续存在，其余的全部封禁。而华阳书院当时"在公共事务上的看法比官府敕令更具有权威性"[②]，更是大院君要打击的对象，故决意将其关闭。与之同时，又下令撤销万东庙之祭享，撤万东庙享教文曰：

呜呼！先正宋文正公，惟我孝宗大王同德之臣也。秉执大义，撑宇亘宙，左海民物得免禽兽之归者，是谁之功也？日暮途远，至痛在心，临没遗托在其高弟，盖出于不得已之苦心，此万东庙之所由设也。逮夫肃庙、英庙引诸侯朝王之礼，用报天主日之义，不庙而坛，并祀三皇。义至精也，礼至严也。而乐悬舞佾，仪制咸备，于是乎大明日月，尚存于青邱一隅，而未尝亡也。茅屋昭王之祭，是惟遗民恻怆之情，而裸荐多仪之享，方见天王肃穆之容。若使先正尚存，而及见盛举，则忍痛含冤之心，庶可少慰，

---

① 姜万吉：《韩国近代史》，贺剑城等译，北京：东方出版社，1992年，第37—38页。
② 李基白：《韩国史新论》，第273页。

而必不至叠设私祭于荒山穷谷之中矣。自夫坛享既举之后，礼宜停撤华阳之祀，以明致敬致严之实。而因遁不遑，亦既久矣。昔贤之遗风寝远，庙貌之荒凉日甚，此不可不及。今修明使莫重莫严之礼，不至有参差之叹矣。万东庙祭享从今停撤，纸榜位及扁额，遣大臣礼判陪奉以来，藏于皇坛敬奉阁，而扁额仍揭于敬奉阁。其皇朝旧迹，一一奉来，并为择日举行，勿出朝报。[1]

万东庙是朝鲜儒林崇祀明神宗、毅宗之所，是儒林势力的表征。以士林而祭明朝室帝，在大院君看来，是对道统的僭越，对王权的挑战，因而要将其裁撤，以制服儒林。但表面理由则是"致敬致严"之礼，不可"私祭于荒山穷谷之中"。万东庙撤享之后，其纸榜位及匾额皆由礼判大臣将其藏于大报坛之敬奉阁。

对万东庙与华阳书院的撤废，自然是对朝鲜士林之有力打击，引起了士林阶层的强烈反对。儒生士林上疏反对者甚众，措辞极其强烈。数以千计的儒生联名上疏。任宪晦则指出，大报坛是"朝家之盛举"，而万东庙则是"士民之私诚"，裁撤文告中所谓叠设之论并不成立，理当恢复重建[2]。大院君主政十年之后，被闵妃赶下台，为了平息士人之不满，闵妃最终又恢复万东庙之崇享。

二、大院君之失政与万东庙之重建

大院君执政期间，大刀阔斧地进行改革，然颇受抵制，高宗闵妃虽为大院君所择，但其志不小，暗中联结反大院君势力。1873年，也借口高宗亲政，解除大院君对政权之控制，重用其亲族闵氏，从而控制政权。其族人闵升镐、闵奎镐、闵泳翊相继执掌国

---

[1] 《朝鲜高宗实录》卷二，高宗二年三月二十九日，《高宗纯宗实录》第1册，第181—182页。
[2] 宋秉稷编：《尊华录》卷三《皇庙复设疏》，第249—251页。

政。他们对大院君时期所行之政策全都反其道而行之,被撤享之万东庙亦得以恢复。高宗十一年(1874)二月,特颁教复行万东庙之奉享,其教曰:

> 皇庙之当初创始,虽出于士林,而粤自正庙朝奉额之后,事体自别。今此复设之举,当自朝家主管,庙室重建,该道臣令本邑遵旧制,斯速举行。而该牧使仍以庙令例兼享祀,仪节依前磨炼,而祭官以本牧近邑守令,自营差送,守仆等自本邑量宜别定,以为守护之意。①

万东庙原来只是由华阳书院儒林自发崇享,由华阳书院兼管,但复享之后,则指令忠清道主持重建。并由该牧使兼庙令,例兼享祀。这样就使得这种崇祀活动具有官方意义了。五个月后,万东庙重建之役毕,即颁赏于忠清道监司以下,称颂道"皇庙重建,复讲《春秋》之义,有光圣德"②。

万东庙复享之后,规定具体的管理庙祀之人,都有司总其责,庙司、掌仪、色讲具体管理庙务,这些皆为士林中之德行高望者。每年春秋二祭,祭时各道派儒生二员前往参祭,而非祭时,对士林中欲奉审者亦替唱瞻拜,因而万东庙真正成为全国士林祭祀明朝二帝之中心。万东庙自其建成以后,就一直是士林参拜之所,参拜之际,往往撰写许多诗文,以志其事。而复享之后,特别提出对参拜之士林给予支持。从中显示出朝鲜闵妃政权对士林之尊重。韩国学者李瑄根指出"大院君撤万东庙之目的在打击儒林,闵妃恢复万东

---

① 《朝鲜高宗实录》卷一一,高宗十一年二月十三日,《高宗纯宗实录》第1册,第443—444页。
② 《朝鲜高宗实录》卷一一,高宗十一年七月二十七日,第470页。

庙之目的在巴结儒林"①。诚哉斯言,二百多年来,万东庙一直是朝鲜士林崇祀明朝皇帝的中心和宣讲尊周思想的圣地,它的恢复深得士林拥戴。以后万东庙的崇祀又持续了数十年。1908年,迫于日本人的压力,万东庙与大报坛一道被迫停享此祀。

综上所述,自1666年宋时烈首次隐居华阳洞,到1703年依从宋时烈遗愿而崇祀明神宗、崇祯二帝的万东庙,直到1908年,万东庙始终是朝鲜士林崇祀明朝皇帝的中心。正因为宋时烈的关系,华阳洞最终成为朝鲜儒林界尊周思明的圣地,宋时烈的思想成为朝鲜尊周思明的理论指导。二百多年,朝鲜儒林始终如一地坚持崇祀明朝皇帝,反映尊周观念始终为朝鲜儒林所重视。近代北学派出现后,虽对传统的尊周观念进行挑战和批评,但对于明朝的思怀,似乎并无二致。

---

① 李瑄根著:《韩国近代史》,林秋山译注,台北:中华丛书编审委员会,1967年,第9—10页。

第四章　明遗民与朝宗岩大统庙

明末清初之际，大批明遗民逃往朝鲜，形成朝鲜社会一个相当特殊的群落。历经数百年，时至今日，明遗民后裔还认同其祖先遗民的身份[①]；且将其祖先们祭祀明朝皇帝的传统，保存至今。20世纪末叶，朝宗岩大统庙的崇祀活动依然得以恢复，形成当今现代化韩国一个非常独特的现象。追根溯源，弄清明遗民东去之原因以及朝宗岩大统庙崇祀的沿革，十分必要。而在朝鲜王朝长期进行的尊周思明活动中，明遗民扮演了十分重要的角色。要全面透视朝鲜王朝的尊周思明现象，明遗民也是必须要考察的对象。

对于朝鲜明遗民，韩国"明义会"编辑了《朝宗岩文献录》《朝宗岩文献录续集》《朝宗岩文献录后集》三部资料和《大明遗民史》。《大明遗民史》与前三部资料大同小异，这四种文献是讨论此问题的重要参考资料。而对逃往朝鲜的明遗民的研究则有：李光涛《中韩民族与文化》一书第三章《汉人与朝鲜》，着重论述了东去朝鲜的汉人，主要讨论了陈氏、明氏、李如松、石星、孔圣后人、黄功、康世爵等人，并及"不乐从胡"的所谓"向化子

---

① 2001年11月11日，笔者考察朝宗岩大统庙时，在附近的大报里访问了九义士济南王以文后人王钟洛，他把1998年修的族谱拿给我看，谱名《皇明遗民济南王族谱》。我问他是否仍然认为自己是明遗民后裔，他毫不犹豫地肯定回答。可见，遗民的观念如同其家训、祖训一般，直到今天依然为九义士后裔所继承和认同。

孙"①。牟元珪《明清时期中国移民朝鲜半岛考》②具体介绍了从明初到清末中国前往朝鲜的移民，刘春兰《试论明清之际朝鲜社会的慕华崇明思想对明移民的影响》③则介绍了朝鲜王朝对明移民之优待政策。关于朝宗岩大统庙的崇祀，冯尔康《韩国朝宗岩大统庙述略》④介绍了朝宗岩大统庙的简史、当今维护朝宗岩的社会力量和团体、大统庙祭祀活动所反映的思想力量。张玉兴在《明末清初"九义士"述论》和《朝鲜"三学士"与明末"九义士"反清思想研究》二文中，比较详细地论述了"九义士"前往朝鲜的经过及其反清尊明的精神⑤。以往的研究一般都用"移民"而非"遗民"来指称这批人士。明清之际前往朝鲜的明遗民，政治态度十分明确，而其所从事的事情，主要是祭祀明朝皇帝，或参与朝鲜相关祭祀活动。世代认同明遗民身份，朝鲜王朝也始终把他们当作"皇朝人"或"皇朝人子孙"，因而笔者认为称之为"明遗民"或"明遗民后裔"也许更为恰当。

由上可知，前人研究或着重于介绍明移民情况，或着重于朝鲜王朝政府的优待，对身处朝鲜尊周思明的环境之下，明遗民及其后裔对思明尊周有何表现？在朝鲜王朝尊周思明活动中，他们扮演过怎样的角色，其作用与地位如何，他们如何开始大统庙的祭祀活动，皆相当欠缺，故还有深入探讨之必要。笔者在本章中试图把明朝遗民东去朝鲜与大统庙崇祀，置于整个朝鲜王朝尊周思明的大背

---

① 李光涛：《中韩民族与文化》，台北：中华丛书编审委员会，1968年，第34—114页。
② 复旦大学韩国研究中心编：《韩国研究论丛》第四辑，1995年，第326—347页。
③ 陈尚胜主编：《第三届韩国传统文化国际学术讨论会论文集》，第936—960页。
④ 论文集编委会编：《商鸿逵教授逝世十周年纪念论文集》，北京：北京大学出版社，1995年，第92—94页。
⑤ 均见张玉兴：《明清史探索》，第226—270页。

景下进行讨论,力求揭示明遗民东去原因与崇祀明朝皇帝的实质意义,进而考察明遗民及其后裔在朝鲜王朝尊周思明活动中的地位。

第一节 明遗民之东去朝鲜

明清交替之际,中国涌现了大批的山林隐逸之士,他们或揭竿而起,以死报君;或隐居山林,终身不仕①。戴名世称在"国之夺于人,而君父之死于人"的时候,为人臣者能采取怎样的办法呢?"吾力能报焉,而有以洗死者之耻,上也;其次,力不能报而报之,不克而死;最下则忘之;又最下则事之矣。"②遗民,则可称为"力不能而报之"一类。与前代不同的是,明清之际,除大批遗民隐居山林、赍志以殁外,亦有不少远避海外,寻求救国报施之道。或往日本乞师、传道③;或赴朝鲜辅助国王,扶植尊周思明的理念,崇祀明朝皇帝,以报君王;或随南明前往越南,加入越南反清势力。他们散居整个东亚世界,形成明代遗民一个显著特色。

前往朝鲜的明遗民为数不少,他们或为抗倭援朝战争东征之明朝将领,战后滞留朝鲜;或为万历朝鲜之役时期东征将领的后代,明亡后浮海东去;或随凤林大君前往朝鲜;或出海不顺,遇风漂到

---

① 对于明末士大夫所面临的抉择,何冠彪在《生与死:明季士大夫的抉择》(台北:联经出版公司,1997年)一书中进行了深入的研究,指出在明季士大夫一连串的抉择中,以生与死作为开端。(第6—7页。)
② 戴名世:《戴名世集》卷一五《八月庚申及齐师战于干时我师败绩》,王树民编校,北京:中华书局,1986年,第409页;又见戴名世:《南山集》卷一二《八月庚申及齐师战于干时我师败绩》,台北:华文书局,1970年,第848页。
③ 相关的研究有韦祖辉:《明遗民东渡述略》,《明史研究论丛》第3辑,南京:江苏古籍出版社,1985年,第302—317页;石原道博:《明末清初日本乞师の研究》,东京:富山房,1945年;大庭脩:《明末清初に来航した中国人》,《日本学》第19辑,1992年5月;小松原涛:《陈元赟の研究》,东京:雄山阁,1962年,另外还有许多关于朱舜水的研究。

朝鲜。根据他们赴朝鲜之路程及其身份，遗民大体可分三类：明东征将士及其后裔、随凤林大君前往朝鲜的九义士及其后代、随风漂到朝鲜的漂流人。三类人命运大体不同，在朝鲜王朝社会扮演的角色亦有异。而作为本文关注的重点则是前二种人及其子孙们，漂流人因为相关资料零散，故此不作重点讨论。

一、明东征将士及其后裔

1592年和1597年两次倭乱，明朝先后出兵23万人，出白银583万两，运饷费300余万以给军，"凡七岁然后乃定，肆我君臣父子夫妇，其盛德至泽，何可忘也"①。明朝出兵拯救朝鲜于水火，再造藩邦，是令朝鲜思明最直接的动因。虽然战争结束后，明军奉命全部撤回，但仍有少数人滞留朝鲜不归。同时东征之际，明朝将领与朝鲜女子所生的子女亦多留居朝鲜。明朝灭亡以后，又有一部分明朝东征将士后代想方设法到了朝鲜，他们构成了朝鲜社会一个非常特殊的遗民群体。由于他们本人或其先辈们被视作朝鲜"再造"的功臣，朝鲜王朝对这个群体一直非常关注。弄清这个群体的相关人员及其主要代表，显然十分必要②。

现依《朝宗岩文献录》《朝宗岩文献录续集》《朝宗岩文献录后集》《大明遗民史》等资料，将相关人员情况列表如下：

---

① 宋秉稷编：《尊华录》卷三《朝宗岩大统庙》，第242页。
② 对于东去朝鲜的汉人，李光涛有详细的研究，他把明末清初东去的人分成三类，一类为"征倭后仍居东国诸人"，凡六姓；第二类为"避地东来诸人"，凡四十四姓；第三类为东来皇朝女人，凡四人。以《朝鲜王朝实录》中的资料为主，一一辑出，以说明相关情况。参见其《中韩民族与文化》，第34—96页。

表3 明朝滞居朝鲜之东征将士情况表

姓名	中国籍贯	官职	居朝之地	现居韩子孙①	备注
施文用	浙江	都司	岭南星州	916	1597年随征,以疾留居。
徐鹤	浙江	把总	岭南星州	404	陪同施文用,不忍独去而同留。
千万里	颖阳	运粮使	王俭古城		长子、次子同留,获封花山君。
张海滨	浙江	把总	岭南灵威比岭	3120	疮伤未愈,且喜东土风俗而不返。
片碣颂	浙江	副将渔阳总节使	庆州金鳌山	10901	与三子同来同留。
秋水镜	秋溪	李如松副将			五子同参战,同留。
扈浚	全州	李如松副将		529	
杜师忠	杜陵	裨将	大邱	4837	三父子参战,长子山,次子远居此。
贾维钢	苏州	蓟辽按察使		7617	本人战死,孙贾琛留居东土。
张龙		裨将	汉阳		
董大顺、董昌顺	广州		金海/镇安		董一元次子三子。
彭友德	浙江	参将		1275	与子游击信参战后留居,其孙为彭富山亦来。

上表所列,并不敢说包括了全部滞居朝鲜的将士,乃以《大明遗民史》为据编成的。

综合以上表格及相关资料,大体可以看出以下几点:其一,明朝将领战后留居朝鲜原因,以伤病未愈,难以撤归为主。如施文

---

① 此栏数目乃冯荣燮《大明遗民史》中所载录的,系截止1985年11月1日韩国第13次人口普查的调查数字。

用不能归，原因是"公积劳兵间，疾甚不克归，遂留东国，游寓于星、陕之间"①。张海滨、秋水镜等皆因伤病留居。亦有自愿留居向明朝请求而获准者，如千万里等。

其二，他们皆为中高级将领，若李如松副将、都司、把总等。明朝灭亡以后，他们一直以明朝人自居。壬辰战争结束后，留居朝鲜的明朝将领中，以施文用和徐鹤为最具代表性人物。施文用，字宗禄，号明村，据说其父为明兵部侍郎施允济。徐鹤，史载其祖父为吏部侍郎。他们二人同为浙江人，自幼友善，情如兄弟。丁酉（1597）日军再乱之时，施文用、徐鹤同为游击蓝芳威部将，多有战功。罢兵撤归之际，施文用因伤不能成行，徐鹤以朋友身份陪伴施文用，留居朝鲜，遂卜居于岭南之星州君圣山下。他们在居屋后山上筑一坛，每月朔望北向朝拜，"又画浙江山水于一小屏，以寓越鸟之恋，州人号其洞曰大明"②。当时明朝尚存，朝鲜人亦把他们当作明朝人看待，甚至将其所居之洞号曰"大明"，以示尊敬。史载，宣祖拜施文用为金知中枢，并食俸禄，使其衣食无忧。施文用卒于崇祯癸未（1643），随后徐鹤独承其志。明亡之后，徐鹤语其子孙曰："汝曹勿复从事于举业，虽为编户之役，能免左衽之辱，亦复何恨。"徐鹤死后，徐氏子孙贫困无业，且失家乘族谱，无以自达于朝鲜王廷，朝鲜思恤之恩典亦不及受。吴庆元当知州之际，亲赴其居所看望他们，"登坛西望，榛苓之恩，釜鬵之感，斗激于中，不觉泪下"③。遂置守坛二户，并免其子孙徭役。可见，因为其根在明朝，他们始终认同明朝，并嘱咐子孙认同明朝，所以徐鹤要其子孙勿事举业，以免受"左衽之辱"。明遗民

---

① 《风泉集·明村公实记》，见《朝宗岩文献录续集》，第370页。
② 吴庆元：《小华外史续编》卷二《皇朝遗民录·征倭后仍居东国诸人》，下册，第274页。
③ 同上。

千万里则作《怀故国》诗曰:"日唱相思曲,生平恨不穷。三韩秋草外,五部阵云中。颍水青萍客,金樽白发翁。遥知兄弟意,古塌几花丛。"①可见,虽然他们滞留于朝鲜,但其本人还是认同明朝人身份。明朝灭亡后,始终以明朝人的身份传示后代,后代也始终以"皇朝人子孙"引为自豪。对明朝的认同感成为其世代相传的家风。

在整个明代遗民群体中,原为壬辰将领而滞居朝鲜者,毕竟极为少数。现在这类人的后代居于韩国者亦不少。上表列出了1985年时这批人的后代在韩国的人数,不少人直至如今依然认同明朝遗民的身份②。东征将领战争期间与朝鲜女子结婚,生下的子女,亦多留居朝鲜。明亡之后,亦有一些东征将领的后代,沿着其父祖足迹,又回到朝鲜。这些壬辰将领的后代又构成一个群体。现依有关资料,将相关的人物及其后代列表如次:

表4 明东征将领后裔前往朝鲜统计表③

姓名	其祖、父姓名	官资/功名	籍贯/居韩地	1985年后裔人数
麻舜裳	东征提督麻贵之曾孙	通判	光州	207
郑先甲	吏部左侍郎郑文谦曾孙	进士		871
查斌勋	副总兵查大受孙	庠生		

① 《典故大方·皇朝人来居》,见《朝宗岩文献录》,第340页。
② 1981年5月30日,明朝抗倭援朝将领和明末九义士后裔一百余人组成"明义会",一百余人组成"明义会",由片泓基任会长,以追慕和发扬先贤精神。见《朝宗岩文献续录》,第726页。
③ 资料来源于《大明遗民史》下卷,第675页。末栏数字为1985年现居韩国的后裔,不过,在《大明遗民史》所附表中,其人数有一栏是全国的人口数,所谓全国人口数并非指这些遗民在韩国的全部后裔,而是指同姓氏的全国人口数,但有的中国学者在谈到这点时,都忽略了是全国同姓氏这一点,而当成了明遗民全部后裔数,因而使得遗民后裔数多得不可想象。此表中的其祖、父官职、出身皆沿用《大明遗民史》的说法,未能一一详细考证,准确与否,不敢妄断,略备一说而已。

续表

姓名	其祖、父姓名	官资/功名	籍贯/居韩地	1985年后裔人数
柴植	游击柴登科孙	庠生	余姚/泰仁	794
石继祖	兵部尚书石星弟参政石奎孙	庠生		152
化福祥	中军化燮子	庠生		1592
田好谦	兵部尚书田应扬孙	庠生	广平	171
胡尚德	吏部尚书士表孙	庠生		
康世爵	中军康霖之孙	庠生	荆州府/会宁府	
蓝奭	游击蓝芳威子	庠生		
千烨	中军千志中子	庠生	清州	
叶逢夏	游击叶邦荣孙	庠生		
李成龙	副总兵李如梅孙	庠生		328
张云志	南京工部尚书张振业子	庠生	金陵	
李应仁	李如松孙		淮阳	328
石潭、石涍	兵部尚书石星子			2644
刘亿寿	刘綎次子			71
万鳌	东征经理万世德子		平壤	282
陈泳愫	水军都督陈璘孙		揭阳	1177

从上表可以看出以下几点：其一，他们都是明朝东征将领的后代，避地东来，皆是"义不剃发"，以求保持明朝义节。或是在辽东战场上，因明军失利而逃往朝鲜；或是明朝灭亡以后，从南方浮海以来。《东征将相遗后录》曰：

中国之人来居东土者甚多，初则万历壬辰、丁酉间征倭时，天朝诸将多娶于东邦，或有子女，不能率归，仍为东人多矣。万经理世德之孙居于平壤，千中军志中之孙居于清州，彭参将友德之孙居于东莱，彭游击信古之孙居于醴泉，千运粮万里留居明川，盖取明字之意也……逮至崇祯甲申，建虏入据中原，天下举将左衽，当此时不欲染彼胡俗，志士避地东来，其数甚多，或由陆渡汭，或浮海而东。①

或许因为其父祖的关系，东征将士后代不少选择前往朝鲜，上表反映其概略情形。而在这一群体中，以李成梁的子孙们和石星的后代最受人注目。

李成梁的儿子李如松、李如柏、李如梅等皆为东征时的名将。壬辰战争初期，李如松为提督，李如梅、李如柏为总兵。据朝鲜史料载，他们的后代有许多留居朝鲜，历代国王都相当重视其后代。肃宗三十年（1704）六月，闵镇厚即提出当抚恤其后人李成龙，曰："众孙中一人随才录用，则似有光于树风声之政矣。"②李成龙是李如梅之孙子，萨尔浒战时是刘綎部属，战败后逃往朝鲜，后娶妻生子，其子李翻中武科，但其孙李菽则孤贫。英祖时，江华留守上疏曰："东栽子菽以宗孙少孤贫贱，见方流落于本府甲串津边，虽因诸臣之建白，连有录用之命，而到今饥寒切骨，若使此人俄死此土，则将何以有辞于天下后世哉？臣愿圣明念其先烈，亟施特恩，以光先朝大报之义。"③李如松的后代有一部分是在朝鲜时所生的，东征期间，他娶了奉化琴氏，生子名天忠，留居东土。正祖二十四年（1800），李如松后代李熙章登武科，官至长兴府使、通训大夫。正祖特下教曰："武科前宣传官李熙章，提督忠烈公之后也。提督东来时，特聘我国士族之女，生丈夫子，仍留东土，为熙章之所自出。而流落海陬且数百年，始有科名，岂不奇哉！"④这构成了李如松后代重要的一支，有一半朝鲜人的血统。而李如松留居明朝的后代中，若李应仁则是自明朝逃往朝鲜的。明朝灭亡

---

① 明义会编：《大明遗民史》下卷，第113页。
② 《朝鲜肃宗实录》卷四二，肃宗三十一年六月壬寅，第40册，第159页。
③ 《朝鲜英祖实录》卷四七，英祖十四年十二月辛卯，第42册，第608页。
④ 《朝鲜正祖实录》卷五四，正祖二十四年四月庚寅，第47册，第255页。

时，李应仁27岁，义不剃发，遂逃至朝鲜。

明朝兵部尚书石星被视为壬辰再造之恩的救星，因为是石星力排众议，主持出兵之议，方才得到明神宗的首肯。所以朝鲜有人说石星应为明朝"再造藩邦"的第一功臣。但是，由于石星听信沈惟敬之言，主持封贡之事却不果，使丁西再乱，石星被下狱，最后被处死，妻、子皆远戍烟瘴之地。据说石星系狱之际召长子潭、次子洊曰："东援之事，造成祸根，乃至于身亡家败，尔等宜远避朝鲜，无绝我石氏命脉。"①天启初年，经侍郎邹元标为石星鸣冤，方为其平反，复其官，并还其妻子。石潭遂遵父遗命，奉母经辽东浮海东来朝鲜。而石星弟石奎之孙石继祖亦浮海到了朝鲜，这样石氏家族有两支在朝鲜得以生存繁衍。不过，这只是朝鲜的传说而已。

其二，虽居朝鲜，但始终保持明朝人身份，时常思怀故国。若康世爵，居会宁，乃为清朝开市之地。康世爵以戴天为痛，平生不与清人接触。一邑宰尝与之贝缨，世爵辞曰："我华人也，冠帻不戴笠，何以缨为！"②李应仁则终身不出门，言语不改华音，"每值崇祯皇帝讳日，辄上屋后山巅，西向恸哭终日"。朝鲜赐其官职，不赴。以为"国破君亡，何以官为"③。传说文天祥之后文可尚亦在明亡之后，去了朝鲜，他作诗曰：

流落腥尘万事非，圣朝文物梦依俙。
江南庾信平生恨，塞北苏郎几日归。
三十年来风异响，八千里外月同辉。

---

① 吴庆元：《小华外史》卷一〇《避地东来诸人·石潭》，下册，第256页。
② 吴庆元：《小华外史续编》卷二《避地东来诸人·康世爵》，下册，第277页。
③ 吴庆元：《小华外史续编》卷二《避地东来诸人·李应仁》，下册，第280页。

华音已变毡裘弊,谁识山东旧布衣。①

可见,他们总是保持着对故国的思怀心态,对故明之感情相当深厚。正如《东征将相遗后录》中所说:

> 崇祯甲申,建虏入据中原,天下举将左衽,当此时不欲染彼胡俗志士,避地东来,其数甚多,或由陆渡浿,或浮海而东。管宁之居辽,梅福之避吴,与我一心。正所谓天意人事,凄怆而伤心者也。彼此俱以华人,不幸为海外羁旅之人,怀土之恋,栖遑之苦,尔我一般情。凡我华族,虽居各处,随其逢着,欵若亲戚。虽百世之后,诸家子孙,共守此义。姻娅必求其类,祸福期于共济。一以示不忘本,一以示羁旅怀。噫,东来之意,亶出于避地。而宗国已亡,家族俱没,自念身世即一天地间累人,苟求性命,不求荣达。庶可为自靖之道;采山钓水,随分优游,以送岁月。惟吾辈相勉相戒,至于子孙勿替此义,同心合力,相依东土。②

上面这段文字乃东征将领麻贵孙麻蓬直所书,鲜明地表达了这批远避朝鲜的明遗民心态,"凄怆而伤心",既为家族之没,更为宗国之亡,而他们依然认同作为"华人"的身份,对明朝有着深深的眷恋之情,这正是麻蓬直本人心态的真实写照。麻蓬直是个十分典型的例子。史称:

> 崇祯末,处士痛清虏之僭号,遂驾扁舟往来海滨及京师,辗转达淮安。闻弘光皇帝立,将兵从史督师可法,未几南都又陷,事已不可为矣。因复东还,客于湖西泰安郡,转之石城县,县中

---

① 吴庆元:《小华外史续编》卷二《避地东来诸人·文尚可》,下册,第280—281页。
② 明义会编:《大明遗民史》下卷《东征将相遗后录》,第113页。

士民为买田宅居焉,惟日事钓鱼以资生,有时登高西望恸哭。及闻皇朝人来寓王京,来与交游,至其晚年游于关东,不知所终。①

故从其对故明的心态,称他们为"遗民"比"移民"更为妥当。他们非一般的移民,而具有很强的故国怀思心态的遗民。这种遗民心态竟成世代相传的家风,如同血脉般,世世代代为其子孙相传不替。

二、九义士及其后裔

在朝鲜王朝明遗民之中,直接参与祭祀明朝皇帝活动的则是九义士及其后裔们。崇德二年(1637),凤林大君与昭显世子为人质,质居沈阳。有九位明朝人为凤林大君质馆下人,而凤林大君有大志,顺治二年(1645年)回归之际,就将九人带回朝鲜,后人称"九义士"。后来凤林大君即位,为孝宗大王,积极谋划北伐大计,九义士亦积极参与。但迫于清朝的压力,北伐大计最终未能付诸行动。随着孝宗崩逝,北伐大计也成为泡影。而九义士及其后裔们遂成为朝鲜王朝讲求尊周思明,设坛崇祀明朝皇帝的守坛官员,后来竟成其世袭职业。朝宗岩亦渐渐变成以九义士后裔为中心的祀明圣地。先列表看看九义士的有关情况。

表5 九义士情况表 ②

姓名	字	籍贯	截止1985年居韩人口数目	备注
王以文	歧阳	济南	800	原名凤冈,后名以文。
杨福吉	祥甫	通州	179	

① 明义会编:《大明遗民史》下卷《皇朝遗民录·北望集》,第114页。
② 此表资料以《大明遗民史》为根据,带往朝鲜的,除此9人外,昭显世子亦带回4位宫女,崔四姐、屈姐、柔姐、紧姐。参见《小华外史》卷一〇《东来皇朝女人》,下册,第203—224页。

续表

姓名	字	籍贯	截止1985年居韩人口数目	备注
冯三仕	惟荣	临朐	361	
王文祥	汝章	青州	无后	
裴三生	之重	大同	无后	
王美承	继伯	东昌	无后	
黄功	圣报	杭州	619	进士（存疑）
柳溪山	许圣	大同	无后	
郑先甲	始仁	琅琊	871	进士（存疑）

上表有几点值得注意：其一，他们都是被清人从各地俘获送往沈阳的。九人中除黄功和郑先甲为进士外，其他的都没有功名，跟明朝政府关系并不密切，属于明朝的中下层人士。也许正因此，他们就被分派为质居沈阳凤林大君的管下。事实上，他们是凤林大君在沈阳时的下人，当凤林大君放归时，他们才有可能跟随凤林大君一同赴朝鲜。

其二，虽然他们在明朝并非显官要职，也非出生于明朝官宦之家，但是对明朝确有满腔怀念之情。王以文"自以国破家亡，居常愀然"。甲申（1644）春，"闻京师不守，帝殉社稷，以文日夜号哭，却食者屡日，及清虏入燕，天下薙发，以文决意东来"①。京师陷日，冯三仕"日夜忧愤"②。清军围攻县城时，王美承对县中士民说："吾与汝俱以大明之臣子，祸变至此，宁可束手待死乎？此正我辈报国之秋也。"③遂组织百姓抵抗，城陷被俘。黄功闻知

---

① 吴庆元：《小华外史续编》卷二《避地东来诸人·王以文》，下册，第282页。
② 吴庆元：《小华外史续编》卷二《避地东来诸人·冯三仕》，下册，第284页。
③ 吴庆元：《小华外史续编》卷二《避地东来诸人·王美承》，下册，第285页。

京师陷落，"日夜恸哭病笃"①。他们先后被俘后，被陆续送往辽东，后为凤林大君管下。当凤林大君东还之际，遂与凤林大君一同东来，以图实现恢复明朝之志。

其三，与其他遗民相比，由于他们与凤林大君的关系，他们东去朝鲜后，就更容易参与朝鲜的尊周思明的活动。以黄功为例，凤林大君东还之际，开始并未带同黄功前往。据说黄功出送馆外十余里，呼天恸哭，引刀自刎。凤林大君夺其刀，要他再送至辽东，黄功拜诀曰："国破家亡，苟延视息者，惟望中原之恢复矣，至此路穷，不死何待！"②凤林大君执其手而耳语之，并赐手札。告知其志在恢复明朝，以报君父之仇。功立即曰："诚如此，当为前驱。"黄功赋诗曰：

万岁山烽血泪中，金陵佳气一时空。
此生不死将何适，扶植王春鲽域东。③

凤林大君归国不久，昭显世子和仁祖国王相继去世，他继位为国王，即孝宗。孝宗试图有所作为，有北伐之志，但天不与寿，在位十年即崩，北伐大计就此破灭。但九义士及其后裔们在朝鲜王朝历史中却并未就此消亡，他们世代都与朝鲜崇祀明朝皇帝的活动联系在一起，以致其后代成为崇祀明朝皇帝的专职人员。但亦有另外一说，据黄功对丁未（1667年）漂到朝鲜之95名台湾郑氏官商林寅观等说："流寇破毁北京，东国先王与清国来讨我来，清国即着出送，至此二十余年，家乡信息半字未闻，幸得尔今到此，可知南方

---

① 吴庆元：《小华外史续编》卷二《避地东来诸人·黄功》，下册，第286页。
② 同上。
③ 吴庆元：《小华外史续编》卷二《避地东来诸人·黄功》，下册，第287页。

平乱之世界。"①可知,是孝宗亲自把黄功要过来的。所谓前往东国,为了反清复明之愿望,或许也只是一种后人的编造。

此外,在明末清初之际,除以上提到的两部分人留居朝鲜外,亦有许多逃人和漂流民。逃人问题,曾经是清朝与朝鲜极力交涉的问题。明末从辽东逃往朝鲜的人数以万计。万历四十四年(1616)七月后,镇江等地辽东汉民逃入朝鲜者达十数万②。天启元年(1621),后金陷辽阳、沈阳,辽民经镇江逃往朝鲜者,达两万之众③。以后岁月中,逃人不断,对于逃人,清朝多次与朝鲜交涉,要求朝鲜遣返逃人,但朝鲜总是阳奉阴违,不予理睬。被遣还者极为有限,大部分得以留居下来,但由于没有特别的关注,大部分逃人没有史料加以说明,在朝鲜历史上,只是与壬辰战争将领相关者,才引起注意,故而大部分无法讨论。不过他们在朝鲜的尊周思明中,也鲜能有所作为的,故大多略去不谈。而从海路漂往朝鲜,尤其是山东半岛等靠近朝鲜半岛等地的居民亦不少。《增补文献备考》曰:"中国有乱,则来避于我东者多……不可胜数,而多由登州。盖中国之登州成山,最深入渤海之东,我东之长渊亦是深入渤海之西,其间相近,而白翎岛又在长渊之西海中,故登州渔采者多由白翎来往也。"④相信不少人漂到朝鲜,如登州府之金长生、韩登科、刘太山。崇祯七年(1634)春,在海上捕鱼,遇风漂到朝鲜平安道宜川郡南界,遂在朝鲜留居下来。而遇风漂流到朝鲜的南

---

① 成海应:《研经斋全集》外集卷三四《尊攘类·丁未传信录》之《黄陈问答》,《影印标点韩国文集丛刊》第277册,第31页。
② 参见李洵、薛虹主编:《清代全史》第1卷,沈阳:辽宁人民出版社,1991年,第205页。
③ 《明熹宗实录》卷一〇,天启元年五月癸丑,第543页。
④ 洪凤汉:《增补文献备考》卷三五《舆地考二十三》,第469页。对于山东在中韩关系史上的重要地位,可参见牟元珪:《古代山东在中韩关系史上等地位》,《第三届韩国传统文化国际学术讨论会论文集》,第291—303页;刘凤鸣:《山东半岛与古代中韩关系》,北京:中华书局,2010年。

方官商,明清之际,多为郑成功官商,其命运则大多不济①,被送往清朝处死,不太可能留居朝鲜。因而在朝鲜王朝尊周思明的历程中,明朝遗民参与者,即是以上所讨论的两部分人为主,他们参与崇祀明朝活动,主要有两类:一为大报坛的陪祀人员②。二是主持朝宗岩的崇祀活动。

第二节 朝宗岩大统庙的设立

朝宗岩大统庙是明遗民的崇祀明朝皇帝的圣地,它与大报坛、万东庙构成朝鲜王朝时期三个重要的崇祀明朝皇帝的场所。数百年来香火一直不辍。而令人注意的是,在朝鲜王朝和大清帝国早已不存的20世纪80年代,朝宗岩的崇祀活动再得恢复,并持续至今,形成当今韩国社会一种独特的文化现象③。朝宗岩大统庙亦被认定为韩国的文化财产④,以崇祀明朝为中心而代表的义理精神,构成了当今韩国文化的一部分。因而弄清朝宗岩大统庙建立的沿革及崇祀的特点,不仅可以使我们把握朝鲜王朝尊周思明的另一层面,而且可以更好地理解当今韩国崇祀明朝皇帝的内在实质。其实,朝宗岩最初并非是明遗民的崇祀之地,而是朝鲜王朝地方官吏与儒生所选定的一个思明场所,后来才由九义士后裔接管,并建大统庙崇祀明

---

① 参见陈尚胜:《理义观与现实冲突——李朝政府对于清初漂流海商政策波动的研究》,《韩国学论文集》第4辑,第259—266页。
② 对于明遗民后裔陪祀大报坛情况,参见第二章。
③ 对于当今之崇祀活动,可参见冯尔康:《韩国朝宗岩大统庙述略》;David A. Mason. "The Son Hirangje Paehyam–Sacrificial Cevemony for Three Eniperors——Korea's Link to Ming Dynasty", *Korea Journal*.(1992),31:3,117-136.
④ 定为韩国京畿道地方文化财产第28号。冯荣燮于《戊戌岁复享》言:"惟此大统坛,则庚寅光复后,指定于文化财而遂至复享,其于复阐尊攘之义,可以为发祥之地。"《朝宗岩文献录》,第1页。

朝皇帝及九义士，从而成为一处尊明场所。

一、三处士与朝宗岩

朝宗岩为韩国京畿道加平郡一地名。加平郡西乡有一条河，东流注入汕水，当地人名之为"朝宗"，当地山岩则为朝宗岩。明亡后，朝鲜王朝全国处于极度思明氛围之下，加平郡处士许格、白海明与郡守李齐杜有感于"朝宗"一名，遂有志于将此地建成朝鲜一处尊周思明之地。他们由宋时烈将"华阳洞"之"华"视同"中华"之"华"，产生摹刻山岩以崇祀明朝之意。

事实上，"朝宗"为儒家一种非常重要的观念。《禹贡》有"江、汉朝宗于海"①之说法，而春秋之时，诸侯见天子之礼，春天拜见曰"朝"，夏天拜见曰"宗"。郑玄释之曰："朝，犹朝也，欲其来之早也；宗，尊也，欲其尊王也。朝宗是人事之名，水无性识，非有此义。以海水大而江汉小，以小就大；似诸侯归于天子，假人事而言之也。"②朝宗即是"以小就大"，以诸侯拜见天子之礼。实际上就是以小事大的儒家理念。其因水而言人事，体现了藩国对宗主国的一种非常崇敬、敬畏的心态。这也是许格等朝鲜儒生有感于此名，而思建祀明之所的内在原因。朝鲜儒者以为："惟吾东加平郡有朝宗川，东流入于汕，达于海。川既以朝宗名，则凡石于是者为朝宗岩，屋于是者为朝宗斋，人于是者为朝宗人间者。"③水名既为"朝宗"，故此地万物皆具"朝宗"之意。而实际上反映的正是朝鲜人对明朝始终具有一种朝宗心态。依此名，择此地，真可谓名与义合，天作之合。赵镇宽所撰《朝宗岩记实碑

---

① 《十三经注疏·尚书正义》卷六《夏书·禹贡》，北京：中华书局，2009年，第313页。
② 同上。
③ 金庆禄编：《朝宗岩志》，韩国学中央研究院藏书阁藏1878年笔写本（番号：k2-463），第1a面。

文》一开篇就介绍"朝宗"的含义,其曰:

> 万流灌海海为王,王者之事,莫尊于朝诸侯。故江汉之东之号曰朝宗。自《禹贡》始,《春秋》作,而其义乃著,所以大一统也。夫操空名以呼号于天下后世,而人莫不悲咤感愤,若将投袂而起者,是孰使之然哉!此朝宗岩所由名也。①

许格,字长春,阳川人,从学于当时名士李安讷。丁卯役时,闻知朝鲜与清朝订立兄弟之国盟约,他"悲愤不自胜,遂自放于山水之间"②。南汉城下之盟后,曾自尽不死,恸哭赋诗"君臣忍屈崇祯膝,父老争含万历恩",对朝鲜臣服于清大加批评。闻知明亡,天子殉社,海内皆剃发,尤加愤恨,遂自号沧海。曾赠燕行使诗"天下有山吾已遁,域中无帝子谁朝",显然对朝鲜使臣出使清朝深表鄙夷。后被朝鲜国王赐名"大明处士"③。

李齐杜,出身朝鲜王室支脉,以义理自处。常痛丁丑下城之盟,"寤寐一念,在于京周"④。后为加平郡守。他与许格、乡士白海明不约而同地看中朝宗岩,以为是其表达尊周思明的理想之所,因为"此天下干净地也,明社已墟,吾属寓慕无所,今于此得之"⑤。李齐杜特致书宋时烈,商讨在朝宗岩摹刻之事,使之变成崇祀明朝的又一圣地。并向宋时烈征求岩刻条幅。李齐杜之原信今不可得见,而宋时烈答书则尚存。其曰:

---

① 成海应:《研经斋全集》外集卷三二《尊攘类·华阳洞志》之《朝宗岩记实碑文》,《影印标点韩国文集丛刊》第276页,第515页。
② 金平默:《重庵集》卷五二《朝宗岩三贤传》《影印标点韩国文集丛刊》2003年第320册,第398页。
③ 《朝鲜英祖实录》卷四〇,英祖十一年三月丁酉,第42册,第475页。
④ 金平默:《重庵集》卷五二《朝宗岩三贤传》,第398—399页。
⑤ 金平默:《重庵集》卷五二《朝宗岩三贤传》,第398页。

> 皇都沦圮之后，此义敦晦，无人可语，无地可寓。今见来示，贵邑有所谓朝宗之地，苍岩澄潭，亦同此名。流传古今，有入于江、达于海之义，实不寻常。山水形势，亦幽僻绝奇云，除是别人寰，而可谓"阳春一脉，寄在天地间"也。毅皇宝墨，谨摸（模）付呈，奉刻此岩，正合义理也。谁肇此岩名，以待今日吾人耶？"大明天地崇祯日月"八字，亦如戒书送，须为镌刻，则实为干净之地，而岂非志士幽人之所寄怀者乎？亟欲一见而不可得也，奉刻后事状，讨便更奇，至望至望。①

当时宋时烈虽有建庙崇祀明朝皇帝的想法，但并未付诸实施，万东庙、大报坛皆未建成。得知李齐杜摹刻尊周崇明条幅文字，也大加鼓励，寄赠崇祯"思无邪"条幅，并亲书"大明天地崇祯日月"等条幅寄赠李齐杜，使之摹刻朝宗岩。可见宋时烈对朝宗岩的开辟，有襄助之功。

得到宋时烈鼓励，1684年，李齐杜、许格、白海明三人合作，在朝宗岩山岩上，先后刻下崇祯皇帝御书"思无邪"三个大字，宣祖"万折必东，再造藩邦"八个大字，仁祖批语"日暮途远，至痛在心"八个大字②。以岩刻的方式表达其感恩思明的心态，这样就把朝宗岩变成了一处宣讲明朝恩义的场所，并商议建庙崇祀神宗皇帝，最终不果。

---

① 宋时烈：《宋子大全续拾遗》卷一《答李汉卿齐杜》，《影印标点韩国文集丛刊》1993年第116册，第220—221页。
② 赵镇宽：《柯汀遗稿》卷六《加平朝宗岩记实碑》曰："乃奉刻毅皇帝御书'思无邪'三字，即陪臣文正公金尚宪拘沈时得者。次'万折必东'四字，我昭敬王宸翰也。稍左列以镌者曰'再造藩邦'，出于戊戌奏曰'日暮途远，至痛在心'，孝庙赐相国李敬舆批辞，皆文正公宋时烈所书也。篆其额曰'朝宗岩'者，朗善公子俁也。"见《影印标点韩国文集丛刊续编》2010年第96册，第618页。

朝宗岩刻始于1684年，时当明亡四十年，稍晚于宋时烈在华阳洞的岩刻（1674）。但宋时烈当时只是摹刻了崇祯御笔"非礼不动"四字，而朝宗岩则不仅摹刻了崇祯御笔，还摹刻了多幅朝鲜国王与大臣的手书，故在万东庙建立前，朝宗岩已成为朝鲜尊周思明的中心场所。前引李齐杜特向宋时烈索求明朝皇帝御书，以之摹刻，得到宋时烈的极大支持，朗善君李俁（1637—1693）亲书篆字"朝宗岩"以赐之。李俁乃宣祖大王之孙，为朝鲜王朝有名的书法家，尚有许多金石帖留存于世。许格只是一名普通的处士，白海明为一般平民百姓，李齐杜也只是地方上一普通官员，而他们竟与国王、朝中大臣一样具有尊周思明的心态。可见，尊周思明在当时的朝鲜人心目中，影响是何等深厚！

朝宗岩刻引起朝鲜朝野上下的普遍关注，但朝宗岩最初由谁主导而开创，三人身后，竟成一桩疑案。所谓：

> 李廷仁撰《李公行状》，朝宗之事以李公为主，而许公不与焉。赵公《记实碑》，则以许公为主，而李公不与焉。申相国琓诵南溪朴公之言，则又单举白公建庙之议，而二公不与焉。此所谓左右佩剑，吾恶乎取衷哉！①

在诸家争论中，以许格还是李齐杜为主讨论最烈。金平默以为三人皆有功，不应只归功于某个人。乃许氏、白氏提议，李氏襄助而成的。黄景源为郡守时，仰慕其忠义之心，建朝宗庵于朝宗岩，以崇祀许氏及李氏。其曰："处士许格始创其事，而相之者邑士白海明也，郡守李齐杜主其事矣。华阳山万东庙与宫中之大报坛，则

---

① 金平默：《重庵集》卷五二《朝宗岩三贤传》，第399页。

此其朝宗岩为之兆也。"①《尊周汇编》则曰：

皇明亡后，处士许格得烈皇帝御笔"思无邪"三字，刻于崖面，又刻文正公宋时烈笔及郎善君俣篆，凡二十二字。邑人白海明监之刻，郡守李齐杜主其事。后肃宗甲申设大报坛，领议政申琓奏岩刻事，海明只达其姓，格、齐杜并阙，然格倡之，而齐、杜成之也。②

对于开创朝宗岩刻三人到底由谁主此事，笔者以为《尊周汇编》之说法较为客观，即由许格倡议，而白海明、李齐杜将其完成，三人合作，方使其得以成功。

由此可见，朝宗岩是朝鲜王朝最早岩刻以崇祀明朝之场所，许格、李齐杜、白海明有感于"朝宗"一名，萌发借此地纪念明朝的想法，岩刻受到宋时烈、朗善君李俣的关注和支持，在随后的"崇明三地"中，朝宗岩最早引人注意。从而开创朝鲜王朝崇祀明朝之先例。李齐杜等一度想建庙崇祀神宗，最终不果。最后由九义士后裔在此建大统庙，将这里的崇祀发扬光大，持续发展，成为保存至今的祀明场所。

二、大统庙之设立及其崇祀

朝宗岩石刻始于1684年，但大统庙的设立则要晚得多。1831年，九义士后裔原大报坛守直官王德一，与其从弟王德九移居朝宗岩，并建大统庙，把大统庙作为崇祀明太祖及九义士的场所，从而使朝宗岩正式加入崇祀明朝皇帝之列。

---

① 南宫源《朝宗岩大统坛记》，见宋秉稷编《尊华录》卷三，第244页。
② 李义骏、成大中等编：《尊周汇编》卷八《朝宗岩》，第148—149页。

其实，李齐杜原想在朝宗岩建庙崇祀明神宗，宋时烈还致书李齐杜，以为既崇祀神宗，亦当崇祀崇祯帝，但最后不知什么原因并未付诸行动。万东庙、大报坛等崇祀明朝皇帝的坛、庙出现后，使得朝宗岩建庙缺乏紧迫性和必要性。万东庙是权尚夏等人秉承其师宋时烈遗命而建成的，许格和白海明皆为贫寒处士，李齐杜亦只是一名地方官吏，他们不可能像宋时烈那样，将其未竟之志托付给门生后人，也未必有可托之人。其身后萧条，使朝宗岩不可能如华阳洞般，在创始人身殁之后依然能得以发展。1784年，判书黄景源建朝宗庵于此，以祀李齐杜和许格，这是对他们开创岩刻的一种肯定，也向崇祀明朝方向迈出了一步。虽然在随后的尊周思明历程中，朝宗岩总能吸引当时朝鲜儒林的注意，不少儒士专程游览，赋诗作文以志之。义理派大师李恒老一度试图建庙于此，但终究未能建成崇祀明朝皇帝的庙宇。

1831年，九义士后裔王德一、王德九兄弟择居于朝宗岩，并建大统庙，把这里终于变成又一个崇祀明朝皇帝的场所。《朝宗岩立庙文》曰：

> 昔在辛卯，济南王磐川先生自以遗臣后孙，慷慨有大节，每与吾人诸家，讲茅屋祭昭王之规，议桂林祠舜帝之礼，而叹之曰："此可以行吾志矣！"遂独办物力于岩之下，为坛北面设帐及桌，岁以正月四日御极之辰，上祀我大明太祖高皇帝，而不援佗位者，以创业之所由起也。至若建号则曰大统行庙者，将以别于大报、万东，而实用温峤行庙之制也。又行庙之下，仍设诸遗臣神位而配享，则曰九义行祠者，亦本君臣祭祀同之义也。若其享祀仪节，一遵《皇明集礼》，靡不灿然，明备先生之志可谓笃矣。但行之几十年，所物财大绌，事力极窘，以至营建之费、粢盛之供，尚此未就，而先生又遽殁焉。呜呼痛哉！过此以往，遗

民祀旧君之礼将阙矣,后孙享厥祖之事亦废矣,其果谁赖而终之欤?顾惟礼重事大,不敢不讲明绍述,而闻风起义,莫如我同志。故兹于京外遗臣子孙,金位处兹,有发文求财之举。然所以如此者,无佗,欲其一心力,合物财,期于立庙阁,置享田之地而后已。①

以上这段史料并及其他一些相关资料,可以说明以下几点:首先,大统庙崇祀以太祖为中心,祭祀只是明太祖。与大报坛、万东庙不同的是,祭祀的明朝皇帝既不是明神宗,也不是明毅宗。大报坛设立之初只崇祀明神宗,英祖经过多次与朝臣商议,才把太祖、神宗、毅宗三皇并祀,英祖要求并祀太祖,遇到的阻力最大。万东庙则只是崇祀神宗、毅宗,不崇祀太祖,都是为了报答壬辰再造藩邦恩情。但大统行庙则只祀明太祖,意在"上祀我太祖高皇帝,而不援佗位者,以创业之所由起也"②,意在突出明太祖创始之功与明朝正统地位。祭祀时间以每年正月初四日,乃太祖御极之辰,意在突出太祖之创业开国之勋业。其崇祀的出发点与其他二处完全不同,旨在强调太祖的作用。其祭祀意图则如斯阐述:

天地生民以来,莫有盛于孔子。孔子之功,莫有大于《春秋》。《春秋》之义,莫有重于大一统。自汉以至唐、宋,虽未纯行王政一统之法,绵绵犹存。及元灭宋,其书虽存,其法沦焉。惟我大明太祖高皇帝,大定中国,驱逐胡元,制礼作乐,昭揭经义,颁大统之历,明春秋之法,至于崇祯。天方艰难,夷虏入关,华夏髡首,于是乎先王文物惟存于海外青丘,国有大报,州有万东,义

---

① 冯念祖:《朝宗岩立庙文》,韩国学中央研究院藏书阁藏1859年笔写本(番号:k2—462),第2a—3a面。
② 冯念祖:《朝宗岩立庙文》,第2a—2b面。

伐之计归于庙食，而使我遗臣子孙世禄皇壇，而不见虏使者，不用虏年号者，尚其存人纪之大防，而世其周仆之义烈也。东国士民之起感于朝宗里，名磨厓伐石，曰《春秋》一脉，寄在天地间云尔，则华人之所称小中华者，于斯微矣。顾我遗民保全冠裳于中州腥膻之外，枕戈寝苦于小华岩谷之中，沧桑百年，飘零五叶，讲明万世必报之意，固宋内夏外夷之法，则何可不行？……谨按苍梧之舜庙及会稽之禹庙，与夫华阳皇庙之仪，而用温乔行庙之例，设帐屋于朝宗岩之地，以特祀我高皇帝。①

可见，独祀明太祖意在遵循春秋大义、明大一统之法。在他们看来，只有明太祖建立明朝，才恢复了沦丧于元朝的春秋义理，正因为明太祖恢复了中华大统，故特祀之以示尊崇。可见，其崇祀明太祖乃出于《春秋》正统义理观，与万东庙、大报坛之感恩为主，出发点决然不同。同时，正朔只用永历，而不用崇祯。因为在遗民后裔看来，太祖为明朝开国之主，而永历为明朝亡国之君，只有在永历被弑后，才能说明朝的天下已经消亡。故而大统庙的崇祀，主要意图为强调明朝正统地位。值得注意的是，当时朝鲜与清朝的关系已经相当融洽，朝鲜以前那种尊周思明热情已有所改变，虽然还没有完全认同清朝的中华正统，而对清朝也没有以前的反感了。而明遗民后裔竟再建造大统庙，再次凸显中华正统，强化与明朝的关系。

其次，大统庙最初是由王德一、王德九独自承担其祭祀的。王氏兄弟死后，遂由九义士后代共同承担此祭祀之事。最初祭祀的对象为明太祖及九义士，设庙于此，并置九义行祠，九义士后裔祭九义士，某种意义上有家祭之特色。而以九义士陪祀明太祖，从而突

---

① 王德一：《大统行庙仪序例·庙号》，《朝宗岩志》卷上，第1a—2a面。

出九义士的明朝遗民身份。在此之前,并无崇祀九义士之场所,对九义士的崇祀,显示出九义士在朝鲜尊周思明历史中具有特定的地位,在某种意义上反映出明遗民后裔在朝鲜的社会地位有所提高。同时说明历经数代上百年后,依然保持并强化明遗民后裔身份,而且有所加强,在朝鲜思明历程中找寻着特定位置。而对明遗民的崇祀不只是遗民后裔进行,亦得到当时儒林的肯定。文敬公任宪晦即引金平默之书曰:

> 今欲大义之表章者有四:其一,朝宗岩大统行庙之荐,事体与大报坛、万东庙无异,当画给田民,使之供粢盛而严守护也;其二,九义士忠义如彼其卓绝,当施不祧之典。又于朝宗私荐之外,立祠宣额,并享胡翰林,以致崇报之礼;其三,盘川、沧海学行志节,不可泯没,特赐褒赠之典;其四,王人之东来者不可贱待,其入于仕籍者,随其才学,无官不拟,一与东国士夫无毫发差殊。都监、汉旅之垢蔑,一齐改正。盖此四事皆非可已而得已者,而待王人一节尤甚大者,曾谓以小中华、知尊周之义而乃尔耶?诚不可使闻于天下后世也。①

可见,大统庙建成后,得到朝鲜儒林普遍关注,他们大加肯定,认为当划给田民,供其崇祀,并对崇祀九义士表示支持,建议褒奖创始人王德一、王德九兄弟,借此提高遗民后裔的待遇,以伸张朝鲜尊周之义。

祭祀仪式与礼节 大统庙的祭祀,纯粹是九义士后裔组成的民间祭祀行为,但其仪节皆依从《大明集礼》,不过从规模和程序来说,要比大报坛和万东庙祭祀简单得多。用四笾四豆,与万东庙

---

① 任宪晦:《鼓山集》卷九《题永历大统历书后付儿艮宰》,《影印标点韩国文集丛刊》2003年第314册,第228页。

同。大报坛则是用六笾六豆，因为大报坛为国王之祭祀，所以显示出与众不同的特点。

时日 每年正月初四日，太祖创业登基之日。

斋戒 献者、诸执事散斋二日于所在沐浴更衣，饮酒不得至乱，食肉不得变味，不茹荤，不吊丧，不听乐，凡凶秽之事不得预，致斋一日于斋所静修，不得出入，专心想念祭所事务。应参诸人致斋一日，相同[①]。

献者、诸执事 初献者（一人）、亚献者（一人）、终献者（一人）、祝（一人）、尊仪（一人）、奉炉（一人）、奉香（一人）、奠币（一人）、进币（一人）、赞礼（三人），皆由遗民后裔担任，长者担任最为重要的职位。同时祭器、祭服、仪物皆有严格的规定，亦有祝版、迎神词、送神词等。虽然限于地位与财力，其祭祀不可能做得轰轰烈烈，但于礼节上则一丝不苟，庄重肃穆，以表示其作为明朝遗臣之诚心与敬意。

大统庙行祀三十余年以后，大院君掌权，朝宗岩大统庙与万东庙一并撤废，大院君被闵妃赶下台后，万东庙与朝宗岩大统庙之享祀一并恢复。此后，遂将明太祖、明神宗、明毅宗三皇同祀。

李氏王朝1910年被日本吞并，朝宗岩大统庙的崇祀依然得以持续，直到1934年，日本强行毁坏朝宗岩建筑，并禁止祭祀明朝皇帝。韩国光复后不久又恢复活动，1975年，京畿道将朝宗岩定为文化财产，1978年朝宗岩文献保存会成立，并筹建新的大统庙。1979年11月5日，举行上梁仪式，其上梁文曰："嗟我朝宗之山，方续大明乾坤，倚彼皇庙之地，长存崇祯日月。"[②]依然宣称其承继了大明乾坤、崇祯日月，此时此际，当然失去了原有的意

---

① 金永禄编：《朝宗岩志》卷上《大统行庙仪序例·斋戒》，第4页。
② 金永禄编：《朝宗岩志》卷上《大统庙上梁文》，第6页。

义，这一方面说明传统的影响，同时凸显其明遗民后裔的身份。遗民意识根深蒂固，成为这一群体的一种基本心态。同时是其小中华思想的继续，表明即便当今传统的中华体系已经消亡，但作为一种共同的文化，中华观念依然长存于朝鲜人的心目中，成为其文化的基本要素。

1980年大统庙祭祀再得恢复，崇祀明太祖、神宗、毅宗三帝，西从享明末九义士、东从享韩国十先贤。所谓韩国十先贤则是清阴金尚宪先生、辽东伯金应河将军、花圃洪翼汉学士、林溪尹集学士、秋潭吴达济学士、孤松林庆业将军、尤庵宋时烈先生、梅竹轩李浣将军、华西李恒老先生、毅庵柳麟锡先生。他们都是朝鲜王朝历史上尊周思明义理思想的倡导者与维护者，以他们为陪祀对象，鲜明地凸显崇祀的意义。

综上所述，朝宗岩大统庙成为明遗民崇祀的中心地，其实历经了一个很长的过程。最初，处士许格、郡守李齐杜因朝宗一名而深有感触，故于朝宗岩摹刻明朝皇帝御笔，并试图建庙，虽然庙未建成，但自此即引起了朝鲜王朝朝野上下的重视，并为万东庙、大报坛祭祀开其先兆。九义士后裔王德一、王德九首建大统行庙，最初祭祀的只有明太祖及九义士，并未及明神宗、毅宗，显示其祭祀重在宣扬大一统的正统观念。大院君裁撤其崇享，闵妃恢复时，遂同大报坛一样，并祀明太祖、神宗、毅宗三帝，并以明末九义士陪享。而20世纪80年代初重新恢复的朝宗岩崇祀，除明朝三帝、九义士外，又增入韩国十先贤。此时此际，大统庙祭祀成为韩国唯一祭祀之场所，它既是朝鲜王朝崇祀明朝皇帝的延续，同时显示传统的义理精神得到当今韩国的肯定和继承。

第三节　朝鲜尊周与对明遗民后裔的优待

朝鲜王朝关心明遗民后裔生活，照顾遗民后裔，亦成为朝鲜后期尊周思明的一个重要表征。朝鲜王朝实行严格的社会身份制度，两班、中庶、良人、贱人构成朝鲜社会的四种等级①，等级森严。两班为贵族统治阶层，而统治阶层基层乡吏之类，被视作中人，两班家族中妾生子女，被称为庶孽，与嫡妻所生子女有严格的界限。两班为上层统治阶级，中庶为下层统治阶层，一般平民则分良人和贱人。各个等级之间，权利与义务相差甚远。而来自明朝的遗民及其后裔，作为一个外来的群体，在这种实行严格身份制度的朝鲜王朝社会中，又是如何生存和被接纳的呢？在朝鲜王朝全民上下尊周思明的氛围下，明遗民及其后裔一度受到普遍的关注。有权参加科举，这是两班子弟独享的特权。英祖四十年（1764）为明遗民及其后裔专门设置忠良科，以供其参与科考。虽然只是特设的忠良科，但显示出朝鲜王朝是以积极的心态和优待的政策，来对待明遗民及其后裔的。

前文已讨论过，在朝鲜的明遗民中主要有两类人：壬辰战争东征将领之后代与部分滞留朝鲜的将领及其后代，随凤林大君东去之九义士及其后裔，是朝鲜王朝关注的重心。应当说明的是，由于重视社会身份，明遗民东去之后，始终被称为"皇朝人"，其后代被称为"皇朝人子孙"。与另一部分所谓"向化人"则有不同。正祖

---

① 参见蔡茂松：《韩国近代思想文化史》第五章《朝鲜时代的社会体制》，第173—189页。朝鲜王朝的社会身份制度沿袭了其历史传统，新罗时期，为贵族政治，执政者以王族与六头品家门为中心，高丽前期为文臣贵族政治，中期为武臣贵族家门与能文能吏的新兴文臣势力。

年间曾对当时混同"皇朝人"与"向化人",提出纠正。《朝鲜正祖实录》称:

> 近来名教日晦,事有关于《春秋》大义,为官长者,不识扶植之方,其害及于无告之向化村,岂非寒心之甚乎?皇朝人之流寓我国者,名之以"向化",极不成说。诸凡文书,饬其勿复袭用"向化"二字。湖南则尚今称之,可谓贸贸,此后以"皇朝人村"改称。京外所在帐籍邑志,依此厘正。①

可见,当时向化人和"皇朝人"有根本的区别。向化人即是归化人,而皇朝人则只是明遗民后裔。所谓"向化人",亦是华人。《朝鲜肃宗实录》言:"所谓向化人者,古昔华人之漂到我地,因为我民者也。入我地,作我民,不知几百年,而每称向化。"并不包括其他的日本、琉球人。明遗民后代则始终称之为皇朝人。朝鲜优待"皇朝人子孙",对于向化人则无优待。肃宗年间曾有大臣建议向向化人征税,曰:"水业者、农作者,并无身役。宜使其所居官考其帐籍,限其年代,在浦边者充水军,在陆地者定陆军,则可得数万精兵,而少有补于物故之代矣。"②故而对于当时有人将"皇朝人"混同向化人,正祖特下教禁止。因此皇朝人身份可以使之享有较向化人高的社会地位,有免除徭役的特权。在朝鲜王朝历史上,国王越重视尊周思明的理念,明遗民后裔的社会地位也就越得以凸显。根据相关的背景及材料,

---

① 《朝鲜正祖实录》卷四九,正祖二十二年九月辛酉,第47册,第108页。
② 《朝鲜肃宗实录》卷三四,肃宗二十六年十月辛未,第39册,第580页。全海宗则讨论了中日韩三国历史上的"归化人"问题,指出朝鲜古代所谓归化,其意义是"投、来投、奔、奔入、来服、徕服"之意。与此处之向化意义有相近之处。参见《试论东洋古代史上"归化"的意义》,见全海宗《中韩关系史论集》,第114—115页。

笔者将分成三个时期，来分析朝鲜王朝对待明遗民及其后裔的政策：仁祖到显宗时期，肃宗到英祖时期，正祖以后。由于形势的不同，三个时期各具不同的特点。

（一）仁祖到显宗时期

仁祖到显宗时期，清韩关系处于微妙的磨合期，而以孝宗为代表的"北伐"意识主导着朝鲜的决策者，同时也是明遗民东来朝鲜之时期。仁祖年间，明清更替，不少汉人东逃朝鲜，由于华夷思想与义理观的影响，朝鲜对清朝始终不予配合，清朝屡屡要求朝鲜刷还逃人，朝鲜总是阳奉阴违，不少逃人就此留居下来，而当获知逃人为壬辰战争明朝东征将领之后，则更加保护，甚至赠官褒扬[1]。

在这阶段，凤林大君带同九义士前来朝鲜，九义士倍受重视。被安排于凤林大君馆舍附近居住。"大君新升储位，命筑诸公室于朝阳楼（孝庙潜邸）之南墙外，厚赐衣食之资。"孝宗继位后，则将九义士拨归宫中内需司管理，并提供其衣食之资。九义士参与谋划"北伐"之事，冯三仕上书孝宗曰："大王决意北征，则臣等执殳前驱，死当一面，而王军之师，孰敢不从！愿大王修仁行义，缮兵养士，以励薪胆之志，兴复皇室，则东方之大义，与日月争光矣。"其他诸君亦与焉，但终不果。孝宗殁后，北伐之事遂消亡。自九义士东来时，卜居于孝宗潜邸之南墙外，以后其世代即居此地。"诸公先后没世，子孙仍籍焉。国人称其居曰皇朝人村。"[2] 九义士东去之后与朝鲜女子通婚，但其后代仍然居于祖先来时所卜之地，即汉城于义洞，朝鲜人称其居地为皇

---

[1] 若兵部尚书石星长子石潭携母东去不久，仁祖当即封其为"首阳君"，并赐田数顷，以资其生。见《大明遗民史》，第231页。这只是一说而已，未必是真实的。
[2] 冯学祖：《洌泉直中录序》，见《朝宗岩文献录》，第580—581页。

朝人村。以后九义士后裔就世代居于此地，永保其"皇朝人"身份。身份世代不变，正是身份等级社会的特色，而他们得以保持此身份，是其受到重视之表征。

这阶段是朝鲜慢慢适应清朝藩国角色的时期，在思明反清的历程中找寻着适当的位置，虽然"北伐"一度主宰着孝宗的思想，但最终也不过是一场空想，未有行动。而朝鲜对前来的明遗民给予优待，给赐官职田地，或寄予厚望，成为北伐清朝的先锋。显宗八年（康熙六年，1667），台湾郑氏官商林寅观等95人前往日本，遇风漂到济州，朝鲜王朝派黄功前往劝说，帮助遣返这批漂流人，林寅观等被送往辽东，却全被清朝处死。朝鲜王朝儒林对此大加批评，以为不当送往清朝，以致正祖时期为这些人设坛祭祀，对于此事件的处理，也纳入朝鲜的尊周思明活动中了[①]。

（二）肃宗到英祖时期

肃宗时期，清朝平定了"三藩"之乱，后来又平定了台湾郑氏政权，稳定了全国，朝鲜从现实中已感觉到反清复明是不可能的。虽然他们仍然坚信"胡无百年"之运，但不得不采取比较现实的对策。对清采取谨慎事之的态度，对明朝则开始于礼节上的祭祀活动。在思想上则大讲尊周思明、尊王攘夷的理念，以期求得一种心灵上的平衡。对皇朝人子孙则更多地从职业上、生活上给予关注，同时开始设立忠良科，企图以科举吸纳皇朝人后裔。

赐给衣资财物　在朝鲜王朝史上，肃宗元年（1675）闰五月，首次出现明遗民请求朝鲜赐给衣资。大明人韩登科以年八十，刘太山、金长生以年逾六十，生活困苦，请求酌给衣资。韩登科等三人原为登州渔民，因风漂到朝鲜而留居下来，肃宗两次允赐衣食之

---

① 具体情况，可参见《丁未传信录》，成海应：《研经斋全集》，外集卷三三。另可参见拙文《义理与现实的冲突——从丁未漂流人事件看朝鲜王朝之尊明贬清文化心态》，《汉学研究》2007年第2期，第187—210页。

资①。由此开始关注遗民及其后代的生活状况，同时对斥和诸臣后裔家属及朝鲜忠臣子孙亦一体优恤。

英祖时期，每每在举行大报坛祭祀完后，召见明朝人后孙，或赐物，或试射，或面授官职。如三十年（1754）三月，英祖御明政殿，召见皇朝人子孙，亲询姓名，赐馔，命户曹给米，令军门调用。翌日，御春塘台试射，依次施赏，已命户曹各给米五斗。英祖四十九年（1773）闰三月，英祖又接见皇朝人子孙，"御隆武堂试射，皇朝人子孙或赐第，或加资，或赐马，赐弓矢，其余儿弱赐米，未婚者令该厅助给婚需"②。这是一次典型的优待皇朝人子孙的事例。同时，英祖亦蠲免皇朝人子孙的徭役。英祖三十年（1754），下诏曰："皇朝人楚、田、潘三姓，世世免役。楚海昌孙特为免贱，李萱令军门调用。向化人成册，不可不一番厘正。令礼曹、汉城府考帐籍，卞真伪，精抄成案，名曰《华人录》，一件藏礼曹，一件藏本道，永勿征布。"③令汉城府调查华人情况，造册登录，名为《华人录》，并免华人徭役，永不征求。英祖三十四年（1758）又颁布："命皇明人子孙勿充军役，其身役纸束亦为荡除。"④义洞之皇朝人村民遂不用服役，从而确保其生活上的供给。可见，英祖时期，赐衣物以周济其生活，免徭役以减轻其负担，从而保证其生活。而同时又给遗民子孙提供人仕的机会。

录用皇朝人子孙，并设忠良科 肃宗时期主要在生活上对皇朝人子孙给予适当照顾，赠给财物，以保障其生活。而英祖时期则向皇朝人子孙敞开仕途大门，常常录用皇朝人子孙为官。英祖十六年

---

① 韩登科上言道："俱以中原飘零之人，寄托本国，已过四十余年，值此大无，沟壑迫头，臣登科年八十、太山五十九、长生六十，异国之人，日薄西山，登科壬辰征倭时备御韩宗功之孙，岂无微劳之可纪乎？"《朝鲜肃宗实录》卷四，肃宗元年闰五月丙申，第38册，第282页。
② 《朝鲜英祖实录》卷一二〇，英祖四十九年三月己酉，第44册，第449页。
③ 《朝鲜英祖实录》卷八一，英祖三十年六月庚申，第43册，第530页。
④ 《朝鲜英祖实录》卷九二，英祖三十四年七月己丑，第43册，第692页。

（1740）正月命录用皇朝人子孙，特除李成梁后裔李葒为金知①。同年七月辛巳，以明兵部尚书田万秋后裔得除总府官。当时，有朝臣表示异议，英祖认为："皇朝尚书之孙，流寓我国，其祖遗像，观者犹起敬，况其孙乎？不可贱视之也。"②遂以田得雨为武兼宣传官。英祖二十年（1744），又因郑翊周之祖为"皇朝显职"，而获兵曹调用③。为了更好使皇朝人子孙仕途上有保证，英祖竟打破只有两班子弟才有权参加科举的特权，英祖四十年（1764）设立忠良科，供皇朝人子孙、忠良后孙参与科考，这在朝鲜王朝历史上是一个极大的突破，也是对两班子弟特权的一种挑战。当时有朝臣对忠良科提出反对，英祖反驳说："予年已望八矣。日暮途远，而河水未清，其将与草木同凋。今设此科，所以慰忠臣义士之心也，何论其可不可乎？"④由此可见英祖的决心。因为两班家族中庶孽子弟都不得参加科举，而英祖竟为明遗民后孙、朝鲜忠良后孙特设忠良科，使他们也能通过科举而晋身仕途，这不能不说是给予了极大的优惠政策。英祖亲自主持首次科考，授予科考及第之人以军职。以后，忠良科便成为朝鲜科举制度中正式的一环，这等于为明遗民后裔打开了一条通过科举走向仕途道路。以后确有明遗民后孙中忠良科及第而入仕者，如1842年麻贵后裔麻夏帛忠良科及第，以后历任宣传官、训练部监哨官，最后官至原州都府使⑤。

如果说肃宗时注意解决明遗民的生活困难，英祖时代则重点放

---

① 《朝鲜英祖实录》卷五一，英祖十六年正月壬戌，第42册，第652页。
② 《朝鲜英祖实录》卷五二，英祖十六年七月辛巳，第42册，第673页。
③ 《朝鲜英祖实录》卷六〇，英祖二十年九月己卯。曰："命兵曹调用郑翊周。翊周，中朝人也，其祖善甲，自皇朝沦亡，心痛剃发，与我国被房人做伴出来，而晦其家世。及其子赴举，始言其世系云。至是下询训练大将金圣应，命取其户籍以来。仍教曰：其祖、曾、外祖，俱是皇朝显职，必是士夫，无异于田万秋矣。遂有是命。"（第43册，第150页）。
④ 《朝鲜英祖实录》卷一〇三，英祖四十年正月壬申，第44册，第157页。
⑤ 参见明义会编：《大明遗民史》，第279—285页。

在关心明遗民后代的出路上了,为皇朝人子孙走上仕途提供了方便之门。正祖以后再为皇朝人后孙提供新的出路。

(三)正祖以后

正祖时代继续倡导尊周思明的义理思想,并继承和发扬英祖重视明遗民后裔政策,虽然英祖试图为他们打开仕途大门,但"皇朝人子孙"依然难以融入朝鲜的主流社会。正祖时代重点关注九义士后裔问题。九义士跟随凤林大君东来,由于这种特殊关系曾受过重视。但作为相对独立的一群人,他们总是在朝鲜主流社会的边缘游离着,很难掺入以两班为主导的社会。正祖十四年(1790)试图从制度上解决九义士后裔问题,主要措施为改汉人牙兵为汉旅。

《朝鲜正祖实录》言:"汉人之陪归东土者,孝庙朝命使之寄接于宫底。及登宝位,属于内需司,计口给粮,旋又编管训局牙兵,色渔业资生,此汉人牙兵设置之颠末也。"①九义士后裔虽为牙兵,却无薪资,要以渔业为生,社会地位相当低,子孙世代聚居于"孝宗潜邸",朝鲜人称之为皇朝人村,"流寓属耳,聊活无策,加之以沧桑初改,秘讳又甚,不惟渠辈得此为足,人之待之亦不敢慢忽"②,时当明清更替不久,九义士东来,自为"流寓人",并无活路生计。九义士去世后,其后代境况并无改变,且愈到后来,境况愈差,"风习不如古,渠所自甘,人之侮之,可谓无余地。甚至阅武教场或作假倭哨",正祖"闻此岂胜叹惜"③,寻求改变策略。遂设立皇坛守直制度,以皇朝人子孙定为三窠,称为守直官,属兵曹管辖,把牙兵改为汉旅,置三十额,由训局节制。这种制度的变更有几点值得注意:

其一,牙兵、汉旅乃为跟随九义士东去的明遗民及其后裔设

---

① 《朝鲜正祖实录》卷二九,正祖十四年三月己亥,第46册,第108页。
② 同上。
③ 同上。

立的，其他遗民后孙不得参与，即便是明东征将士后裔亦未包括在内。《国朝宝鉴别编》曰："守直官差出时，必以陪从东来八姓人子孙中，毋论汉旅与闲良前衔，择其可合者，备拟而来头，如无可合者，向化人子孙中另择通融拟望。"①守直官定额为三十人，九义士中王美承无后，所以后来只八姓人了，但当今尚存的遗民后裔只有五姓。皇坛守直官先从八姓子孙中择取，若实在无合适人选，方从其他的人员中补选。

其二，汉旅和皇坛守直官皆属兵曹管辖，属于中低级的武职，而非文职。汉旅设汉旅厅，为汉旅衙门，属兵曹，军资亦来源于兵曹，此乃其成为正式衙门的象征②。皇坛（大报坛）守直时，汉旅最前，依次是龙虎营之禁旅、镇抚营之义旅、壮旅等。因而汉旅的主要职责为大报坛守直官，在祭祀中作为守直和侍陪人员，排在朝鲜百官之前，显示其非常独特的地位。

除设立汉旅之皇坛守直制度外，正祖更放宽对皇朝人子孙之征用。在朝鲜这个等级社会里，"国俗专尚门地"，即便是两班阶层，其庶孽亦只能担任一般的中下官吏，而且不能参加科举。但对明东征将士后裔，似乎没有庶孽的限制。例如对待李如松后裔，李如松东征时，曾与朝鲜女子所生子女留朝鲜，他们构成李如松的一部分后裔。按照朝鲜嫡妻和妾的划分，李如松的朝鲜妻女，最多只具妾的身份，不可能是嫡妻，其子女应属庶孽，但对待李如松后裔似乎并未采用庶孽一说。前面已经提及，正祖起用李熙章时还提及李如松与朝鲜女子的后代。他在征用李如松另一后人李宗胤时说：

> 汝祖提督兄弟于海东有大勋，至今未得酬功，予甚慨然也，

---

① 李容元等纂：《国朝宝鉴别编》卷八，第601—602页。
② 蔡济恭等纂：《国朝宝鉴》卷八，汉城：世宗大王纪念事业会，1976年，第297—299页。

> 仍教。教曰：都政日以李提督李总兵后孙事，已缕缕下教，稍久则铨曹看作寻常，安知不如前抛置。况日前祗拜皇坛，是日即神皇忌辰，再造之恩，天地莫量。惟今起感而寓思者，莫先于收录中朝旧裔，欲使东土人士皆识此个义理。昌城府使李宗胤之拔例超迁，亦出此意，不过一时官职，岂有补于为渠家永世阐拔。况国俗专尚门地（第），苟欲镇长收用，宜先快辟阶岐。宁远伯子提督总兵后孙之来寓本国，原州、保宁等地人出身，则每榜后宣荐，必先首荐闲良，则采访操弓人，有无随闻越荐，以此定式施行，使朝家寓思之举，得有永久遵行之效。①

此类借崇祀之日，收用明遗民后孙之事以后又常常发生。正祖把此种举动看成是向明朝的报恩。正祖十二年（1788）正月行大报坛望拜礼后召见皇朝人后孙，主要是九义士后裔。正祖即曰：

> 今日即皇朝创业之日也，王、黄、王、郑、裴、冯六姓，即沈阳随跸家也，田、康两姓，即流寓人也。王庠生尚文五代孙愿忠、黄太守功曾孙世重、王按察辑六代孙道成、郑侍郎文谦五代孙昌仁、冯庠生三仕六代孙庆文，云其无故人，曾有职名者复职调用，无职者令军门哨官调用。愿忠名编军伍，令该军门将校收用，此乃起感于开创之日，有此录旧之举，皆令今日内收用，李提督后孙光遇曾因大臣所奏，有守令承传申饬铨曹待窠，先为检拟。②

这一段文字，将肃宗以来重视明遗民后代生活，以致设立全忠

---

① 《大义编》续集卷一，第481—482页。另参见《朝鲜正祖实录》卷二六，正祖十二年七月丙戌，第46册，第2页。
② 《大义编》续集卷一，第478—479页。

良科、汉旅守直制度，都看成是对明报恩感激的一种表现，难怪其不惜打破朝鲜的传统，也不顾朝鲜的门阀制度。朝鲜王朝把重视明遗民后裔的待遇，作为向明朝感恩施报的一种方式。

尽管朝鲜国王对明遗民后孙倾注了心血，想方设法提高其社会地位，改善其生活状况，但在那个等级森严的社会中，这种努力收效并不大，皇朝人子孙的社会地位并无实质性的改变。因为国王们虽然把改善皇朝人子孙的生活当成尊周思明的事情办，但是在极度森严的等级社会中，收效甚微，故而受到当时极度尊周派人士的攻击。即如金平默论之曰：

> 中国士大夫东来为显族者甚众，姑以浅陋所记言之，如延安之李、碧珍之李、唐城之洪。及执事之先世，皆门族高贵，世为甲乙大家，而独此皇明之末东来之人，若九义士，若胡翰林，忠义名节，百世可诵者。至其子若孙，屈辱而为中路褊氓，使不得齿于本国士夫之列者，果何义欤？路马可式也，屋乌可爱也，况于天朝之贵族、忠义之家世，而谓路马屋乌之不若耶？《春秋》之法，王人虽微，序于诸侯之上。推此义也，则此数姓者，在所贵乎，在所贱乎，如此而谓之尊周，百世之下，谁肯信之！属之都监，付之牙兵，名之汉旅，此今日微贱之所由也。以朝宗尊周之诚，断不应如是。愚意其一则有司之罪，其二则有司之罪也。①

朝鲜力求改善明遗民子孙的待遇，尽可能提供入仕机会，但还是受到士林攻击，以为皆非妥善之策，而归罪有司。在他们看来，妥善对待明遗民后代是朝鲜尊周的重要内容，也是衡量尊周的重要

---

① 金平默：《重庵集》卷七《与任明老》，《影印标点韩国文集丛刊》2003年第319册，第160页。

标准，遗民子孙处境不好，焉能谈得上尊周呢？这与朝鲜国王想通过改善遗民子孙待遇，作为报恩的思想是一脉相承的，只是他们认为朝鲜做的十分有限，应当再加改善，给予更多的优惠待遇。

同时，亦有人对于大报坛参班无升任之例加以批评。《皇朝遗臣子孙等单子》如斯论述：

> 大明沦丧，诸夏陆沉，一部麟经无地可读。呜呼！粤在崇祯甲申，我皇帝殉社以后，胡虏入寇，僭至古圣王礼乐文物尽没于腥膻之中，此乃古今天下非常之大变也。惟我列圣朝密谋复雪之事，以其明春秋，而尊王一脉，尚在于天地间者，即我大报坛也。我国虽地偏力残，忍辱含冤，为皮币之役，然列圣朝追报皇恩之至德，扶植尊周之大义，百世以俟圣人而不惑矣。逮夫庚戌，惟我正宗大王创置守直官三员，特使陪从遗臣子孙得瞻依于皇灵陟降咫尺之地矣。等以羁旅之余生，饮泣行职于拱北、朝宗之内者，盖缘硕果不食之理，而其凤泉之哀慕当复如何哉。知分所在，固无所余憾，然窃伏念惟此坛官入仕二十朔，徒有出六司果之虚名，实无升叙之定规，至于二十五朔，则仍为无故作散，是岂官制之本意哉，实为朝家未遑之缺典也。我朝各司庶官皆有升叙之规，而独见阻于坛官者，岂无向隅之叹乎！列圣朝十行恩命，诸大臣万言章奏，不止一再而昭载金石，然以一未蒙升叙之泽者，以其无元定式故尔。[①]

可见，只给一个参班守直官的职位，却无升叙之例，亦受到朝臣攻击。在当时相当一部分人心目中，缺少升叙制度的皇坛守直官，并不表明是对明遗民后裔的优待，反而以为这样反有违背设立

---

① 明义会编：《大明遗民史》下卷，第347—348页。

守直官的本意。

综上所述，明末清初，东去朝鲜的华人不少，但是在严格身份等级社会的朝鲜王朝中，受到重视的都是明朝东征将士的后代和随凤林大君东去的九义士后裔。他们得以在朝鲜尊周思明中扮演特定的角色。世代保持"皇朝人"的身份，也就是保持"明遗民后裔"的身份，成为朝鲜尊周思明活动中非常重要的一个群体。肃宗以后，历代国王就把照顾皇朝人子孙的生活，纳入其尊周思明的范畴内。英祖四十九年设立忠良科，使之能以科举的方式跻身仕途。同时，皇朝人后裔以大报坛守直官直接参与王室的祭祀明朝皇帝活动，从而在朝鲜尊周思明中发挥特定的作用。

朝宗乃春秋诸侯朝周的一种制度，以小事大的儒家理念寓于其间。朝宗岩因为"朝宗"之名得到加平郡许格等三处士的青睐，在宋时烈的支持下，1684年，于朝宗岩摹刻崇祯手迹及有关思明手迹，故受到朝鲜朝野上下的普遍关注，成为朝鲜尊周思明的场所。但长久以来，并无祠庙崇祀明朝皇帝。1831年，九义士后裔王德一等移居于此，建大统庙，崇祀明太祖，以九义士陪祀，既是强调对明朝正统的继承，又是对其明遗民后裔身份的认同。当今犹存的祭祀明朝皇帝的活动，即是朝宗岩崇祀的延续和发扬。

第五章　从正朔看朝鲜王朝的正统意识

正朔即纪年的方式。历史的变迁要通过时间的度量来把握，而具体的把握方式则是历法和正朔。①不仅如此，正朔还是正统的象征，故历代君主皆十分重视正朔的确立与规范。王朝新立，首要的任务就是"改正朔，易服色"。《史记》云："王者易姓受命，必慎始初，改正朔，易服色，推本天元，顺承厥意。"②可见中国历史上把正朔看成是上承天命的象征，故历朝莫不谨慎处之。

奉行正朔是臣属的标志，是藩属国臣服的重要表征。朝鲜作为中国的藩属，自新罗真德王四年（永徽元年，650年）开始奉行中国正朔。新罗初年曾自建年号，但受到朝鲜史学家的讥评。金富轼《三国史记》论之曰：

> 三代更正朔，后代称年号，皆所以大一统，新百姓之视听者也。是故苟非乘时并起，两立而争天下，与夫奸雄乘间而作，觊觎神器，则偏方小国，臣属天子之邦者，固不可以私名年。若新罗以一意事中国，使航贡篚相望于道，而法兴自称年号，惑矣。厥后承愆袭缪，多历年所，闻太宗之诮让，犹且因循。至是然后奉行唐号，虽出于不得已，而抑可谓过而能改者矣。③

---

① 平冈武夫主编：《唐代的历》，上海：上海古籍出版社，1990年，第1页。
② 司马迁：《史记》卷二六《历书第四》，第1256页。
③ 金富轼：《三国史记》卷五，真兴王四年，第67页。

可见，在朝鲜历史上以遵循中国正朔为本分。故自真德王四年新罗开始奉行唐朝高宗永徽年号以后，历代皆奉行中国年号，一直持续1200余年，甲午战争以后，大韩帝国建立，才自建年号[①]。

明清更替，朝鲜王朝以各种方式凸显其尊周思明、尊王攘夷的正统意识，不仅筑坛建庙，崇祀明朝皇帝，编修各种史书，表明其承继了明朝以来的中华正统。而且在处理传统王朝正统重要标志的正朔问题上，朝鲜亦有十分鲜明的表现。朝鲜表面上用清朝正朔，暗中遵行崇祯、永历纪年。而朝鲜国王死后，甚至不用清朝皇帝所赐谥号，从而表明其尊明反清的态度。暗中遵用明朝正朔，显示朝鲜之正统独立于清朝宗藩关系之外的特点，因为奉行正朔是臣服的表示，而不奉正朔则是对宗主国的背叛。

对于朝鲜王朝同时用明清两朝正朔，前人已有论及。早在20世纪30年代日本学者林泰辅，即指出朝鲜奉清正朔只是表面之仪式，国内或用明崇祯年号，如书"崇祯纪元后四己未"，或只用干支，"特开新例，避用清之年号"[②]。一直持续到近代独立以前。台湾地区学者刘家驹详细探讨过丁卯（1627）、丙子（1636）二役时期，因正朔问题朝鲜与清之交涉，并讨论了自南汉山城下之盟到孝宗初政期间（明崇祯十年至永历四年，1637—1650年）朝鲜潜奉明朝正朔的情况[③]。可见，正朔问题受人关注由来已久，但稍觉遗憾的是，尽管正朔问题从朝鲜臣服于清朝之时就已开始，一直到大韩帝国成立之际依然存在，影响着整个朝鲜后半期的历史及其与清朝的交往，但迄今尚缺乏系统而深入的研究。而正朔正是朝鲜尊周思明历程中的重要表征，笔者拟就朝鲜遵用明、清两朝正朔的不同情

---

① 朱云影：《中国正统论对日韩越的影响》，《中国文化对日韩越的影响》，第264页。
② 林泰辅：《朝鲜通史》，第196页。
③ 刘家驹：《清朝初期的中韩关系》第8章，第344—349页。

况及其所表示的象征意义略加探讨，附带讨论朝鲜不用清赐谥号问题，从而揭示朝鲜王朝尊周思明问题的又一重要表征。

第一节 丁卯、丙子期间正朔之争

作为明朝藩属国，朝鲜王朝一直遵用明朝正朔，明朝每年颁《大统历》予朝鲜，朝鲜即用此历，行大明年号。一旦明朝正朔改变，朝鲜亦立即变更，力求与明朝保持一致。弘治元年（1488）朝鲜官员崔溥遇恶风，自济州漂入中国浙江，当时有明朝御史问他朝鲜用什么正朔，用何年号，崔溥答以一遵大明正朔，用大明年号。又问当年何年，答以弘治元年。此御史甚觉奇怪，因为当时弘治"日月不久"，他纳闷朝鲜"何以知之"，崔溥回答干脆利落，曰："大明初出海上，万邦所照，况我国与大国为一家，贡献不绝，何以不知？"①可见在当时的朝鲜人看来，用明朝正朔是天经地义的事。既为明朝藩属，就得奉明正朔，这是朝鲜一向所坚持的理念。当皇太极出兵朝鲜，要求朝鲜废除明朝正朔，改行清朝正朔时，自然遭到朝鲜强烈抗拒。

丁卯之役（1627）时，坚持用明朝正朔成为朝鲜据理力争的原则问题，由此也开启了臣服于清以后朝鲜遵用明朝正朔的先声。为了弄清朝鲜正朔问题的来龙去脉，当先从此入手。天聪元年（1627），阿敏率大军攻入朝鲜，一路望风披靡，朝鲜被迫遣使和谈，虽然军事上朝鲜远不是阿敏的对手，但在谈判桌上，阿敏却屡屡受挫。在阿敏的谈判条款中，其中一条要求朝鲜"永绝明朝"，朝鲜以"臣事皇朝二百余年"的"绝然大义"，提出"宁以国毙，

---

① 崔溥：《锦南集》卷四，《漂海录》，二月十八日，第460页。

义不可从"①,谈判使者几度往返,朝鲜坚持原则,毫不退让。阿敏觉得攻打朝鲜并非其出兵的主要目的,其主要任务是攻击皮岛的毛文龙。而朝鲜又坚持原则,誓死捍卫与明朝的君臣关系,他只得放弃此条,反而对朝鲜忠于明朝表示称颂,"朝鲜二百年事皇朝之言,极有信义,若与之交好则可久矣"②。但随后阿敏对朝鲜坚持用明朝年号感到无法忍受。朝鲜在给阿敏的国书中照书天启年号,引得阿敏勃然生怒,认为后金并非明朝属国:

> 看来贵国拿天启来压我,我非天启所属之国也,若无国号,写我天聪年号,结为唇齿之邦,我国有事,尔来救我;尔国有事,我国救尔,永不失信。若还书天启字样,即令弟回还,两国区处,请尊裁之!③

阿敏不接受天启年号,朝鲜自然也不会接受天聪年号,朝鲜国王仁祖即坚持:"天启年号岂可去者乎?"④但朝鲜最后亦不希望因为年号问题而使谈判落空,遂寻变通之法。朝鲜看到"天朝揭帖则本不书年月"⑤,遂以此为据,依明朝揭帖式,不书年号,而用干支,聊且解决一时困难。大敌当前,朝鲜对正朔问题毫不含糊,与阿敏据理力争,实因正朔问题有关朝鲜与明朝的君臣义理,正统所关,意义重大,故而朝鲜寸步不让。

天启殁,崇祯立,当时朝鲜与后金已建立了兄弟之国的关系,但仍是明朝的藩国。由于辽东为后金占领,朝鲜往来明朝极为不便,明朝年号变换文书一时未能到达。崇祯元年(1628)二月,朝

---

① 《朝鲜仁祖实录》卷一五,仁祖五年二月壬寅,第34册,第168、169页。
② 《朝鲜仁祖实录》卷一五,仁祖五年二月丁未,第34册,第172页。
③ 《朝鲜仁祖实录》卷一五,仁祖五年二月戊午,第34册,第177页。
④ 李容元等纂:《国朝宝鉴别编》卷一,第532页。
⑤ 《朝鲜仁祖实录》卷一五,仁祖五年二月戊午,第34册,第177页。

鲜依然用天启年号，但从椵（皮）岛毛文龙都督衙门督促朝鲜造船票文中，知明朝已用崇祯年号。礼曹即请曰："都督衙门已用崇祯年号，我国亦当如之。京中则自初九日，外方则以文书到日行用为当。宜即知会于各司各衙门及八道监司、开城府留守。"①此议得到仁祖批准，于是朝鲜就改行崇祯年号。当时朝鲜还未正式得到明朝改换年号的诏书，只是获得皮岛毛文龙都督衙门已用崇祯年号之消息，即自觉从中央到地方改行崇祯年号。没想到，这一次改行的崇祯年号竟成为朝鲜随后二百多年一直暗中遵行的明朝年号。

崇德元年（1636），皇太极率兵亲征朝鲜，仁祖在南汉山城固守四十六日后，被迫称臣纳降，无条件地接受清朝提出的和平条款。其首要条款即是："去明国之年号，绝明国之交往，献纳明国所与之诰命册印。"②也就是说断绝一切与明朝的关系，去除明朝年号赫然列入首条，时为崇祯十年（1637）。由于无条件投降，朝鲜没有任何能力与清朝讨价还价。盟约签订后，从法律上说，朝鲜就不得奉明正朔，"从此一应文移，奉大清国之正朔"③。大清正朔成为朝鲜法定的纪年方式，朝鲜已由明朝的藩属国变成了清朝的藩属国。因世子等人质北行，为免麻烦，条约签订不久，备边司即上启国王：

> 国家与清朝已定约解兵，世子又为北行，事与前异，礼当致谨，中外行用文书，只书丁丑字，勿复称虏称贼，皆以大清为称，俾无生事之患，似合今日处变之道。以此意移文诸道监司，而两界及海西，则姑待撤兵，追后行会。④

---

① 《朝鲜仁祖实录》卷一八，仁祖六年二月己亥，第34册，第256页。
② 《清太宗实录》卷三三，崇德二年正月戊辰，第430页。
③ 同上。
④ 《承政院日记》第56册，崇祯十年甲午二月二十四日，汉城：国史编纂委员会编刊，1968年，第73页。

按说在仁祖批准后，朝鲜官方文书原则上都应奉清正朔，去明朝年号，但具体实施过程中，年号问题远没有这么简单。刘家驹讨论了从南汉山城下之盟到孝宗初年朝鲜潜奉明朝正朔的情况[①]，认为孝宗继位，并不意味着朝鲜潜奉明朝正朔的结束，而是朝鲜王朝继续遵用明朝正朔、真正反清复明运动的开始。

第二节 明清年号通用情况

如前所言，有明一代，作为明朝藩属国的朝鲜，公私文书皆只书明朝年号，并无特例。但对于清朝，即便在清韩关系相当融洽的后期，朝鲜纪年的正朔还是公私有别，内外不同。官方文书用清正朔，私人文书则用崇祯、永历纪年。有时官方文书中是否书清年号，如何书清年号，皆有不同的表示。从这种不同及变异中，我们可以感知朝鲜的正统思想及其下意识中的反清意识。

一、对清文书的通用情况

尽管朝鲜从文化心态上视清朝为夷狄，鄙视清朝，但外交上依然得采事大形式。既然是清朝藩属国，在对清廷官方的表笺文书中，不容任何犯忌之处，而文书中用清正朔，更不容丝毫错谬。

[①] 刘家驹：《清朝初期的中韩关系》第349页言："孝宗曾入质清朝八年之久，是清朝'刻意'扶植继承朝鲜王位的人选，孝宗继位，朝鲜才'正式'奉大清正朔，为大清的臣属藩邦。故清朝于朝鲜国王出城投降时，即要朝鲜国王之长子、次子及三公六卿的子弟入质沈阳，除以之胁迫朝鲜忠诚地履行城下盟约以外，于此更见其深远的意义。"

从朝鲜正祖时编修的《同文汇考》[①]所收录表笺文书中，我们可以清楚了解在与清交往中，朝鲜所遵循清朝正朔与对清表笺文书情况[②]。崇德二年（1637），南汉盟约签订后，皇太极回到盛京，即遣使颁印诰彩币给朝鲜国王仁祖，以示朝鲜正式成为清朝的藩属。仁祖获清颁印诰即遣使谢恩，并上《谢册封赐物表》，这是朝鲜向清朝所上的第一份谢恩表，表文如下：

> 朝鲜国王臣姓讳（李倧）言：崇德二年十一月二十日钦差奉敕谕云云，臣钦此，钦遵祗领外，与一国臣民不胜感激，谨奉表称谢者。臣讳（倧）诚惶诚恐，稽首稽首。伏以续已坠之绪，幸保旧邦，霈申锡之恩，滥膺新涣，千载异数，八区同欢。伏念臣猥以庸姿，叨逢昌会，转祸为福，曲荷生全，欲报无阶，惟思陨节。属兹使华之临贶，获承天语之丁宁。宠赉便蕃，貂狐随玉札共至；荣辉炳焕，裘马与金章并来。刿斯良弓之特颁，复兼彩屬之殊渥，鸿私及此，鲛泪难禁。兹盖伏遇宽温仁圣皇帝陛下好生之仁，不杀为武，存亡继绝，启光前之宏休，远悦迩安，遵厚往之盛典，遂令藩服得蒙陶甄，臣敢不稽首拜嘉，次骨增感，益坚素节。遥瞻北极之尊，倍竭丹忱，永祝南山之寿。臣无任望天仰

[①] 《同文汇考》序"即事大、交邻往来文字之载录者"，因《同文汇考》卷帙浩繁，修成六十年后，朝鲜"芟其繁复，撮其简要"，再节编成《同文考略》（东京：学习院东洋文化研究所刊，学东丛书第十一种，1972年），其收罗事大与交邻文书。朝鲜对中国行事大之礼，对日本以交邻之策，其收罗的就是朝鲜对清、日的外交文书（《同文考略·序》，第1页）。对于清入关前与朝鲜往来国书，以张存武、叶泉宏合编的《清入关前与朝鲜往来国书汇编1619—1643》（台北：国史馆，2000年）为最新且是经过多方搜求、考订得来的，极具参考价值。

[②] 对于清代朝鲜国历代表笺文书格式，李光涛有专门研究，参见《记清代的朝鲜国表笺程序》（上、下），《大陆杂志》1956年，第12卷第4期，第1—3页；第5期，第26—32页。《〈朝鲜实录〉中的〈事大文书〉》，《朝鲜国表文之研究》，李光涛：《明清档案论文集》，第851—878页；第879—938页。

圣激切屏营之至，谨奉表称谢以闻。崇德三年正月十八日朝鲜国王臣姓讳（李倧）谨上表。[①]

文中极尽感恩称颂之词，用词极其恭谨，态度相当谦卑。遵用清朝正朔，使用崇德年号。从表文看起来，似乎朝鲜已心悦诚服地臣服于清朝了。其实，当时的朝鲜对清朝满怀着刻骨的仇恨。明朝灭亡后，相当长时期内朝鲜以反清复明为己任，对此上文已详述，此不多言，所以表笺中的文字不过是外交辞令而已，并非朝鲜真心实意的想法。以后朝鲜对清文书形成固定的格式，《同文考略》载录《三节贺表》文书式言：

> 正朝、冬至、圣节表笺长短句有定本，而其余随事别撰。凡文书年、月、日皆具书，如"一"字书"壹"之类，物目同。大国奏御文书四行（行即层），第四行即平行。每一字为一行，奏本咨文间一字为一行，进香文同。凡文书连幅处及封纸（处，书）"谨上表"，上皆安宝。表笺皆有正副本，状则只有正本。正本长一尺六十六分许（周尺），一行二十一字，淡墨极细字，皮封合袊处书"朝鲜国王臣姓讳谨上表"，祭文谨上祭文笺，则表称笺，状则书，谨封皮、封面安宝。副本作帖，长一尺六寸六分，广六寸。帖无定数。每帖六行，每行二十一字。深墨小字，黄广的衣，衣面付黄广的签，书表副笺则书笺副，副字安宝……文书中本朝所上谥号并讳，玄烨、胤禛、弘历、颙琰、旻宁、奕

[①] 《同文考略别编·封典一》，第6页。表中"姓讳"字，原文应为朝鲜国王"李倧"之名，为朝鲜收录表文入此书中时，因避讳而用"姓讳"字。而在向清朝所奏原表中则直书其名，自然没有避讳之忌。此表收入《朝鲜国来书簿》册二，第73—88页。另外张存武、叶泉宏编：《清入关前与朝鲜往来国书汇编1619—1643》第262—263页亦收录此表。此处以前者为底本，并参稽后者，对不清楚者略加修订。

訐，胡等字并避。①

可见，朝鲜对表笺、状启非常重视，有严格的规定，不得有半点错误。因之朝鲜在年号问题上更不容有错，谨遵守清朝的规定。也许正因为表笺文书上，朝鲜对清与对明几乎无任何差别，而表面上朝鲜事清旗号亦是事大，穿梭往来北京、汉城间的燕行使似乎与出使明朝的朝天使无任何不同，故而历来皆把朝鲜与明清两朝关系视作一个整体。

但即便携带中规中矩奏表前往清朝的燕行使，在公事上容不得半点差错，而私下与清人谈话中，有意无意流露出并不以清年号为意。乾隆年间，洪大容出使清朝，在北京结识吴、彭两翰林，笔谈甚欢。彭翰林问曰："贵国何时建国，现今有年号否？"洪大容答曰："洪武二十八年建国，藩邦岂有年号！"②如果对照上文所提及崔溥的回答，其中的差别显而易见。崔溥答以大明年号，并深以为荣，而洪大容则说没有年号，并未说遵行清朝年号。言辞之间显示出其下意识心态的迥异。

二、朝鲜王朝政府公文正朔之使用

南汉盟约签订以后，朝鲜王朝原则上公私皆应书清朝年号，用清正朔，但实际上士林函件几乎从不用清朝正朔，而政府公文在使用清朝正朔时亦颇有问题。崇祯十年（1637）二月签订盟约，"夏四月，行用崇德年号，乡邑则或书崇祯，或只书用丁丑年月日"③。可见朝鲜所用正朔至少有三种形式：遵行清朝正朔、使用崇祯年号、用干支纪年。不同的场合用不同的纪年方式。

---

① 《同文考略·事大文书式》，第443页。
② 林基中主编：《燕行录全集》第42册《湛轩燕记一·吴彭问答》，第20页。
③ 赵庆男：《乱中杂录·续杂录第四》，仁祖丁丑，第327页上。

政府间往来公文，朝臣上奏国王的奏疏一般都用清朝正朔，但仁祖、孝宗时期亦有不用者。清入关以后，即一改原来对朝鲜高压政策，而大加施恩，不仅放还朝鲜人质，而且一再减免朝鲜岁贡，仁祖渐渐对清有些好感。仁祖末年，对朝臣中不使用清年号者，往往给予惩处。仁祖十九年（崇德六年，1641年），光州牧使宋国泽、全罗兵使黄缉在仁祖诞日，上陈贺笺文，因未书崇德年号而被罢职。但并非一律如此，金尚善侄金光炫，即因为系重臣之后，而其父金尚容丙子之役时，死节于江都，故其"在外职所用文书只书六甲，不用崇德、顺治年号，虽疏札亦然"。仁祖却能容忍他，后来只是昭显世子崩后，金光炫因故触怒仁祖，仁祖方下教曰："疏章之不书大清年号者，乃敢捧入，难免不察之失也。"其原因乃"常恶群臣之耻事清国者"①。但领中枢府事李敬舆，"丁丑以后，疏章簿书之间绝不书崇德年号"②。仁祖却照样倚重他。后来李敬舆政敌李烓，"以敬舆志在南朝，不书清国年号，告于清人，拘于沈阳者再"③。政敌之间借是否用清正朔加以倾轧。仁祖对不书清朝年号采取不同的态度，有时容忍倚重，有时加以惩处，反映出他矛盾的心态。他在晚年之所以"恶群臣之耻事清国者"，实际上并非他对清朝心悦诚服，而是因为南汉盟约是经他签订的，耻事清朝，即是对他降服清朝的嘲讽，故为维护自尊，而采取了惩处朝臣之策。以后的朝鲜国王看不出有仁祖这样的矛盾心态。

孝宗时，一度倚重宋时烈，对于清朝年号，宋时烈"至于公事间文字亦有不肯用者"，孝宗亦加以默许④。考虑到宋时烈的特殊情况，孝宗给他的教旨亦不用清朝年号，宋时烈自己就说："孝

---

① 《朝鲜仁祖实录》卷四六，仁祖二十三年闰六月朔辛巳，第35册，第229页。
② 《朝鲜仁祖实录》卷四六，仁祖二十三年二月丙子，第35册，第208页。
③ 《朝鲜孝宗实录》卷一九，孝宗八年八月戊寅，第36册，第105页。
④ 《朝鲜显宗改修实录》卷二，即位年十一月戊午，第37册，第128页。此段文字乃宋浚吉与显宗的谈话。

庙密旨分付,使于贱臣,勿用彼人年号。日者赵承旨持谦启辞明言之矣。然而时辈为政院官,则所下贱臣文字必书伪号,其意未可知也。"①宋时烈以为孝宗给其教旨不用清年号,承政院所给文书反而书清年号,甚觉不解。可见,在官方文书中不书清朝年号者,皆是坚定的反清人士,他们把年号作为春秋大义的象征,而且亦能得到国王的体谅和尊重。

朝鲜科举发榜时一律要书清朝年号。肃宗六年(康熙十九年,1680年),肃宗亲自举行儒生科举考试,黄玧及第,其父黄一皓曾因通明被清朝处死,遂请勿书康熙年号于红牌,"以伸至痛"②。此请当然未获允,可见他把不书清朝年号看成是复仇的一种手段。不过,英祖四十年(乾隆二十九年,1764年)特为忠良后孙、明遗民后孙设立的忠良科,则特令不用清朝年号③。可见,科举有特例,不书清年号亦有特例。

朝鲜国王个人画像不用清正朔。肃宗三十九年(康熙五十二年,1713年),肃宗画像成,都提调李颐命以为当有尊号、某王御真,纪年当用明朝年号,肃宗赞成其议,批曰:"当以崇祯纪元后几年书之。"④这表明国王从个人的心态上看亦是认同明朝正朔的。

在与日本交邻外交中,正朔问题亦存在。明清更替之际,朝鲜与日本往来文书中一直用明朝正朔,在臣服清朝相当长的时期也一直用崇祯年号,而不愿改用清朝年号。"日本书契则丁丑之后,犹书崇祯年号,盖讳出城之举也。"⑤南汉盟约之后,朝鲜对日本一直书崇祯年号,讳其降于清朝,但明朝灭亡以后,朝鲜依然故我。

---

① 宋时烈:《宋子大全》卷一三一《杂著》,第445页。
② 《朝鲜肃宗实录》卷九,肃宗六年六月乙丑,第38册,第457页。
③ 李容元等纂:《国朝宝鉴别编》卷七,第596页。
④ 《朝鲜肃宗实录》卷五三,肃宗三十九年五月辛巳,第40册,第497页。
⑤ 《朝鲜仁祖实录》卷四六,仁祖二十三年三月壬辰,第35册,第210页。

朝鲜朝臣担心日本人诘问，遂商议改用干支，不用年号①。仁祖二十三年（顺治二年，1645年）备边司启曰：

> 今此年号事机甚重，不可不详审而处之。今闻东莱府私报本司之书，则馆倭初见书契无号，乃言："何不书弘光［南京年号］耶？"译官答曰"中原未颁正朔，故不得书年号"云。则唯唯而去。藤差之来，亦无致诘之端，彼非不知此间实状，而尚无疑问之言，又从而提起弘光年号，不无深意。今若无端改书清国年号，则恐不免一番诘问，姑以旧式书送，待彼自闻中原大定，然后从实言之。书送清号，似为有渐而无遽，其于弥缝之策，亦涉顺便。②

仁祖批准此议。当时明朝已经灭亡，弘光立于南京，朝鲜在给日本文书中既不用弘光年号，又不得用崇祯年号，更不用清顺治年号，于是只用干支纪年方式。日本对马岛主曾问为何不用弘光纪年，朝鲜方面以中原未颁正朔为由搪塞，但并未向日本对马岛主解释其遵用正朔之事。两年后（顺治四年，1647年）八月壬辰，对马岛主遣使朝鲜，庆尚道监司许积方"告以清国形势及我国方用顺治年号等事"，又言"朝鲜之于清国合用其年号"③。这样对马岛主方知朝鲜用清顺治年号，而朝鲜在解释时让人觉得清朝和朝鲜所用的并非统一的年号，而是各用其年号，言下之意，朝鲜不用清朝正

---

① 据何慈毅考证，现存朝鲜王朝对日本文书中，使用崇祯年号到崇祯十六年（1643），此后则一直用干支纪年，而不用清朝年号。参见其文《書状様式より見た江戸幕府の対琉意識》，《第四回琉中历史关系国际学术会议——琉中历史关系论文集》，冲绳：南西印刷，1993年，第381—401页。又见何慈毅：《明清时期琉球日本关系史》，南京：江苏古籍出版社，2002年，第90—93页。又参见孙承喆：《明清时期對日外交文書의年號와干支》，成均馆大学《大東文化研究》第32辑，1997年，第133—152页。
② 《朝鲜仁祖实录》卷四六，仁祖二十三年三月壬辰，第35册，第210页。
③ 《朝鲜仁祖实录》卷四八，仁祖二十五年九月壬寅，第35册，第309页。

朝，独遵明朝正朔。

可见，即便在朝鲜政府间，虽大体而言用清朝正朔，但书明朝年号情形亦不少，而朝鲜所用马牌则一直用天启年号。英祖六年（雍正八年，1730年）有济州人因风漂到清朝境内，清人发觉其马牌仍用天启年号，朝鲜王朝内部甚为紧张，因马牌系旧铸，故一直用明朝年号，于是朝鲜为免麻烦，商议改铸，但担心朝鲜使臣再使燕京时清人查问，朝鲜亦认识到："一国之内，或用明正朔，或用清年号者，以彼人言之，似有执法之论矣。正朔重大，不为照管，恐不成说。"①朝鲜深知问题严重，于是商议应对措施。不过，英祖以为如果历书不用清正朔，清人责备还有道理，至于器物方面，不应苛求，"且彼亦知我之不忘皇明"②，应该会原谅。正如英祖所预料的，清朝最后并未追究。但此事足以使朝鲜警觉，因为不用清朝正朔，正表示对清朝的反叛，朝鲜当然有自知之明。正朔是一种象征，英祖在《御制忆昔年怀千万》中写道："呜呼！须看大明年号此表，昨日拜敬奉意，且看日干支，追忆国初诞日，微忱千万云尔。呜呼，先癸酉，次乙亥，甲戌在中，岂曰孝！亦曰弟！俯仰斯世，此何人乎哉！"③所谓国初诞辰，癸酉、甲戌、乙亥，即李成桂立国之二年到四年时（洪武二十六年至洪武二十八年，1393—1395年），其时正是朝鲜与明朝确立宗藩关系的重要开始。但世事沧桑，朝鲜已成为清朝的藩国，而明朝早已成为明日黄花。由纪年的不同，英祖感触世事的变化与华夷的改变。他实际上是把正朔与年号当作藩国对宗主国明朝尽忠的象征。

可见，在朝鲜官方文书中，虽然原则上一律得遵用清朝正朔，

---

① 《朝鲜英祖实录》卷二七，英祖六年七月辛巳，第42册，第215页。
② 同上。
③ 《英祖文集补遗》《忆昔年怀千万》，韩国国学振兴研究事业推进委员会编《韩国学丛书》第26册，城南：韩国精神文化研究院，2000年，第488页下。

但不用者大有人在，上奏疏章中有不用者，与日本文书中相当长的时期内不用，科举特科亦不用，或用明朝纪年，或用干支纪年，以表示朝鲜的反清尊明理念。

三、私人文书用明朝正朔

如果说官方还以清朝正朔为主，朝鲜士林私人文书则主要用明朝正朔，以崇祯、永历年号为主或用"崇祯后几年"的方式表示，绝不用清朝年号："凡官文书外，虽下贱无书清国年号者。"①成为朝鲜士林文书的基本特色。所以当金尚容、孙护军、金寿弘给宋时烈论礼书中写"康熙"年号，不仅令宋时烈颇为不快，且受到整个士林的一片指责，认为其"乖戾反常"②。

更有甚者，在朝鲜使用的历书中亦有用崇祯、永历年号者。崇祯十年（1637）南汉盟约签订后不久，朝鲜观象监曾依大明《大统历》印出历书，但礼曹怕清人发觉，认为用崇祯历书不妥。有人提议依壬辰前例，不书明朝年号，以某年历书印出③。时朝鲜初入清朝藩篱之下，朝鲜自印历书，担心用崇祯年号受到责难，又不能用崇德年号，遂改用干支纪年。而以后朝鲜所用之历书皆是从清朝廷领回的：每年清朝颁101本历书给朝鲜。《同文考略》中收录了最早仁祖二十五年（顺治四年，1647年）清朝向朝鲜颁赐历书之文书，但似乎并非朝鲜首次获得清朝历书，咨文曰：

准贵国咨，照得顺治五年《时宪历日》，拟合咨请等因，礼部看得朝鲜国每年请给历日，例该给与王历一本，民历一百本，给付差来陪臣收领外，再照《时宪历日》，已经颁给。咨内仍称

---

① 《朝鲜肃宗实录》卷三，肃宗元年四月丁酉，第38册，第261页。
② 同上。
③ 《朝鲜仁祖实录》卷三四，仁祖十五年五月壬辰，第34册，第691页。

"大统"字样，以后改正。行拟合移咨贵国知会施行。①

朝鲜奉清正朔，用清历书，故每年自清朝领取大皇历一本，供国王用，小皇历一百本供政府机构用。初时由正朝使带回，及清迁都北京，冬至使与正朝、万寿、岁币使合并于腊月底始到北京，但当时已过颁历之节，而回国时又在次年二三月间，清廷以为颁历太晚不妥。乃于顺治五年（1648）指令朝鲜每年差行人必须在冬至日赶到北京领取历书。顺治十八年（1661），朝鲜始专差译官领历，名曰历咨。历咨官于每年五月初即任命，八月十五日后出发，十月一日前到北京。每年定期出使，成为朝鲜出使清朝的特殊使行②。可见清朝对颁历朝鲜之重视。

尽管朝鲜有专门的历咨前往清朝领历，但并不表示朝鲜就看重清朝的历书。有些朝鲜人借清朝历书而改用明朝年号。当时无论朝鲜王室、政府还是民间皆用清朝的《时宪历》，如何改用明朝年号？其实，历书的改号乃明遗民后孙王德一所为，制作经过如此："盖故北苑守直官王公德一在直时，每新历入冽泉门，辄刊去伪号，改印如此。以为香室写祝时所用，仍以副件，广布汉旅诸家，遂成故事。"③王德一首先用清颁历书去除清朝年号，加上永历年号，任宪晦所论历书为"大明永历二百二十九年大统历"，乃王德一所改刊的。其最初意图只是在朝宗岩大统庙祭祀时所用，后来在明遗民诸家中传布，受到朝鲜尊周人士大加赞许。由遗民后孙开其端，后来"士大夫家或祛历面年号"④，而刊上崇祯或永历年号。这样朝鲜就形成一种奇怪的现象，用清朝所颁历书，却不用其年

---

① 《同文考略·历书》，第242页。
② 参见张存武：《清韩宗藩贸易：1637—1894》，第24页。
③ 任宪晦：《鼓山先生文集》卷九《题永历大统历后付儿艮宰》，第227页。
④ 宋周相：《华阳志》卷二，韩国学中央研究院藏书阁藏1861年木活字版（番号：k2-4400）。

号，反而刊上明朝年号，清年号成了朝鲜士大夫发泄仇恨的对象，必欲去之而后快。

在朝鲜所编的明史书中，一律用明朝年号，或用崇祯后几年，或用永历几年之方式，详情后章将详细探讨。但此处值得一提的是《朝鲜王朝实录》纪年方式的处理，从该书纪年方式的前后不同，可看出朝鲜对明清关系疏远与亲密的大致程度。明亡之前，朝鲜所编修的《实录》大体都用明朝纪年，且大都遵循一固定格式：干支+朝鲜国王在位年+明朝年号。如："丁丑，（太祖）六年，（明洪武三十年）。"①又如："乙未，（太宗）十五年，（大明永乐十三年）。"②书写格式，乃先写出干支纪年，放入框外（天格之上），小字平行，接着为朝鲜国王在位年，最后小字双行注明明朝年号。壬辰战后，尤其是光海君因明朝十几年不封其为王世子，因而在继位后对明朝采取不太友好的态度，游移于后金与明朝之间。而在光海君期间编修的《宣祖实录》则只注明干支及宣祖在位年号，未列出明朝纪年，可谓一个特例。随后的《仁祖实录》乃大讲尊周思明的孝宗期间所编成的，这在纪年上又有反映。它首先注明明朝纪年，然后小字注明仁祖在位年，最后为干支，如："天启五年（上之三年——小字双行，笔者注）乙丑正月朔庚戌。"③一直到"崇祯十七年（上之二十二年）甲申"④。明亡后第一年，遂用"乙酉（上之二十三年）正月朔乙酉（为干支计日'戊子'之讹，笔者注）"⑤，从此开启了明亡后《朝鲜王朝实录》处理纪年之先例，只列干支及朝鲜国王在位年，却不用清朝纪年。《景宗实录》开始用清正朔，格式如次，"上之元年（康熙六十年——小字双

---

① 《朝鲜太祖实录》卷一一，太祖六年正月甲寅朔，第1册，第99页。
② 《朝鲜太宗实录》卷二九，太宗十五年正月庚子朔，第2册，第49页。
③ 《朝鲜仁祖实录》卷八，仁祖三年正月庚戌朔，第33册，第667页。
④ 《朝鲜仁祖实录》卷四五，仁祖二十二年正月庚寅朔，第35册，第171页。
⑤ 《朝鲜仁祖实录》卷四六，仁祖二十三年正月戊子朔，第35册，第205页。

行）辛丑正月朔"①。《英祖实录》则为"己巳（框上）元年（清雍正三年——小字双行）正月朔庚子"②。可见后来随着与清关系的改善，由于《朝鲜王朝实录》以基本事实为依据，不得故意欺瞒，故遵用清朝正朔。

因此，朝鲜表面用清朝正朔，暗中用明朝年号。而遵用明朝正朔最为突出的体现是在祭祀及有关墓志、墓碑上，朝鲜王室祭祀时用明朝年号，而士大夫家祭则始终采用崇祯或永历年号，似乎对其列祖列宗表明其始终是大明遗臣、大明子孙。墓碑、墓表、祭文中则不分王室、贵族、平民一律用大明崇祯或永历年号。

第三节　朝鲜祭祀中的正朔问题

《左传·成公》云：国之大事，在祀与戎。祭祀是封建王朝最重要的活动之一。在朝鲜祭祀中，正朔亦是重要问题，时而用清正朔，时而用明纪年，但士林家祭从不用清朝年号。仁祖十六年（崇德三年，1638年），即南汉山城盟约签订次年，正月初一，仁祖在宫中设位面向明朝所在的中原方向哭拜，"为皇明也"。此开启臣服清朝后，祭祀依然用明朝年号之先例，也开启祭祀明朝之先例。因为当时朝鲜已臣服于清朝，与明朝断绝了宗藩关系，故仁祖以祭祀表达其对明朝的感情。《朝鲜仁祖实录》史臣论道："圣上哭拜之礼，出于朝宗之诚，苟能扩充此心，始终不懈，则雪耻亦可期矣。今日屈辱，曷足为病哉！"③随后几年，朝鲜祭祀一律用明朝

---

① 《朝鲜景宗实录》卷三，景宗元年正月癸亥朔，第41册，第146页。
② 《朝鲜英祖实录》卷三，英祖元年正月庚子朔，第41册，第450页。
③ 《朝鲜仁祖实录》卷三六，仁祖十六年正月乙丑朔，第35册，第1页。

正朔①，因为朝鲜"犹不忍背大明故也"。仁祖二十一年（崇德八年，1643年），仁祖感觉到祭文与祝词不书清朝年号有欺瞒神灵之嫌，遂规定次年开始直书清朝年号②。仁祖末年，凡王朝之祭祀、文庙祭祝等都用清朝年号。但这屡屡受到朝臣的攻击，以为当用明朝年号。

　　孝宗即位之初，应教赵斌疏陈宗庙祝词不当书清年号，应如初年用明正朔或用干支，"上以慰祖宗陟降之灵，下以激臣邻思奋之气"，是当时第一义。随之金尚善、李景奭附和其议。于是就规定"玉册志石，宜不刻年号"③。这样以后虽然朝中祭祀用清年号，碑志铭文、玉册则一概不用清年号，遂为历代朝鲜国王所遵循。肃宗二十七年（康熙四十年，1701年），肃宗王妃崩，肃宗四十五年（康熙五十八年，1719年）二月，王世子妃沈氏崩，其所立墓碑都用"有明朝鲜国"之类字样，前者为"有明朝鲜国仁显王后明陵志石"，后者为"有明朝鲜国端懿嫔墓志石"④，既无清朝年号，也无清朝字样，依然沿袭其先祖用"有明"字样，显示他们依然是明朝的臣子。英祖十年（雍正十二年，1734年），重建瑞山明宗大王胎室表石，原文用明朝年号，遂亦如旧书之，下注明改建年月日之干支。而昆阳新建胎室表文，则以"崇祯纪元后几年干支月日"刻之⑤。故以后新建之碑刻皆用"崇祯后几年"的方式。英祖二十八年（乾隆十七年，1752年），英祖孝纯贤嫔崩，英祖亲制志文。纪

---

① 《朝鲜仁祖实录》卷三六，称："是时内外文书多用清年号，而祭祀祝词仍用大明年号。"仁祖十六年正月乙丑朔，第35册，第1页。
② 《朝鲜仁祖实录》卷四四，仁祖二十一年十二月戊寅，第35册，第170页。
③ 《朝鲜孝宗实录》卷一，孝宗即位年八月庚戌，第35册，第385页。肃宗年间，有大臣提出文庙祭祀当废清年号，而用崇祯年号，但当时有大臣认为"无益反有害"，遂不果。参见《朝鲜肃宗实录》卷三八上，肃宗二十九年正月丙辰，第40册，第1页。
④ 《朝鲜肃宗实录》卷六一，肃宗四十四年三月乙丑，第41册，第9页。
⑤ 《朝鲜英祖实录》卷三八，英祖十年七月甲申，第42册，第445页。

年为"时皇明崇祯纪元后百二十四年,予即阼二十七年仲冬"①。英祖三十一年(乾隆二十年,1755年)正月,英祖竖碑于杨州丰壤太祖旧阙遗址,乃亲书碑前后文。前曰:"太祖大王在上王时旧阙遗址。"后面书曰:"皇明崇祯纪元后三乙亥仲春,昼停于此,拜手敬书。"②如上所列的皆是朝鲜王室墓碑所遵循之格式,都未用清朝年号,亦不提清朝国号,反而用明朝年号,用"皇明""有明"字样,以表示是明朝遗臣,用"崇祯后……年"的方式来纪年。王室既是如此,一般士大夫家族就更不用清朝正朔了。祭祀用明朝年号,在当时的朝鲜社会,这被看成是理所当然的事情。《华阳志》称:

> 今士大夫家或祛历面年号,而祭祀亦不用之,其视皇朝正如仰戴之大国,东土士民追慕之诚,此亦可见……士大夫家祭祝,不书伪号,而寻常书札,若举大明必称皇朝,不以前代视之。③

正因为祭祀、墓道文字不用清朝国号、正朔,只书明朝年号,所以当护军金寿弘祭祀其祖父金尚容祝文中,"欲书康熙,一门惊骇,谓之家贼"④。家祭祝文中试图用康熙年号,竟被视作家贼,由此可见对清朝年号忌讳之深。朝鲜年号之使用乃公私有别,在朝鲜看来,"朝家事体,异于私家"。故而王朝官方遵行以求表面应付,而私家则以正统为先。对于年号,朝鲜向来十分敏感,一旦出错就会受到全国的声讨。纯祖四年(嘉庆九年,1804年),当时朝鲜与清朝关系已相当融洽,故而对清年号亦有部分人能接受。

---

① 《朝鲜英祖实录》卷七五,英祖二十八年正月甲申,第43册,第430页。
② 《朝鲜英祖实录》卷八三,英祖三十一年正月壬寅,第43册,第556页。
③ 宋周相:《华阳志》卷二。
④ 《朝鲜肃宗实录》卷三,肃宗元年四月丁酉,第38册,第261页。

仁祖末年后就规定，凡公家祭祝皆用清朝年号。怀德知县姜世靖乡校祭祀宣读祝词时，将"崇祯"年号改读"嘉庆"，在朝鲜儒林界引起轩然大波，华阳书院儒生"移文怀邑，声罪世靖"，成均馆727名儒生联名上疏弹劾，表示：士大夫家墓道文字，师友间诗文唱和，皆特书崇祯纪年，以表示其尊周之诚，"亦可以有辞于天下后世"。怀德县乡校祭祝向来书崇祯年号，姜世靖竟然改"崇祯"为"嘉庆"，"是皆出于平日心肠，仇视义理，必欲立帜于虏号，而甘为乱贼于春秋也"，要求严惩不贷①。对于墓道等不用清朝年号，朝鲜近人金福汉（1860—1924）分析其心态曰：

> 至于墓籍，则何忍以既骨之父祖，录其姓名而纳降乎？且庚秋以后之用彼年号，固是痛心疾首。而上自太祖，下至哲宗，亦不敢书，易以彼号，尤臣子之所不敢为也。我祖水北公则尤有所难处者，府君生于万历甲申，而今书以彼号，则是在神皇之时而已背明事彼也，何敢归拜先祖之灵耶？族孙则矢于心，平土植木，则只当忍痛含冤，而凶锋若及于横，则期欲一死而下，从先祖于地下。②

这里道出了朝鲜士大夫墓籍与祭祀不用清朝年号的原因：因为其先祖们皆是明朝遗臣，并非清朝子民，而清朝又是明朝寇仇，若祭祀用清朝年号就表示先祖们也是清朝子民，这实际上是对他们的侮辱，在士大夫看来这是大逆不道的，因而也是万万不可行的，故而就出现了这样的局面。

---

① 《朝鲜纯祖实录》卷五，纯祖三年十二月壬申，第47册，第468页。
② 金福汉：《志山先生文集》卷四《答族丈炳秀，丙辰》，韩国文集编纂委员会编《韩国历代文集丛书》第301册，汉城：景仁文化社，1999年，第222页。

而在有关崇明的一切祭祀中，祝文皆用崇祯或永历年号，大报坛、万东庙皆用崇祯年号，祝文纪年方式亦大体一致。值得注意的是，其都只用"崇祯几年"，而不是"崇祯后几年"的方式。即如大报坛的祝文样式："维崇祯几年，岁次某甲某月某朔某日干支，朝鲜国王臣姓讳（若摄行则称谨遣臣某官某）敢昭告于……"[①]直接用崇祯几年的方式较之崇祯后几年，表示关系更为接近。朝宗岩大统庙则用永历纪年。宣武祠等祝文中一度用清朝年号，肃宗四十三年（康熙五十六年，1717年）有朝臣疏言："两经理皆是皇朝钦差，若依大报坛例，勿书彼国年号，外方有天将庙处，亦为勿书，恐为得宜。"[②]肃宗准奏，此后凡有关明朝将领祭祀的庙、坛，祭祀时皆只用明朝纪年，从而显示其尊明反清的基本态度。

朝鲜暗中遵用之明朝年号是崇祯和永历两个，虽然都是明朝年号，但对朝鲜来说却有不同的含义，朝鲜儒林对到底该用崇祯还是用永历，曾展开过激烈争论，从这种争论中也可看出其尊周思明理念的程度。崇祯是明朝最后一次正式颁赐朝鲜，而朝鲜与明朝曾共同行用之年号，崇祯帝亡后，虽然南明有弘光（1644—1645）、隆武（1645—1646）、绍武（1646）和永历（1647—1661）诸年号，但再未颁行朝鲜，朝鲜也从未正式遵行过，以至于有朝鲜大臣说："我朝之未奉永历正朔，固是千古遗恨。"[③]南明虽苟延十余年，但期间并未与朝鲜通消息。朝鲜只是从燕行使的见闻及清朝所赐的诏书中获知南明的一鳞半爪消息，所以对其情况在相当长的时间内一直将信将疑。只是当康熙六年（1667），台湾郑氏政权官商林寅观等九十五人从福建前往日本途中，遇风漂到济州时，朝鲜才第一次深切地感受到南明的存在，虽然那时南明永历政权已消亡数年了。

---

① 《尊周汇编》卷八，下册，第111页。
② 《朝鲜肃宗实录》卷六〇，肃宗四十三年八月丙戌，第40册，第669页。
③ 《朝鲜正祖实录》卷五四，正祖二十四年闰四月辛巳，第47册，第268页。

因为他们从林寅观一行所带物品中，发现了永历二十一年（1667）《大统历》，历书是台湾郑氏政权所颁行的①。这样朝鲜终于相信了南明政权的存在，有鉴于此，当时宋时烈的门人遂提出改用永历年号，但宋时烈则对此依然将信将疑，以为："彼言何可信，就使可信，曾无颁布于我国者，宜因用崇祯也。"②正如前面所言，明朝灭亡后，朝鲜相当长的时间内，无论公私都用崇祯年号。但亦曾有人指出朝鲜这种做法为"妄"③。朝鲜在明亡后依然用崇祯年号的根据是：唐朝灭亡后，后梁时期，节度使李克用在相当长的时间内，依然用唐朝最后一个皇帝哀帝的天祐年号纪年④，朱熹在《通鉴纲目》中对此予以肯定。这样朝鲜就找到了用崇祯年号的依据。故而，朝鲜长期用崇祯年号纪年不辍⑤。朝鲜有人作诗曰："崇祯年号止于斯，来岁那堪异历披。"尽管崇祯于1644年就死了，但是崇祯年号哪能与崇祯一同消亡呢！可见，遵用崇祯年号，由仁祖开其端，再加上宋时烈之呼吁提倡，使得儒林界普遍认同，并为儒林历代志士所遵行。凡私下之祭祝、文书、信函、碑铭等日常所用纪年，皆以崇祯为准。修史则有例外，有关南明历史用永历纪年，如不用南明年号会受到儒林的猛烈攻击。李玄锡《明史纲目》将南明置于附录，贬低南明正统地位，屡屡遭到批评。华西李恒老亦言："至于永历非我国所尝受用者，后之秉史笔者，奉以承统则可，至

---

① 对于林寅观等九十五漂流人事迹可参见成海应：《研经斋全集》外集卷三三《尊攘类·丁未传信录》，第3页。
② 柳重教：《省斋集》卷三二《庙祝用永历纪年说》，第324册，第147页。
③ 宋时烈：《宋子大全》附录卷一八《语录》，第115册，第573页，"林泰辅以为大明之亡已久，而用其年号为妄矣"。
④ 欧阳修：《新五代史》卷七一《十国世家年谱》：丁卯，梁太祖用开平年号，李克用、杨渥则用"天祐四年"纪年，第874页。脱脱：《宋史》卷四七三《奸臣秦桧》言："唐为朱温篡夺，李克用犹推其世系而继之。"北京：中华书局，1977年，第13748页。这正是朝鲜用崇祯年号的根据。
⑤ 崔慎批评林泰辅曰："彼必未见《纲目》矣，唐非不亡，而李克用辈犹用天祐年号甚久，故朱子《纲目》许而书之也。"崔慎：《鹤庵集》卷二《华阳见闻录》，《影印标点韩国文集丛刊》第151册，第239页。

于祭祝之类，当纪所尝受用之元也。"①故而在朝鲜儒林中，祭祝普遍只用崇祯年号，而不用永历年号，碑铭中亦如此，因为崇祯是朝鲜曾受赐之年号，而永历则并未曾受赐，故只在史书中行用。

明遗民后孙对朝鲜儒林这种约定俗成的做法强烈不满，因为他们觉得不用永历年号，"则三皇帝疑于不尊"②。19世纪三四十年代，明九义士后裔王德一、王德九建大统庙于朝宗岩，即用永历纪年作祝文，家庙祭祝亦只用永历年号，因为他们觉得："南京三皇帝建号，继崇祯，信史布天下，今无可疑者，如用旧号，须以大统之所止乃可。"③王德一、王德九首先倡导采用永历年号，并身体力行，得到当时朝鲜著名儒学家金平默、柳重教的赞同。柳重教特致信于王德九，与他讨论用永历纪年问题，极力肯定其用永历纪年之意义，末言：

窃谓今日袭用崇祯年号，虽自有其说，而若世俗无识之人，因此而遂疑以弘光以下三皇帝为闰位，则诚亦非细故也。大抵承用年号于屋社之后，已是旷古之特例，则其奉正朔与未奉正朔，又岂可屑屑以常例拘之哉。④

柳重教肯定了用永历纪年方式，他亦对那种只用崇祯年号、而以永历等南明三帝为闰位之看法提出批评。在他看来，崇祯、永历各有偏重，因而使用时亦有不同的象征意义：

窃谓崇祯、永历同是皇明之正统，均是我国之所君，其用

---

① 李恒老：《华西集》附录卷三《语录·金平默录》，第305册，第382页。
② 金平默：《重庵先生文集》卷八五《盘川沧海二先生传》，第345页。
③ 柳重教：《省斋集》卷三二《庙祝用永历纪年说》，第147页。
④ 柳重教：《省斋集》卷九《往复杂稿·答王守直》，第207页。

遗号也，或据本国奉朝之岁，以明怀旧德之情，尤深于此。或举南朝迄运之年，以明大一统之义，必止于此意。各有主，俱无不可。但在逮事未远之日，则怀旧德之情为切；在历时既久之后，则明大统之义为重。①

根据他的看法，用"崇祯"年号重在怀旧；用"永历"年号则重在明大一统之义。故而在使用年号时，明亡不久，用崇祯为佳。而以后随着时间的推移，用永历则愈来愈合理。有鉴于此，他原本用崇祯年号举行家祭，后来改成永历。金平默及其门生李直慎等人亦改崇祯年号为永历。金平默和柳重教都是华西李恒老的门生，为当时朝鲜一流的儒学家，经他们的倡议，不少士林家祭都改用永历年号，而不再用崇祯。

第四节　朝鲜不用清赐谥号

藩属国与宗主国的关系中，有一个重要的册封和赐谥仪式，就是藩属国的国王即位须由宗主国颁赐即位诏书，才算取得合法地位；国王崩逝，亦须由宗主国赐给谥号，才算获得正当名义。朝鲜既是明朝藩属国，又是清朝藩国，在礼节上，并没有多大的差别，国王继位时，遣使请求颁赐即位诏书，国王崩逝，遣使求取谥号。但是这种表象的背后却有着完全不同的心态。朝鲜是必得明朝所赐谥号而后甘，对清朝所赐谥号则并不以为荣，反而弃之不用。支配朝鲜这种行为的根源还是根深蒂固的华夷正统观。

朝鲜王朝初期，国王的谥号一般由两部分组成：朝鲜向明朝请

---

① 柳重教：《省斋集》卷三二《庙祝用永历纪年说》，第147页。

求颁赐的谥号，一般为两个字；朝鲜大臣公推的徽号，八个字。谥号在前，徽号在后，若简称国王则只用前面的谥号。如朝鲜太祖李成桂，明赐谥号为"康献"，朝鲜所推徽号为"至仁启运圣文神武大王"，略称康献大王。太宗李芳远，明赐谥号"恭定"，朝鲜所上徽号为"圣德神功文武光孝大王"，庙号太宗，实录即称《太宗恭定大王实录》。以宗主国明朝所赐的谥号最为重要。

至于请谥过程，当老国王崩后，新即位的国王当即遣重臣入京告讣请谥，这是继位国王要处理的第一件大事，只有得到明朝赐谥，朝鲜国王才有适当归依。获得朝鲜请谥奏文，明朝即派使臣赐谥颁诏，而担当赐谥的明朝使臣多为宦官。如朝鲜世宗崩，明朝派宦官尹凤前往赐谥"庄献"，并赐祭仁政殿①。朝鲜文宗崩，明朝派尚膳监左监丞金宥、右监丞金兴等颁诏赐谥"恭顺"②。明朝赐谥的最后一位朝鲜国王是宣祖大王，明派行人熊化赐祭、赐谥"昭敬"③。朝鲜对待明朝所赐谥号相当看重，是朝鲜国王对前代国王孝心的表现。但朝鲜对清朝所赐谥号则采取了完全不同的态度。

仁祖二十七年（顺治六年，1649年），仁祖崩，朝鲜按照惯例，遣使赴清告讣请谥，但这只是一种外交礼仪。清朝特派礼部启心郎渥赫前往颁赐诏书，赐谥"庄穆"④。朝鲜并未以清赐谥号为意，而且在朝鲜宗庙中，立仁祖神位牌时，清赐谥号反而成了忌讳的对象。孝宗元年（顺治七年，1650年）五月，要立仁祖练主牌，对于是否用清赐谥号，朝鲜展开了一场讨论。原来的练主牌位必须写上国王的谥号，其格式如次："某朝（谓有明）、赠谥某号（如太祖则书康献）、某祖（如太祖则书太祖）、某徽号大王"，而

---

① 《朝鲜文宗实录》卷三，文宗即位年八月甲戌，第6册，第265页。
② 《朝鲜端宗实录》卷四，端宗即位年十月壬辰，第6册，第496页。
③ 《朝鲜宣祖实录》卷二二一，《附录》，第25册，第394页。
④ 《清世祖实录》卷四五，顺治六年八月丁未，第363页。

各祭祝文则无某朝赠谥四字，只书"某祖、某谥号、某徽号大王矣"①。这是明朝为宗主国时，朝鲜处理牌位的方式。对于明朝，朝鲜书其所赐谥号，被认为是天经地义的事。但是对清朝所赐谥号，是否还能按照旧样式照办，则有待重新讨论。援例而行，同朝鲜所持的春秋义理相悖，而若舍弃清赐谥号不用，一旦让清人发觉，又"系国存亡"之事。领议政李敬舆认为以仁祖对明朝的感情不应书清赐谥号，而且也不能写上：

> 式至今日，天下事势与向日有异。练主改题时，清国赐谥之书与不书，固难轻议。而但他日升祔之后，清庙肃雍之地，列圣陟降之庭，宝座相联，昭穆俨列，而神位所题谥号上二字独有异同，则荣辱所关，实为未安，而亦非先朝十三年薪胆之本心。合有权宜之道，而我国人心不淑，利之所在，事无微细，必漏于彼。此事若或宣露，系国存亡。②

是否书谥号，其利弊得失，李敬舆分析得相当透彻。诸臣商量二日，最终还是由孝宗决定：只书朝鲜所上徽号、庙号，不书清赐谥号，不书清朝国号③。清赐谥号与清朝国号一概摒弃不用，从而开启了朝鲜宗庙和祭祝文中不用清赐谥号和清朝国号之先例。这一点具有极大的反讽意味，显示着朝鲜礼仪方面不苟同清朝的一面，宁可阙如，也不用清赐谥号。国王驾崩时，朝鲜必得派使臣前往清朝告讣请谥，但清朝颁赐的谥号又废弃不用，其告讣请谥的事情完全变成了敷衍清朝的一种手段。这种做法相当怪异，朝鲜历史上出

---

① 《朝鲜孝宗实录》卷四，元年五月乙卯，第35册，第427页。原文中，括号内的文字乃为小号字。
② 《朝鲜孝宗实录》卷四，元年五月乙卯，第35册，第427页。
③ 《朝鲜孝宗实录》卷四，元年五月己未，第35册，第428页。李容元等纂：《国朝宝鉴别编》卷四，第565页。

现这种情况恐怕也仅此一朝罢了。

仁祖既开先例,随后皆照此办理。这样在朝鲜王朝的太庙中,国王牌位就出现了两种不同情况:宣祖以前的国王牌位上是十字,明朝所赐谥号二字,朝鲜所上徽号八字。仁祖以后的国王只有朝鲜本国所上徽号八字,清赐谥号二字被摒弃不用。孝宗升遐之际,朝鲜上徽号"宣文章武神圣显仁"。宋时烈以为清赐谥号,"得其善不足为荣,得其恶亦是徒然"。但以八字徽号为孝宗牌位亦不妥,认为当补上二字为十字。但诸臣以为,既然仁祖只用八字,孝宗亦无理由用十字,且"先王盛德洪烈,岂以二字之加不加,而有所增损乎"。遂维持孝宗徽号八字之状况①。朝鲜不用清赐谥号正是其反清的表现之一,亦是其尊周的一个表现。

宗庙中不用清谥号,祭祝文中皆不用清赐谥号,但是又不能让清人有所觉察,尤其要防止上奏清朝表文中,出现不用谥号称朝鲜故去国王的情况,英祖遂令人将清所赐历代国王谥号编成一册,藏于春秋馆,以备查阅②。清赐谥号倒变成了朝鲜的负担。由此可见,所谓的清代中朝宗藩关系,并非像表面使行往来般密切。

余 论

由上可见,作为清朝藩国的朝鲜,其所用正朔原来如此复杂。虽然表面上使用清朝年号,但从仁祖开始,就常常使用崇祯纪年。凡祭祀、私人文书、墓碑、祭文,甚至国王画像都只用崇祯年号,

---

① 《朝鲜显宗改修实录》卷二,显宗即位年十月壬辰,第37页,第126页。
② 《朝鲜英祖实录》卷九〇,英祖三十三年十一月丙申条,英祖下教曰:"清国所赐之谥,我国虽不用奏文,彼国或有称先王之事,则不可以不以其谥称之,而其谥字予既不知,是甚不可,宜并书一通,藏之史阁。"第43册,第667页。

后来亦同时用永历纪年。史书编撰亦多用明朝年号。国王死后，虽然朝鲜亦派出使臣前往清朝请求赐谥，但却从来也未在宗庙神位中用过，也从未用清赐谥号称呼死去的国王。正朔是正统的标志，这反映出朝鲜内心的不臣与反清形态。使用崇祯、永历年号，表示其依然遵循与明朝久远的宗藩关系，依从明朝的正统，从而表示朝鲜的正统是承继明朝而来的。

甲午战后，在日本和俄国的鼓动下，朝鲜王朝于1897年宣布建立大韩帝国，脱离与清朝的宗藩关系，用光武年号。耐人寻味的是，当时不少儒生对此感到痛心疾首，大加批评。宋秉珣看到己酉年（1909）历书上正朔的变化，作诗道：

> 正朔人间忽未明，忍看蓂荚冒尘生。
> 蛮夷乱统斯何极，白首空含痛哭情。①

由历书上正朔的变化，看到朝鲜蛮夷乱国之情形，而发出忧国忧民之感慨。而崔益铉对当时的朝鲜虽名为儒家士子，不复知尊周大义，光武建元以后，弃用旧日所用崇祯、永历，"每伤痛不已"②。申益均批评去永历、崇祯年号，而用光武、隆熙年号之做法，未得"尊君之道"③。可见，对于朝鲜尊周思明之士来说，崇祯、永历两年号，并非仅仅是明朝年号，而是具有深刻的象征意义。这固然显示其反清的一面，更重要的是，这正是朝鲜尊周思明的重要表现。

朝鲜王朝实学派大师朴趾源，在思想上并不赞同尊周反清的

---

① 宋秉珣：《心石斋文集》卷一《见己酉新历叹吟》，韩国文集编纂委员会编《韩国历代文集丛书》第2758册，汉城：景仁文化社，1999年，第162页。
② 冯荣燮编：《朝宗岩文献录》，第11页。
③ 申益均：《果庵集》卷九《永历不改纪年说》，冯荣燮编《朝宗岩文献录》，第322—323页。

理念，相反，他是北学派的代表人物，主张向清朝学习。但在使用"崇祯"年号纪年的问题上，他与其他的义理派思想家没有太大的分别，亦坚持使用。在其著名的《热河日记》中，一开始他就论及用崇祯纪年的用意：

> 曷私称崇祯？皇明，中华也，吾初受命之上国也。崇祯十七年，毅宗烈皇帝殉社稷，明室亡，于今百三十余年，曷至今称之？清人入主中国，而先王之制度变而为胡，环东土数千里，划江而为国，独守先王之制度，是明明室犹存于鸭水以东也。虽力不足以攘除戎狄，肃清中原，以光复先王之旧，然皆能尊崇祯以存中国也。①

"尊崇祯以存中国"，点出了朝鲜王朝用崇祯年号的用意。值得注意的是，朴趾源亦是用"后崇祯"的说法，这同其他用崇祯纪年的方式是一样的。朴趾源点明了朝鲜用明朝年号的一个方面，而且较为含蓄，而柳重教更进而论道："吾东士大夫今用皇明年号，其意盖曰：既不可以夷狄为君，又不可以一日无君，仍以旧君为吾君，以俟天下义主之兴尔。"②其用明朝年号，乃尊旧君以为吾君也。

从上所论，我们可以看出朝鲜用崇祯、永历年号，具有以下几点含义：其一，尊崇祯以存中国。崇祯、永历所代表的不只是明朝两个年号，而是正统论的符号，代表中华的符号，是中华的象征。在明朝灭亡以后，普天之下，唯独朝鲜仍然用此符号，正代表朝鲜独具正统，独存中华。而清朝年号在朝鲜人眼中自然

---

① 朴趾源：《燕岩集》卷一一《热河日记·渡江录》，第146页。
② 柳重教：《省斋集》卷三二《庙祝用永历纪年说》，第147页。

是夷狄的象征，虽然在对清文书中被迫使用，但在祭祀、私人信件、墓碑、墓表、祭文等中皆摒弃不用，从而显示着正统存于朝鲜。其二，用崇祯、永历年号，表明朝鲜仍以明朝皇帝为其宗主。这实际上是对现实中清朝宗主国的一种反叛，构成朝鲜尊周的一个十分重要的表现。

第六章 从史书编撰看朝鲜尊周思明观

朝鲜王朝时期编修了许多史学著作,与尊周思明理念相关的有两类:一类是明、清史著作及关涉正统的宋、元两朝史书;一类是检视朝鲜尊周思明历程的尊周类史书。透视这些史书的编撰意图,分析这些史籍的体例特点,可以更加深入地理解朝鲜尊周思明的实质内涵,有助于我们理解清代中朝宗藩关系的内在特点。

第一节 有关中国史书之分析

史书历来是宣扬正统的最佳工具,朝鲜王朝倾注全力编修中国史,正是为了向他们视作夷狄的宗主国清朝,宣示中华正统为朝鲜所承继,从而以修史的方式否认清朝的正统地位。在朝鲜王朝编修的众多史书中,朱熹《资治通鉴纲目》是其刻意模仿的对象,春秋义理、春秋笔法皆为修史者奉为圭臬、遵行不悖的原则。因而检视朝鲜的史书,就能更深层次地把握朝鲜尊周思明问题的实质意义。

对于朝鲜王朝所修中国史史书,韩国学者已作过资料的搜集和开创性的研究。汉城大学中国史教授闵斗基、吴金成、李成珪曾接受1979年度韩国文教部资助的学术课题《传统时代韩国人之外国文化研究的分析研究》,其第一阶段的成果即是《朝鲜学人中国史研

究之整理与评价》①。这是一部完整而全面的资料调查报告,具体介绍了朝鲜时代所编中国史书的数目、卷次、作者,还收录了文集中有关中国史内容的篇目。随后吴金成又发表了《朝鲜学者之明史研究》②,着重讨论了朝鲜王朝所编之明史书籍,大体介绍了有关明史著作的内容和特点。李成珪则发表了《『宋史筌』의編纂背景과그特色——朝鲜學人의中國史編纂에關한研究》③,着重讨论了《宋史筌》的编撰意图、体例特点及其影响等方面的问题。而李光涛在《中韩民族与文化》中有一章具体讨论朝鲜相关著作④。这些研究在学术上都颇具开创性,相当重要。但是既有的研究更多地从资料的整理与搜集的层面上进行研究,以评介为主,对于这些史书的编撰动机,尤其是这些史书与朝鲜王朝长期坚持的尊周思明理念有何关系,都甚少讨论。笔者以为只有揭示这些史书的编撰动机,及其所反映的春秋义理观,才能看出这些史书的真正意义。

---

① 1980年6月,汉城大学东洋史学科印出打印材料,题为《朝鲜學人의中國史研究의整理과評價》。与此同时,《朝鲜學人中國史編撰書目과中韓關係史論述目錄》以闵斗基、吴金成、李成珪三人联名发表于《漢城大學東洋史學科論集》1980年第4期,第187—224页。
② 参见台湾韩国研究会编:《中韩关系史国际研讨会论文集,960—1949》,台北:台湾韩国研究学会,1983年,第405—418页。
③ 李成珪:《『宋史筌』의編纂背景과그特色——朝鲜學人의中國史編纂에關한研究》,《震檀学报》1980年9月第49号,后由林英美翻译成中文,发表于《韩国学报》1986年第6期,第189—219页。
④ 李光涛:《中韩民族与文化》,在第二编《文化》第一章《著作》中,作者依照《朝鲜王朝实录》的材料,比较详细地介绍了朝鲜所编的三十六种与明清史相关的著作,从而论证朝鲜文化正是中华文化的特点。不过,他对于相关史书的编撰动机推测时则说,"有如《皇明全史》《南明史》,以及《宋史筌》之类,其撰述动机,都因为东国君臣在看到了原史籍之后引起很多很大的疑义,因而别立新说,以纠正旧史许许多多的错谬。由史学言之,像这些书籍,都当以善本视之,最是值得国人加以访求的"。(第116页)则有待进一步讨论。

一、朝鲜所修宋、明史书概观

笔者拟先全面介绍朝鲜王朝所编宋、明史书的整体状况。以《奎章阁图书目录》《藏书阁图书目录》《朝鲜古书题解》等为主要资料来源，并及以上所提到二手研究资料，将朝鲜王朝所编主要的《宋史》《明史》书列表如次，从而提供一个宏观的背景，再在此基础上进行具体的个案研究。透过史书的探讨，力求深入地了解朝鲜又一层次上的尊周思明的反映。

表6 朝鲜王朝所修中国史书简表

著者	书名	卷册数	体例	刊行时间	备注
李榘	看史剩语	2	简评体		出自《话斋先生文集》，评论春秋到明代人物，仿赵翼《廿二史札记》体例。
不详	古史八考	10	纲目体		载录三皇五帝到明末史实。
李时善	历代史选	35			三皇五帝到明代的历史著作。卷30到35为明史内容，参考曾先之《十八史略》而成。
池光翰	池氏鸿史	17		1690	中国上古到明代帝王纪年、贤相良将、名人达士之事迹辑录。
权以生	史要聚选	9		1679	盘古到永历时代中国历史人物为中心，分帝王、列女、将帅等二十八门。
林象鼎	林氏历代史统	75	纲目体		载唐尧到永历之间史实。
沈大允	全史	不分卷58册	编年体		从后汉到明代之编年体史书，强调华夷与正统。
正祖	宋史筌	150			改编元官修《宋史》而成。
不详	宋史提要	6册			按礼、乐、射、御、书、数编成宋代编年史。
正祖	宋史撮要	3			宋太祖到孝恭帝之帝纪。
未详	宋朝史详节	10	编年体		有宋一代编年史书，强调宋的正统地位。

续表

著者	书名	卷册数	体例	刊行时间	备注
李恒老	宋元华东史合编纲目	33	纲目体		将宋、元史与高丽史三者合编成一书。
金锡祜	芹园家塾续通鉴	23	编年体		宋太祖建隆元年（960）到永历十六年（1661）间史实，强调正统观。
洪秉周	续史略翼笺	21	编年体	1857	洪武到永历十六年史，作者继承其父洪仁谟仿曾先之《十八史略》编《续史略》，经作者补遗注释而成。
李德懋	磊磊落落书	10			明末清初人物传记，主要为明遗民传记。
正祖	明季提挈	20	纲目体		录洪武元年（1368）到永历十六年之明史书。
李玄锡	明史纲目	24	纲目体	1771①	仿朱子纲目体，述明太祖元年到崇祯十七年（1644）的明史书，南明史置于补编。
不详	明纪编年	12	编年体	1700	简略明代史。
不详	明史纪略	不分卷	编年史		洪武元年到永历十三年（1658）史。
不详	皇明纲目	残本	纲目体		意在阐明明代正统观。
南有容	明书纂要正纲	18	纲目体		意在更正李玄锡之误，强调南明正统，洪武元年到永历十三年史实。
不详	明朝殉节诸臣录	11			改编乾隆四十一年刊《钦定胜朝殉节诸臣录》而成，废清年号，采南明年号。
不详	续纲目疑补记见	2			改正明商辂《续资治通鉴纲目》之误。
赵彻永	续明史	40	纲目体	1839	明万历十一年（1583）到永历十六年之史，用南明正朔，意在改正张廷玉《明史》贬抑南明之误。

① 韩国学者都以1703年为此书之刊行年代，其实并不正确。1703年为其完稿年代，并非其刊行年代。具体参见拙文：《论朝鲜李玄锡〈明史纲目〉之编纂、史源、刊行与评价》，《清华学报》新27卷第3期，1997年9月，第313—345页。

续表

著者	书名	卷册数	体例	刊行时间	备注
李宪明	清史提要	3卷3册			载南明与清初历史,以南明年号为准。
不详	皇明纪略	6	纲目体		明太祖到天启七年史实。
王德九	皇明遗民录	1		1800年前后	乃以明亡后,逃亡朝鲜之遗民为主,以明末九义士为中心。
成海应	皇明遗民传	7			韩国最重要的明遗民史书,综合清朝、日本与朝鲜之遗民传记,最为重要的遗民传记资料。
英祖命编	皇明通纪辑要	24	编年体		刊正陈建《皇明通纪》而作。
申炅	再造藩邦志	4			有关明朝壬辰战争出兵拯救之史书,重对明感恩及明将士论功等。
柳成龙	惩毖录	16			壬辰战争明朝拯救之史书。
不详	明太祖肇造事迹	1			明太祖潜邸时略史。

以上30余种史书[①]以宋史和明史为中心,主要关注的就是正统问题。作为一个藩属国,为前朝宗主国编修如此之多的史书,本身就是一个值得思考的问题。为什么朝鲜学者要编修如此众多的宋史、明史书呢?近代社会以前,倾注如此多的人力物力,不遗余力地编修外国史书,恐怕朝鲜王朝是独一无二的,之所以出现这种现象,笔者认为有以下几点原因,值得仔细探讨。

其一,宋、明史书大多是英祖时期及其以后所编成的。为什么会出现这种现象?

---

① 吴金成在《朝鲜学者之明史研究》指出,朝鲜学者所编之中国史书,能认为具有独立性质的著作有四十六种,其中属于明断代史的(含南明)有十五种,占33%,通史(含两个朝代以上者)而又包括明朝者九种,总计为二十四种,占52%,远远比其他朝代之史书为多。见《中韩关系史国际研讨会论文集,960—1949》,第405—406页。

正如前几章中已经论及，朝鲜尊周思明理念在不同时期有各种不相同的表现。孝宗谋求北伐，肃宗志在崇祀，英祖除继续弘扬崇祀外，开始注意编修明史书籍，照顾明遗民后孙、朝鲜忠烈后裔之生活。正祖将其发扬光大，修史及顾恤明遗民后裔达至登峰时期。故而从朝鲜思明尊周历程之发展看来，在英祖之前，修史并非其主要关注的对象，因为尊周的内容并不以修史为主。而英祖时期，崇祀明朝皇帝之坛庙已经健全，而他本人又觉得当时朝鲜人对明史缺乏了解，更担心朝鲜在清朝的"德化"政策的感化下，会忘记明朝对朝鲜所赋予的永世不能忘记的恩情，故而倾注极大的精力倡导编修明史。

英祖时常感叹"大抵东人于皇朝事昧然甚矣"。他倡导修史以求使朝鲜儒士不忘明朝恩德，曾撰文道："一隅海东，大明犹照，今因复修《皇明通纪》，纂辑《皇明通鉴》，微忱万倍。今月何月，命读正史，予怀益切，借名记怀，因拜手饮涕而录。"[①] 修史以"借名记怀"，正是英祖编修明史的重要原因。《皇明通纪辑要》编成后，英祖甚为高兴，他感叹道："昔未知者今知，昔未觉者今觉。"[②] 内心大慰。正祖命编《尊周汇编》，其中一个相当重要的原因亦是担心"岁月寝远，文献亡佚，予惧士大夫或忽焉而忘尔"[③]，故而命儒臣编修《尊周汇编》，使朝鲜历代国王尊周大业能够传之后世。

国王命编史书固然与尊周有关，担心国人忘记明史，忘记明朝恩德。私家修史，亦顾及此点。洪奭周（1774—1842）编修《续史略》，即有感于朝鲜人对明史茫然无知，故下定决心续撰其父所

---

① 英祖国王：《御制风泉录兼小序》，韩国学中央研究院藏书阁藏1771年木版本（番号：k4-5269）第4a、1b—2b面。
② 英祖国王：《御制风泉录兼小序》，第4b面。
③ 成海应：《研经斋全集》卷三一《尊周汇编叙》，第185页。

编史稿，完成其遗志。《史略》乃宋末元初人曾先之所编的《十八史略》，是明清以及当时的朝鲜、日本人阅读中国史最为常用的史书，迄今在日本、韩国依然享负盛名，被誉为汉学经典①。洪奭周即想编辑《续史略》以继之，他在序中对此意图讲得相当具体：

> 今去皇明之亡百有六十年矣，吾东方特海隅一属国耳，而其民尚服皇明之衣冠，士大夫尚书皇明之年号，朝廷之上尚遵皇明之礼乐典章。至于坛墠以享之，弦歌以诵之，百余年如一日。非皇明之德之盛，何以及此！而我国家礼义之惇，亦可以求有耀于万世矣。然而我国之于皇明，若是其近也，若是其不忘也，而问皇明之事于我国之士，虽号为博雅者，或茫然而不能对，顾反不能如汉、唐、宋之详，是独非学士大夫之耻哉！今之学者，幼少时必读江贽《通鉴》、曾先之《史略》。《通鉴》终于五季，《史略》终于元。夫幼而不习，则长而易忘，宜今人之不能详于皇明也。奭周生六年，受曾氏书。再周岁而毕，家大人手钞皇明史，为《续史略》以教之。其书凡一卷，其文约，其事核，其体裁实仿曾氏书，而其去取与夺必本于《春秋》《纲目》之义。奭周受而读之，二十有八年矣。每与人谈皇明事，幸而不至于茫然不能对者，是书之力也。尝窃以为孔子大圣也，然其作《春秋》，其事则悉因鲁史之旧文而已。至尊正统，攘夷狄，明大义于天下，则独出于圣人之权衡，而非旧史之所能与也。今是书之纪事也，亦因清人所谓三编纲目而损益之而已。然近世为明史者屡十家，皆迄于崇祯而止，独是书特揭弘光、隆武、永历之号，

---

① 对于《十八史略》，参见乔治忠《〈十八史略〉及其在日本的影响》（《南开学报》2001年第1期，第81—90页）。《十八史略》止于宋史，元史阙如，但后人有多家续修，据乔治忠考订其中有余进编《古今历代标题注释十九史略通考》八卷，现存有朝鲜1582年翻刻本。料想洪奭周当亦看过此书。

以续崇祯之后,此非所谓尊正统、攘夷狄、明大义于天下者乎?今天下胥而为戎狄,虽有是书不能广也,然不能广于天下而广之于吾东方一国之内,则吾东方之意,岂不益有耀于万世哉![①]

可见,《续史略》乃洪奭周完成其父未竟之书。他编此书的目的就是要给朝鲜士人,提供一本类似曾先之《十八史略》一般的史书读物,以便幼童就可以阅读,从而更好地掌握明朝历史。由上可知,编明史书,以便能让人更好地掌握明朝历史,从而不忘明朝恩德,成为朝鲜编修明史书一个重要的出发点。不忘明史,实关涉春秋义理,使人不忘明朝对朝鲜的恩德,从而使尊周思明的正统观深入人心。

其二,修《明史》等史书,意在采春秋笔法,明中华正统。对朝鲜所编修的中国史书来说,重要的不是其内容,而是其春秋义理与春秋笔法。几乎所有的史书都有凡例,主要讨论史书的义例,即春秋笔法问题。如池光翰《池氏鸿史》,全书三十四卷,乃自盘古到明朝历代帝王将相、名人传记,华夷观、正统观是其首要注重之原则,《凡例》具体讨论了关涉华夷观、正统论的相关条目,如:

> 一,帝王统纪末附后妃、嫔嫱、公子、王孙;一,正统之末附僭乱,如秦之胜、广,汉之新莽,唐之藩镇;一,胡元从《鲁史》例,东儒议书正统;一,历代事实尤详于兴废之本,永促之机,断以先儒正论;一,依朱子《纲目》例,僭伪之国,连书正统之下……[②]

---

① 洪奭周:《渊泉先生文集》卷一八《续史略序》,《影印标点韩国文集丛刊》2002年第293册,第397—398页。
② 池光翰:《池氏鸿史》,韩国学中央研究院藏书阁藏1750年木版本(番号:k2-333),第5a面。

可见诸多条款，款款皆关涉正统，坚持华夷正统观成为史书核心。

而尊周类史书，义理更是至高无上的准则。李泰寿、李寿颐师徒编修的《尊周录》，目的就是"欲使国家永有辞于天下万世"，分内、外两篇，内篇谈义理，外编谈事业。内篇五卷，其内容：

> 一是奉朔终始，上自威化回军，下至当宁，记崇祯之事。二是再造鸿恩，乃昭雪先诬，光复土宇。三是斥和，首之以光海妃柳氏疏，继之以诸贤之言与行。四是薪胆大义，仁庙亲征，孝庙独对事，肃庙大报坛，当宁《皇坛仪序》。五是思汉歌咏，前后志士之讴吟。外编立大志、明大义、和朝廷、均赋役、练士卒、修城池、八路制置等事也。①

其所列五条皆关涉尊周思明史事，没有无关之事，目的显而易见。

其三，所有的史书皆奉行崇祯和永历正朔。奉正朔，正是有关义理的重要标志。在朝鲜所编的史书中，凡与明史有关的，莫不奉行明朝正朔，摈弃清朝正朔。即便不用崇祯、永历纪年，也会以干支纪年代替。如《小华外史》凡例曰："虔奉正朔，乃此书之开卷第一义也。故大书皇朝年号之下，分注我朝几年，此所以不与王鲁而同其例也。"②又曰："永历壬寅以后，只书太岁干支。干支之下，分注我朝几年，以寓书甲子之例，而亦出如事存之意也。"③

---

① 《朝鲜英祖实录》卷六六，英祖二十三年八月己卯，第43册，第258页。关于此书参见韩国学中央研究院藏书阁藏1854年笔写本（番号：k3—123）。
② 吴庆元：《小华外史·凡例》，第206页。
③ 吴庆元：《小华外史·凡例》，第207页。

对南明三帝史实处理，成为当时朝鲜判别是否坚持义理的一个相当重要的标准。①李玄锡《明史纲目》，是当时编修的相当重要的明史书，以朱子《通鉴纲目》为标准，编辑纲目体史书。虽然其以春秋义理为首要原则，但因为其书把南明史实列入附录，未置于正编，故而屡屡受到批评。南有容著《明书正纲》，以求改正之，他批评李玄锡说：

> 近世李氏（李玄锡）《纲目》（《明史纲目》），又自附紫阳义例，而纪年止于崇祯，弘光以降附见编外，下同僭国。虽其载事之详，用心之勤，大纲不正，曷足以为史！是书所为作，特正其纲焉耳。至众目之分注者，悉从诸家，芟烦就约，黜伪存信，以私便考阅而已。②

就因为未将南明三帝列入正篇，不但受人非议，而且史书亦遭人改写。故而朝鲜史家对此莫不谨慎处之。不少史书专论南明史，即便论清史之书，亦对南明史极为关注，即如申应朝《清史提要》，首论其书法："自乙酉弘光之元至永历辛丑凡十七年，尊皇统而退清纪，大书之，分注之，使天下之统有系，其为义甚严，此所谓书法也。"③《清史提要》强调之书法就是突出南明正统。用南明正朔，弃清朝纪年，从而凸显南明的地位与历史，使得朝鲜所坚持之春秋义理思想得以充分体现。正祖为王世子时，特编《明纪提挈》，著录弘光、隆武、永历三皇之纪，"以续春秋大一统之

---

① 赵令扬专文讨论了清修《明史》，刻意不予南明三王正统地位的问题。参见《明史之编修与南明正统问题》，赵令扬：《明史论集》，香港：香港大学出版社，2000年，第187—215页。
② 南有容：《雷渊集》，《影印标点韩国文集丛刊》1998年第217册，第275页。
③ 申应朝：《清史提要·序》，奎章阁缩微胶片78—103—283—A7，第2页。

义"①。而成海应鉴于张廷玉《明史》未把南明三帝列入本纪,特撰《南明书拟稿》以驳之②。由此可见,对南明史的处理已成为朝鲜判别史家是否坚持正统的一条决定性标准。而要谈义理观、正统观,必须检视对南明历史的看法,研究南明史,正统的标准,基本上在于是否用南明正朔,是否为南明三帝立纪。

可见,奉正朔、重南明、严华夷之例,成为朝鲜官私编修中国史书所奉行的共同标准。对当今研究者来说,朝鲜学者所编史书,其史料价值远不如其义理尊周理念上的价值。因为这些史书所采用的资料基本上是明清人作的史书,在内容上鲜有超出中国史书的。但处于那个时代,他们关注的问题,是透过修史来阐明其尊周思明的观念,而不求在历史问题上有所突破。下文拟择数种具代表性的史书加以探讨,通过这些具体的个案分析,对朝鲜的尊周思明问题以获得更为清楚的答案。

二、从《宋史筌》看朝鲜之尊周观

对于元脱脱所主编之《宋史》,明朝和朝鲜史家都加以严厉批评。因为《宋史》不仅卷帙浩繁,资料冗杂,更重要的是脱脱所采用的义理观,与传统的华夷正统观迥然不同,他把宋、辽、金三史并列。在华夷正统观高涨的明朝和朝鲜看来,辽、金皆是夷狄,焉能与中华正统之宋朝平起平坐?明朝人对宋朝的正统地位极端推崇,元修《宋史》有乖中华正统,如黄佐朴称:"宋旧史成于元至正乙酉,丞相脱脱为都总裁,契丹、女真亦各自为史,与宋并称帝,谓之宋、辽、金三史云。是时纂修者,大半虏人,以故是非

---

① 吴庆元:《小华外史》卷八,第226页。
② 成海应:《研经斋全集外集》卷三五《南明书拟稿义例》,第277册,第63页。

不公，冠履莫辨。"①有鉴于此，明朝官私皆大修《宋史》，以正其误。洪武年间，朱元璋曾指令宋濂改修《宋史》，但终未卒业，最后不了了之。成化十年（1474），明廷命编《宋元纲目》，以阁臣彭时为总裁，次年四月，进《宋元通鉴纲目》27卷。嘉靖十五年（1536）五月，又以严嵩督修《宋史》。而私修最有名的两部宋史则是柯维骐的《宋史新编》和王洙《宋史质》。柯维骐耗时二十年，把宋、辽、金三史合一，以宋为正，将金、西夏入列传，"庶几春秋外夷狄之义"②。王洙则别创义例，追称朱元璋高祖为德祖元皇帝者，以承宋统，这样明朝就直承宋统了。不仅将辽、金两朝列入外国，且将元朝年号亦尽皆削去③。

在大讲春秋义理的朝鲜王朝，对脱脱《宋史》也极为不满。正祖为世子时，就开始对《宋史》进行改修，后经群臣修改润色，终于刊行了《宋史筌》。此书的中心，就是一切以春秋义理为依归，对《宋史》中凡与朝鲜视作坚不可犯的正统义理观相抵触的，都被删节，或重新编排，变成了一部强调尊王攘夷理念的宋史著作。以国王之尊亲自编删中国史书，以倡明正统原理，在朝鲜历史上亦绝无仅有。

《宋史筌》，在当今的中国海峡两岸和韩国都引起了广泛的注意，都有专门的论文发表。前面已提及的李成珪的论文，李光涛据《朝鲜王朝实录》的材料写过《记〈朝鲜实录〉中的〈宋史

---

① 黄佐朴：《宋史新编序》，柯维骐：《宋史新编》，《续修四库全书》第308册，上海：上海古籍出版社，1996年，第311页。
② 柯维骐：《宋史新编》凡例，第314页。
③ 参阅柳诒征：《述〈宋史质〉》，《柳诒征史学论文集》，上海：古籍出版社，1991年，第166页。

筌〉》①，宋晞《读〈宋史筌高丽传〉》②，杨渭生《〈宋史·高丽传〉与〈宋史筌·高丽传〉之比较》③，都是专门详细探讨《宋史筌》的论文，越来越多的学者认识到《宋史筌》的价值和意义。笔者在此重新讨论此书，无意对它作全面的评价和研究，更不想重复前人的论调，只是因为此书乃是关涉朝鲜春秋义理不能不讨论的著作，故而以其义理观为中心重点加以讨论。

正祖是《宋史筌》的编者，这一点尤其值得大书特书。以国王之尊，编修这样一部史书，本身就具有强烈的象征意义。正祖与其先祖们一样始终奉行尊周策略。他除承继先祖们崇祀明朝皇帝大报坛外，亦极注重培植尊周思明意识。朝鲜有关尊周类史书，大多在正祖时编成。如《国朝宝鉴别编》《尊周录》《尊周汇编》《（皇明时）槐院眷录》《明陪臣考》《皇明陪臣传》等。他还亲自编辑了《两贤传心录》《斯文大义录》《明纪提挈》等书。《宋史筌》在他为世子时就已着手编辑。李德懋详论其成书经过曰："先是，上以《宋史》烦冗，命诸臣删定，沈直学念祖，撰《义例》一卷，犹未告讫。甲辰公除积城，命携至宫，凡四年，书始成。"④之所以取名《宋史筌》，正祖解释"筌，所以滤水取鱼也"，因为《宋史》庞杂，正祖即删其繁芜，削其体例，重新编订，以改订元修

---

① 李光涛：《记〈李朝实录〉中的〈宋史筌〉》（《中韩民族与文化》，第139—147页）有介绍。
② 见宋晞：《宋史研究论丛》第二辑，台北：中国文化学院出版部，1980年，第187—209页。
③ 收入杨渭生：《宋丽关系史研究》，杭州：杭州大学出版社，1997年，第410—431页。
④ 李德懋：《青庄馆全书》卷二一《宋史筌编撰议》，《影印标点韩国文集丛刊》2000年第257册，第295页。正祖言："惟是予于春宫日讲之余，即已究心厘纂，仍即原史再四绎览，手自勾乙，略具编帙，命曰《宋史筌》。"正祖编：《宋史筌》卷首上谕，中国社会科学院历史研究所文化史研究室编：《域外所见中国古史研究资料汇编·朝鲜汉籍篇》，第9册，北京：人民出版社，重庆：西南师范大学出版社，2013年，第367页。

《宋史》之误。此书凡十易其稿，刊去者甚多，"诚如鱼不得漏，而水不得留也"①。可见正祖十分认真，他自己编删之后，又特令直提学沈念祖修订，再耗时四年，方得卒稿。正式完稿在正祖四年（乾隆四十五年，1780年），但当时并未刊行。初刊于正祖十五年（乾隆五十六年，1791年），凡本纪8卷，志47卷，世家2卷，列传91卷，共计148卷。再加上目录、义例各1卷，共61册。贯串全书的主要原则，就是朝鲜一向奉为圭臬的春秋义理观和编写史书所奉行的春秋笔法。其所提之十数条义例，对元脱脱修《宋史》在体例上逐条驳斥。下面试就《宋史筌》义例逐条讨论之，凡引文皆出自其《义例》，故不再一一注明。

其一，强烈批评《宋史》不将宋末三帝入本纪，而只附记于德佑之后。以为"自古失国之君，未尝贬黜于本代之史"，如辽天祚帝、元顺帝皆入本纪，但《宋史》却将宋之昰、昺二帝不立纪，只附见于德佑本纪。故而《宋史筌》首先别立昰、昺二帝纪，从而确立宋末三帝的正统地位。同时亦将诸后妃自太祖母皇后以下为本纪第八，以示尊皇后之意。其二，批评《宋史》只将北宋宫殿载入都城汴京之下，却不将南宋宫殿入都城临安，只将其入《舆服志》，将宫殿入《舆服志》本身值得商榷，乃贬低南宋之举。《宋史筌》遂改之，"都邑之志，虽未更立，宫阙之制，宜载两京"，故将南宋宫殿入汴京。其三，《宋史筌》对程颐、程颢、朱熹等理学大师给予特别关注。朝鲜是个儒教王朝，以程朱理学为立国基准，其奉行尊周思明理念之理论依据就是朱子学，一切以朱子学为依归，故《宋史筌》对宋儒大加褒扬。将周敦颐、程颐、程颢、朱熹、陆九渊等五人列入首传，为诸臣之首，以示尊崇。同时，"叙列程朱师友门人为《儒林传》，置之循吏之上"。从而表彰诸儒生门徒，以

---

① 正祖国王编：《宋史筌》卷首上谕，第367页。

为"五贤之德之功,揭日月而亘宇宙,则不以世家而始尊,不以列传而或损,故今另立五贤列传,特置于诸臣之首,以寓表彰之书法"。其对有宋诸儒学大师之处理表现了其时代特色。

对《宋史》之《舆服志》《刑法志》《艺文志》皆加以批评并予改写。批评《刑法志》"虽分条叙事,而不立条目,故互相错乱,反失分条之意";《乐志》"其视旧史,杂乱则同,而该备则不及";《仪卫志》"叙事冗杂,全没要领"。《舆服志》"多脱谬"。诸志无一称其意者,故皆或删或补,去其烦芜。对《宋史》列传改动最大。《儒林》《道学》合为《儒林》,《卓行传》合《孝义传》,改《方技传》为《艺术传》,改《叛臣传》为《叛逆传》,以更能符合朝鲜所坚持的义理观。正祖对其改修动机有十分明确的说明:

> 史筌,有删有作,删之未允,尚属旧疵;作而失当,祗彰新谬……若其揭二帝之年号,尊正统也;传三房之僭伪,黜夷狄也;配后妃于本纪,壹名位也;次宗室于世家,重敦亲也;补遗民于列传,与贞节也;外三忠于原史,标不臣也。[①]

这说明了编修相关项目的意图,即突出正统观、儒家义理观,以尊周观为根本出发点。

第二节 李玄锡及其《明史纲目》

朝鲜所编《明史》书中,李玄锡的《明史纲目》是最为重要的

---

① 正祖国王编:《宋史筌》卷首上谕,第367页。

一种。三十多年前，李光涛据《朝鲜王朝实录》论及过此书，但由于李先生未能读到原著，不免遗憾①。笔者就此书作些探讨，以考察朝鲜修史去伸张尊周思明理念之情状。

一、李玄锡之生平与《明史纲目》编纂之动机

李玄锡（1647—1703），字夏瑞，号游斋，原籍全州；朝鲜太宗李芳远之后，朝鲜实学派先驱李睟光（1563—1628）的曾孙；号称"九代世卿，宗戚末裔"②。他虽系宗戚末裔，但依然经科举入仕。1666年中进士，1675年增广文科乙科及第，从此踏入仕途。最初任职于史馆，担任正九品的检阅。朝鲜王朝史官职位虽低，但地位十分重要，"日侍（国王）左右，记言动，录时政"③，为清望之职。史馆保存了历朝档案，收藏许多书籍。李玄锡一入史馆，即如鱼得水，如他后来所言："及臣忝叨玉署之后，自念职责，乃成就君德之任也……遂乃遍观古今论学之书籍……臣于是始知有所谓帝王经纶之学，而妄谓此乃博通经史则可能也。"④乃致力于经史之学，且拜当时大学问家许穆（1595—1682）为师，打下了深厚的学问根基，也培养了作为史家应具的素养。

最初李玄锡仕途上很顺利，几年之间就升至正三品的右承旨。但当时朝中党派斗争相当激烈。正如前面已经论及，宋时烈为西人老论代表，而许穆则属于南人派中坚。因为师承关系，李玄锡亦是南人派人物。在南人派得势之际，他先后两次上疏弹劾宋时烈，指

---

① 李光涛：《记〈朝鲜实录〉中之〈皇明全史〉——兼论乾隆年刊之〈明史〉》，《"中研院"历史语言研究所集刊》32本，1961年，第19—45页；又见李光涛：《明清档案论文集》，第95—115页。在李光涛：《中韩民族与文化》，第138—139页，158—161页中亦有论及。
② 《朝鲜肃宗实录》卷三一，肃宗二十三年十二月癸亥，第39册，第477页。
③ 《朝鲜定宗实录》卷一，定宗元年正月戊寅，第1册，第143页。
④ 李玄锡：《游斋集》卷一三《论诚斋易传疏》，《影印标点韩国文集丛刊》1995年第156册，第493页。

责宋时烈"贬降君父,讧乱宗统,神人所共愤,覆载所难容"。当时宋时烈已被关入狱中,李玄锡认为应当将其流放绝岛,后宋时烈果真被遣往巨济岛,"围篱安置"①。但1680年后宋时烈复职,西人老论派得势,李玄锡即由正三品被降为从五品的副校理。不久,又被贬为地方官,为银溪察访。此后相当长的时间内为地方官,先后担任过东莱府使、春川府使和汉城府判尹。在官场失意之际,李玄锡萌发写一部明史的志愿。由于他曾任职史馆,史学造诣颇深,对明史的撰写有着极强的热诚,遂孜孜以求,不复他顾。后来他的命运有所改变,仕途又较为顺利,但他于仕途失去热情,对党派斗争更显得极其超脱。为了尽快完成明史著述,1697年,他上疏请求辞官:"今若使臣从仕京辇,奔走晨夕,则更有何暇绅绎文字哉!由是芜没堕废,终不得卒业,则臣实有死不瞑目者矣。"②

李玄锡这么做固然是其本人的志愿,但也与其所处的时代分不开。正如前面所述,此时正是缅怀明朝极其高涨的时代。李玄锡身处这样的时代下,深受感染,遂通过自己的努力,撰成《明史纲目》。而李玄锡的曾祖李睟光不仅在朝鲜王朝思想文化史上颇有地位,而且对明朝与朝鲜的交往亦有过贡献。他历经壬辰战争,亲眼看到日本蹂躏朝鲜之惨相,因之对明朝派兵援朝,"再造藩邦",有深切的体验。他先后于1590、1597和1611年三次出使明廷,"凡三聘上国,冰檗自厉,如书籍香药,丝毫无所近"③。"凡山川人物之美盛,城池宫厥之壮丽,古今事迹之可悲可喜,接乎目而感于心者,往往不能排遣,或为之口号,或相与唱酬。"④诗文中有不少称颂明朝山河之秀丽、礼乐文物之盛况的。李玄锡读其曾祖之

---

① 《朝鲜肃宗实录》卷八,肃宗五年三月庚申,第38册,第411页。
② 李玄锡:《游斋集》卷一三《乞屏退卒撰明史疏》,第486页。
③ 李睟光:《芝峰集》附录卷一《行状》,《影印标点韩国文集丛刊》1991年第66册,第320页。
④ 李睟光:《芝峰集》卷一六《续朝天录》,第162页。

诗文，潜移默化，自然受到感化。有这样的家世，又生活在这样的时代，加上李玄锡个人的志向与努力，终于最终编成了《明史纲目》。至于《明史纲目》编撰最为直接的动机，李玄锡在《乞屏退卒撰明史疏》中有明确的说明：

> 臣于癸酉年间，待罪春川府任所，窃伏闻御制《隆武堂》二绝旨意，感慨声律激仰，臣庄颂再三，不觉扼腕裂眦，而继之以涕泣也。仍窃伏念圣心之不忘薪胆有如此者，而只缘时有不利，事多难强，诸臣虽欲碎首横尸，仰副睿情，而无可着手处。顾自妄惟皇明三百年，史记杂乱无统，所谓《昭代典则》《明政统宗》《皇明通纪》《大政纪》《明纪编年》《记（纪）事本末》等书，不过烂朝报誊札者也。或一事而散出于数年之间，不能总会；或微事而错拟于大题之目，无所摽拈。律之以紫阳《纲目》之凡例，则大有迳庭。至于我国先正之所撰，虽有《纪略》一书，而太简以疏，且止中叶。若裒取诸书，互相参考，加以隐括，作成一书，以续前代之史，则庶可以表揭其不忘皇明之至意焉。矧今天下冠带之国，遵用明制者，只我东方耳。宏纲大猷，了然修整，则亦可以有辞于天下后世矣。①

分析一下上面这段文字，我们可知李玄锡纂修《明史纲目》的三个直接动因：首先，贬春川府，览肃宗《隆武堂》二绝②，触发他写明史的想法。其子李汉谦更进一步说明：

> 臣父研思积年，编撰明史者，盖其区区素畜，伤皇朝遗泽之

---

① 李玄锡：《游斋集》卷一三《乞屏退卒撰明史疏》，第485页。
② 本书第三章列出了《隆武堂》二绝的具体内容，第62页。

既泯,痛今日大义之莫伸。而及伏睹我圣上御制《隆武堂》诗,益感圣意之激烈,包括锁(琐)录,衷成《明史》一书,庶乎表扬圣意,仰赞宸猷,此其平素之积志也。①

因此"伤皇朝遗泽之既泯,痛今日大义之莫伸",而赍志著史,乃最直接动因,这与宋时烈立庙祭祀万历、崇祯两帝意图完全相同。

第二,于旧史不满,故立志著新史②。李玄锡接触了许多明清人的明史书籍,上文提及的就有《昭代典则》《明政统宗》《皇明通纪》《大政记》《明纪编年》《明史纪事本末》,李玄锡以为这些史书"律之以紫阳《纲目》之凡例,则大有迳庭",体例既不合纲目体,而内容上也不足以宣扬明朝恩德,因之想搜取诸书,互相参考,作一部可以反映明朝恩德的纲目体明史。

第三,明朝灭亡以后,在朝鲜人看来,清朝为胡人,非中华族类。朝鲜一向号曰"小中华",虽已臣服于清朝,但长期奉明正朔,且认为"天下冠带之国,遵用明制者,只我东方耳。"既然是遵明制的"唯一"国家,朝鲜觉得有义务修明史。当时清朝官方《明史》还在撰修之中,朝鲜亦无一部完整的明史,故此李玄锡之修史显得相当重要。自上《乞屏退卒撰明史疏》后,李玄锡之修史遂引起朝野上下的广泛重视,并获肃宗勉励。

---

① 《朝鲜肃宗实录》卷五五,肃宗四十年九月癸卯,第40册,第539页。
② 李光涛《记〈朝鲜实录〉中之〈皇明全史〉——兼论乾隆年刊之〈明史〉》中亦提及此原因,但他强调的是李玄锡看到清人编的明史书籍,因而引起很大疑义,以为明清人所用史料不真实,故此要以朝鲜人之史料去纠正明清人的不足而撰此书。但笔者认为李玄锡之所以不满明清史书,并非认为其不真实,而是以为不足以宣扬明朝恩德因而另撰新史。

二、《明史纲目》史源之考察

对此问题，前辈学者已进行过一些探讨，有人认为当大量参考了朝鲜史料[1]，有人认为可能参考了《明实录》，但具体指出的史料只有谷应泰的《明史纪事本末》[2]。笔者阅读全书后，认为应该对《明史纲目》的史源进行更为全面的考察。

其一，《明史纲目》之征引情况。李玄锡在上肃宗《乞屏退卒撰明史疏》中，提及《昭代典则》等六种明清史书及朝鲜的《纪略》，作者肯定是读过这些书的，当然也是他重要的参考资料。更为重要的是书中有多处注明"某某某曰"，此即他直接征引史书的作者。在全书二十四卷中，"谷应泰曰"是最多的，但并非只有"谷应泰曰"，从下表中我们可以获知直接征引情况。

表7 《明史纲目》卷次编排与征引著作表

卷	次	年号	起止年月	"谷应泰曰"条目数	其他征引情况
卷一	上	洪武	元年正月～十二月	五	
	中		二年正月～十二月		涂氏曰一条。
	下		三年正月～十二月	二	
卷二	上		四年正月～六年十二月	一	涂氏曰一条。
	中		七年正月～十年十二月	一	
	下		十一年正月～十五年十二月		
卷三	上		十六年正月～二十年十二月		
	中		二十一年正月～二十五年十二月		
	下		二十六年正月～三十一年十二月	一	涂氏曰、黄氏曰、朱鹭曰各一条。

---

[1] 李光涛：《记〈朝鲜实录〉中之〈皇明全史〉——兼论乾隆年刊之〈明史〉》，第19—45页。
[2] 吴金成：《朝鲜学者之明史研究》，见《中韩关系史国际研讨会论文集，960—1949》，第407页。

续表

卷	次	年号	起止年月	"谷应泰曰"条目数	其他征引情况
卷四	上	建文	元年正月~二年十二月	一	朱鹭曰一条。
	中		三年正月~四年十二月	二	
	下		元年正月~三年十二月		
卷五	上	永乐	四年正月~九年十二月		
	中		十年正月~十八年十二月	一	
	下		十九年正月~二十二年十二月		
卷六	上	洪熙	元年正月~宣德二年十二月	三	郑氏曰一条。
	下		三年正月~七年十二月		
卷七	上	宣德	八年正月~正统七年十二月	一	郑氏曰、史氏曰、黄氏曰各一条，李贤曰二条。
	下	正统	八年四月~十四年十二月	二	李贤曰、岳正曰各一条。
卷八	上	景泰	元年正月~四年十二月		汤斌曰、涂氏曰各一条。
	下		五年二月~天顺三年十二月		黄氏曰、高岱曰、涂氏曰各一条。
卷九	上	天顺	四年正月~成化二年十二月	一	
	下	成化	三年正月~七年十二月		
卷十	上		八年三月~十五年十二月		
	下		十六年二月~二十一年十二月	一	黄氏曰二条。
卷十一	上	弘治	二十二年三月~弘治元年二月		郑氏曰、王鏊曰各一条。
	中		元年三月~十年十二月		汤氏曰、陈氏曰各一条。
	下		十一年正月~十七年十二月		凌瀚曰、史氏曰各一条。
卷十二	上	正德	十八年正月~正德三年十二月	一	涂氏曰一条。
	下		四年正月~九年十二月	一	雷氏曰一条。
卷十三	上		十年四月~十四年十二月		许氏曰一条、涂氏曰二条。
	下		十五年正月~嘉靖元年十二月		

续表

卷	次	年号	起止年月	"谷应泰曰"条目数	其他征引情况
卷十四	上	嘉靖	二年正月～三年十二月		
	下		四年三月～六年十二月		支大纶曰、吴瑞登曰、高岱曰各一条。
卷十五	上		七年正月～八年十二月	一	王世贞曰一条。
	下		九年正月～十二年十二月		
卷十六	上		十三年正月～十六年十二月		
	下		十七年二月～二十一年十二月		
卷十七	上		二十二年正月～二十八年十二月	二	支大纶曰一条。
	下		二十九年正月～三十二年十二月		
卷十八	上		三十三年正月～三十八年十二月		汪道昆曰、王氏曰、涂氏曰各一条。
	下		三十九年正月～四十二年十二月	一	
卷十九	上	隆庆	四十三年正月～隆庆元年十二月	一	
	中		二年正月～三年五月		史氏曰、黄氏曰各一条。
	下		三年六月～万历元年十二月		朱国桢曰、马晋允曰、黄氏曰、史氏曰各一条。
卷二十	上	万历	二年正月～八年十二月		涂氏曰一条。
	中		九年正月～十七年十二月		
	下		十八年正月～二十一年十二月		史氏曰一条。
卷二十一	上		二十二年正月～二十九年正月		涂氏曰一条。
	下		三十年正月～四十年十二月		
卷二十二	上		四十一年正月～四十八年八月	一	夏允彝曰一条。
	下	天启	四十八年九月～天启二年十二月	二	夏允彝曰二条。
卷二十三	上		三年正月～六年十二月		史氏曰一条。
	中		七年正月～崇祯四年十二月	二	
	下	崇祯	五年正月～九年十二月		
卷二十四	上		十年正月～十五年十二月		
	中		十六年正月～十七年三月	一	
	下		十七年四月～李自成亡	一	
合计				36	53

从上表可知，《明史纲目》直接征引的史料有89条之多。其中

"谷应泰曰"36条,乃占全书直接征引40%,其次为"涂氏曰",11条。第一次征引时,小字注明"名山撰统宗"字样,因之,涂氏就是《明政统宗》的作者涂山。其他被征引者分别是:黄光升、朱鹭、郑晓、李贤、岳正、汤斌、高岱、王鏊、凌瀚、雷礼、支大纶、吴瑞登、王世贞、汪道昆、朱国桢、马晋允、夏允彝、陈氏、许氏和史氏。初稿时还有朱璘名,后被删去。因此一共是23位作者。其中"史氏曰"是作者本人的议论,被征引的作者应是22位。

征引时,对被征引人姓名处理稍有不同。大致可分为三类:一类直呼其名,如"谷应泰曰""朱鹭曰""夏允彝曰"等;二类是首次提及时,姓后加"氏",然后小字注明其名字,如"汤氏斌曰""岳氏正曰"等,以后再提及时则省去名字,只称姓氏;第三类只注姓氏,未附名字,只有陈氏、许氏和史氏。陈氏、许氏皆只出现一次,没有充足证据,不好妄测,但我怀疑陈氏即为陈建,《乞屏退卒撰明史疏》中提及陈建的《皇明通纪》,李玄锡读过此书肯定无疑。许氏为何人则不得而知。史氏则是作者本人。为何这样说呢?《明史纲目》序中,作者以"史氏"自称回答诘难之问题。其曰:"既称明史乎,则其为一代书也。当如马如班,如晋唐史可矣,乃遵《纲目》之法,此又何据乎哉?史氏曰:噫!唯唯于余心有戚戚焉。"又曰:"难者曰:苟有所不忍忘焉者,而欲成一代之史,则其微隐笔削,胡不学《春秋》为哉?史氏曰:吁!否否春秋笔削,信非愚陋所敢学。"[1]因之,史氏是作者自称,当无疑义。对被征引者姓名处理之所以出现这样的差别,笔者以为,首先是被征引的原书有别。第一类原本如此,如"谷应泰曰""朱鹭曰"等,故可原文照搬。第二、三类原文并非如此,"×氏曰"字

---

[1] 李玄锡:《明史纲目》序,韩国国立中央图书馆藏,1703年芸阁活字本;中国社会科学院历史研究所文化史研究室编:《域外所见中国古史研究资料汇编·朝鲜汉籍篇》第4册,北京:人民出版社,重庆:西南师范大学出版社,2013年,第5页。

样当系作者所加,故此有别。同时作者仅仅修完了初稿,未及全部整理完,就已先卒,后人整理,因而出现差别。

其二,《明史纲目》征引文皆是评论语。在全部89条"某某某曰"中,有七条"史氏曰",是作者本人的评论,其余82条皆是从他书征引而来,且所援引的内容全是对史实进行评论性的文字,而非一般的史实叙述材料。此种征引方式,在明清人论著中颇为常见。谈迁的《国榷》成书于1653年,比《明史纲目》早五十年,凡有关重大历史事件,《国榷》多征引诸家评论,同时亦附上自己的评论。其方式亦是先冠以"某某某曰"。《明史纲目》所参考的书籍中,如《皇明通纪》《明纪编年》亦不乏这样的例子,因此可以说,李玄锡的这种征引方式是受到了明清人的影响。但是《明史纲目》征引时,并非原文照抄,而是进行了大量的加工整理。现以"谷应泰曰"为例,对照《明史纪事本末》原文,我们就可以获得较为明确的了解。

《明史纪事本末》八十卷,1658年撰成,刊行不久,就传入朝鲜。它是纪事本末体,将明代主要事件以卷为单位,加以叙述,一卷一事,每卷末尾都附有"谷应泰曰"的评论语。在清官修《明史》问世以前,没有哪种明史书有如此完善的评论语。但当代台湾地区明史学界以徐泓、邱炫煜、吴智和、林丽月等组成的"明代典籍研读会",对《明史纪事本末》进行校读,发现《明史纪事本末》在编目、史源上主要来自高岱的《鸿猷录》和张岱的《石匮书》《石匮书后集》,而"谷应泰曰"则基本上抄自蒋棻的《明史纪事》[1]。笔者对照蒋棻的《明史纪事》,发觉《明史纪事本末》

---

[1] 台湾地区丘炫煜、徐泓教授持此论。参见丘炫煜:《谷应泰〈明史纪事本末〉的史源新诠》,《简牍学报》1993年第15期;徐泓:《〈明史纪事本末·开国规模〉校读:兼论其史源运用及其选材标准》,《台大历史学报》1996年第20期,等等论文。整个校读经过及全部成果介绍,参见徐泓:《〈明史纪事本末〉的史源、作者及其编纂水平》,《史学史研究》2004年第1期,第62—71页。

"谷应泰曰",大体与《明史纪事》相同,因此,可以说蒋棻的《明史纪事》亦是李玄锡的参考书籍,但却是通过《明史纪事本末》获得的。因此,依然可以说《明史纪事本末》是李玄锡最为重要的参考书。而征引时,李玄锡对原文全部进行了删节整理,比原文更为精炼。下面以"建文逊国"一节评语为例,加以比较,我们会有直观的认识。

《明史纪事本末》:
谷应泰曰:闻之国君死社稷,义之正也。然而,乘机察变,忍耻图存,一旅而中兴奏,五年而天节反,则惠王居栎,仍杀子颓;襄王居郑,终诛太叔。建文之仓皇出奔,或亦有深意焉。又况铁函锁柙,度牒剃刀,先皇所遗也。龙䯼帝后,妖谶亡周,燕啄皇孙,天心割汉,厥有定数,又非智力所移耳。乃逊国之期,以壬午六月十三日,建文独从地道,余臣悉出水关,痛哭仆地者五十余人,自矢从亡者二十二士。而廖平之议,以为多人必生得失,不若遥为应援。于时谨侍左右者三人,杨应能、叶希贤称比丘,程济称道人是也。往来道路,给办资粮者六人:冯㴶、郭节、宋和、赵天泰、王之臣、牛景先,各讳名号,潜相通问是也。其经由之地,则自神乐观启行,由松陵而入滇南,西游重庆,东到天台,转入祥符,侨居西粤,中间结庵于白龙,题诗于罗永,两入荆楚之乡,三幸史彬之第,踪迹去来,何历历也。特以年逼桑榆,愿还骸骨,岑瑛据之以闻,吴亮辨其非妄。夫不复国而归国,不作君而作师,难以考终,亦云恧矣。然以予论之,假令成皇方死沙场,昭帝新居谅暗,此时兵力黩于边关,内难伏于高煦,国势危疑,人情牵制,必不能长驾远驭,经营万里之外者。而滇、黔地险,沐氏兵强,因兹遁迹之时,宜申控告之义,非流虺而藉共和,则东迁而依晋、郑。一军出荆门,即襄、邓可摇；一军出汉南，即长江可据。狐、先《河水》之功，冯、邓云台之业。后挽前推，匪异人任也。奈何枕席有涕泣之痕，行旅多橐饘之奉，而兴复大计，阙焉不讲。譬犹危叶畏飙，惊禽易落，正所谓亡国之大夫不足与言事者也。洎乎正统改元，帝易四朝，统逾五纪，内鲜惠、怀之乱，外无连、管之谋，嗣服相承，天定之矣。而况主君已老，从者凋零，方险阻备尝之时，正精志消亡之日。鲁展喜之已衰，晋铜鞮而既死，崦嵫待尽，尚安望其复振乎？至若从亡诸臣，国尔忘家，捍王于艰，四十余年，栉风沐雨，即无包胥之义，复楚王于郢中；亦有子家之忠，哭昭公于野井。推此志也，虽与日月争光可也。而议者据成祖之实录，谓建文之自焚，疑一龙之未出，摈众蛇而不载。夫隐、巢之事，不直序于贞观；烛斧之疑，亦依违于兴国。时史所书，非无曲笔矣！而况胡濙访仙，思恩擢职，以及陵在西山，不封不树，有目所共睹，又岂得以传闻异辞也。①

《明史纲目》：

谷应泰曰：昔者惠王居栎，仍杀子颓；襄王居郑，终诛太叔。建文仓皇出奔，亦似有深意焉！奈何枕席有涕泣之痕，行旅奉橐饘之供，而兴复大计，阙焉不讲。譬犹危叶畏飙，鸣雁惊弦。南游滇池，西入重庆，年逼桑榆，愿还骸骨。虽曰考终，亦云戚矣。方其成皇初崩，仁宗新立，边陲耸于虏警，内难伏于高煦，此正可乘之机，而况滇黔地险，沐氏兵强，因逃遁之时，申控告之义，庶几摇襄、邓，据江淮，光复旧物，而惜其险阻备尝，精志消亡。鲁展喜之已衰，晋铜鞮之既死，尚安望其复振乎？至若从亡诸臣，栉风沐雨，捍王于艰，虽无包胥复楚君于郢

---

① 谷应泰：《明史纪事本末》十七《建文逊国》，北京：中华书局，2015年，第288—290页；又参见蒋棻：《明史纪事》，第69—74页。

都,亦有子家哭鲁公于野井。而议者据永乐之实录,谓建文之自焚,疑一龙之未出,摈五蛇而不载。隐讳依违于废兴之际,则时史所书,可谓曲笔矣![1]

上面这段"谷应泰曰",在《明史纪事本末》中,原文不加标点,一共754个字,是采取夹叙夹议的方式,在叙述建文削发为僧和流亡过程中进行议论,因而显得冗长。《明史纲目》中,不加标点只有258个字,将叙述性的文字全部删去,只留下议论性强的文字。且征引之时,打破了原文的顺序,调换了一些句子,改换了一些词句,把原文的意思加以浓缩,不啻是一种再创造。几乎每次征引都采取这样的方式,省去许多典故性和重复叙述性的文字,其重新排列的"谷应泰曰",议论精炼,语言简洁,紧凑有力,没有丝毫拖泥带水之感,较之原文,议论更为精当,也更增强了说服力。由此,既体现了作者的才学,也反映了作者不仅注重史论,也善于论史。

其三,引文作者及著述考察。正如前面所言,《明史纲目》直接征引了22位作者的论著,而其间接参考的文献就更多。下面逐一考察有关作者之生平著述,我们可以从中察知《明史纲目》的具体参考文献。

1. 谷应泰(1620—1690):1647年进士,河北丰润人。编有《明史纪事本末》80卷,1658年撰成,是一部纪事本末体明代史书,将明代主要事件以卷为单位,一卷一事,加以叙述,每卷末尾都附有"谷应泰曰"的评论语。今人指出《明史纪事本末》"谷应泰曰"多抄自蒋棻的《明史纪事》,蒋棻,字畹仙,崇祯庚午(1630)举人,丁丑(1637)进士。《明史纪事》是依专题评论明

---

[1] 李玄锡:《明史纲目》卷四中,第200页。

代史事，因无材料说明李玄锡直接征引过此书，因而可以说是一种间接的参考资料。

2．涂山（生卒年未详）：字子寿，江西南昌人。明末清初人，撰《明政统宗》30卷，1615年成书，记载从1352年到1572年史实，末附《九边论》，此书是李玄锡最为重要的参考书，当无疑义。

3．雷礼（1505—1581）：江西丰城人。著有《皇明大政记》25卷。此外尚有《国朝列卿记》165卷。《明史纲目》首次引"雷氏礼曰"时，提过《大政记》。

4．黄光升（1506—1586）：1529年进士。福建晋江人。著有《昭代典则》28卷，是书起元至正壬辰（1352）明太祖起兵，迄隆庆二年（1568），编年纪事。李玄锡在上肃宗国王疏及《明史纲目》中皆提过此书，因之此书系其参考书，亦应无疑义。

5．高岱（1507—?）：1550年进士，湖北京山人。著有《鸿猷录》16卷，1557年成书，以纪事本末体记述1352年到1552年间大事60项。

6．支大纶（1534—1604）：1574年进士，浙江嘉善人。著有《永昭二陵编年史》六卷，乃嘉、隆两朝编年体史书。

7．吴瑞登（生卒年未详）：1586年举人，江苏武进人。著有《两朝宪章录》20卷，成于1594年。另有《绳武编》34卷，记载从洪武到隆庆史实，分类编辑。

8．朱国桢（1557—1632）：1589年进士，字文宁，浙江乌程人。著有《涌幢小品》《皇明史概》，皆是很重要的明代史籍。

9．王鏊（1450—1524）：字济之，江苏吴县人。1475年进士，官至户部尚书。著有《震泽长语》，分经、传、官制介绍明代掌故。另有《史余》1卷。

10．郑晓（1499—1566）：字窒甫，号淡泉，浙江海盐人。

1523年进士，官至兵部尚书。著有《今言》《吾学编》，详于明代典章制度与明代掌故。另有《郑端简公全集》。

11. 朱鹭（1553—1632）：初名家栋，字白民。江苏吴县人。著有《建文书法儗》5卷，是书作于万历乙未（1594），专记建文一朝史实，且收罗明代有关建文之论述与奏章。

12. 王世贞（1526—1590）：字符美，号弇州，江苏太仓人。1547年进士，官至刑部尚书。著有《弇山堂别集》100卷、《嘉靖以来首辅传》8卷等明史书。文集《弇州山人四部稿》《弇州山人续稿》，收录有关人物传记资料。门人董复表于1614年将其史学著作汇编成《弇州史料》。

13. 李贤（1408—1466）：字原德，河南邓州人。1433年进士，官至内阁大学士。著有《天顺日录》1卷、《故穰杂录》3卷。

14. 岳正（1418—1472）：字季方，号蒙泉，漷县人。1448年进士第一，天顺中入阁预机务。著有《类博杂言》。门人收其诗文编成《类博稿》10卷，附录2卷。

15. 汪道昆（1525—1593）：字伯玉，安徽歙县人。1547年进士，官至内阁大学士。著有《太函集》。

16. 夏允彝（1596—1645）：字彝仲，松江华亭人。1637年进士。著有《幸存录》《续幸存录》，载录自1573年到明亡史实，尤详于朝中党争。

17. 马晋允（生卒年未详）：清初人，顺治十五年（1658）增补了陈建的《皇明通纪》，撰有《皇明通纪辑要》24卷，补入了嘉靖到天启史实。

18. 汤斌（1627—1687）：字孔伯，号荆岘，晚号潜庵。官至礼部尚书，著有《洛学编》《汤字遗书》。参与清官修《明史》的事务。

19. 朱璘（生卒年未详）：清初人，字青岩，上虞人。曾任武昌同知，撰有《历朝纲鉴辑略》56卷，前40卷乃记载从春秋到元的史实，后16卷为《明纪辑略》，载明太祖到南明三王史实。《明史纲目》初版时有"朱璘曰"，即出自《明纪辑略》，后来朝鲜发现此书误记朝鲜太祖李成桂世系，因而禁毁。《明史纲目》最初成书于1703年，编成近五十年后，因朱璘《明纪辑略》牵连差点被洗草，终因此书很重要，在删去书中所引朱璘评论后，得以在1771年再刊，使此书得以完整留存。后面我们再详细讨论。

20．陈建（1497—1567）：广东东莞人，1528年进士。著有《皇明通纪》，载1351年到1521年明朝史实。书成于1555年，是明朝人修的第一部明朝编年史书。此书刊刻流传甚广，但无论是在明清两朝还是在朝鲜王朝都受到严厉批评以至禁毁。李玄锡看过此书当无疑义，《乞屏退卒撰明史疏》提及此书，《明史纲目》有一条"陈氏曰"的材料，笔者怀疑可能出自《皇明通纪》。

此外，凌瀚、许氏生平著述不详，只得存疑。《明纪编年》和朝鲜《纪略》在《乞屏退卒撰明史疏》中被提及过，虽未直接从中征引，亦可视为其参考文献。《明纪编年》，钟惺（1574—1624）编，清王汝南增补。是书卷一至卷八，题钟惺谨定，卷九至十二，记崇祯及隆武、鲁监国事，题王汝南补定。王汝南，字季雍，与钟惺皆是湖北竟陵人。是书迄今在韩国奎章阁、藏书阁及一些大学的图书馆中依然有藏本。朝鲜《纪略》全名《明史纪略》，撰者不详，只一册100页，是一部简略的编年体明史。

因此，可以说，《明史纲目》主要的史料皆出自明清人的史书。而直接征引的史料又多以评论语为主，且作者对相关的征引史料进行语言上的删节改编，其重新编订的引文较之原文更加简练，评论也更为得体。几乎很难找到《明史纲目》参考过《李朝实录》等朝鲜原始材料的证据。李光涛先生对此书寄予厚望，就是觉得其应当用朝鲜史料去分析明史问题，但事实上，李玄锡几乎没有采用朝鲜材料。究其原因，笔者以为有以下几点：

第一，李玄锡根本看不到《朝鲜王朝实录》等原始材料。《朝鲜王朝实录》由春秋馆负责编修，另还有修撰厅、撰集厅、养修厅、删节厅、修正厅、实录厅等机构加以协助。一代国王去世，下一代国王继位，就令春秋馆编修前朝实录。其最为重要的材料就是史官每日所记的"史草"和时政官所记的《时政记》，经过初草、中草、正草三个阶段，实录即撰修完成，而付印刷。而所有的史草都要进行洗草。所谓洗草，"盖修史毕，将涂抹本草临流洗去之也"①。洗草地点是汉城庄义门外遮日岩处。洗草的纸张重新化作纸浆，以便再造新纸。史官不得私自保留史草，一旦发现私自保留者，课以罚银20两，且子孙永不得录用，不得为官②。处罚不可谓不重。故此史官鲜有敢以身试法者。因之，编修实录的史草，私家修史者根本看不到。实录修完后，印刷有限几部，分藏于各地史库。

壬辰战争前，有春秋馆、忠州、星州和全州四处史库，但战争期间，有几个史库被毁。战后再建五座史库，分别在京城春秋馆、庆尚北道奉化郡太白山、江原道平昌郡五台山、平安北道宁边郡妙香山和京畿道摩尼山③。每个史库藏一部。其把守之严，"紧关如军案，例以铁锡镇其背"④。可见，实录处于严密封存状态，不要说一般官吏，就是国王也难以看到。这就是李玄锡没有参考《李朝实录》的原因。

第二，李玄锡撰修此书时，处于被贬状态。1693年，他任职春

---

① 洪贵达：《成庙宝典洗草录》，转引车勇杰等：《史库址调查报告书》，汉城：韩国国史编纂委员会，1986年，第177页。
② 参见申奭镐：《韓國의修史事業》，日本《朝鮮學報》1978年第89辑，第1—25页。
③ 参见车勇杰等：《史库址调查报告书》；刘永智：《〈李朝实录〉评价》，《中朝关系史研究》，郑州：中州古籍出版社，1994年，第291—302页。
④ 《朝鲜世祖实录》卷四〇，世祖十二年十一月乙酉，第8册，第50页。

川府使时开始编修此书,以后一直为地方官,远离汉城,难以获取汉城资料。又因他早已不是史官,自然难以得到春秋馆的资料。朝鲜除实录和一些官方档案外,其他私家史书本来就不如明人多,而与明朝有关的就更少,这也是未用朝鲜史料的原因。

第三,朝鲜王朝对明清书籍刻意搜求,明清史料很容易为史家所看到。一方面,朝鲜要求明朝赐予,明朝曾赐予朝鲜大批书籍,同时,几乎每次派使臣出使之际,都要购求大批书籍。回国之后,这些书籍或被翻刻,或被转卖。故而,中国书籍反而较为容易获得,成为朝鲜修明史的主要参考资料。除《明史纲目》外,上表所提出的明史书籍,莫不是以明清人的史籍为主要参考资料,可以说,参稽明清人的史籍修明史,是朝鲜王朝明史撰修的一个特点。

《明史纲目》固然是以明清史籍为主要参考资料,但是否参考了《明实录》,或者说李玄锡是否看过《明实录》?吴金成教授以为《明史纲目》卷二上洪武四年(1371)十二月条所记府州县官数目同《明太祖实录》卷七十四年十二月乙酉条记载一致,因推论:"从这一点看来,似乎该书著作时(1703)已经部分引用《明实录》了。"[①]要论清是否参考了《明实录》,就要考察李玄锡是否有可能得到《明实录》。笔者认为在1830年购得《明实录》之前,朝鲜并没有《明实录》[②]。而李玄锡又从未前往清朝,故而他不可能直接参考《明实录》。而有关资料与《明实录》相同并不奇怪,因为,在李玄锡参考的资料中,不少直接参考过《明实录》,故而可以说,李玄锡间接参考过《明实录》,应无疑义。

---

① 吴金成:《朝鲜学者之明史研究》,第409—414页。
② 具体情况参考本章第四节。

三、《明史纲目》之评价

李光涛从《朝鲜王朝实录》中有关资料推测"这一著作,使吾人今日能获一部而利用之,则其有关明代史实之发明当非等闲之比"[①]。吴金成教授则称此书是"一种水准相当高的史书"[②]。笔者想从以下几个方面分析后,再作论断。

其一,述明大事,扬明功德,但内容陈旧。李玄锡修明史之出发点在于"表揭其不忘皇明之至意",所用的体例是"述明朝之纪传,而用紫阳《纲目》之凡例,以正厘之"[③]。因之,重点在于宣扬明朝功德,阐述明朝之大统。把军国大事先以纲列之,然后再用目说明,末附自己和其他史家的评论。因其史料全都是明清人的论著,因而在内容上并无新的突破。

但作为外国人著中国史,在笔法上亦有些特色,在《明史纲目序》中,李玄锡谈道:"世变矣,时往矣,公议攸俟,亶在此日,则曰微曰隐,亦有所不必用也。"[④]其所谓"曰微曰隐,有所不必用",似乎是不以春秋笔法为意。事实上,他还是未摆脱修史之春秋手法,例如谈燕王起兵时,直呼其名,不讳朱棣,就是以春秋笔法贬损成祖。而书中又多评论性的语句,为此还受到掌令宋时涵的弹劾,其言:"臣伏见李玄锡所编《明史纲目》,则其立纲之文,任意褒贬,至有当讳而不讳者,至于入梓进御,其将流传于百代。玄锡固不足责,而我殿下尊周之诚,恐有窃议者矣。"[⑤]后来英祖以为是朝鲜人修明朝史,不必过于苛求,才置其不论。既是宣扬明

---

① 李光涛:《记〈朝鲜实录〉中之〈皇明全史〉——兼论乾隆年刊之〈明史〉》,第30页。
② 吴金成:《朝鲜学者之明史研究》,第407页。
③ 李玄锡:《明史纲目》序,第5页。
④ 同上。
⑤ 《朝鲜英祖实录》卷五四,英祖十七年九月乙丑,第43册,第30页。

朝大德之书,对壬辰战争记载颇为详尽,详载明朝出兵、李如松战功、陈璘与李舜臣联合抗击日军的南海海战等,其意表明不忘明朝之大德也。

其二,重视史论,重视人物评价。正如前面提到,《明史纲目》征引80余条史论方面史料,既是征引之议论,且经过作者精心加工,就表明作者亦赞同此种论点。同时,还有7条李玄锡自己所作的议论。这7条史论中,有4条是评价人物的,分别是评明宣宗、世宗和穆宗以及天启年间辽东经略袁应泰。另外两条是评论奏疏,一条是论明代土田数字的。

李玄锡对明朝三位皇帝的评价,全是溢美之词,竟无半点指斥之意。论宣宗:

> 帝以刚明之资,缵祖宗之绪,修六府而备六事,亲九族以和万邦。讨汉藩,谕赵王,而内难平矣;严考察,举学行,而人才得矣;命王通,盟黎利,谕安南,立陈暠,而民命全矣。①

称颂世宗:

> 盖明兴以来,文治之盛,未始有也……内则更营,制戢叛兵,将吏功罪,赏罚俱当;外则北扫胡氛,南清海氛,妖民豪酋,旋发即殄……晚年视朝虽罕,而政无停滞,深居渊默,而威柄不移。升遐一诏,艾悔尤深,真不世出之主也。②

论穆宗:"守祖宗之法,无纷更之烦;先储贰之教,为久安

---

① 李玄锡:《明史纲目》卷七上,第316页。
② 李玄锡:《明史纲目》卷一九中,第220页。

之计。虽享国未久，规模弘远矣。"①明朝宣德朝已露衰败之象，国力中衰，安南问题几成焦头烂额之状，官僚腐败已极严重，但都被作为功绩称颂。嘉靖一朝，危机四伏，南倭北虏，猖獗一时，兵变、民变时有发生。但被誉为"明兴以来，文治之盛，未始有"。世宗晚年，日事玄修，二十多年不朝，亦被誉为"不世出之主"。穆宗在位期间，庸庸碌碌，无所作为，也被赞为"守祖宗之法""规模弘远"。称颂如此溢美，盖与思明不无关系。且作为藩属国臣民是不应指责宗主国皇帝的，故只一味颂扬。

不过，书中亦有真知灼见。与三位皇帝的评价相比，对袁应泰之评价就显得颇为公允了。天启年间，袁应泰取代熊廷弼为辽东经略，抗击后金，他一改熊廷弼之策，而"用兵非其所长"，兵败自缢，李玄锡论之"死不足赎"②。而对于明代土田数字的评论，显示出李玄锡作为史家独具的眼光。对于明代土田与户口数字，中期反而比洪武年间少，其中原因，迄今学术界也未取一致的看法，但李玄锡提出：

> 嘉靖中霍韬等疏谓，洪武中天下田土计八百四十九万顷，弘治间止为四百二十二顷，减已强半。天下户口洪武中户二千六百五万，口六千四百万，弘治间户仅九百十一万，口仅五千三百三十八万，国初户口宜少而多，承平户口宜多而少，何也？得非册籍欺隐，弊无纪极乎！况天下官职视国初增数倍，宗藩增数百倍，田粮日减，而经费日增，国用安得不匮！③

李玄锡提出的原因乃"册籍欺隐"，颇有道理，显示出他作为

---

① 李玄锡：《明史纲目》卷一九下，第255页。
② 李玄锡：《明史纲目》卷二二下，第375页。
③ 李玄锡：《明史纲目》卷一一下，第501页。

史家独具的眼光。

其三，此书体例亦不甚严谨。是书始于洪武元年朱元璋立国，终于崇祯十七年明亡。全书二十四卷，纲目体，末附补遗三篇，述太祖创业及南明之史实。但全书体例很不谨严。

首先，卷次编排，并非整齐划一，而一纲之下多目。前已提及，此书在卷次安排上显得比较怪异，因为在二十四卷中，一般分上、下两部分，但卷一至卷五、卷十一、卷十九、二十、二十三、二十四，则每卷分为上、中、下三部分，我们只要看看前面的《卷次编排与征引著作表》，就一目了然了。每卷分为三部分的卷次对应的时间分别是洪武、建文、永乐、弘治、隆庆、万历、崇祯。就朝代而言，占卷数最多的是洪武朝（三卷，每卷三部分）、嘉靖朝（近六卷，每卷两部分）、万历朝（近三卷，第一卷三部分，其他两卷为两部分）。究其原因，固然与此三朝时间很长有关（洪武朝31年，嘉靖朝45年，万历朝是48年），也因为作者所参考的史料与此三朝记载最多有关。从直接征引的史料看，洪武一朝最多，共15条，其次是嘉靖朝，共13条，再次是万历朝10条。但统观全书，在卷次编排上，并无一定之规，只视内容多少进行编排，亦非完全以朝代为主，只是以时间为先后，一朝的事已完，若不足一卷，就将下朝史实补入，足卷之后，再分下卷。但有一点值得注意，只有四年的建文朝占了三分之二卷，且直接征引了四条史论材料，可见作者对建文朝的重视。从这点看，李玄锡对卷次编排还是有所用心的。同时，嘉靖以后，建文朝史就一直是明清史家关注的热点，在其直接征引的史书中，就有专论建文一朝史实的，故此书也给予了足够的关注。

其次，一纲之下多目，甚至有纲与目毫不相干的。纲目体史书以纲陈其大纲，用目细加说明。但《明史纲目》中往往有纲与目毫不相干者。如卷二上，纲曰："冬十月，南番诸国入贡。"目则是朱元璋与朝臣谈读《大学衍义》之感受①，此真乃风马牛不相及也。一纲本只述一件事，但亦有一纲述两件事的，中间用［○］隔开，如"放元宫人○御史中丞刘基致仕"②。

体例之所以如此不严谨，主要原因是李玄锡作完初稿就去世了，他生前未能将全书整理完，后来其子帮助定稿，想必较为粗疏所致。总之，此书尽管体例不甚谨严，但基本上遵循了纲目体的原则，介绍了明代主要史实，且重视人物评价。由于是以明清史籍为主要参考资料，故而内容上并无突破，但体现了当时朝鲜人以修史怀念明朝的特点，且是朝鲜最早修成的明史著作，因之其重要性显而易见。

李玄锡修《明史纲目》时，即受到肃宗国王的鼓励。《明史纲目》问世之后，又受到当时朝野上下的广泛重视，随后朝鲜又有好几部明史问世，皆是因循李玄锡的基调。时至今日，此书依然有价值。正因为此书很重要，初刊之后竟因一桩清与朝鲜的外交事件牵连进去。

四、《明纪辑略》事件与《明史纲目》之刊行

李玄锡卒后不久，《明史纲目》即得刊行，但刊行近五十年后，几乎被禁毁。究其缘起，乃与《明纪辑略》事件有关。

李玄锡卒于1703年十月，《肃宗实录》如斯记载："壬辰，知事李玄锡卒。玄锡恬静自守，上褒以不喜党论，且有文名。尝修《皇明全史》，书未成而卒。"③李光涛据此并参阅《朝鲜王朝实录》的其他材料推论：一、李玄锡作有《皇明全史》，另有《明史纲目》；二、此书（《皇明全史》）系李玄锡与其子李汉谦合撰，

---

① 李玄锡：《明史纲目》卷二上，第66页。
② 李玄锡：《明史纲目》卷一上，第26页。
③ 《朝鲜肃宗实录》卷三八，肃宗二十九年十月壬辰，第40册，第51页。

且谓"比之班固之续其父《西汉书》,正可两相媲美的"①。但细加考证,此论大有斟酌之处。

所谓《皇明全史》,实际上就是《明史纲目》。实录中多处用"明史纲目"或"明史"来称李玄锡的著作,但唯有此处用"皇明全史"。再查《奎章阁藏书目录》和《藏书阁藏书目录》等韩国古籍目录,皆只有《明史纲目》,而没有《皇明全史》。笔者在韩亦只见到《明史纲目》,因此称《明史纲目》比《皇明全史》更为妥帖些。当然把《明史纲目》与《皇明全史》视为二书也就不妥了,因为根本没有《皇明全史》。

同时,李玄锡卒时已完成初稿,且进行了部分修改,李汉谦只进行了少许修改,因之不能说是父子合撰。早在丁丑年间(1697),李玄锡在《乞屏退卒撰明史疏》中就已提及"其涂抹点列者,几五分之四,缮写草本者,殆亦七分之一矣"。卒前四年(1699)《记梦说》中又言:"有顷,东州先生命持来所撰明史草,余即归家取三十册,裹袱以进。"②李汉谦进《明史纲目》三十二册时言:"不幸庚辰之春,草本才成,而先臣遽罹剧疾。"③朝臣李镇厚亦言:"故判书李玄锡曾上疏,请修纂明史,才毕工而身役,请令玉堂推来,为先净写一本。"④由此可见,李玄锡卒前已完成了初稿,且进行了部分修改。因此,李玄锡应是《明史纲目》的唯一的作者。李光涛若见到了原书,想必对此种论断也不会有异议。

李汉谦进《明史纲目》不久,此书即得刊行,朝鲜国王肃宗和英祖都见过此书,且都予以嘉奖。但刊行十年后,却因朱璘《明纪

---

① 李光涛:《记〈朝鲜实录〉中之〈皇明全史〉——兼论乾隆年刊之〈明史〉》,第20页。
② 李玄锡:《游斋集》卷一九《记梦说》,第556页。
③ 《朝鲜肃宗实录》卷五五,肃宗四十年九月癸卯,第40册,第539页。
④ 《朝鲜肃宗实录》卷五五,肃宗四十年八月戊戌,第40册,第538页。

辑略》事件的牵连,此书几乎被毁。

朱璘撰有《历朝纲鉴辑略》,前面已经提及。五十六卷,前四十卷为《纲鉴辑略》,卷四十到卷五十六为《通鉴明纪全载辑略》,即《明纪辑略》,又称《明纪全载》,记载从明太祖到南明三帝之有明一代史实,张英为之作序。此书初刊于康熙三十五年(1696),刊行不久即被朝鲜使臣购入,其时正是李玄锡撰修明史之际,因而此书成为李玄锡最为重要的参考书之一。《明史纲目》初版中有多处"朱璘曰"。但英祖四十七年(乾隆三十六年,1771年),朝鲜前持平朴弼淳详读使臣从清朝买回的各种书籍,方发现《明纪辑略》误记朝鲜太祖世系及朝鲜世祖事迹。朴弼淳举报此书:"所载我朝事,有瓆系罔极之诬,为我东含生之类者,惊骇痛迫。"[1]朝鲜国王英祖拍案大惊,朝野震动,因而引发一场朝鲜与清朝交涉的外交事件[2]。

朝鲜对于明清史籍中记载李成桂世系极为敏感,盖因其曾与明朝进行过多次交涉。最早误记李成桂世系始于朱元璋《皇明祖训》,后《明会典》因袭其说,以为李成桂是高丽末权臣李仁任之子,并言其父子首尾凡弑高丽四王。事实上,李成桂与李仁任毫不相干,故此朝鲜屡屡派使臣与明朝交涉,希图改正。一直到万历十五年(1587)《明会典》三修时,方得修正。修正后的《明会典》有这样一段话:

> 先是永乐元年,其国王具奏世系不系李仁人之后,以辩明《祖训》所载弑逆事,诏许改正。正德、嘉靖中,屡以为请,皆赐敕奖

---

[1] 《朝鲜英祖实录》卷一一六,英祖四十七年五月庚申,第44册,第382页。
[2] 参见黄元九:《清代七种书所在朝鲜记事之辨正》,《中韩关系史国际研讨会论文集,960—1949》,第419—426页。

谕焉。万历三年，使臣复申前请，诏付史馆编辑，今录于后。①

此段话将朝鲜为了改正《会典》之误，几次三番与明朝交涉之经过勾勒出来，朝鲜真可谓煞费苦心，历尽艰辛。清修《明史》之际，朝鲜很担心《明史》会存旧说，因而屡加陈请，要求《明史》刊行前，先将《朝鲜列传》颁赐朝鲜。雍正十年（1732），清将《朝鲜列传》稿本颁赐朝鲜，见其皆持正说，朝鲜总算放了心，"此册未见之前，忧虑实多，今则宗系事、列圣朝事，俱如意厘正"②。《朝鲜英祖实录》如斯写道，颇有如释重负之感。乾隆三年（1739），《明史》正式刊行前，《朝鲜列传》照例颁给朝鲜。朝鲜见正史皆持正说，以为其他野史将不攻自破，但当发现在清官修《明史》刊行三十多年后，《明纪辑略》仍存旧说，而且早已流入朝鲜，既惊讶又愤怒，故反应极为强烈。

正如前面提到，《明纪辑略》是《历朝纲鉴辑略》的一部分，因而不太引人注意，虽然早已传入朝鲜，且已被李玄锡等史家所引用，但一直未引起朝鲜官方的注意。如果不是1771年朴弼淳有意去阅读，想必还不会被发现。所谓"璿系罔极之诬"，即依然把李成桂看成李仁任之子，《明纪辑略》如斯言："高丽国相李仁人（任）因其王祸，而立祸子昌为王，遣使姜伯淮来贡，仁人子成桂废昌而立院君王瑶，主国事。"③此乃《皇明祖训》和《大明会典》之翻版。朝鲜国王英祖慨叹："几年辨诬，已载正史，则虽梦寐中，岂料有此事耶？……此书留置宇宙一日，则一日不孝；二日，则二日不孝也！"④于是，在国内焚毁《明纪辑略》，严惩有

---

① 申时行等修：《明会典》（万历朝重修本）卷一〇五，第1586页。
② 《朝鲜英祖实录》卷三一，英祖八年五月甲子，第42册，第303页。
③ 朱璘：《明纪辑略》卷二，清聚锦堂1696年刻本，第26b页。
④ 《朝鲜英祖实录》卷一一六，英祖四十七年五月辛酉，第44册，第383页。

关人员。同时派使臣出使清廷，与清朝交涉。随之，发现陈建《皇明通纪》亦存旧说，于是一并要求清朝禁毁。

朝鲜英祖派陈奏使前往北京，临行前，英祖亲自送别。并曰："事若不谐，则伏于阙外，期于得请也。"正使金尚喆曰："圣教至此，臣以苏武十九年期之矣。"表明一种不达目的誓不罢休的决心。奏文称：

> 臣（英祖）今始得见圣祖仁皇帝丙子年间朱璘所撰《明纪辑略》，其中载臣国祖康献王讳宗系及臣四世祖庄穆王讳事迹，而谬悖无伦，污蔑罔极，五内惊悼，宁欲无生……臣自见此书，愤懑弸中，当食忘食，当寝忘寝，若使此书一日留在于天壤之间，则臣将何颜面归见臣先祖乎？①

措辞之强烈，几与朱璘不共戴天之势。要求清朝禁毁《明纪辑略》及陈建的《皇明通纪》。但清朝则以一种颇为冷淡的态度予以答复，礼部议曰：

> 查朱璘《辑略》，于乾隆二十二年浙江巡抚杨廷璋奏请销毁。其陈建《通纪》，现遍访京城书肆，并无售者。是二书在中国久已不行，无事改削。该国王所称，诬蔑其国祖康献王旦世系及其四世祖庄穆王倧事迹二条，今恭阅钦定《明史·朝鲜列传》，载其始祖世系及国人废珲立倧之处，考据已极详明。乾隆三年，我皇上允该国王所请，刷印颁给，该国自当钦遵刊布，使其子孙臣庶知所信从。若陈建《通纪》、朱璘《辑略》二书，应

---

① 《朝鲜英祖实录》卷一一六，英祖四十七年五月丁卯，第44册，第384页。

令该国王于其中自行查禁焚销，永杜疑窦。①

依此启看，朱璘书既已禁毁，陈建之书亦无处售卖，故此清朝并不存在任何问题，问题之解决当在朝鲜本国。

《明纪辑略》在朝鲜的禁毁，几如同清朝的文字狱，朝鲜有许多人因此书而被下狱，甚至被处以极刑。惩处之际，购入此书的使臣首当其冲，虽已故去，亦"亟施拚棘之典"。朴弼淳所见之书上有牧使徐宗璧之印，徐已去世，也被追夺官职。买卖此书的李羲天及册僧裴景度，被"枭示江边，悬首三日。其妻孥黑山岛永属官奴婢"②。家藏有此书的郑得焕与其叔郑霖、门客尹爀皆被处死，枭首江边，妻、子为奴。随之又杖决译官五十余人，"危死者殆近百数"③。此事牵扯面之广，《朝鲜英祖实录》论之曰："诬史之狱，前后戮死者殆近十人。"④"名家士子亦多横罹冤死者。"⑤

已刊之《明史纲目》直接征引过《明纪辑略》，书中有多处"朱璘曰"，自然无法摆脱干系。英祖命"诸处史库所藏《明史纲目》，日后曝晒时，即其处洗草"⑥。李玄锡生前判书之职亦被追夺。《明史纲目》一旦全被洗草，其将不复存在。当时朝臣洪启禧以为"（《明史纲目》）而今以朱璘名字之载录，已尽洗草，从此我东无一部明史，实是欠典"。判中枢李昌谊亦认为"我国之事皇朝，义同内服，不可无一统之书"。于是，英祖指令洪启禧对《明史纲目》"增删编摩，俾成一统信史"⑦。后来，英祖又觉得删改

---

① 《清高宗实录》卷八九一，乾隆三十六年八月丙戌，第943页。
② 《朝鲜英祖实录》卷一一六，英祖四十七年五月丙寅，第44册，第384页。
③ 《朝鲜英祖实录》卷一一六，英祖四十七年六月辛未，第44册，第385页。
④ 《朝鲜英祖实录》卷一一六，英祖四十七年六月庚辰，第44册，第386页。
⑤ 《朝鲜英祖实录》卷一一七，英祖四十七年十月庚辰，第44册，第398页。
⑥ 《朝鲜英祖实录》卷一一六，英祖四十七年五月己巳，第44册，第385页。
⑦ 《朝鲜英祖实录》卷一一六，英祖四十七年六月乙亥，第44册，第385页。

《明史纲目》不妥,最后"只去朱璘评,仍旧本新刊以颁"①。可见,虽历经波折,《明史纲目》最终还是只去朱璘评语,基本上保持了原书的模样。

英祖四十七年(乾隆三十六年,1771年)七月,新刊《明史纲目》成,英祖亲自于崇政殿月台受此书,并奖赏有关人员,给监印官李昌任加资,校正官升叙,写字官以下员役等皆有赏赐。因之,《明史纲目》虽是李玄锡私修,最终是经英祖首肯,官府刊行的。现在流传下来的就是这个版本。

有意思的是,朱璘之《明纪辑略》乾隆二十二年(1757)即因载南明史实而被奏毁,上文提及的朝鲜与清朝交涉时,礼部即以此为托词。但交涉四年之后,即乾隆四十年(1775)十月,乾隆皇帝竟又亲自为其解禁。诏曰:

> 命《通鉴辑览》附纪明唐、桂二王事迹谕:甲申岁,我国家既定鼎京师,而明福王朱由崧为南京诸臣迎立,改元首尾一载。其后,唐王朱聿键、桂王朱由榔,相继称号者又十有余年。当时以其事涉本朝开创之初,凡所纪年号,例从芟削。即朱璘之《明纪辑略》,亦以附三王纪年,为浙江抚臣等所奏毁。兹以搜访遗集,外省奏进此书,阅其体例,非不尊崇本朝,且无犯讳字迹。徒以附纪明末三王,自不宜在概禁之列。②

当时禁毁书很多,因涉南明而被禁毁的亦不少,而乾隆帝唯独只提朱璘之《明纪辑略》,特为其解禁。想必乾隆皇帝对四年前朝鲜之要求还记忆犹新,这正表明乾隆帝不以朝鲜之要求为意。他为

---

① 《朝鲜英祖实录》卷一一七,英祖四十七年七月甲辰,第44册,第388页。
② 《清高宗实录》卷九九五,乾隆四十年闰十月己巳,第300页。

《明纪辑略》解禁,实有深意焉。从中不正可以窥见乾隆帝对朝鲜不诚心事清、一味思明的一种不满态度吗?

综上所述,李玄锡作《明史纲目》,其意正表明不忘明朝恩德,宣扬明朝之大义,这也正是朝鲜其他明史著作的出发点。由于它是总括明清人的史籍而编纂的,内容上并无新的突破,体例上亦不甚整齐,却是朝鲜王朝最为重要的一部明史著作。其重视史论,注重人物评价。书成之际,又恰逢大报坛设立之时,因而受到朝野上下的广泛重视。即便因"谬悖无伦、污蔑罔极"的《明纪辑略》的牵连,最终亦只去朱璘评,全书终得完整留存。

第三节 成海应及其《皇明遗民传》

朝鲜人所著《皇明遗民传》在中国学术界并不陌生。20世纪20年代,北京大学中文系教授魏建功在汉城书市上购得手抄本[①],回国后,1936年北京大学将其影印,著名明清史专家孟森为影印本作序[②],向中国学术界推介,从此广布中国学林。傅吾康在《明代史籍汇考》中,依据孟森与魏建功的材料,介绍了此书[③]。谢国桢《增订晚明史籍考》亦对此书予以特别介绍[④]。20世纪90年

---

① 魏建功:《影印皇明遗民传跋》言:"《皇明遗民传》固余适然得之,邂逅者也。书凡三册,松纸墨书,间有朱字。盖钞自数手,而校由一人。"成海应:《皇明遗民传》,北平:北京大学影印本,1936年,第1页。
② 孟森:《皇明遗民传序》,初刊《天津益世报·读书周刊》1936年4月23日第45期,又见北京大学影印本《皇明遗民传》及孟森《明清史论著集刊》,北京:中华书局,1959年,第155—156页。
③ Wolfgang, Franke(傅吾康):*An Introduction to the Sources of Ming History*(明代史籍汇考),Singapore: University of Malaya Press, 1968, P96.
④ 谢国桢:《增订晚明史籍考》卷一七《传记》上,上海:上海古籍出版社,1981年,第763—765页。录入孟森序文与魏建功跋,并及作者本人介绍。

代，美籍华人学者谢正光与南京大学历史系教授范金民合编《明遗民录汇辑》，亦收录此书①。可以说，此书已引起中国学术界的广泛重视。与此相对照的是，此书在韩国可以说湮没无闻。汉城大学东洋史学系所作的相关课题《朝鲜学人中国史研究之整理与评价》中收录了王德九的《皇明遗民录》，却未见录入《皇明遗民传》。冯荣燮编《大明遗民史》，虽全文收录此书，但用的却是北京大学影印魏建功的版本。此外更无论及此书之文章。中韩对此书注意程度反差之大，亦颇有意思。

此书固然相当重要，但更为重要的是迄今为止学术界并不知道此书的作者是谁，对为什么朝鲜人会撰明遗民传亦无人探求。魏建功曰：

> 撰著姓氏不详，贾人告余云是朝鲜人所作，余习知彼土锓梓之风不盛，官书活字印板而外，类多写本，所经见者皆百年以上物……不能遽断其著者乃愿为明臣之鲜人也，抑逃为鲜人之明臣邪？②

魏建功既断定著者不详，而孟森一开篇即言"朝鲜人所著《皇明遗民传》，稿本，七卷"③，将魏建功之不知是明遗民还是朝鲜人之判断，断定为朝鲜人。谢国桢则标之为"朝鲜佚名撰"。谢正光、范金明对著者问题的看法亦如前人。故而学术界对此书的作者以为是"无名氏"或"佚名"，以致成为一种共识。作者既不知为何人，此书之写作动机，与其他同类书有何不同，更无人论及了。

1998年7月，笔者在韩国高丽大学图书馆，意外地在成海应的文集《研经斋全集》中发现了此书。《皇明遗民传》收在《全集》

---

① 谢正光、范金民编：《明遗民录汇辑》，南京：南京大学出版社，1995年。
② 魏建功：《影印皇明遗民传跋》，成海应：《皇明遗民传》，第1页。
③ 孟森：《皇明遗民传序》，《明清史论著集刊》，第155页。

之《本集》第三册，为卷三十七至卷四十三。《研经斋全集》为高丽大学中央图书馆1982年影印图书第11号①，分《本集》与《外集》，全九册。其中《本集》三册，《外集》六册，160余卷。此书中还录入了成海应所写的《皇明遗民传》的序文，结合其他资料，笔者断定《皇明遗民传》的作者是成海应。从成海应本人的经历、他所处的时代以及他的思想等方面看，他作此书是完全可以理解的。笔者遂先就此书的作者、此书的写作动机、此书与同类书籍的比较等方面一一加以探讨②，并以成海应及其《皇明遗民传》作为个案分析，探求朝鲜王朝士人编修中国史书的内在根源。

一、成海应生平事迹志略

成海应（1760—1839），字龙汝，号研经斋。出身世家门第，始祖为高丽中尹仁辅。其世系传承可作如次略图③：

仁辅（始祖）……汝完（七世祖）→俊耈→后龙→璟→梦奎→孝基→大中→海应→宪曾→骏镐

---

① 成海应：《研经斋全集》，汉城：昕晟社，1982年。
② 其实，对于成海应，韩国学术界并不陌生，有相关论著论及。李丙焘：《成研經齋與其學術述略》，满蒙学术史料丛书《稻葉博士還歷紀念滿鮮史論叢》，汉城：亚细亚文化社，1986年，第729—748页。当时作者即慨叹：成先生生身后凄凉，死后一个世纪，遗著未得刊行，亦无知者，窃为先生恨。又金文植：《成海應의經學觀과對中國認識》，《韩国学报》70辑，汉城：一潮阁，1993年，第111—158页。又金文植：《朝鮮後期經學思想研究：正祖와京畿学人을중심으로》，汉城：一潮阁，1996年。第二章详细讨论了成海应的经学思想，第74—115页。徐迥遥：《成海應의經學思想에관한考察》，《大东文化研究》1982年第15期，第5—16页。杨沇锡：《研經齋成海應의詩經學研究》，高丽大学国语国文系硕士论文，2000年。
③ 参见成海应：《研经斋全集行状·研经斋府君行状》，第279册，第469页。

七世祖汝完,"高丽政堂文学,国亡,隐于抱川王方山"①。伯高祖翠虚公成琬(1637—1710),乃当时著名反清尊明人士金尚容(1561—1637)的庶外孙,成琬亦是反清尊明之士。成海应在《翠虚公墓志》中写道:"公当皇朝陆沉之余,既悲愤痛念,而孝庙不早宾天,当时诸公奋大义出师,得以驰骋于辽沈之间,则公当奋笔而从,勒燕然,铭瀚海,以之张士气,而著茂绩。是公志耳。"②可见,其先祖对明亡清替有着切骨之痛。成海应祖父成孝基(1701—1770)对易学有相当深入的研究。尽管成海应先祖们乃世家大族,但是其父成大中(1732—1812)却是庶孽,非嫡出。按朝鲜的法律,庶孽子孙不得参加科举,也不可能出任流官,只能担任中下层的小吏。此法律阻碍着人才的任用,英祖实施改革,对庶孽子孙破格举用,成大中幸运地成为入选者,以后他得以跻身宰辅之职③,从而为成海应的成长奠定了基石。

成大中,字士执,号青城。经英祖拔擢,得以脱庶孽之身,中进士。授职成均馆典籍,后为银溪道察访,曾为交邻使出使日本,正祖时建王室图书馆奎章阁,首举成大中掌管之④。成大中深受正祖倚重,正祖组织编修了许多载录朝鲜思明贬清活动的尊周类史书,若《尊周汇编》《国朝宝鉴别编》等,成大中莫不主其事。可以说,成大中是英、正时期倡导尊周思明的干将之一。

成海应生活于这样的家庭,深受其父亲的影响,加上自幼向学,成名甚早,后来竟与其父为同僚。其侄成佑曾在《研经斋府君

---

① 成海应:《研经斋全集行状·研经斋府君行状》,第469页。
② 成海应:《研经斋全集》卷一〇《翠虚公墓志》,第223页。
③ 丁若镛:《与犹堂全书》卷一二《庶孽论》言:"(英祖)愍庶孽之枳塞,命选部选其有文艺者成大中等十人,授之台谏之职,既而进宰辅之臣。"《影印标点韩国文集丛刊》2002年第281册,第253页。
④ 成海应:《研经斋本集》卷一〇《先府君行状》言:"上方兴右文之治,建奎章阁,储文学之士,移校书馆为奎章外阁,首举府君而管之,凡有校雠编摩之役,则辄命之。"第217页。

行状》中写道:

> 八岁书大字,笔法老练,今尚藏于家。甫就学,食息未尝释卷。九岁观《栗谷全书》,至其《年谱》,曰:此可企及也。自十岁以后,较其年以验能否。及成童,声誉藉甚,非直以文艺也。癸卯,中进士,正宗置奎章阁,遴选清峻。戊申,以府君为检书官,读书东观,文益富赡。庚戌,升六为尚衣院别提,仍直内阁例也。时青城公在外阁,凡编摩校雠之役,父子同承上命,时人荣之。①

成海应生而聪慧,幼而好学,长而有大才,仕途亦相当顺利。韩国学者金文植将成海应一生分为三个时期:成长期(1760—1788)、仕宦期(1788—1815)、著述期(1815—1839)②。笔者以为相当准确。1788年,成海应为奎章阁检书官,是他一生的转折点,他自言道:

> 及通籍内阁,纵观中秘所藏,僚寀又多博洽之士,每公余谈笑,皆足以发吾志。又受上命,多预编纂之役,与当世鸿儒相追逐上下,辄以经传奥旨,互相发难,亦往往有所得。虽浮沉仕宦者二十余年,或为事务所挠夺,此志未尝少懈。③

其又言:

> 时内阁考课甚严,有职任者不得在家,而青庄公(李德

---

① 成海应:《研经斋全集行状·研经斋府君行状》,第469页。
② 金文植:《성해응의經學觀과對中國認識》,第111—158页。
③ 成海应:《研经斋全集》卷一三《外集序》,第295页。

懋)及柳泠斋(柳得恭)、朴楚亭(朴齐家)皆僚也,由是得日与之相对,往往无所事,辄上下经传子史,以及远方异闻,谈笑以为乐。①

李德懋(1741—1793)、柳得恭(1749—1807)、朴齐家(1750—1805)都是当时朝鲜王朝第一流的学者,又是成海应父辈,而成海应竟与他们同堂共事,互相切磋经史,探讨学问,对成海应无疑是一种极大的鼓励和鞭策。与诸多名流交往,成海应深受教益,学问突飞猛进。他得益于李德懋尤多。成氏父子与李德懋家族可谓世交。成大中与李德懋过从甚密,成大中前往日本之际,李德懋诗以赠之,李德懋为积城县监,成大中又率诸子前往祝贺。成海应不仅与李德懋为同僚,而且与其子亦曾同事,且比邻而居②。在这样一种环境下,加上个人的努力,成海应终于成为朝鲜王朝非常重要的学问家。更重要的是,在当时举国上下强烈的思明气氛之下,成海应思想观念上更是极端。

成海应与其父一样深得正祖重用,正祖有感于:"忌讳甚多,浔滩之后,廊庙尊攘之论,草野思汉之泳,率皆秘而不宣,迄未有全部传信之文。"③于是就于乙卯(1795)命李义骏与成大中合编《尊周汇编》,由李书九发凡起例,有关书籍之编撰,正祖多倚仗成大中、成海应父子。成海应对正祖之倚仗亦深有感触,自言:"臣屡以文字之役,聆玉音而望清光者十三年矣。"④又作诗怀念正祖道:

---

① 成海应:《研经斋全集》卷一七《李奉杲光葵哀辞》,第410页。
② 成海应:《研经斋全集》卷一七《李奉杲光葵哀辞》言:"余以是岁夏(1788)与懋赏(李功懋)俱通籍内阁,而又移家,卜邻以居,常晨夕相过从。"第410页。
③ 成海应:《研经斋全集》卷一〇《先府君行状》,第218页。
④ 成海应:《研经斋全集》卷二七《正宗大王御制历代行表序》,第326页。

当时扈跸尽恩荣，今日重过涕满缨。
望望山川如昨昔，何缘复听凤头声。①

可见成海应对于正祖重用非常感激。在正祖的支持下，成海应完成了许多重要的史著。如《尊周汇编》，成大中、李义骏、李书九等成其初稿，而最终由成海应完成定稿。

奎章阁检书官是一个非常重要的职位，掌管朝鲜王朝书籍与编修相关的事务，对于学问之增长，极为重要。朝鲜王朝重要的学问家、思想家李德懋、朴齐家、柳得恭皆曾为此职。成海应1788年为奎章阁检书官，为其仕途之重要阶段。后来，他又先后担任过金井察访、阴城县监，1808年为通礼院引仪。1809年，成大中去世，遂守制，1814年参与编撰《弘斋全书》。晚年为其著述期，著作极其丰富，涵盖经史子集四部。当时宰臣赵寅永评之曰："百年以上吾未之知，以后无此人矣。"②成佑曾在《研经斋府君行状》中评之曰："天姿纯粹恺悌，清介通达，孺染家庭之教，沉潜圣贤之训，天人性命之理，钱谷甲兵之要，靡不洞贯，经济之具，绰有余裕。"③对其学识给予了极高的评价。作为当时著名的儒学者，成海应于经学、史学造诣相当深厚，其文集《研经斋全集》更可谓博大精深。其学问之范围与规模宏大，经、史、子、集无不探究，后人亦难窥其堂奥。尊周思明的理念在他的史学著作中有非常明确的反映。他的史学著作几乎全是围绕思明尊周而作的。下面我们略述成海应著述及其对明义理观，以具体把握成海应的尊周义理观，并探究成海应作《皇明遗民传》的内在原因。

---

① 成海应：《研经斋全集》卷二《历华城》，第43页。
② 成海应：《研经斋全集行状·研经斋府君行状》，第470页。
③ 同上。

二、成海应之著述及其对明义理观

1839年,成海应以80高龄辞世。次年,其侄成佑曾为其编辑文集,是为《研经斋全集》。据成佑曾《研经斋府君行状》所载,其所编全集,凡诗14卷,文16卷,杂著134卷,共164卷。但是书长期以来未得刊行。笔者查阅朝鲜总督府编《朝鲜图书题解》[①]《延世大学中央图书馆古书目录》[②]李相殷编《古书目录》[③]等多种韩国最为重要的古书目录中,都未见收录成海应此书,而成海应其他著作亦甚少收录[④]。可见长期以来,成海应的著作在朝鲜流传甚少。高丽大学1982年影印本《研经斋全集》,亦未说明版本沿革[⑤]。此影印本卷次与《研经斋府君行状》中所提《全集》卷次稍有不同。此影印本分《本集》和《外集》。《本集》为诗文集和与经史相关著作,凡90卷。《外集》70卷,具体分四门:

---

① 朝鲜总督府编:《朝鲜图书解题》,东京:名著刊行会,1969年。
② 延世大学中央图书馆编:《延世大学校中央图书馆古书目录》,汉城:延世大学中央图书馆,1977年。
③ 李相殷:《古书目录》(汉城:保景文化社,1987年)含《奎章阁图书韩国本》《藏书阁图书韩国本》《国立中央图书馆韩国本》《国史编撰委员会图书馆韩国本》古籍图书目录共73383种图书目录,257630册古籍图书。
④ 在以上所提到的目录书中,收录成海应的著作很少。只有《东国名山记》一极短的书为多家目录收藏,乃近代日本影印。而日本《国立国会图书馆汉籍目录》中,收录了北京大学影印本《皇明遗民传》,作者亦是以"无名氏"称,并未将此书列入成海应名下。
⑤ 2001年秋,笔者在高丽大学做访问学者,终于看到高丽大学图书馆所藏《研经斋全集》写本三种,分别为:一,贵555号,乃外集29卷,行状1卷,合58册,全11函;二,贵555A号,全6函,内集60卷,30册;三,贵555B号,别集27卷,14册,全2函。三种全部共十九函。这是笔者所见最为原始的版本,也可能是韩国现存的最原始的孤本。每册首页皆有"龙汝""成海应章"印章,尾页有"兰室"印章图案。此可能是成海应的底本,在每册中间都有夹带小条,乃修改内容,有的小条上写着"当删"字样。有的在诗文首句写上"序低一字"的字样。成海应卒后,其侄儿成佑曾负责编辑《研经斋全集》,这些纸条疑系成佑曾所为。昕晟社1982年所影印的《研经斋全集》即是以此为底本,重新编辑而成。

曰经翼、曰史料、曰子余、曰载籍。又就四门……于经翼曰易类、曰书类、曰诗类、曰春秋类、曰礼类、曰总经类；于史料曰例类、曰尊攘类、曰地理类、曰传记类、曰仪章类、曰故事类；于子余曰天文类、曰草木类、曰识小类；于载籍曰器量类、曰古迹类、曰杂记类。①

之所以如此分为四类，成海应解释道："余少尝慕王伯厚、郑渔仲之风，好以文献为事……遂惜其弃置漫灭，仿《汉魏丛书》，分四门，曰经翼、曰史料、曰子余、曰载籍，又就四门而仿欧阳氏《类说》。"②可见四门之分即如同四部，郑樵（1103—1162）③、王应麟（1223—1296）④更是他效法的榜样。以上四门中，以"经翼门"和"史料门"最为重要，既体现成海应作为儒学者的学识，又反映出其对明义理思想，其经学观与史学观，都可从中探求。我们先看看成海应的经史学观，再来考察其对明义理思想。

明清时期中国学者都很注重经史关系的讨论，王阳明、王世贞、李贽都有经史不分的观点。王阳明言："以事言谓之史，以道言谓之经。事即道，道即事。《春秋》亦经，《五经》亦史。"⑤王世贞则以为"天地间无非史而已……《六经》，史之言理者

---

① 成海应：《研经斋全集》卷一三《外集序》，第296页。
② 成海应：《研经斋全集》卷一三《外集序》，第295—296页。
③ 郑樵，字渔仲。不应科举，居夹漈山，刻苦力学三十年，著作极丰。晚年成《通志》，为百科全书式通史，其中《二十略》颇有创建。人称夹漈先生。
④ 王应麟，字伯厚，号深宁居士，淳祐进士，官至礼部尚书。学问渊博，对经史子集，天文地理皆有研究，著作甚富。
⑤ 王阳明：《王文成公全书》卷一《语录》，《文渊阁四库全书》第1265册，上海：上海古籍出版社，1987年，第13页。

也"①。李贽提出"经史一物"②。章学诚则将明清以来关于经史关系的讨论，总括为"六经皆史"的观点③。作为朝鲜的儒学者，成海应亦如明清学者一般注重经史关系的探讨。他论道："夫经者，道也，能舍道而行乎？史者，鉴也，能背鉴而照乎？有质而后有文，唯文之是尚，则鲜不归于浮华无实。"④在他看来，经与史，一为道，一为鉴，同等重要，不可偏废。故其著作中，经、史二类著作最多，最重要。清代经学以汉学为主，宋学则受到贬斥和批评。作为藩属国臣民的成海应，其经学观与清代学者观点并不相同。他合汉、宋之学于一体。《行状》曰："特研精于经，合汉、宋之学而操其要。归诸博文约礼之训，府君之自号有以也。"⑤成海应自号研经斋，即表明其对儒家经典的喜好与钻研。在群经之中，他尤其对《易》与《礼》有十分独到的研究。其实，其经学著作涉猎五经，留存下来的相当丰富⑥。成海应兼通汉、宋之学，对于当时朝鲜儒学界只专于宋学、贬斥汉学的现象提出了严厉批评：

> 东方之学者，不识推而通之，辄斥汉儒专门之学，汉学乌可

---

① 王世贞：《弇州山人四部稿》卷一四四《艺苑卮言》，《文渊阁四库全书》第1281册，上海：上海古籍出版社，1987年，第350页。
② 李贽：《焚书》卷五《经史相为表里》，北京：中华书局，1975年，第213页。
③ 章学诚：《章氏遗书》卷九《报孙渊如书》，言："盈天地间凡涉著作之林，皆是史学。《六经》特圣人取此六种之史以垂训者耳。"北京：文物出版社，1995年，第86页。
④ 成海应：《研经斋全集》卷一二《书赠孙儿骏命》，第265页。
⑤ 成海应：《研经斋全集行状·研经斋府君行状》，第471页。
⑥ 成海应：《研经斋全集行状·研经斋府君行状》中对其各种著作都给予了详细的说明。其言："群经之言莫不表里，《易》与《礼》其尤者也。故斤斤讨论至于易箦之前。于《易》有《古文易》《挂扐说》；于《礼》有《礼论》《仪礼详节》《乡饮酒要义》《深衣解陈注纠误》；于《诗》有《毛许异训》《笺注同异》《四家诗说》；于《书》有《书序辨》《古文书目说》《逸书辨》《伪书辨》；于《大学》有《古文说》；于《孝经》有《今古文辨》；于《春秋》有《杜注考异》《春王正月辨》。凡所以翼经，又有《经解十三经考》。"第471页。可见成海应经学著作相当丰富。

轻也！授受既确，师承且笃，苟欲击而去之，是谈理而遗数也。余固病是，凡古注之可资于洛闽者，辄荟粹之。①

对宋学诸子他也极为推崇，对二程、朱熹大加颂扬。以为："洛闽之训，亚于经者，如《二程全书》《朱子大全》《近思录》《性理大全》等书，皆日用常行之不可阙者也。朝夕常目，则心不放而志不肆，体不惰而貌不颓。"②他把《二程全书》《朱子大全》《近思录》和明初编的《性理大全》看成是"日用常行"之书，当朝夕省览，方能使人心坚志定，体貌振作。对于朱熹《四书集注》尤为推崇，夸其"用心之公，择言之平"，体现了"大贤著书之意"③。

如何看待五经之形成过程，尤其是对五经残缺不全，是否应由秦始皇负其全责，成海应提出了独到的看法。他论道：

> 论者以五经之残佚，辄咎秦火，秦火固烈矣，其焚经在秦始皇三十四年戊子（前213），挟书之律，除于汉惠帝四年庚戌（前191），其间才为二十三年。又齐鲁之间，素习圣人之化，讲肄礼乐，此秦法所不得禁也。是故汉高帝引兵至鲁，闻弦歌之声，《诗》又因弦歌而传，尤宜其无错谬者也。④

又言：

> 秦法虽酷，岂能尽祛简策，又潜相传袭者，无由禁之。观于

---

① 成海应：《研经斋全集》卷一三《外集序》，第296页。
② 成海应：《研经斋全集续集》册一二《读书式》，第269页。
③ 成海应：《研经斋全集》卷一四《东儒四书辑注例说》，第339页。
④ 成海应：《研经斋全集》卷二一《毛许异训说》，第510页。

伏生传《尚书》可知也。盖民间之所传，熠于陈涉及刘、项八年之乱，博士之所藏，尽于项籍之火，不专咎秦氏焚坑之祸也。[1]

在成海应看来陈胜、吴广之反秦，刘邦、项羽之楚汉战争，对五经之残缺亦难逃其咎。所以将五经不全都归咎于秦始皇之焚书坑儒自是片面，未得其实。五经残缺，赖汉儒整理保存，才得以还原。他对汉儒之贡献给予充分的肯定：

> 自汉儒掇拾于焚坑之后，力追古圣人述作之旨，为之章句焉，训诂焉。又恐其讹误也，为之考校刊正；又恐其字体之不能一也，为之石刻而印行；又恐其传布之不广也，为之板刻。使各以其力之多寡，自相移摹而梓之。其所以用力者，可谓勤矣。[2]

故而在文献保存上，也充分肯定汉儒之功绩。这也是他汉学、宋学并重的一种体现。

对于经学中的今文、古文之争，成海应亦不以为然。他认为经学意在求其真理真义，而不要拘泥于今文、古文之争：

> 然读《书》，而不能达二帝三王治天下之心法，而徒事于今文古文、《禹贡》山水、《洪范》畴数及错简之说，则末矣。读《易》，而不能通进退、存亡、消长之理，而徒拘于六日七分，反易对易，世应飞伏之说，则小矣。读《诗》，而未究乎兴、观、群、怨，感发惩创之训，而徒辨乎《大序》《小序》古音叶韵、十五国风、地理、草木、鸟兽之辨，则细矣。读《春秋》，

---

[1] 成海应：《研经斋全集外集》卷一二《十三经考上》，第233页。
[2] 成海应：《研经斋全集续集》册一七《石经说》，第449—450页。

而未得乎褒贬与夺,明章婉微之旨,而徒出入乎用夏时、改正朔,与夫月日例,三传同异之际,则错矣。是虽东人之所不能及,亦不急之务也。①

由此可见,成海应之经学,反对那种寻章摘句式的教条本本作法,而主张学其精核,明其大义。此处他论读经之大旨,而在《读书式》中,更分别就五经所学之旨予以细细说明。他讲求实效,不求拘泥于教条。他以"研经斋"为号,更体现了其读经、学经之精神风貌。

史料门,如前所述,大体分为六类30卷。而本集尚有16卷有关历史的内容。有《风泉录》《崇祯逸事》《明季书稿》《皇明遗民传》《北边杂议》《宋遗民传》《史论》等。而有关历史的文章大部分是与明史相关的内容,而且是关于对明义例的内容。《行状》曰:

史者,鉴也。人不能背鉴而照,故为《二十三史约例》。而世系、姓讳、年号、陵号,了若指掌。凡系于明末事迹者,荟萃作书,以寓风泉之感。弘光、隆武、永历,虽国少兵弱,是皇祖正统,故作《三皇纪》。张廷玉《明史》多所忌讳,忠义之士,掩晦不章,故作《皇明遗民传》。皇统未绝,可以少纾冤郁之义,故作《丁未传信录》。河清无日,狃安已久,则忿愤冤结者,庶可即境兴怀,故作《华阳洞志》。若《风泉录》《尊攘类》其旁流也。箕圣以后,文献无征,罗、丽国史,不成体裁,以东儒之谓陋故也。凡可以补十志列传者,俱收并蓄作史料。②

---

① 成海应:《研经斋全集》卷一三《送赵云石羲卿游燕序》,第293页。
② 成海应:《研经斋全集行状·研经斋府君行状》,第471—472页。

由上可以看出，其《史料》虽亦偶有涉及韩国史者，但绝大多数都是有关《明史》的。而关于《明史》部分主要是关涉南明与明遗民的。其最终意图在于尊周思明。《明季书稿》《皇明遗民传》《明季史评》《三皇纪》《崇祯逸事》等是成海应研究明末清初史的主要著作。而这几种书之所以编成，主要原因是出于对张廷玉《明史》之不满。清修《明史》是从清人的利益出发，对于明朝尤其是朝鲜所看重的南明之正统，自然不会依从。对于朝鲜所看重之南明年号、忠义之事，大多略而不书，或述而令朝鲜人不满，故而为了改正《明史》之不公，成海应遂编撰许多史书以正其谬，并补其阙。下面就以《皇明遗民传》为中心，来详细探究成海应编修这类史书的原因。

三、《皇明遗民传》等相关明史之成书原因

成海应编修《皇明遗民传》等相关的明史著作，原因是多方面的。首先是高扬尊周思明义理，编史书以重其事；直接原因则是对清修《明史》之不满。同时对当时朝鲜人所编的同类书籍之补充，而对遗民精神之褒扬亦是其编辑此书的重要原因。

成海应是朝鲜英、正时期（1724—1800）极力倡导尊周思明的儒家代表人物，时时表现出对明朝有着一种难以解脱的感情，对明朝所予之恩德极为推崇，自然就极力强调明朝的正统地位。他论道："我之所授号者，皇朝之赐也；所履者，皇朝之封也；所仪章而临者，皇朝之制也，无往而非皇朝之物也。"[①]在成海应看来，朝鲜从国号到领土，从仪章制度到衣着服饰全是明朝所赐之物。万历朝鲜之役，明朝出兵拯救之恩，更是令朝鲜永世不能忘。他言："天子再兴师救属国，竭登莱之粟，疲江浙之士，屏逐倭寇，奠

---

① 成海应：《研经斋全集》卷三二《复雪议》，第221页。

吾民于衽席之上。"崇祯丙、丁之际，内乱频盈，局势不稳，但依然指令登莱颜继祖率舟师救朝鲜，"此天下之至恩"。明朝对朝鲜有此至恩，但是却并不能报答万一，反而为清所驱，入皮岛，入锦州，反助清人攻明朝，"此又天下之至痛"[1]。朝鲜处此尴尬境地，唯有推崇明朝之恩德，并大力扶植尊周思明之理念，方为正道。

在肯定明朝正统地位之同时，对清朝则采取贬斥态度，论道："自满洲之入中国，冠屦倒置，华夷杂而不纯。独我东葆其文明，而孔子尊攘之义，朱子复雪之议，士犹有讲劘之者，诚不愧乎君子国之称。"[2]贬斥清朝，是为了宣扬朝鲜王朝，以为朝鲜继承了明朝正统地位。清初，朝鲜儒林界高举尊王攘夷大旗，表明与清势不两立，处于19世纪初的成海应依然如其先贤们一样，主张复仇雪耻。他既作《正统论》以宣扬明朝正统地位，又作《复雪议》，以探求对清朝复仇雪耻之道。曰："虏乃肆然据帝位，徒责金缯于我，以丙子之存我国，反德我东国，诚有血性者流，岂不以寸铁加其使乎？皇明之亡愈远，而我之仇虏益深。"[3]正因此，他极力主张复仇雪耻，并设计进攻清朝路线。以为可分两路出兵，一从陆路，渡鸭绿江、豆满江，夺取辽东，"彼清人部落皆失巢穴而远屏，夫然后可与争衡于燕城之下矣"。一从海路，入苏杭，坏其税运；入登莱，冲其心腹。这样两路夹攻，使清人首尾不得顾全，然后"天下之溃乱又可知矣"。攻击清朝意不在夺其土地，而是要恢复明朝江山。事成之日，"求朱氏之后，即位于皇极之殿，以礼改葬崇祯帝、后，涤除腥秽，扫荡氛祲，追罪洪承畴、李永芳等诸叛逆。退守东藩，则其义声垂于百世，自三代以后孰有及于我邦

---

[1] 成海应：《研经斋全集》卷三一《华阳洞志序》，第184页。
[2] 成海应：《研经斋全集外集》卷六五《燕中杂录》，第206页。
[3] 成海应：《研经斋全集》卷三二《复雪议》，第221页。

哉"①！正是在这样一种思想指导下，成海应对《明史》予以极大关注，从而激发他编修《明史》的热诚。

其次，成海应对清修《明史》之批评。张廷玉主编之清官修《明史》，在编修过程中，朝鲜就予以极大的关注，曾数次派使节前往清朝就相关史实加以交涉，《明史》正式颁行前，清朝应朝鲜要求，先将《朝鲜传》赐给朝鲜。乾隆四年（1739），《明史》正式刊行，不久，朝鲜就得全书。朝鲜不认同清朝正统地位，故而从国王到一般儒士都相当关注清修《明史》是如何写的。《明史》传入朝鲜后受到了强烈的批评，朝鲜儒士对其书极为不满，纷纷另著新史以驳之，成为朝鲜编修《明史》的又一重要原因。

成海应对张廷玉《明史》多加批评。《皇明遗民传序》一开篇就指出，"余尝读张廷玉所著《皇明史》，廷玉臣事清，有所忌讳，为皇朝忠义之士多掩晦不章"②。他批评其对南明诸帝处理尤为不公，论曰：

> 崇祯之末，弘光、隆武、永历三皇帝继之，虽其国小兵弱，而皇朝之统独能撑住，如章武之绪寄于西蜀。清人之修《明史》也，徐乾学议崇祯纪后，照《宋史·瀛国公纪》后二王附见之例，以弘光、隆武、永历及鲁监国附入。而张廷玉之编纂也，散见于诸王传中者，以忌讳也。③

南明三帝不仅无纪，而其事迹亦只散见于诸王传中，在成海应看来这是非常不公之作法。《明史》只对清人之事详记，"专媚胡虏。胡虏之犯中原，张其搪突之势，若天兵之破胡虏，并没

---

① 成海应：《研经斋全集》卷三二《复雪议》，第220—221页。
② 成海应：《研经斋全集》卷三一《皇明遗民传序》，第186—187页。
③ 成海应：《研经斋全集》卷三二《尊周汇编条议》，第209页。

其功"①。对于《明史》不书明朝之忠烈与破胡之史,还有多处论及。又曰:

> 《明史》出清人之笔,彼皆故皇朝遗黎,固多忌讳。当弘光、隆武、永历三皇帝之时,凡属皇朝事,多遏而不章。如李定国之诛孔有德、郑成功之伐金陵,皆清人之所欲掩护也,是故不见于《明史》,而散见于他书,如此类者甚多。②

在成海应等看来,清官修《明史》问题相当多,既不彰显忠义之士,反而故意隐晦,凡对清朝不利之事,或隐或略,令成海应深恶痛绝之。故而,他努力编修许多明史书籍,以纠其谬。从而进一步宣示明朝的正统地位,这也是成海应编修《皇明遗民传》的重要原因。

其三,成海应处于当时大修《明史》的背景之下,深得正祖重用,使他成为正祖编修尊周类史书重要的大臣。他编修《明史》与其家世亦分不开。英、正时期编修了许多明史书籍和尊周类史书,对朝鲜思明予以赞扬。这样的背景,促使成海应编修《皇明遗民传》。而他的出身与家世,对其编修此类书籍亦颇有影响。成海应自言:"吾东之士,常怀万历之恩、崇祯之惠,尚能知尊攘之为可慕,余家又世守此义,故喜为遗民作传,以待河清之日,得章显于天下,而余家之义因之不泯乎。"③他编修《皇明遗民传》乃继承和弘扬其家族之义。正如前面已经论述过,其伯高祖翠虚公成琬就是著名的反清尊明人士,其父成大中更是英祖、正祖的心腹大臣,被称为尊周思明之重要人士。成海应自幼深受濡染,故而他以弘扬

---

① 成海应:《研经斋全集》卷三四《明季史评》,第251页。
② 成海应:《研经斋全集》卷三六《明季书稿序》,第270页。
③ 成海应:《研经斋全集》卷三一《皇明遗民传序》,第187页。

家风,保守尊攘之义为己任,而把编修《皇明遗民传》看成是保守此义之途。

当时,清朝已编成《胜朝殉节诸臣录》,乃乾隆年间为明朝守节人士所编之传记,并赐其谥号,收史可法、黄道周以下诸人。与之相应的是,将钱谦益、龚鼎孳等"自诩名流,而腼颜降附,皆无耻者也。清悉搜此曹,著为《贰臣传》,以示彰瘅。此二书其所褒贬,非谓皆一一称停,且殉节诸臣岂以得虏谥为荣哉"[1]。成海应似乎并未见到此二书,他托燕行使帮其购求。他对清人之做法并不赞同,这在某种程度上亦促使成海应完成其《皇明遗民传》。当时朝鲜已有人编修了明遗民传一类的书,如李德懋编了《明遗民传》,还编了《宋遗民传》。成海应受其启发和鼓舞,也编遗民传以应之。其实,成海应编修此书,亦期补前人所编书籍之不足。无论是《宋遗民传》,还是《明遗民传》,都与此有关。他论道:

> 遗民之多自宋始。盖毡裘而统合天下,天地之大变。苟能自爱其躯者,宁欲事犬羊而为之臣哉!故宋之多遗民,不惟列朝之泽,入于民者深也。昔元吴立夫作《桑海录》、明程敏政作《宋遗民录》、李小有撰《广遗民录》、万斯同撰《宋季忠义录》,其书皆不可得见,青庄李公德懋尝奉教校《宋史筌》,搜诸纪传,得谢翱等一百九人为补传。余既删其烦复,复从传记得若干人,附以类,且系以赞,非敢以掩其美,只欲补其阙也。[2]

故而他作了《宋遗民传》,以补李德懋书之阙。而他编《皇明遗民传》亦有此意。他觉得李德懋之《明遗民传》"义例未立",

---

[1] 成海应:《研经斋全集》卷三一《与或人书》,第206页。
[2] 成海应:《研经斋全集》卷四五《宋遗民传》,第462页。

且搜罗未广,"乃汰其滥而补其阙,又从乘、史、子、集与夫偏部短记复得几人"①,从而编成《皇明遗民传》。故而他的遗民传既是弘扬家世的尊周家风,又是顺应时代要求,正清官修《明史》之误,补朝鲜相关传记之阙失。

第四,成海应对明遗民之敬仰亦促使其最终编成此书。在成海应看来,忠义之士势穷之际,不得不以死报国,固然值得嘉许,可歌可泣;而遗民特以食土践毛之故,守志而不事二姓,更为难得。因为:"彼以死报国者,多慷慨决烈,取办于俄忽之间。若守志而不事二姓者,能始终不以祸福死生为顾虑,而愈益励操不移,比之暂时捐生以取义者为尤难。"②中国历史上烈士甚多而遗民甚少,根源即在于此。历史上能称得上遗民的不过是箕子、伯夷之于殷商,管宁之于汉,陶潜、徐广之于晋,数人而已。故遗民更值得尊敬。宋元之际,乃华夷大变时期,遗民遂多。明清之际,较宋元更烈,乃剃其发,更其衣,"使尧舜以来冠带之伦,陷于禽兽之域"③。生当此际,而能为明朝守志不移,尤值得称颂,故而"不有一部书以列其人,则忠义之迹无所附焉,此余编辑之意也"④。

综上所述,大体而言,成海应编辑《皇明遗民传》乃是其尊周思明的一种体现。他推崇明朝作为中华正统,感激于明朝对朝鲜所赋予的恩惠。他在那样一种大的思明背景之下,又深受其家族之影响,编此书以继承其家世家风,同时感于遗民之精神,对清修《明史》相当不满,故而在前人的基础上,编成此书,以颂扬遗民之忠义,以寄托其尊周思明的情感。

---

① 成海应:《研经斋全集》卷三一《皇明遗民传序》,第187页。
② 同上。
③ 同上。
④ 同上。

四、《皇明遗民传》之史源、成书版本及其价值

《皇明遗民传》编成于何时，魏建功推断其成书时代在乾隆五十六年（1791）至嘉庆五年间（1800）。因为书中出现"今上庚戌，命别为汉旅，毋属训局，并蠲渔丁之役"，从而推断"当宁"为正祖，而庚戌为正祖十四年，乾隆五十五年，1790年。正祖在位二十四年，起乾隆四十二年（1777），迄嘉庆五年（1800），因而推断出此书之成书时间[①]。此推论极有道理，笔者尚可举出数例。

前面我们已经考察了成海应生平，1788年，他入奎章阁，为检书官，因此《皇明遗民传》编撰当在此之后。1815年，他退居乡里，卒于1839年。因此从他生平看来，此书之作当在1788年到1839年间。在《皇明遗民传》卷七中提及，"当宁戊申，又命立如松主不祧"[②]。《王凤冈》中言："今上庚戌，命别为汉旅，毋属训局，并蠲渔丁之役。"[③]正如魏建功所论"当宁""今上"皆指正祖，正祖卒于1800年，因此此书成于1788—1800年间，恰是成海应为检书官期间，与其生平相吻合。奎章阁检书官，可以看到众多的史料，为其作此书提供了方便。后来在文集中，成海应常提到此书：

> 今去皇朝之亡将二百年矣，有能怀思皇朝之泽而讴吟不已乎？余尝撰《皇明遗民传》，得妇人女子之为皇明守志者若干人，而三夫人尤其烈者，今得赵夫人事而异之。当下城之初，虽闽中之处子，亦有宗周之思，皇朝之泽浩博如此乎？[④]

[①] 魏建功：《影印皇明遗民传跋》，成海应：《皇明遗民传》，第1页。
[②] 成海应：《皇明遗民传》卷七《李应仁》，第432页。
[③] 成海应：《皇明遗民传》卷七《王凤冈》，第433页。
[④] 成海应：《研经斋全集》卷三三《赵夫人传》，第225页。

他又作《读〈皇明遗民传〉》诗三首①。凡此充分说明,此书成书并不晚。因而断定在1800年前是可信的。不过,最后定稿时间则可能较晚,因为其卒年(1839)时还就此书与洪直弼(1776—1852)书,共同探讨。洪直弼特撰《书〈皇明遗民传〉》以记其事。其曰:

> 右《皇明遗民传》七卷,即研经斋居士成公海应龙汝所著也。居士缵屡叶文献,专精词章,晚更敛华就实,晦身嵁岩,惺惺乎劬经研礼。所撰述甚富,闲又衷辑甲申鼎革以后遗文故事,为书遗民传,是已居士幽显阐微之苦心,于是焉可见矣……始居士之修斯书也,因金元博基普,谋及愚者,亦与闻一二绪论,而元博已不可见矣。居士示及是编,仍问成书得失,书未及复,而居士又奄然长逝矣。愚与居士并世而不一识,兹为齎恨千古者,抚卷怆怛,略叙所感,如此用托九京之神交云尔。②

此文所提供的信息与上文所言,稍有不同,似乎《皇明遗民传》成书甚晚,不过也显示《皇明遗民传》并非短时间定稿的。从其最初成书到最后定稿,历经时间甚长。可以说,此书在成海应卒前依然处于修订之中,因为他向洪直弼请教,希望他提出意见,以便修正。可惜,在洪直弼答书还未写成,成海应已经去世了。因此可以得出结论,此书成稿于1800年前,而后相当长的时间中一直在修订,直至其去世。

---

① 成海应:《研经斋全集》卷八《读〈皇明遗民传〉》,第160页。三首诗,一咏顾炎武,"栖栖短策欲何云,秦晋遗民少似君;三月昌平呜咽涕,谁人忍读横宫文"。二咏魏叔子,"冰叔文章继八家,更看风节特修姱;易堂诸子皆豪杰,谁赴宏词博学科"。三咏徐俟斋,"詹事丹忠一死轻,虎丘潭水至今清;灵岩树屋深如许,昭法衣冠独大明"。

② 洪直弼:《梅山先生文集》卷三〇《书〈皇明遗民传〉后》,韩国文集编纂委员会编刊《韩国历代文集丛书》第1066册,汉城:景仁文化社,1999年,第82—85页。

此书编成后并未立即付梓，在朝鲜王朝一直以抄本形式流传，长期被人忽视，几近埋没，逐渐就成为无名氏的著作。

成海应编辑此《皇明遗民传》，广征博引。此书以清人文集资料为主，并涵盖清修方志及朝鲜王朝的相关著作。作者在正文前将相关的书目列出，以便使其参考文献一目了然。下面将其相关著作列表如次：

表8 《皇明遗民传》参考书目表[①]

作者	书名	作者	书名
钱谦益	有学集/列朝诗集	施闰章	愚山集
朱彝尊	明诗综/定（静）志居诗话/曝书亭集	刘廷銮	十二弃诗
黄宗羲	明儒学案/黎洲集	钮琇	觚賸
贾润明	明儒学案总评	姚佺	诗源
邹漪	启祯野乘	朱昆田	笛渔小稿
陈鼎	留溪外传	王晫	文苑异称/今世说
谭古璁	萧松录	尤侗	西堂集
邵长蘅	青门集	卓尔堪	遗民诗
方中履	汗青阁集/古今释疑	毛先舒	语小
方中德	遂上居集	徐执	本事诗小序
李世熊	寒支集	钱肃润	十峰草堂集
杭世骏	榕城诗话	王崇简	青箱堂集
汤斌	潜庵遗书	叶燮	已畦集

[①] 此书目表资料来自《皇明遗民传》前所附书目。成海应：《皇明遗民传》，北平：北京大学影印本，孟森序、魏建功跋刊本，1936年。

续表

作者	书名	作者	书名
李光地	榕村集	沈季友	欈李诗系
汪婉	尧峰集	卢见曾	感旧集补传
邱维屏	魏征君杂录	张廷玉等	明史
杨文彩	魏征君传	清乾隆诸臣	清一统志 / 四库全书总目
陆圻	冥报录	周亮工	因树屋书影 / 藏弆集
徐枋	居易堂集	李崧	芬轩诗集
侯方域	壮悔堂集	陈枚	留青新集
王士禛	香祖笔记 / 感旧集 / 池北偶谈 / 渔洋诗话 / 古欢录 / 皇华记闻 / 居易录 / 带经堂集		江南通志 / 盛京通志 / 扬州通志 / 嘉兴府志 / 徽辅通志
陈维崧	箧衍集 / 检讨集	吴正名	侯谷文稿序
毛奇龄	西河集	沈德潜	明诗别裁 / 清诗别裁集 / 归愚集
吴伟业	梅村集	张庚	画征集
徐岳	闻见录	以下朝鲜,称"本朝"	
魏祥	魏伯子集	闵鼎重	老峰集
魏禧	魏叔子集	康世爵	自述
魏礼	魏季子集 / 宁都先贤传	朴世堂	西溪集
魏世杰	梓室稿	本朝诸臣	通文馆志 / 同文汇考
魏世效	魏昭士集	本朝诸臣	国朝宝鉴别编
魏士偀	魏敬士集	田井一	田氏述先录
彭士望	耻躬堂集	成大中	青城杂记 / 青城集
顾炎武	金石文字记		

从上表中我们可以获知以下几点:第一,准确知道作者的有60人,冠以"某某朝诸臣"的有5种书,未标明作者的5种,共89种著作,其中采自清朝的80种,采自朝鲜的9种。只是上表所列出的名称,大多数是书名,也有部分应是篇名。如贾润明《明儒学案总

评》、吴正名《侯谷文稿序》等。

第二，采自清人著作中，又以明遗民的著作为主。已知的作者中近一半是明遗民，若黄宗羲、朱彝尊、方中履等，在成海应《皇明遗民传》中都有其传，同时参稽贰臣若钱谦益等人著作，编成此书，因此其以第一手资料为主，同时亦参稽了清修方志六种，《四库全书总目》皆是其参考资料，这些书在当时都编成不久，而成海应都加以利用了。既采纳原始材料，又用了当时最新的著作，这样保证其史料的可信度。

第三，值得注意的是，成海应还采用了九种朝鲜王朝的著作，其中有明遗民康世爵的《自述》，这样其遗民所涵盖的不只是清朝的遗民，而且包括了逃往朝鲜的明遗民。从而体现了朝鲜人所编书的特点。同时，他采用了朝鲜编成不久的《通文馆志》《同文汇考》和《国朝宝鉴别编》，这些都有关于朝鲜与清交往的内容。但值得注意的是，书中未列出由正祖御撰、成大中等编修，成海应于1825年前后最终定稿的《尊周汇编》，由此可见，《皇明遗民传》成书在《尊周汇编》之前。

成海应《皇明遗民传》是有关明遗民传的相关书籍中最为重要的一部，孟森肯定此书"在清中叶以前，中土士大夫视此必有逊色"[1]，而谢国桢亦指出此书有他书未载之事[2]。具体而言，此书的价值体现在以下几点：其一，收录明遗民数目最多，范围最广，是其他同类著作所不及的。它收录的明遗民，上自明皇室后裔、朝廷命官子孙，下及平民百姓、僧侣浮屠、烈妇，以及归隐于朝鲜、日本之明遗民。在同类著作中，它所涵盖的人物最多。谢正光、范

---

[1] 孟森：《皇明遗民传序》，《明清史论著集刊》，第155页。
[2] 谢国桢：《增订晚明史籍考》卷一七《传记》上，第764—765页。他举出二例，一为他收藏有葛芝之《容膝居襍录》，知葛芝为刘宗周弟子，但却不明其生平，而《皇明遗民传》则收录了葛芝传。再如江阴抗清之煎海和尚，亦他书未载之人。从而表明《皇明遗民传》之长处。

金民将有关明遗民的书籍汇编为一书《明遗民录汇辑》，下面以此书为基准，参考朝鲜王德九所编《皇明遗民录》[①]，将各书所收遗民数目列表统计如次：

表9 诸家遗民传所录遗民数目统计表

作者	书名	卷数	遗民数	备注
成海应	皇明遗民传	7	625	序曰535人，乃未录附记之子弟、门生，成书于1800年前后。
黄　容	明遗民录	10	408	成书于康熙癸未（1703）。
陈伯陶	胜朝粤东遗民录	4	290	成书于1855年。
陈去病	明遗民录	不分卷	67	初刊《国粹学报》。
秦光玉	明季滇南遗民录	2	148	1932年成书。
孙静庵	明遗民录	48	502	1911年成书。
邵廷采	明遗民所知传	不分卷	47	邵廷采生于1648年，卒于1711年。
王德九	皇明遗民录	不分卷	9	成书于1840年代。

从上表可看出，《皇明遗民传》所收录的遗民数目是最多的。近人孙静庵所编《明遗民录》是中国人所编最为详细的一部明遗民传，且比成海应的书晚百余年。但即便以《皇明遗民传》序中所言只收535人，亦较孙著《明遗民录》多30多人。而按笔者之统计，则多出123人。成海应收罗人物最多，涵盖的范围最广。清代的明遗民，逃往朝鲜的明遗民和前往日本的明遗民，都有收录。这是其他同类著作难以企及的，因而也体现了其价值之所在。

其次，此书不仅是研究明遗民所必须阅读的资料，同时也是研究明清史、朝鲜王朝史、中韩关系史的重要参考资料。朝鲜王朝编修了许多明史书籍，不仅体现其尊周思明的情感，而且在文献资

[①] 对于王德九《皇明遗民录》之相关情况，参见何冠彪：《记朝鲜汉人王德九的〈皇明遗民录〉》，何冠彪：《明清人物与著述》，台北：台湾商务印书馆，1996年，第281—291页。

料上亦有独特的价值,可补明清人史书之缺。《皇明遗民传》收集资料丰富,更体现其史料上的价值。研究朝鲜的明遗民,就得利用此书不可。前往朝鲜和日本的明遗民人数不少,我们的研究十分有限,原因就在于资料的缺乏,从而显示《皇明遗民传》一类史书的可贵。即便是生活于清朝的明遗民,《皇明遗民传》亦收录了他书未见的人物,前边提到谢国桢即指出二例。若详细查对,还有更多例子。

其三,作为清朝藩属国臣民所作的明遗民传,较之清朝人的明遗民传自有不同之处,书中对清朝一律采取贬斥的态度。同时,借讴歌明遗民的道义精神,批评生活于清朝统治下的"中国人":

> 呜呼!清人之主天下已久,休养生息,煦濡于中国之人,中国之人果能讴吟慨叹,有京周之思乎?抑有之而不自见乎?且郁湿而待时乎?苟不然者,其视遗民之义不已弁髦乎!独吾东之士,常怀万历之恩、崇祯之惠,尚能知尊攘之为可慕。①

表明其编修明遗民传,亦在于申"尊攘"之义,而不仅仅是一部记录明遗民生活的史书。这是清人所编明遗民传中所没有的,因而也体现其在朝鲜王朝思想文化史上独特的价值。

其四,此书在体例上亦有特色,显示在史书编纂上的价值。全书七卷,第一卷首先是明皇室后裔,若岷王子、朱议霶、朱术桂、朱重容、朱谊枓、朱茂晖。以后或按地域,或按师承,或按族系将其身世有相同之处和有关系的编在一起。这样每卷都按不同的特色分成几个小类,使人能看出遗民相互之间的联系。如就最后一卷来说,大体分为五群人,第一类只有绰号而姓名不详者,若高笠先

---

① 成海应:《研经斋全集》卷三一《皇明遗民传序》,第187页。

生、李先生、谢秀才、画纲巾先生；第二类为道士，若云间道人、干元道人、朱衣道人、爱铁道人；第三类为和尚，若煎海和尚、幻阇梨、剩人、海明、戒显、成回、读彻等；第四类为烈妇，若徐烈母、王烈母、曹静照、陈元淑、沈云英、丁孺人、李夫人等；第五类乃东去朝鲜之遗民，如康世爵、田好谦、李应仁、文可尚、王凤冈等。这样编排，体现了作者的用心，将明皇室后裔置于最前，是对宗主国明朝的尊重，而将滞居朝鲜的明遗民置于卷末，则体现其藩属国臣民的地位。同时，按类编排遗民传记，可以感知遗民个体之间的联系与共性，从而更好地把握当时遗民社会的背景以及遗民群体的共性，体现了作者独特的编纂意识。

综上所述，《皇明遗民传》的作者是朝鲜王朝英、正时期的著名儒士成海应。成海应学问渊博，文集《研经斋全集》博大精深。他极力倡导尊周思明理念，大加贬斥清朝。他的史学著作中明确反映其尊周思明思想。《皇明遗民传》在同类著作中最为重要。它吸取了清人，尤其是明遗民的著作，采用第一手材料，作为朝鲜人所编的遗民传，不仅收录了生活于清朝的遗民，而且亦收录了在朝鲜、日本的明遗民。对于了解当时遗民在清朝以及朝鲜王朝、日本的情况，具有很高价值。从内容上讲，《皇明遗民传》较之其他各传更为详尽，关于东去朝鲜、日本的明遗民更是清人所编遗民传所缺少的，故而尤其珍贵。

第四节　《明实录》东传朝鲜与朝鲜尊周思明之关系

朝鲜王朝长期以来一直想方设法购求明清书籍，朝鲜使臣出使之际，搜罗中国典籍是其必定的任务。随着接受儒教文化程度的增广，书籍的采购就愈加活跃，世宗朝的书籍采购以集贤殿为中心展开,明清两朝购入许多书籍。英祖五十二年(乾隆四十一年,1776年)奎章阁设置后,对清朝的书籍购求更加活跃。奎章阁的检书官大多有出使燕京的机会,并热衷于书册的购进。正祖曾命冬至使徐浩修以重价购得《古今图书集成》,达12000卷[①]。对于《明实录》,他们更多番搜求。1830年,燕行使终于购得全套《明实录》,携归朝鲜,朝鲜王朝举国欢腾。对于此书东传情况,20世纪30年代日本学者小田省吾曾作过两文探讨此事[②],笔者本无意再作重复,之所以还要说上几句,主要基于两点原因:一则《明实录》东传朝鲜与朝鲜尊周思明问题密切相关,其本身就被看成朝鲜思明中的一件非常重要的事情,令人难以回避;二则小田省吾之论文刊于60余年前,极为罕见。其登载之《青丘学丛》是日本殖民朝鲜半岛时所办,此刊物早已停刊,只在韩国和日本少数大学有所保存,其他地方鲜有收藏,很难见到。故此笔者将在小田省吾的基础上,加上本人所收集的其他资料,重新讨论此事。

燕行使购得全套《明实录》东归时,随行的通事赵秀三特作长篇《皇明实录歌》详载东传之经过。赵秀三,字芝园,号秋斋,一字景濂,一字子翼。生于英祖三十八年(乾隆二十七年,1762年),卒于宪宗十五年(道光二十九年,1849年),终年88岁。出身世代译官家庭。他曾六度出使清朝,以诗文见长,交游甚广。83岁高龄进士及第。纯祖二十九年(道光九年,1829年)冬,赵秀三随团出使北京,正是此次出使,购得《明实录》东归,全帙运回。归国后,赵秀三即作长篇《皇明实录歌》,全文如下:

[①] 李元淳:《朝鲜赴京使行在文化史上的意义》,《中韩关系史国际研讨会论文集》,960—1949》,第346—350页。
[②] 小田省吾:《半島現存の皇明實錄に就て——纂史餘錄》,《青丘学丛》1933年第13号,第137—153页;《〈半島現存の皇明實錄に就て〉補遺》,《青丘学丛》1934年第14号,第96—99页。泉寿根据小田省吾文,撰《朝鲜所藏〈明实录〉》,《大陆杂志》1971年第43卷6期,第56—57页。

四百六十一卷明实纪，当时史才称谷氏。一统二百八十年，天启为终洪武始。礼乐刑政灿典章，山川郊庙精禋祀。祖宗功德奠九区，文谟武烈垂万祀。沧桑百变崇祯朝，呜呼帝亦明天子。大厦固难一木支，四十九相空唯唯。竖碑党籍有东林，执策赴乱无南史；但见爆火起金宫，未闻遗音传玉几。左有记事右记言，旧臣应泰今皇旨；犬衔膏烛秘书省，蝇头细字番黄纸；丰润之谷后式微，此本流落燕南市。三蚀神仙老脉望，瑟缩不敢来容嘴；槐肆虽非石室藏，神物守护犹相俟；朝鲜使者馆玉河，摩挲永叹穷朝暮；西堂书侩黠于鬼，察眉索价高如彼。不惜千金买全部，嗟哉李君慷慨士。史有邦禁不示人，闭门蜡炬中宵紫；老眼读尽天下书，纸上拭花编屈指。一字一涕涕无从，斗酒未浇胸硊礧。岂意今夕亲见之，存亡肉骨恩浃髓。大车槛槛渡鸭江。箕尾仰看文虹起。拱北门开尺坛高，坛前日月尊阁度。上国文献在下邦，夏礼殷礼征宋杞。不购象犀珠玉购此书，国富家贫心独喜。嗟哉李君慷慨士，天心感激嘉曰尔。①

此诗将《明实录》购得经过、原来藏书者、东传对朝鲜王朝的意义都给予了清晰的交代。细言之，从此可以看出以下几点：

首先，诗言《明实录》有461卷，《前言》亦如此言。所谓卷数，应指册数。《皇明实录匦记》称：

崇祯纪元后四庚寅春，使行入燕回，购皇明列朝实录二千八百二十五卷，共四百六十一册，赍来以进。书皆写本，纸故而蠹，字不断烂。而标题以《皇明实录》，盖知为明旧藏也。

---

① 赵秀三：《秋斋集》卷五《明实录歌》，《影印标点韩国文集丛刊》2001年第271册，第444页。

谨考《明史艺文志》,其世次卷数悉相符。唯《艺文志》所在,《熹宗实录》八十四卷,此则阙焉。岂此本之写在天启年间故欤?①

可见,此实录版本缺少熹宗朝实录,为461册,2825卷,与现在通行的台湾地区"中研院"刊《明实录》版本不同。崇祯实录则未曾编修过。从下表可以获知各朝实录与《明史·艺文志》、"中研院"版本实录之不同:

表10 几种版本《明实录》卷数对照表②

实录名称	朝鲜本卷数	明史艺文志	差异数	台湾地区本	差异数
太祖实录	394	357	+37	257	+137
成祖实录	267	130	+137	274	-7
仁宗实录	18	10	+8	10	+8
宣宗实录	115	115	0	115	0
英宗实录	397	361	+36	361	+36
宪宗实录	293	293	0	293	0
孝宗实录	224	224	0	224	0
武宗实录	197	197	0	197	0
世宗实录	564	566	-2	566	-2
穆宗实录	68	70	-2	70	-2
神宗实录	595	594	+1	596	-1
光宗实录	8	8	0	8	0
合计	3140	2925	+215	2971	+169

从上表可知:其一,以传入朝鲜版本之《明实录》卷数看,

---

① 内阁提学金履乔作,洪建厚书:《皇明实录匦记》,转引小田省吾《半岛现存の皇明实録に就て——纂史餘錄》,《青丘学丛》第13号,第138页。
② 朝鲜版本之实录卷数依据小田省吾文所提供的数据为准。

其卷数差别较大，总体而言，较之《明史·艺文志》和现今通行之《明实录》版本卷数都要多，比《明史·艺文志》所提供的卷数多285卷，比现今通行版本多出129卷。差别最大的是《太祖实录》和《成祖实录》，有上百卷之差。可见，在传抄过程中，出现衍生卷数，亦未可知。

其二，此书原为谷应泰所有，谷氏为明末清初大史学家，有《明史纪事本末》传世。但身后式微，子孙未能保有藏书，使之流落书市，终于让朝鲜使者购得。诗中曰："当时史才称谷氏"，"旧臣应泰今皇旨，犬衔膏烛秘书省。蝇头细字番黄纸，奉润之谷后式微，此本流落燕南市"。《皇明实录歌前言》称，"此书盖史馆旧藏，谷氏之所据修全史者，而后孙穷窭不能守，流落人间也"①。

其三，诗中对此书购入经过亦作了详细的交代。所谓："朝鲜使者馆玉河，摩挲永叹穷朝暮。西堂书侩黠于鬼，察眉索价高如彼。不惜千金买全部，嗟哉李君慷慨士。"由此看来，真正购得此书的是"李君"。前言对此有所交代，"岁己丑冬，余从国使入燕，与李君锡汝同馆，李君以厚直沽诸书肆，属余共编订讫，载以东归"②。可见购书的为李锡汝，而小田省吾所引之材料为："余从国使入燕，与君镇九同馆。"锡汝与镇九应是同一人。《尊华录》中有《庚寅故事》③，收录了写《皇明实录》序的金履阳，为李镇九出使燕京所写，明确说明乃李镇九购来实录，故而，李镇九就是李锡汝。

纯祖二十九年（己丑）冬前往北京，而次年（庚寅）春回朝鲜的有两批使团。一是进贺兼谢恩使团，贺展谒闳陵、谢诏书顺付、

---

① 赵秀三：《秋斋集》卷五《明实录歌》，第444页。
② 同上。
③ 宋秉稷：《尊华录》卷三《庚寅故事·金履阳赠李知枢序》，第237—239页。

谢赐笔、谢赐物、谢陪臣参宴,未带方物。纯祖二十九年十一月初一日出发,三十年庚寅三月二十一日己酉回到朝鲜,正使李光文、副使韩耆裕、书状官姜时永、首译朴明曛。二批乃冬至使兼谢恩使行,谢进贺陪臣赐食,谢故副使加赏,谢恩无方物。纯祖二十九年十月二十七日出发,次年三月二十四日还国。正使判中枢柳相祚、副使礼曹判书洪羲瑾、书状官兼掌令赵秉龟、首译官李时复[①]。将《明实录》购回朝鲜的必此二使团之一。虽然《朝鲜王朝实录》对相关的出使事项有详细的记载,但丝毫未提《明实录》东传之事,这相当奇怪。因为每次使臣归来,都详细汇报相关见闻,《朝鲜王朝实录》都有详细的记载,当然少不了对购来书籍的介绍,如实录中载录了购来的《明太祖御制文集》、王世贞《弇山堂别集》等,但对于部头如此之大、地位如此重要的《明实录》却无一笔涉及,不能不说是极为反常的事。小田省吾推测乃是因为朝鲜担心清人责问,故而故意略去。清朝对《明实录》的东传,一旦获知自然是极为不高兴的,很可能引发外交纠纷。赵秀三《皇明实录歌》即云"史有邦禁不示人"。清朝原本禁止史书运出国门,可见,这种禁令清朝并未严格执行。《明实录》虽然运来了,而朝鲜亦喜亦忧的心态同时并存。购得之际,"闭门蜡炬中宵紫,"将那种心态表露无遗。不过,将《朝鲜王朝实录》不载录推测为怕清人查问,并无很强的说服力。因为清朝根本无从看到《朝鲜王朝实录》。《朝鲜王朝实录》修完后,皆藏于史库,朝鲜士大夫亦无机会看到,更不可能传到清朝。此似应有其他原因,暂且存疑。

其四,《明实录》购来被视为朝鲜尊周思明的一大象征。朝鲜把《明实录》比作春秋鲁国得之《周礼》,《皇明实录匦记》称:"今天下唯我东国独讲尊周之义,而得此书于崇祯甲申

[①] 成均馆大学大东文化研究院编刊:《燕行录选集》,下册,卷七,第1317页。

百八十七年之后，一开展而声明文物若身亲见，抚卷咨嗟，倍激风泉之感。"①赵秀三诗中有言："上国文献在下邦，夏礼殷礼征宋杞。"《承政院日记》则称："追惟翼考风泉之感，江汉之思，撑宇宙而炳日星，可以永有辞于天下。而是书之东来，亦可见天意之不偶然也。"②《尊华录》所录《金履阳赠李知枢序》更有段详细说明，强调《明实录》东传对于朝鲜尊周思明的影响：

> 独我东笃被神宗皇帝再造之恩，仅数世而天地翻覆矣。虽海外藩服之故，不能以封疆殉，而若其《匪风》《下泉》之思，愈久愈切，渐摩成俗，环数千里衣冠之族，莫不以大明遗民自命，是孰使之然哉？肆我孝明世子代听之初，亦惟列圣朝志事是承，皇坛荐裸，率以躬无斁，爰命胥译购求明朝实录，子实膺命，而环顾四海，无明久矣。夫孰有藏此书，苟藏之又谁肯卖诸？然而子能于必不得之地致必可得之诚，卒以全部实录四百六十一册赍进，自洪武迄于天启以前三百年间，礼乐刑政之具，兴衰得失之迹，该括无遗，粲然具载，宛若《周礼》之在鲁。嗟乎！是岂偶然也哉！……第闻其书皆写本，而题其卷曰《皇明实录》。其为明故臣家所藏无疑，然则其卖之也，意者，其藏之也，隐约而知我国思汉之故，欲其寿其传也欤！不然何誊写之辛苦，传家之久远，而一朝拟卖于外国，而莫之惜也。吾知天下亦自有思皇明而不忘者矣。独未知所以思之也，思其德欤？思其恩欤？吾不知其何心也。③

---

① 内阁提学金履乔作，洪建厚书：《皇明实录匦记》，转引小田省吾《半岛现存の皇明實録に就て——纂史餘録》，《青丘学丛》第13号，1933年8月，第138页。
② 《承政院日记》，光绪元年乙亥十二月初五日，第2820册，第17页。
③ 宋秉稷：《尊华录》卷三《庚寅故事·金履阳赠李知枢序》，第237—239页。

可见，无论是朝鲜王朝官方的史书，还是私家笔记、史书，普遍认为《明实录》东传正如"周礼尽在鲁"一般是天意，是朝鲜尊周的一大象征。天既知朝鲜思明，故冥冥中使朝鲜购得《明实录》，以慰其风泉之感、江汉之思，此对朝鲜数代以来之尊周思明是极大的推动。

其五，《明实录》运回朝鲜以后，被藏于大报坛敬奉阁[①]。敬奉阁原在槐院（承文院），正祖时期以其破旧，重建于大报坛西北角。凡明代遗物，若明朝皇帝诏书、赐予朝鲜国王之蟒袍以及各种其他遗物皆收藏于此，如同朝鲜收藏明朝遗物的博物馆。朝鲜君臣上下皆将其视作珍宝。《明实录》运抵朝鲜后亦贮藏于此，此乃其诗所云"拱北门开尺坛高，坛前日月尊阁庋"之意。大报坛是思明最为典型的地点，此亦表明《明实录》是朝鲜思明的一个重要象征之物。朝鲜赋予《明实录》极高的地位，后曾好几次提议刊印此书。

《明实录》传入朝鲜40余年后，高宗十二年（光绪元年，1875年），领议政李昰应提议刊行《明实录》。他认为明代三百年治法政谟皆载于此书，庋藏于敬奉阁，史局亦无副本，但原本则"岁月寝久，蠹鱼朽烂，在所当念。亟令馆阁分董印出，藏于馆阁及皇坛及万东庙，以为次第流布，阐翼考积诚购奉之大义理，恐亦有光于殿下继述之道矣"[②]。高宗虽表示支持，但是因部头太大，未能付诸行动。高宗十九年（光绪八年，1882年）有大臣再上疏请求刊行《明实录》，高宗批曰："《皇明实录》果是希本，俟物力稍叙，

---

① 据泉寿：《朝鲜所藏的〈明實錄〉》称，大报坛废除之后，《明实录》藏于昌德宫奉谟堂。
② 《朝鲜高宗实录》卷一二，高宗十二年十二月初五日，《高宗纯宗实录》第1册，第509页。

可议行矣。"①但此事因故未决。

大韩帝国成立次年，即光武二年（光绪二十四年，1898年），韩国终于对《明实录》进行了整理，对原有版本改装修缮，编成新的目录，将其置于卷首。这样册数增加到464册。整理过程中，发现原来所称卷数2825卷不确，实为3100卷，比原来卷数多出275卷，参与整理实录的金履乔特作附记以说明此事：

> 右敬奉阁旧藏《皇明实录》，木匣所刻之文也。乃于光武二年春，修整总目录时，移录于首。而右文内有统举是书所藏皇明列朝实录卷数者，曰二千八百二十五卷，又曰谨考《明史艺文志》，其卷数悉相符。然第见此列朝实录，则实为三千一百卷，而不止于二千八百二十五卷而已。是曷故欤？盖计其相左之数，乃至二百七十五卷之多者，甚属可讶，今亦不敢不以原书所编卷数列载于总目录中，而又于每朝实录之末，各注其卷数与《艺文志》符与不符，以寓存疑之义。又以此总目录三册附于原帙，则其册数亦与右文异，为四百六十四册。

此次整理过程中，大韩帝国皇帝光武帝亲作序文，其曰：

> 稽古一王之法二典尚矣，历夏、商至周，而礼乐法度灿然炳焉。文字悉备，《周礼》一书，为治天下之模范，自两汉、晋、唐、宋以来，损益沿革不同，而要不出乎此。及大明而参酌于上下千载之间，辑而萃之，而又悉备焉。粤我翼考庚寅，行人得皇明列朝实录写本于南京（燕京？），名山石室之藏，流转而东，玉带明堂图，抑有待焉者耶？惟我国家祖述三代先王成宪，

---

① 《朝鲜高宗实录》卷一九，高宗十九年八月三十日，《高宗纯宗实录》第2册，第65页。

概取法于是，而朕尤致意焉。史策纪传诸志所载，盖出于实录，则是可以探其源而得其详。万几之暇，辄披览阁丌之文，每有益焉，有疑可质，确若准绳矣。其笔帙既巨，而其编辑舛差，条理棼错，寻绎之际，艰于搜賾。乃为总目，叙其世次，开卷了然，便于考阅，如针引线。故纸蠹蚀，断烂字画，率多亏缺，乃补葺缮写，庶无鸿乙三豕之谬。又改其缥缃而一新之，是书于是乎完矣。所以继先志而诏来许，子孙万世，永宝重之。①

大韩帝国皇帝虽然摆脱了清朝的控制，由清朝宗藩王国而成为独立的帝国，但对于明朝依然心存感恩，整理《明实录》作为尊周的象征。不过，光武尊周与其先祖们之尊周已有本质的区别，此时，韩国倡导尊周，意在尊王攘夷，卫正斥邪，抵抗西方势力入侵。尊周永远是朝鲜王朝确保其民族独立精神的一种武器。

综上所述，《明实录》由朝鲜燕行使译者李镇九购回，原为谷应泰所有。朝鲜君臣上下，对《明实录》东来相当重视，特将其藏于大报坛敬奉阁。后曾一再提出刊印，最终虽不了了之，但体现其君臣之重视。大韩帝国成立次年，光武帝指令对其整理，并亲撰序文。凡此种种均说明此乃朝鲜尊周思明的又一件大事。

第五节　朝鲜尊周与尊周类史书

正如前面所言，"尊王心法，列圣相传"②。自仁祖臣服清朝

---

① 光武帝：《高宗文集·珠渊集》卷一《皇明实录序戊戌》，韩国国学振兴研究事业推进委员会编《韩国学资料丛书》第23册，城南市：韩国精神文化研究院刊行，1999年，第15—161页。
② 领府事申晚帖，转引冯荣燮编：《朝宗岩文献录》，第57页。

以后，这就成为朝鲜历代国王所奉行不悖的法宝。所谓"《春秋》尊攘之义，天地之常经也，在吾东尤有光焉"。历代国王皆奉行尊攘之义，而且各代有不同的特点。仁祖臣服之初，君臣上下讲求斥和，"专心一力，上尊皇朝"。孝宗朝，清朝政权已稳，大一统的天下已经建立，孝宗朝野讲求北伐复仇。肃宗、英祖时期，南明已亡，清朝平南明、定三藩、收台湾，"天下安于夷狄而感其煦濡之恩，不可以有为"。于是肃宗、英祖竭力于崇奉之节，建大报坛，崇祀明朝三帝。英祖将大报坛扩展，使其由独祀神宗，而变为同祀明太祖、神宗、崇祯三帝。正祖鉴于"士又狃安朱子八字之训，浸浸乎不之讲，则于是乎惧大义之弁髦，斥和殉节之后，皆褒奖录恤"。使"幽潜者显，冤郁者伸，会稡列朝之实迹，发明列朝之志事，使后之见者，亦有以感叹嘘唏，无或忘春秋之义者"①。此一时期，由于崇祀明朝皇帝的坛、庙基本齐备，似无必要再进行兴作之役。而他担心士人忘记明朝大恩大德，于是就专力于史书之编作，以承继其先祖们的尊周之志。他编辑的史书，一是明史书籍，二是尊周类史书。上面已探讨了朝鲜所修明史书籍及其相关问题，现在讨论有关尊周类史书。

所谓尊周类史书，关注的对象与明史书不同，它并非关注明朝，而是朝鲜王朝本身。记载的是朝鲜王朝坚持尊周思明之相关史实。这类史书并非正祖时期才开始编修的，英祖在扩建大报坛后，指令大臣编修《皇坛仪》《皇坛增修仪》，并亲自作序，从而开启了编修尊周类史书的先例。下面先概略介绍相关的著作，以求宏观把握朝鲜尊周类史书状况。

韩国骊江出版社1985年影印了一套资料，称为《朝鲜事大斥邪关系资料集》，本书第一章已经讨论了事大的含义及其在朝鲜历史

---

① 《尊周汇编》义例，第7—8页。

上的影响。而斥邪，则是近代面临西方侵略之际，朝鲜采取的拒斥态度。当时朝鲜称西学为邪学，基督教、天主教为邪教，事大斥邪根源都在于维护传统的中华礼仪，确保尊周传统得以遵循不替。明清更替之际，面对清朝取代明朝成为中华世界体系的主宰，朝鲜大讲尊周，讲求思明，以示对清朝正统的否定和挑战。面临西方入侵之际，朝鲜亦讲尊周，意在斥邪。但西方入侵前之尊周，表现形式是思明反清，而后期之尊周则是卫正斥邪，卫中华之正，斥西方之邪。虽然都讲尊周，但其内涵则有差别。本书重点讨论朝鲜前期，即西方入侵前朝鲜思明反清的著作。对于斥邪类著作，下表中列出其最重要的，但不作展开论述。下表以书名、作者、卷次、主要内容、备注数项，列表如次，大体勾勒尊周类史书概况。

表11 朝鲜尊周类史书状况表

编者/著者	书名	卷次	成书时间	内容简介
正祖命编	尊周汇编	15卷，皇朝纪年五卷、本国纪年二卷、皇坛年表一卷、诸臣事实五卷	1825年后	朝鲜尊周思明之纪传体史书，凡相关的史实、人物、崇祀礼节皆录入。
英、正、宪数朝编成	国朝宝鉴别编	10卷，三次编修，最早成书乃肃宗朝别编	最后成于1908	载录自仁祖到翼宗代理各朝尊攘之事。
	大义编	8卷，分本集、后集、续集	纯祖时成书	大报坛、万东庙、大统庙之崇祀状况及相关人物、事件与诗文
宋秉稷	尊华录	6卷	1900	录入1876年朝鲜开港后朝鲜斥邪、斥和疏文、义兵活动等。
许栻	大东正路	6卷	1903	庆尚南道尊孔庙、兴学校之斯文格言懿行。

续表

编者/著者	书名	卷次	成书时间	内容简介
崔益铉门人所编	日星录	5卷	1929	崔益铉传记、疏札、书简、檄文、抗日义兵事实等。
	阳九记事	4卷		录丙子清征朝鲜时斥和诸臣史实。
英祖御编	追感皇恩编	2卷	1769	自李成桂开国壬申（1392）到仁祖十一年（1633）明朝所赐诰、敕、祭文、墓志等。
成海应编	丁未传信录	1册		收录朝鲜儒林有关丁未（1667）台湾郑氏官商林寅观九十五人漂入朝鲜并被入送清朝事件的文章及相关资料。
吴庆元	小华外史	12卷		高丽、朝鲜与明朝的关系史，末附逃入朝鲜明遗民传记。
李泰寿、李寿颐	尊周录	12卷，分内外篇，内篇言文理5卷，外编言事业7卷	1743	作者为师徒，积二十年始成此书，凡崇奉、再造鸿恩、奉朔斥和、思汉歌咏皆录入。
正祖命编	羹墙录		1785	凡尊攘之事皆录入。
英祖命编	皇坛仪			大报坛崇祀礼仪。
正祖命编	两贤传心录			编辑朱熹与宋时烈文集，以表明朝鲜主体思想的来源。
黄景源	明陪臣考	4卷		凡斥和人士、潜通明朝人士传记全都收入。这些人在"正朝更易后，能以大节自终，故名陪臣"。
宋周相	华阳志	6卷	1861	华阳书院、万东庙沿革。
崔慎	华阳语录	1册	不详	宋时烈与崔慎对谈录。
冯世周	风泉集	2卷2册	1846	

续表

编者/著者	书名	卷次	成书时间	内容简介
崔钟和	华东忠义录	4卷2册		斥和以来朝鲜忠义之士传记。
郑龙运	学而斋尊周录			此乃借咏崇祯通宝诗之汇集本，皆崇祯通宝而阐发尊周义理思想。
冯学祖	皇明遗民世系源流谱	1册55张	纯祖年间	明九义士家谱。
金永录	朝宗岩志	1册100张	1878	朝宗岩崇祀沿革。
英祖命编	阐义昭鉴	4卷3册	1755	

从上表中，我们可以获知尊周史书下列几个特点：

其一，尊周史书关注的重心既非明朝，亦非清朝，而是朝鲜本国，乃载录朝鲜在臣服清朝以后，如何采用思明尊周策略，如何坚持思明反清政策，重点是朝鲜之所作所为，此乃与朝鲜编修之明史书完全不同之处。

其二，此类书坚持的原则是春秋义理、尊王攘夷、尊华攘夷的传统儒家正统观，彰显明朝对朝鲜之恩、明朝之中华正统，贬斥和否定清朝的正统地位，因而坚持以明朝正朔为中心，大书南明正朔，或用崇祯纪年，宣扬春秋义理，凸显中华正统，是此类书籍之主要目的；同时载录朝鲜尊周史实，目的是为了唤起朝鲜人的思明意识；同时表明朝鲜时代所坚持的义理观。

其三，尊周类史书内容大体相同，具体内容大体为以下几类：一、崇祀明朝皇帝史实。凡大报坛、万东庙、朝宗岩大统庙之建制、崇祀礼节、祝文、相关诗文皆是其重点载录的内容。二、历代国王对明朝之感恩心态，祭祀活动、优恤明遗民及其子孙史实。三、朝鲜诸臣事迹，凡斥和诸臣事迹、潜通明朝诸臣与义士、倡导尊周思明诸臣，若宋时烈、权尚夏等被称为明陪臣的传记、相关史实并附其诗文。四、明遗民及其子孙皆作重点介绍。五、时间上，主要是从仁祖到正祖六朝为主。凡尊周类史书大体不出以上所提几点，只是各书侧重点稍有不同。

上面我们大体考察了朝鲜尊周史书的概貌，下面我们择取几部重点史书进行更为详细的探讨，从中可以更深入地把握其特点。

一、《尊周汇编》之研究

《尊周汇编》是朝鲜尊周类书中最为重要的一部，由正祖倡议编修的，韩国学者亦认识到此书的重要，有文论及此书①。日治时期（1910—1945），朝鲜总督府编《朝鲜图书解题》对此书如此介绍：

> 《尊周汇编》二十卷，七册，正祖命编，写本。正祖二十四年庚申春，追祭明末毅宗之灵，并历代志士、丙子诸臣、斥和殉节者等之精忠大节，命兵曹参议李义骏等编次本书，前参判李书九等加以润饰，其所载有《皇朝记年》《本国记年》《皇坛志》《皇坛年表》及《诸臣事实》等等。②

文中简要介绍了此书卷数、编纂时间、编者及主要内容，但有不少错误，如卷数有误，编者介绍亦失之偏颇。

---

① 参见郑玉子：《正祖代对明义理整理作业——以〈尊周汇编〉为中心》，《韩国学报》第69辑，1992年，第75—117页。此文主要从四点来讨论此书：1.两乱后对明义理的展开；2.正祖对中国的认识；3.《尊周汇编》的编纂动机；4.《尊周汇编》的义理。她十分强调《尊周汇编》的编纂与正祖倡导尊明义理的关系。
② 朝鲜总督府编：《朝鲜图书解题》，第72—73页。原文为日文，此乃译文。

（一）编纂动机与原因

编纂动机 正如前文所言，正祖朝编了许多尊周类史书，前人亦编过许多类似的史书，但正祖对已有的史书并不满意，以为《国朝宝鉴别编》"止载公家文迹"，《尊攘录》《尊周录》《陪臣考》诸书，"又不过草莽私乘，而皆略焉不备"，致使先祖们的尊周史实暨丙子诸臣、斥和诸臣之精忠大节，"文献不备，日月寝远，驯至于今，并与朱子所谓'忍痛含冤，迫不得已'八字，而不视以笆篱边物者几希矣"①。即便有所记载，亦因"忌讳弘多，鳃避错互，廊庙尊攘之论，草野思汉之咏，率皆秘而不宣"②。因此著作虽多，但并无"一统传信之文"，他对大臣说："予绍述烈圣朝志事，修明春秋之义，岁月寝远，文献亡佚，予惧士大夫或忽焉而忘尔"③，"表微而阐幽，旌忠而显节，使夫数十大义，永有赖于竹帛余芳，而悠久不泯者。是予苦心至意也"④。正祖晚年终于决定编纂一部"一统传信之文"的史著，一则绍述历代忠节之人物和事件，同时力求以这种书唤醒当时一部分人的混沌无知，以便使其先祖们之精神，能在后世长存不衰。他对当时不讲求尊周思明之人士，痛心疾首，故编史书以图唤醒他们。这是正祖编纂此书的主要动机。

成书时间 此书成于何时？是否成于正祖二十四年（嘉庆五年，1800年）？最后润色此书的成海应说：正祖丙辰，祇拜于皇坛，命家大人与兵曹参知李公义骏博采公私乘牒⑤。正祖丙辰，为正祖二十年（嘉庆元年，1796年），而非正祖二十四年。可见，此书最初动议为正祖二十年，而非二十四年。全书所载史实截止到正

---

① 《尊周汇编》卷首《御制群书标记》，第3—4页。
② 《尊周汇编》卷首《御制群书标记》，第3页。
③ 成海应：《研经斋全集》卷三一《尊周汇编叙》，第185页。
④ 《尊周汇编》卷首《御制群书标记》，第4页。
⑤ 成海应：《研经斋全集》卷三一《尊周汇编叙》，第185页。

祖二十四年，所以成书一定在正祖二十四年之后。正祖卒于二十四年，《御制群书标记》称："去就裁择，率从谨严，屡易寒暑，迄未完稿。"①可见，虽然此书是正祖倡议并组织编修的，但其生前并未见到此书成稿。

其实，此书编修过程甚长。正祖二十年，正祖倡议开局于秘书省，草稿成书甚快。"府君开局秘省，阅数月而成草稿以进。"②但以后修改润色的时间则不短。初稿完成后，又重新制定全书义例，正祖二十二年（嘉庆三年，1798年），方讲定《尊周汇编》义例。此次所定义例，也只是大概，随后又进行过修订。正祖去世那年五月，命李书九、成海应加以润色，但当年并未成书。《研经斋府君行状》这样记载：

乙酉，惕斋病，以尊周文字专属之府君。于是，八路书籍毕集于家。府君以其载于《群书标记》，故不敢变例，芟烦翦乱，以就简要。书成曰《尊周汇编》，凡十四卷，上于内阁，藏之史库。③

乙酉为纯祖二十五年（道光五年，1825年），惕斋乃李书九的字。由上可见，最后定稿成于成海应之手。故书成于1825年以后，而成海应卒于1839年，故书成于1825—1839年间。从成海应的生平看，此正成海应的著述期间所为，当在1825年稍后。

编写人员　相关编写人员，都是当时朝鲜最为重要的文臣和儒学者。《朝鲜图书解题》中只提到兵曹参议李义骏和参判李书九，并对李书九作了较详的介绍。其实，成大中、成海应父子对此书的贡献应是最为重要的。《尊周汇编》卷首称：

---

① 《尊周汇编》卷首《御制群书标记》，第3页。
② 成海应：《研经斋全集》卷一〇《先府君行状》，第218页。
③ 成海应：《研经斋全集行状·研经斋府君行状》，第470页。

命兵曹参议李义骏、前府使成大中，博采公私乘牒，命春秋馆考列朝《实录》，命内阁考《日省录》《起居注》诸书，凡属尊攘文字，以类汇次，编成一帙。既又命前参判李书九、检书官成海应就加修润，删繁汰冗，发凡起例。①

可见，除春秋馆、内阁提供资料外，有姓名可考的编者有李义骏、李书九、成大中、成海应四人。李义骏，字仲命，全州人，生于英祖十四年（乾隆三年，1738年），36岁文科及第，卒于黄海监司任上。李书九，字洛瑞，号姜山，别号席帽山人，全州人。英祖三十年（乾隆十九年，1754年）生，英祖五十年（乾隆三十九年，1774年）文科及第，官至右议政，1825年卒，谥文简。成大中、成海应父子前面已经作过介绍，此处不再重复。

四人之中，成大中父子可以说是最关键的人物。成海应在其父行状中称，"阅数月而成草稿以进，其著述则皆府君笔也"②。虽然成海应难免有夸大之辞，但他的说法也不能全加否认。成大中、李义骏等编成初稿后，李书九和成海应加以润色，并制定条议。李书九死后，此书尚处于修订之中，最终定稿出自成海应之手，则是毫无疑义的。《研经斋全集》中尚保存成海应所作的《尊周汇编叙》和《尊周汇编条议》③，《尊周汇编条议》同《尊周汇编》卷首的《尊周汇编义例》大同小异，只是《条议》更为详细，此证明《义例》是出自成海应之手。

---

① 《尊周汇编》卷首《御制群书标记》，第4页。
② 成海应：《研经斋全集》卷一〇《先府君行状》，第218页。
③ 皆录入《研经斋全集》卷三一，第185—186页，卷三二，第209—213页。

(二) 相关内容与评价

《尊周汇编》全书十五卷①,其中《皇朝纪年》五卷、《本国纪年》二卷、《皇坛志》一卷、《诸臣事实》六卷。所谓"皇朝纪年",乃按编年方式,记录了自万历二十三年(1595)到永历十五年(1661)之相关尊明反清人物和史实。《本国纪年》载录永历亡后(1662)到正祖二十四年之人物和史实。《皇坛志》《皇坛年表》乃有关大报坛相关史实、资料。而《诸臣事实》则为明朝忠义之士,朝鲜称为"明陪臣"的人物传记。如斯安排,其实有一定的用意,"首之以列朝事实仿本纪之体,次之以诸臣事实,仿列传之体,又次之以列朝御制诸臣记述,仿志略之体"②。当时是把此书当成纪传体来编纂的。上引这段文字乃正祖在《群书标记》中所写的有关《尊周汇编》的体例。定稿与此稍有差别,但大体格局则保存下来。《义例》对此有交代:

> 《御制群书标记》虽载《列朝御制诸臣记述》,仿志略体,然列朝谟训备在纪年中,不敢更就御制集中有所拣择。而至若诸臣章札,散见事实中,若一时吟咏,除非关于故实者,不必尽载以博卷帙,故不立《诗文》一门。③

因为有关诗文皆可见于其他部分,故而不专作《诗文》一门。其他部分则大体保存,纪传体的特色自然也得以保存。《皇朝纪年》《本国纪年》即如本纪,《皇坛志》《皇坛年表》则为志、

---

① 朝鲜总督府编:《朝鲜图书解题》和正祖《御制群书标记》中,皆作二十卷。想必正祖在世时,乃设定为二十卷,但最后编成是十五卷。笔者又查韩国相关古籍目录书,皆无二十卷本。骊江出版社影印《朝鲜事大斥邪关系资料集》亦作十五卷。故可以肯定,《尊周汇编》只有十五卷本。
② 《尊周汇编》卷首《御制群书标记》,第4页。
③ 《尊周汇编》义例,第16—17页。

表,《诸臣事实》则为列传,这样纪、传、表、志,纪传体四部皆全。朝鲜尊周类史书大多是编年体和纲目体,纪传体的史书甚少,而最为重要的《尊周汇编》即用纪传体,就如同中国的正史一般,凸显其重要性。

《尊周汇编义例》和成海应《尊周汇编条议》中对于此书义例特点、书中相关内容及其选取意图都做了详尽介绍,下面结合二者,并及其他资料,对此书义例及体例上的特点大致进行讨论。①首先,阐明南明正统观。如何处理南明,一直是朝鲜编修《明史》及相关尊周类史书关注的重心。李玄锡《明史纲目》把南明置于附编,受到时人及其后来者的猛烈批评。故而朝鲜不少史书专门探讨南明史实。《尊周汇编》编修时,张廷玉《明史》已传入朝鲜。朝鲜对《明史》相当不满,对其处理南明之做法尤其不满。成海应论之曰:"清人之修《明史》也,徐乾学议崇祯纪后照《宋史·瀛国公纪》后二王附见之例,以弘光、隆武、永历及鲁监国附入,而张廷玉之编纂也,散见于诸王传中者,以忌讳也。"②

《明史》未能很好处理南明三帝之史,讳之而不详,更不用说采南明正朔了。在当时朝鲜诸臣看来,虽然朝鲜未奉南明正朔,但亦当"大书特书",因为"追兹编摩之际,又不能书三皇帝正朔,则我东方呕吟累歔之情,无以表显于后"③。故而大书南明正朔,《义例》更强调"此书专为三皇帝正朔而设"。在《皇朝纪年》中,从崇祯十七年(1644)到永历十五年(1661)间,直书南明正朔,首列南明皇帝纪年。永历十五年后,以"本国纪年续之,只书列朝几年甲子"。故正朔上完全摒弃清朝纪年,以朝鲜直承明朝纪

---

① 郑玉子在其文中对《尊周汇编》义理进行了讨论。她将《尊周汇编义例》逐条译成韩文,并略加说明。
② 成海应:《研经斋全集》卷三二《尊周汇编条议》,第209页。
③ 《尊周汇编》义例,第8—9页。

年，这是对清朝正统性的一种彻底否定。参与编修此书的李书九论及南明正统说：

> 故文清公南有容著《明书正纲》，作弘光、隆武、永历三皇帝纪，以绍崇祯之统。先王虑其流布，命去之，遂无巾衍之藏。夫古今之莫严者，华夷之大分也，况正统所归，尤谨书法。如宋郑思肖之议，至谓唐之先世出自西凉，虽列之中国，不可以正统言，此固过论。而至若皇朝方孝儒（孺）之议，以为戎狄猾夏，晋宋虽播迁江表，晋必至于元兴三年而止，宋必至于祥兴二年而绝。或见其微弱，欲断自剖分之岁，废统而俱王，则非春秋之大法也。若夷狄主中国，一天下，则虽书其国号，其继世改元之礼如无统之时，凡崩、殂、薨、卒等称皆贬，不得与中国之正统比。使知正统不可以非类，得当时名儒如宋濂辈亦许其正。我国僻处海外，不得遥奉弘光、隆武、永历三皇帝正朔，固是千古遗恨，今当汇次尊周文字，宜遵故重臣已定之论，且采先儒严大义之议，以尊三皇帝之统。则顺治自归僭伪，当与元世祖至元以前为一例。此乃见于行事之深切著明者也，诚有光于列圣朝尊攘之大义矣。①

李书九详细论述了编修《尊周汇编》所坚持的正统观，正是要贬低清朝之地位，使顺治归于无统之列，从而凸显南明诸帝的正统性。此乃汇编编纂首要讨论的问题和首要的目标。

同时，鉴于南明永历帝的特殊地位和特殊境况，《尊周汇编》仿《资治通鉴纲目》书武周篡唐史实笔法，在永历帝流亡云南期间，首先必书永历帝之下落，每年正月皆先书"帝在某地"，仿

---

① 《尊周汇编》卷七，第566—568页。

朱熹笔法，示帝统未绝。如"（永历）十一年（孝宗大王八年）丁酉春正月，帝在云南"①。而南明亡后，其本国纪年格式第一条曰"显宗大王七年丙午"②，只书朝鲜国王在位年及干支年，不书清帝年号。

在处理朝鲜国王称谓时，最初它亦煞费苦心，严格区分待明与待清的标准。永历以前恭书"王"字，以明大伦，示朝鲜为明朝藩国的地位。永历以后，恭书"上"字，以示无屈于满洲。因为，"今则满洲主中国，而中国无可尊者，礼乐文物征于我邦，不啻若东鲁，则本朝反不尊乎"③。这一条见于成海应的《尊周汇编条议》，但在《尊周汇编》文中并未如斯实行，一概以王相称，未有如上所言之别。从中可以看出他们想尽一切办法，来突出朝鲜的正统性，及其不臣服于清朝的理念，以突出其尊周的用意。

其二，凡因忠于明朝而反清捐躯之士，皆入此书。"此书则所编者皆扶正殉难之人，无贬可施"。自丁卯、丙子二役始，凡战死疆场，为忠明而献身之士，若洪翼汉、吴达济、尹集斥和殉节三学士；林庆业、崔孝一、车礼亮潜通明朝忠义之士；康世爵、王凤冈等东来之明遗民，一并收录此书中。在编者看来，之所以将这些人录入，他们皆称为"明陪臣"，乃因为清朝是先灭朝鲜，翦明朝藩国，断其羽翼，破其藩篱，然后才"歌舞而入"，直逼京师。故"诸臣虽为本朝而死，实与孙承宗、卢象升之殉难同其烈"④。《诸臣事实》五卷，首起洪翼汉、尹集、吴达济斥和三学士。凡在朝鲜尊周思明有可歌可泣事情之士皆载录，若金尚善、宋时烈、金应河、金尚容、黄一皓、林庆业、郑太和，最后到明遗民康世爵、

---

① 《尊周汇编》卷五，第395页。
② 《尊周汇编》卷六，第415页。
③ 成海应：《研经斋全集》卷三二《尊周汇编条议》，第210页。
④ 《尊周汇编》义例，第13页。

田好谦、李应仁、黄功、王凤冈等近200人,将尊周思明人士全部汇集于一书之中。在编写过程中,编者尽量以最可信的资料,力求去其误,得其实。其原则是:"传闻互异,记载错出,除非见诸乘史,则必藉立言之人,而或载地志,或载祠院,实出公共之议,非由私阿之见,故亦为附载。"①忠诚忠义之士固然全加网罗,而相关之文章亦予附载,"东土思汉之咏,诚出于秉彝之天,固当一一收载,以验夫皇恩之浩博"。但因为或冗杂,或爽误错谬,事出传闻,故最后只择名贤所著,加以录入。

其三,在处理朝鲜尊周思明历史时,凡与明、清相关的史实,如椵(皮)岛等皆详述。因为"椵岛据于满洲之背,足以制之"。但毛文龙素无大志,"徒蟊贼于我"。毛文龙被诛后岛中无帅,终使这个重要的据点,未能发挥其应具的作用。虽然岛中无帅,而下属多有才干杰出之辈,如金声桓、尚可喜皆为岛中"桀黠",只是用之未当,使皮岛作用未能发挥②。

对清朝史实,从努尔哈赤开始。全书始于万历二十三年(宣祖大王二十八年,1595),朝鲜首次派使臣申忠一出使建州时。建州各部长期以来与朝鲜有贸易往来,亦常有战争摩擦,朝鲜长期以藩属待之,曾授女真酋长侍卫之类头衔。但壬辰战争期间,朝鲜突然感觉建州部女真势力大增,"(女真)兵势日强,觇知本国遭倭寇残毁,阴怀轻侮,自请发兵来救,兵部不许,遂纵部夷抢掠边郡"③。在此情形下,朝鲜首次派申忠一前往满洲,探听情况。《尊周汇编》就以此为全书的起点,并介绍努尔哈赤先世及其勃兴过程。以后凡与朝鲜相关的满洲史实皆予介绍。事实上,《尊周汇编》即介绍朝鲜在由明朝藩国变成清朝藩国过程中及其以后岁月

---

① 成海应:《研经斋全集》卷三二《尊周汇编条议》,第212页。
② 《尊周汇编》义例,第11—12页。
③ 《尊周汇编》卷一,第21页。

中，朝鲜是如何保持对明朝之忠心，反对清朝统治所作的各种努力，以及在此过程中所关涉的人物和事件。故而全书对清朝一律采取贬抑、讽刺的态度，极力否认清朝所具有的合法正统地位，称清人必用"虏""胡"一类字眼，努尔哈赤作奴儿哈赤，或作奴酋，如"奴酋自是有轻中国之心"①。时其建国之事，则曰："奴儿哈赤自称后金国汗，伪号天命。"②顺治崩，康熙立，"虏主死，子玄烨立，改元康熙"③。以此类贬抑词语，贬低清朝之正统地位，从而凸显明朝灭亡后，明朝以来之中华正统并非清所承继，而是朝鲜继承之意。

其四，《皇坛志》，下有《图说》《仪注》《祝文》《乐章》，并附《从享诸臣》及《华阳洞志》，全面介绍大报坛祭祀仪节。其作《仪注》之意："殷夏之礼，圣人攸说；北园之仪，皇朝是述。有损益者，要以近情；祭之诸侯，亦有攸经。牲则犆腥，乐则六成；升降上下，不显其诚。作《仪注》一篇。"④作《图说》之意："不庙而坛，仿于祭天；九级其崇，有墙有门。以其羊豕，与夫铏笾；既升既献，郁毖其芬。轩悬斯作，麾翟翻翻；黼黻有煌，黄幄高搴。灿焉可数，盍征斯文。作《图说》一篇。"⑤全面介绍了大报坛规制、祭祀仪礼、祝文。而《皇坛年表》下分《展拜》《制射》《旌褒》《恤录》四项列出年表，因为"尊王心法，列圣相传"，各朝各代皆有不同的表示，故而为了：

> 体先祖尊周之圣意，且欲使我子孙知此日应行之礼，至于儒武试取为忠良后裔，亦不无观感者，存此乃列圣朝家法然也。至

---

① 《尊周汇编》卷一，第25页。
② 《尊周汇编》卷一，第28页。
③ 《尊周汇编》卷五，第414页。
④ 成海应：《研经斋全集》卷三一《尊周汇编叙》，第186页。
⑤ 同上。

若诸臣之旌褒与其后孙之恩恤等诸恩典，又皆由是而推之。即亦爵禄庆赏成诸宗庙之义也。今以展拜及制射、旌褒、恩恤皆以类汇之，为表一篇。①

年表始自万历己未（1619），乃为在萨尔浒战中战死的金应河立祠义州，终于庚申年正祖崩时。凡国王举行崇祀明朝三帝的活动，褒恤忠烈与遗民子弟，全都列表出来，以见朝鲜尊周思明之全貌。书末附介万东庙与朝宗岩崇祀情况。

综上所述，《尊周汇编》作为朝鲜王朝最为重要的尊周类史书，全面载录了朝鲜尊周思明的相关人物和事件，汇集了仁祖到正祖时期尊周思明的主要史实，是朝鲜尊周思明的一次大的总结。它采用纪传体，首明正统大义，大书南明正朔，从而彰显其尊周本意。尊周意在尊明，尊明旨在反清，从而表明朝鲜承继了明朝以来的中华正统。

二、《国朝宝鉴别编》之编纂目的及其意义

《国朝宝鉴别编》十卷，编年体史书。顾名思义，既有"别编"，就有"正编"，它实际上正是为补《国朝宝鉴》之阙而编。《国朝宝鉴》乃辑录朝鲜各代国王之治法政典之事，以作后代龟鉴。世祖二年（明景泰七年，1456），世祖命申叔舟及修撰厅撰修太祖、太宗、世宗、文宗四代宝鉴，成七卷。英祖时期，续撰定宗、端宗、世祖、睿宗、成宗、中宗、仁宗、明宗、仁祖、孝宗、显宗、景宗诸朝宝鉴，至正祖朝完工。宪宗十三年（道光二十七年，1847），修正祖、纯祖二代宝鉴。大韩帝国隆熙二年（光绪三十四年，1908），修宪宗、哲宗二代宝鉴。实际上，它们是辑录

---

① 《尊周汇编》卷九，第154页。

各代国王圣训和有关治法之言论、记事而成。

《国朝宝鉴别编》之撰修始于英祖时期。英祖命修定宗等十二朝宝鉴时,随即编成《肃庙宝鉴别编》。英祖亲制凡例曰:"呜呼,我圣考体孝庙之大义,尊周盛德,灿明于青丘,诚可以亘万古不泯矣。而今于《宝鉴》未能首录,曷胜痛心,姑成《别编》,以俟后世焉。"[①]由此可以看出,编修《别编》之意,在于补《宝鉴》之阙。英祖对《肃宗宝鉴》未能首录肃宗"尊周盛德",深觉痛心,特作《别编》,以专录肃宗"尊周"史实。而这一特定内容,遂成为以后历代编修《别编》的基本原则。

以后《别编》的成书,多是随编《宝鉴》时一并编成。正祖朝,继承和发扬《肃宗宝鉴别编》之精神,补修仁祖到英祖四朝《别编》,凡有关尊攘史实皆加以编录;宪宗编正祖、纯祖、文祖三朝宝鉴之际,又成此三朝《别编》。且特别将"尊周"类史实辑录出来,从而凸显尊周在李朝历代中的地位。后人遂将三朝所编之《别编》合录成一书。全书十卷,笔者所见的是由韩国汉城骊江出版社影印本,录入《朝鲜事大斥邪关系资料集》第三册,与《日星录》合为一册。虽为十卷,但各卷长短不一,长则数十页,最短的卷十《翼宗代理别编》不过两页,篇幅越到后来越短。篇幅的长短,某种程度上反映出尊攘史实之多少。正祖以后的国王,讲求尊攘远不如其前代诸王。严格区分来说,正祖以前一直在大讲尊周以反清,但在清朝的"德化"政策下,正祖以后朝鲜日益变得心悦诚服起来了。

至于《别编》编修意图,具体如正祖编修诸朝别编时所定凡例所言:

---

① 李容元等纂:《国朝宝鉴别编》卷六,第584页。

《国朝宝鉴》之有别编,所以纪五圣酬报皇恩之大义也。大抵以天朝而为属国,动天下兵,存亡继绝,使属国秋毫皆帝力者,此古今之所未闻也。以属国而为天朝,於戏,不忘尽诚尽礼,常若天朝临于上者,此又古今之所未闻也。秉古今所未闻之大义,酬古今所未闻之皇恩,可以永有辞于天下后世。①

也就是说,虽然天朝已亡,但作为属国的朝鲜时刻未忘向"天朝""尽诚尽礼",故而编此书以记列朝尊周思明之史实。

《别编》纪年方式,先以干支,再列朝鲜国王在位年。同一年之史实即入此条目下,次年史实再重新列出,干支顶格出现,其他内容则低一格书写。所载史实都是与明朝有关的。或是潜通明朝史实,或是思明尊周史事。"《别编》所载我国事实,多与天朝事实相关,或天朝为之经,而我国为之纬,或我国为之经,而天朝为之纬,若不左右考据该贯备载,则无以得其脉络之因,首尾之详。"②

此书内容大体录自《朝鲜王朝实录》,偶尔有些实录不详者。它与其他尊周类史书不同之处,是以朝鲜国王为中心,关注的重心是国王。从义例上看,与其他尊周类史书一样,它有一种强烈的尊明贬清的倾向。凡称明朝,一律用"皇明",如:"文龙,皇明仁和人。"③"十一月,命录用皇明李如松子孙。"④不过,对于清朝的称谓,则不像《尊周汇编》一样贬称为"虏""胡",而以"满洲""清国"相称。《凡例》对此做了说明:"观于历代诸史,凡外国各随其国之所自名而名之,所以昭沿革也。"⑤朝鲜鉴

---

① 李容元等纂:《国朝宝鉴别编》凡例,第527页。
② 同上。
③ 李容元等纂:《国朝宝鉴别编》卷一,第529页。
④ 李容元等纂:《国朝宝鉴别编》卷七,第587页。
⑤ 李容元等纂:《国朝宝鉴别编》凡例,第527页。

于中国历史上若宋称金而不称熟女真,称辽而不称奚契丹,即为其先例。故而亦随时代不同称清人或为满洲,或为清国。同《尊周汇编》稍为不同,朝鲜国王一律称"上",而不用"王",这显示以朝鲜国王为中心的特点。《别编》内容与《尊周汇编》之《皇朝纪年》和《本国纪年》相关部分大体相同,不过因为侧重点不同,在使用纪年方式上,朝鲜国王与清之用词上有所不同,而且《尊周汇编》只到正祖,以后的史实未及载录,《国朝宝鉴别编》则一直到翼宗时期。

除上列各书外,此外尚有《尊华录》与《大义编》等。《尊华录》六卷,乃宋时烈九世孙宋秉稷奉帝令所编。实际上是一部尊崇儒学反对西学的资料汇编,此不予细论。

《大义编》,十卷,则是大报坛、万东庙相关文献之汇编。分前集、后集、续集、附集。具体内容则分为:"首揭典章、坛壝、文物、式仪,暨我列圣御制曰前集,丝纶之尊攘、奏仪之阐扬曰后集,褒忠奖节,录后之典曰续集,臣民寓慕之万东庙及诸人咏叹之诗与文曰附集。"①前集、附集各三卷,后集、续后集各二卷。其取名《大义编》,所谓大义,即《春秋》尊攘之义:

> 南汉下城之时,捐身效节,所以扶伦纲于万世也。逮孝庙在宥之时,上下密勿,所以图复雪于当时也,降自肃庙,世代寖远,虏运尚炽,复雪又不可期,则设坛北苑,秩祀三皇,所以忍痛含冤,寓风泉之思于无穷,故搜辑此编,以明义理。随时而变,而毕竟春秋尊攘之大义,一贯于其中矣。②

---

① 《大义编》凡例,第4页。
② 《大义编》凡例,第3—4页。

故宣扬义理为先,这也是本书编辑的动机。

此书编者不详,成书年代当为近代。卷二《年表》中,最后记录为崇祯一百九十九年丙戌,即1826年,其曰"当宁二十六年"①。此即为朝鲜纯祖在位年,纯祖卒于1834年,其记录了1826年的史实,故可断定此书成于1826年之1834年间。附引用书目,《皇坛仪》《列圣志状》《国朝宝鉴别编》《尊周汇编》《尊攘编》《宗庙誊录》《礼曹誊录》《吏曹誊录》《风泉编》等11种,多属于尊周类史书。

《前集》三卷,卷一《图说》,从明朝皇帝所购玉玺、蟒龙衣到大报坛享祀神座、建置等皆录入。列出图式,配以文字说明,偶有无图者。如神宗皇帝恩赐蟒龙衣,如斯说明:

> 蟒龙红缎衣,我宣祖大王壬辰去邠时,手索提去,仍为宝藏于集祥殿。至英宗丙子,移藏于真殿左养志堂,以遵圣考尊周之义。正宗戊戌出示筵臣,年久而衣色不渝,藏在大内,不能图而只有说。②

可见,其图说的都是朝鲜珍藏的与明有关的宝物。朝鲜将明朝遗物一律视作珍宝,大报坛有敬奉阁,万东庙有焕章庵,专藏明朝遗物,此其明记也。卷二《列朝御制》,收录了孝宗、显宗、肃宗、英祖、正祖等诸御制诗文,多与大报坛相关。卷三,收录仁祖、肃宗、英祖、正祖关于壬辰将领的祭祀,明遗民。朝鲜忠烈祭祀的诗文。

《后集》两卷,按编年排列朝鲜尊周思明的活动与人事。1644

---

① 《大义编》后集卷二,第392页。
② 《大义编》前集卷一,第17页。

年以后纪年一律用"崇祯",未用南明年号,更未用清朝年号。其格式如次:"(崇祯)四十九年丙辰(我肃宗二年)。"[①]即先列出崇祯纪年,然后再在括号内小字注明朝鲜国王在位年。该书始于天启三年(1623),终于崇祯一百九十九年(1826年)。本书内容上没有多大突破,不过纪年方式值得注意。

《续集》二卷,按编年记载朝鲜待忠臣后裔及明遗民子孙之事迹。始于天启三年(1630),终于崇祯一百九十七年甲申(1824),凡忠烈子孙、明遗民子孙之优恤皆录入。《附集》三卷则是征引诸家文集,将其尊攘文字皆予以摘录利用,引用文集达三十多部。附集卷一乃宋时烈、权尚夏等人所作的关于万东庙和焕章庵的文章。卷二乃是诗歌,收集洪翼汉、尹集、吴达济、金尚善等人有关斥和、思明尊周诗歌。卷三乃李廷龟等人作《杨经理去思旧碑》,有关祭祀明东征将士及忠臣之祭文、碑文、跋等一类文章。

《大义编》汇总朝鲜历史上有关大报坛、万东庙崇祀相关文献,是一部典型的尊周类史书。

综上所述,本章先概略地探讨了朝鲜所编中国史书和朝鲜尊周类史书的情况,并择取《宋史筌》《明史纲目》《皇明遗民传》以及《明实录》传入朝鲜的情况作为重点对象,着重分析朝鲜通过编修史书以阐述其正统观念。这些史书最为重要的、最值得注意的是其所持华夷观、《春秋》义理观,朝鲜以修《宋史》《明史》等史书,宣扬其尊王攘夷的理念观,从而表明朝鲜承继了明朝以来的中华正统。《宋史筌》乃正祖有鉴于元脱脱所编《宋史》不合传统儒家正统观念,有悖程朱理念,故而亲自操刀删其谬论,正

---

① 《大义编》后集卷二,第263页。

其体例，改编之以求合程朱理念的史书。《明史纲目》是为了宣扬明朝正统观，凸显明朝的正统地位。《皇明遗民传》意在褒扬明朝忠义之士。遗民乃遵行正统、忠于旧朝的一个群体，他们正是为正统而献身的人。成海应编修此书乃弘扬他们的精神，宣示对明朝的忠诚，从而体现朝鲜誓死捍卫正统的决心。朝鲜千方百计购得《明实录》东来，《明实录》被看成明朝的象征物，因为明朝三百年礼乐法度、文物典章全都涵盖。故而朝鲜得《明实录》就如同鲁国得《周礼》，暗示不仅继承其礼乐法度，而且承继了明朝正统。朝鲜尊周类史书以《尊周汇编》《国朝宝鉴别编》和《大义编》为最典型代表，记录朝鲜仁祖以后历代国王、儒林到遗民后裔的尊周思明活动，凡大报坛、万东庙、朝宗岩的崇祀活动，朝鲜朝野的反清通明举动，及此过程中所出现的人物和事件，意使后世永远承继尊周思明、尊明反清的传统。其高举尊王攘夷的大旗，大肆宣扬明朝正统，否认清朝正统地位，表明朝鲜承继了明朝以来的中华正统。

第七章　清对朝鲜思明之感知与对应

朝鲜王朝如此大张旗鼓地长期坚持进行尊周思明活动，清朝是否感知？采取过什么措施？对于朝鲜表面恭谨、内心鄙夷的态度，清朝又如何处置？清朝所采取的措施，又有怎样的效果？本章即就以上的问题加以探讨，并进一步考察清代中朝宗藩关系的特色。

其实，清朝从一开始，对朝鲜尊明贬清的心态就了如指掌。1627年出兵征讨朝鲜之前，建州女真与朝鲜就并非平等的伙伴关系，相反，建州女真在某种程度上依赖与朝鲜的贸易。按照河内良弘的观点，女真各部与朝鲜的关系，即如朝鲜与明朝的关系。朝鲜在以明朝为中心的中华世界体系中，是明朝的藩国，但朝鲜自身又建立以自己为中心的小天朝体系，将女真各部看成是其藩属[①]。故而当建州女真强大以后，要建立与朝鲜平等的关系相当不容易。后金在1627年首次出兵，将朝鲜击败，从而取得与朝鲜平等的地位，两国建立兄弟之国的关系。朝鲜屈服于战争的威胁，被迫签订和约。但从未平等对待过后金使节。皇太极称帝，朝鲜又拒不拥戴，迫使皇太极亲自率兵将其征服，朝鲜被迫成为清朝的藩国。朝鲜仍然是迫于战争的威胁，不得不屈服。清朝对朝鲜之表面臣服、内心抗拒的两面态度心知肚明。为了使朝鲜履行藩国的义务，并且能改

[①] 河内良弘：《明代女真史研究》第五章，介绍了朝鲜以女真人为侍卫的情况，第167—205页；第八章介绍忽剌温兀狄哈来朝情况，第258—332页；第十章特别介绍了朝鲜世祖对女真所施的"字小主义"之策及其所遭受的挫折，第356—380页；第十二章介绍女真朝贡情况，第407—434页，可见，在河内良弘看来朝鲜是将女真视作藩属。

变其对清朝的抗拒心态，清朝采取了许多措施。

首先，为弥补先天不足，清朝煞费苦心塑造其为天命所归的王朝，不遗余力地强化其正统性，既在国内宣扬正统，以确立其统治的合法性，同时也向朝鲜灌输其合法的正统性。在建立宗藩关系初期，对朝鲜施以高压，迫使其履行藩国义务。入关后，则一改高压政策为德化政策，对朝鲜大肆施恩，贯彻始终。清朝对朝鲜施以特恩，在中韩关系的史上都是少见的。在这些特恩的光环下，清代中朝关系看似亲密无比，这也是历来研究清代中朝关系者所肯定和受到迷惑的地方。透过对朝鲜尊周思明问题的研究，可以揭示亲密关系背后深层而幽暗的一面，或许能更清楚地了解清代中朝双边关系的内在特点。

第一节　清朝塑造正统的努力

朝鲜的尊周思明理念，根本意图就是否定清朝正统地位。尊周实质上是尊华、尊明，最终意图在于贬斥清朝；贬清，最基本的一点乃否定清朝对中华正统的继承。

满洲贵族入主中原后，虽然建立了大一统的清朝，但清朝统治者深知在以孔孟之道、程朱理学作为治国、处世理念指导的中原儒生和朝鲜儒林看来，清朝具有先天性不足。因而从一开始就非常重视塑造天命所归的正统地位。正统问题，既是清朝确立全国性大一统政权必须解决的难题，也是其理顺与朝鲜等藩属国宗藩关系须慎重处理的问题。在儒家文化圈内，以"尊华攘夷"为中心的正统观，始终是个基本且必须解决的问题。因而清朝在国内大肆塑造其天命所归，采取各种途径，塑造正统地位，对朝鲜则从最开始就强调其自王朝创立以来就当然具备的天命观。

一般而言，中国历史上封建王朝政权更替有禅让、世袭和革命三种方式①。而以少数民族入主中原、建立全国性大一统的中央王朝，仅蒙古贵族建立的元朝和满洲贵族建立的清朝，其王朝建立的方式与此三种迥然不同。由于以外来民族入承中华大统，而又不得不采取先进的儒家文化，故必须妥善处理程朱理学所津津乐道的以尊华攘夷为中心的正统论。历代统治者确立正统地位的惯用手法乃以充分的实力，加上神秘的天命和鼓吹如尧舜般的德行。对于满洲贵族来说，塑造正统的手法亦不过如此②。

满族向来十分敬畏天，原本有祭天风俗③。努尔哈赤勃兴之际，打出敬天法祖的旗号。他极看重天命，以为"总之主宰在天"④，大国变小，小国变大，皆由天意⑤。用"天命"作年号，意图十分明显，即上承天命以成事业。1619年，萨尔浒一役，击败明朝四路大军，取得决定性的胜利后，后金派使节携《书明七大恨事》函往朝鲜，极力向朝鲜表明他乃替天行道，并非要与明朝结怨，后金之所以能击败明朝军队，乃"天无私，福善祸淫，故佑我而厌明耳"⑥。将战争的胜负归诸上天的眷佑，借机说服朝鲜承认其正统性，这种手法在以后与朝鲜的交往中屡屡使用。宣扬上承天命，向来是中国古代统治者塑造正统的法宝，努尔哈赤善用此策，以期使朝鲜接受其正统性。有意思的是在最初交往中，努尔哈赤对

---

① 参见孙广德：《中国政治思想专题研究》第一章《我国古代政权转移理论之研究》，台北：桂冠图书股份有限公司，1999年，第1—42页。
② 关于清朝塑造正统的讨论，可参阅刘泽华主编、乔治忠等撰稿：《中国政治思想史·隋唐宋元明清卷》第十四章第四节"'大一统论'与'正统论'"，杭州：浙江人民出版社，1996年，第700—708页。
③ 参见郑天挺：《满洲入关前后几种礼俗之变迁》，《清史探微》，北京：北京大学出版社，2011年，第24—41页。
④ 《清太祖实录》卷四，壬子十月辛酉，第54页。
⑤ 中国第一历史档案馆、中国社会科学院历史研究所译注：《满文老档》太祖朝第四册，乙卯六月，北京：中华书局，1990年，第30页。
⑥ 《清太祖实录》卷六，天命四年三月甲辰，第84页。

朝鲜大讲天命，朝鲜亦以天命回敬："来书云：我若向来有意与明结怨，天即鉴之。推此心也，诚保世滋大，受天之佑者矣。自此以往，克协大道，同归于善，当亦明所深愿。"①努尔哈赤既以天命的光环加在自己头上，朝鲜亦以"天"来回敬，显然对努尔哈赤所言之"天命"嗤之以鼻。

  清太宗皇太极亦秉承其父之天命观，认为天子为匹夫、匹夫为天子皆为天意，非人力所能为。而"天下诸国皆天之所命而建立之者"②，"人君者，代天理物，上天之子也；人臣者，生杀予夺听命于君者也"③。在给朝鲜国王仁祖信中以为"惟天至公，不视国之大小，而视事之是非，以我为是，以明为非"④。因此，上天才将辽东土地和官民"赐予"了后金。在1637年征服朝鲜后，亦言："天意是我而非朝鲜，故我军所至克捷。"⑤他告诫群臣，"古来用兵征伐，有道昌，无道者废"⑥。他将与明朝战争中，一次次的胜利归诸蒙天佑，乃遵循有道。而明朝失败是因失道而被天谴。皇太极强调"我爱新觉罗由上天降生，事事顺天命，循天理，数世以来，远近钦服，从不被辱于人"⑦。清胜明败的根源乃"我国家，天命人心之归，已见几于受事之始"⑧。清朝所做一切皆秉承天意，得天命，顺人心，故清朝能无往不胜。而对于天下之统治权，皇太极主张：

---

① 《清太祖实录》卷六，天命四年五月庚戌，第85页。
② 《清太宗实录》卷三，天聪元年五月庚午，第14页。
③ 《清太宗实录》卷三，天聪元年四月甲辰，第4页。
④ 《清太宗实录》卷三，天聪元年五月庚午，第14页。
⑤ 《清太宗实录》卷三，天聪元年四月甲辰，第3页。
⑥ 《清太宗实录》卷九，天聪五年七月戊戌，第17页。
⑦ 阿桂等：《清朝开国方略》卷四，沈云龙主编《近代中国史料丛刊》第14辑，台北：文海出版社，1966年，第94—95页。
⑧ 阿桂等：《清朝开国方略》卷六，第156页。

> 天下并非一人之天下，仅为有德者所定，故只可谓有德者为天子。今蒙天眷，立吾为我国之主。然吾岂可谓为天子耶？倘不行义，有违于天，天将废吾另立他人为我国之主，亦天意也。①

意在宣扬清朝之所以有天下，他本人之所以成为皇帝，乃是天下有德之人，从而获得上天的眷顾。若行不义，亦可能失去帝位。声称的代表天意行事，是为其正统性塑造一种耀眼的光环。

入关后，清朝诸帝对正统性的塑造更是不遗余力。首先由于大一统政权的建立，清朝建立一个强有力的中央集权政府，制度上确立清朝皇权正统的绝对权威，同时用一整套礼仪制度强化其对中华正统的承继，如尊崇孔子，宣扬重视"三纲五常"的程朱理学等。顺治、康熙、雍正、乾隆等皇帝莫不重视正统的塑造和维护②。顺治皇帝强调"凝天命，扬祖德"③，即位诏书一开篇即曰："我太祖武皇帝受天明命，肇造丕基，懋建鸿功，贻厥孙子……"④强调上承天命，清朝乃天命所归。并告太庙，祭天地，实施一系列的礼仪，以强化其正统，并颁示中外，从而确立其大一统的天下⑤。康熙帝强调"朕为上天之子，朕所仰赖者惟天"⑥，"朕承天命，统御万方"⑦，强调其为上天之代表，塑造清帝的权力乃上天所赋予的，故而不容挑战和怀疑。在宣谕周边各部族时候，他都强调是

---

① 关嘉录、佟永功、关照宏编：《天聪九年档》，天聪九年五月二十日，天津：天津古籍出版社，1987年，第64页。
② 参见刘泽华主编，乔治忠等撰稿：《中国政治思想史：隋唐宋元明清卷》，第674—709页。
③ 《世祖章皇帝圣训》，《文渊阁四库全书》第411册，第97页。
④ 《清世祖实录》卷一，崇德八年八月丁亥，第33页。
⑤ 对于顺治帝塑造正统的方式，可参见黄枝连：《朝鲜的儒化情境构造：朝鲜王朝与满清王朝的关系形态论》，第352—358页。
⑥ 《清圣祖实录》卷二三四，康熙四十七年九月庚寅，第340页。
⑦ 《清圣祖实录》卷一五一，康熙三十年五月戊子，第674页。

"承天命，统驭万邦"①，故所向披靡，无往不胜。同时，康熙帝对儒家道统亦倾注心血，对程朱理学甚有研究，以强化其对中华道统的承继，从而强化其正统性②。雍正皇帝则对"皇天无亲，惟德是辅"的观点大加宣扬，他说：

> 《书》曰："皇天无亲，惟德是辅。"盖德足以君天下，则天锡佑之，以为天下君。未闻不以德为感孚，而第择其为何地之人而辅之之理。又曰："抚我则后，虐我则仇。"此民心向背之至情，未闻亿兆之归心，有不论德而但择地之理。又曰："顺天者昌，逆天者亡。"惟有德者乃能顺天，天之所与，又岂因何地之人而有所区别乎？③

强调德行是得帝位最重要者，是上天最看重的。天下乃有德者居之，而上天不管有德者出自何方、来自何地、属于什么样的种族，从不苛求。因此他强调天下乃有德者居之，从而抹杀儒家固有的华夷有别之正统观。

清朝皇帝非常清楚作为少数的满洲贵族，要统治全国百分之九十以上的汉人，相当不容易，因而制度上建立一套高度的君主集权政体，实施一系列措施外，文化心态上亦采取一系列措施，如文字狱，以钳制士人思想。同时，挖空心思地强调满洲贵族统治中国的正统合法性。满洲贵族深知，他们出身于"夷"，所以他们相当忌讳士人用"夷""胡""狄"一类字眼。乾隆皇帝组织编修《四库全书》，不少书犯忌，入禁毁列，即便收录，对其相关犯讳

---

① 《清圣祖实录》卷一五六，康熙三十一年九月乙丑，第723页。
② 参见宋德宣：《康熙思想研究》，北京：中国社会科学出版社，1990年，第95—103页。
③ 雍正帝：《大义觉迷录》，沈云龙主编：《近代中国史料丛刊》第36辑，台北：文海出版社，1966年，第1—2页。

字眼也全部去之，或改换成其他中性的词语。乾隆之父雍正皇帝竟然在《大义觉迷录》中，大谈其华夷观。雍正六年（1728），发生曾静等人策动陕西总督岳钟琪谋反一案。曾静秉承其师吕留良的思想，斥清人为夷狄，不具统治中华的正统性。雍正亲撰《大义觉迷录》，以图破除《春秋》义理的华夷观对儒生的迷思。雍正以天子之尊，竟然同一个在野儒生大打笔墨官司，刊出千古奇书《大义觉迷录》，并力求家喻户晓。由此也体现出正统论对清朝皇帝的困扰之大。下面以《大义觉迷录》为中心，看看雍正帝是如何解开这一千古死结的。

雍正重新解释"夷狄"，以为华夷之别如中国籍贯，只是地域不同而已。这样的解释抽掉了儒家华夷思想的精髓，转移了对夷性的认识[①]。雍正并不讳言满洲为夷狄，"夷狄之名，本朝所不讳"。又言中国古代奉为圣人的舜、文王皆为夷人，"舜，东夷之人也；文王，西夷之人也。本其所生而言，犹今人之籍贯耳"[②]。

> 舜，古之圣帝，而孟子以为夷；文王，周室受命之祖，孟子为周之臣子，亦以文王为夷。然则"夷"之字样，不过方域之名，自古圣贤不以为讳也……夫满汉名色，犹直省之各有籍贯，并非中外之分别也。[③]

因此雍正解释所谓"夷"，不过"方域"之字样，本质上与汉族并无区别。满洲是清人籍贯，并非有中外之分别。满汉之别不过是籍贯不同而已。满洲既是清人之籍贯，而华夷之说又从何说起

---

① 安部健夫：《清朝の华夷思想》，《清代史の研究》，东京：创文社，1971年，第33—57页。
② 雍正帝：《大义觉迷录》，第85页。
③ 《清世宗实录》卷一三〇，雍正十一年四月己卯，第696—697页。

呢？雍正解释，所谓"华夷"，不过是南北朝时北方人称南方为"岛夷"，南方人称北方为"索虏"，"口舌之讥""至卑至陋"之事。但雍正年间清朝已是江山一统、华夷一家，此时仍大谈华夷之别，实在是"逆天悖理""无父无君"之异类①。

其实，程朱理学所倡导的华夷之别，并非只是地域的不同。传统儒家在文化心态上贱视夷狄，将"夷狄"看作低等民族、未开化民族。"华"则是文明人、文化发达的民族。但在雍正的狡辩中这些核心内容都被抽离了，剩下的只是不同地域人们之间的互相攻讦，以回护其先天之不足，把满人与汉人看成一体，所谓"满汉名色，犹直省之各有籍贯，并非中外之分别也"，即此之谓也。

雍正进而强调清朝"既仰承天命，为中外臣民之主"，所以对任何民族皆抚绥爱育，"何得以华夷而有更殊视"。清朝统治，无分内外，不分彼此，不讲华夷，皆一视同仁，所以作为清朝子民，"尤不得以华夷而有异心"②。但是，"中国之人，轻待外国之人承大统者"，妄意诋讥，肆意蛊惑，实非良民。孔子有言："君子居是邦也，不非其大夫……夷狄之有君，不如诸夏之亡也。"春秋百里之诸侯内，大夫犹不可非，清朝乃奉天承运、大一统之天下，臣民又焉能谤议君主呢！"且圣人之在诸夏，犹谓夷狄为有君，况为我朝之人，亲被教泽，食德服畴，而可为无父无君之论乎？"③

雍正引孔子言为论据，但故意曲解原意。孔子言"夷狄之有君，不如诸夏之亡也"，被说成是"圣人之在诸夏，犹谓夷狄为有君"，似乎作为圣人的孔子也承认夷狄之君主。又批评儒生悖逆韩愈之言，韩愈言："中国而夷狄也，则夷狄之；夷狄而中国也，则

---

① 雍正帝：《大义觉迷录》，第16页。
② 雍正帝：《大义觉迷录》，第3页。
③ 雍正帝：《大义觉迷录》，第14—16页。

中国之。"虽然元朝是一个"混一区宇,有国百年"的王朝,但中国儒士对于由夷狄而入主大统的元朝,称述者少,贬斥者多。雍正批评此乃"怀挟私心,识见卑鄙之人,不欲归美之外来之君,欲贬抑淹没之"[①]。

以上雍正的论述大体有以下几层意思:其一,清朝上承天命,混一区宇,不分华夷,一视同仁,作为其治下的子民,不可以华夷之论而怀异心。他故意模糊传统意义上的华夷观念,将一种文化概念,模糊为地域上的差别,表明华与夷并无本质上的差别。其二,作为儒家圣人的孔子都承认"夷狄之有君",作为清朝子民又焉能否认清朝的君主,肆意作无父无君之论呢!且韩愈有言"夷狄而中国也,则中国之",现清朝为大一统之中华帝国,又焉能视作夷狄,而不以中华视之呢!

雍正乃清朝入关后的第三位皇帝,全国性的大一统政权已建立达七八十年,而华夷观的问题依然使得他如此气馁,不惜皇帝尊严,与一儒生大肆辩论。其言辞之激烈,语气之强硬,显然有失君王的风范。而雍正之所以如此大张旗鼓地宣扬,在某种程度上,反映出他自己对此问题确实并无十足的信心。《大义觉迷录》乃千古奇书,而雍正的做法亦是千古一例。由此可见华夷观、正统论对他们的困扰之大。

实际上,雍正帝意在消除传统华夷观,建立一套"大一统"理论新说。他强调普天之众,"莫不知大一统之在我朝"[②],乾隆帝继承和弘扬了这种大一统观,并用这套理论,分析中国历史上王朝的正统性问题。他指出"《春秋》大一统之义,尊王黜

---

① 雍正帝:《大义觉迷录》,第17页。
② 雍正帝:《大义觉迷录》,第3页。

霸,所立万世之纲常,使名正言顺,出于天命人心之正"①。然后用他所理解的《春秋》义理和朱子《纲目》思想,分析历史上中国王朝的正统性问题。虽然他亦打出《春秋》义理和紫阳《纲目》的旗号,但对正统论与华夷观得出完全不同的论述。首先,在《春秋》大一统的旗号下,他撇开"尊王攘夷",强调"尊王黜霸"。一字之改,意义全变。"尊王攘夷",重在华夷之别,而"尊王黜霸"则变成了尊行王道,反对霸道;行仁政,黜霸政。《春秋》义理中的华夷之别的原意已被抹杀,"尊攘"之意义亦消失了,剩下的只是"王道"与"霸道",与《春秋》尊攘之义已没有多少关系了。其次,他虽然亦大谈正统,但正统被看成是"继前统,受新命",重在后代对前代道统、法统的承继,所谓宋、齐、梁、陈之承继东晋,南宋之继北宋,蒙元之继两宋,即为乾隆所言正统之传承。儒家原来讲求正统之华夷、种族之差别,不得承统,一概被抹杀了。而他这样做最终的落脚点是说明清承明统,大明帝国所具有的中华正统自然非大清帝国所继承莫属。

在处理政权如何从明帝国传到大清帝国问题上,清朝更有一套冠冕堂皇的理由,更是其塑造正统的一个砝码。清朝向来宣称其得天下最正,这是历代清朝统治者所津津乐道的。清兵入关之际,就打着为明朝复仇的旗号,进驻北京。而雍正帝对这一点更大加阐发,加以系统阐述。他首先认为清朝原本无意取代明朝政权,只是当李自成攻陷北京,崇祯帝殉国而死,"明祚已绝,明位已移"后,应吴三桂之请,方命将兴师,兵至山海关,一战而胜,击败李自成。

---

① 清高宗:《御制文二集》卷八《命馆臣录存杨维桢〈正统辨〉论》,《清代诗文集汇编》第330册,上海:上海古籍出版社,2010年,第331页。

是以我世祖皇帝君临万邦，廓清群寇，救亿万臣民于水火之中，为明朝报仇雪耻，是我朝深有德于前明，显然著明可白万世者也。我朝得国较之汤武征诛，更为名正言顺，何明亡之有恨乎？①

如此一来，清朝乃有德于明朝。它得国之正，更有胜于汤武革命。明亡之恨，又从何谈起呢！不仅如此，它还有恩于中国。其曰：

至于我朝之于明，则邻国耳，且明之天下，丧于流贼之手……中国人民死亡过半，即如四川之人，竟至靡有孑遗之叹。其偶有存者，则肢体不全，耳鼻残缺，此天下所共知……且莫不庆幸我朝统一万方，削平群寇，出薄海内外之人于汤火之中，而登之衽席之上。是我朝之有造于中国者，大矣至哉。②

借此肯定清朝之正统地位。而明朝大统已亡，为明朝复仇之大清就承继了中华大统。

综观清诸帝对正统论的阐述，与前面所谈朝鲜诸儒正统论的认识，解释绝然不同，无一相似之处，其主要不同之点可概述如次：其一，清朝抹杀华夷之别，以为华夷之别不过是地域不同，满汉之分不过是籍贯不同，清之满洲如中国之籍贯。"九州四海之广，中华处百分之一，其东西南朔，同在天覆地载之中者，即是一理一气，岂中华与夷狄有两个天地乎！"③同处一个天地之下，又无本质的差别，从而将华夷本来意义上文化的差别，加以抹杀。而朝鲜

---

① 雍正帝：《大义觉迷录》，第127—128页。
② 《清世宗实录》卷八十六，雍正七年九月癸未，第149页。
③ 雍正帝：《大义觉迷录》，第178—179页。

严执华夷之别，直斥清朝为夷狄、胡人，坚持华夷乃天下之大分，夷狄等同禽兽，故不可同日而语。

其二，清以为正统不过是"继前统、受新命"，而清朝乃承继天命，受天眷顾，故而得承明朝之大统。朝鲜以为明朝灭亡之后，中华大统已绝，只是大统一脉，偏寄三韩，故而高举"尊王攘夷"的大旗，以捍卫朝鲜"小中华"之正统余息。

其三，清以为明亡于流寇，并非亡于清人。清乃败流寇而得天下，为明报仇，有德于明朝，进而有德于中国。朝鲜则不仅视清为明之寇仇，更以两次加兵于朝鲜，使朝鲜对清满怀着仇恨，所谓国恨私仇集于一身，所以对清朝有复仇北伐之志。

因此，尽管清朝与朝鲜都打着《春秋》大义、紫阳《纲目》旗号，但对正统论的解释完全不同。清朝抹杀华夷之别，意在模糊其先天不足，倡导"天下一统，华夷一家"，从而使子民认同其正统地位。朝鲜否认清朝正统地位，高举"尊王攘夷"的大旗，意在突出朝鲜承继了明朝以来的正统地位，以解决现实中政权合法性问题。清朝深知武力征服朝鲜虽不难，但要令朝鲜真心实意地臣服，甚至比汉族人更不容易，所以既以高压严密监视朝鲜，又大肆施恩，以收其人心。大体而言，清入关前以高压手段为主，入关以后，以施恩笼络为主，最终经过长时间的精心笼络，终于使朝鲜内部出现反对传统尊周思想，提出北学的倡议，清代中朝关系也日益密切，最终在面对西方势力入侵之际，朝鲜仰仗清朝作为后盾，将清朝视作其"卫正斥邪"的依靠。可见清朝德化政策还是有效果的。

第二节　清朝对朝鲜之高压政策

一般来说，清入关前对朝鲜以高压政策为主，以朝鲜世子等为人质，严惩潜通明朝官员，督责朝鲜过失①。入关以后，随着大清帝国政权的稳定，清朝对朝鲜一改高压政策为德化政策，削其岁贡，礼遇朝鲜使节，严格约束清朝出使朝鲜的使节，屡予朝鲜国王以特恩，等等，意在消除朝鲜对清朝的疑忌，从而使之感化②。

清代中朝宗藩关系建立初期，为了促使朝鲜履行藩国义务，清朝采取各种强迫措施，给朝鲜以高压，严密监视朝鲜的举动。清朝之所以对朝鲜采取高压政策，主要有三点原因：

第一，入关前，明朝尚存，鉴于朝鲜对明朝的感激之情，清朝唯有以高压政策打消其对明朝的幻想，使其履行盟约。第二，基于正统论的考虑，清朝深知朝鲜所执正统义理思想是极不利双边关系的，因而必须以强硬措施，消除朝鲜义理派势力的影响力，同时大肆向朝鲜宣扬清朝承上天眷顾，得承中华正统。第三，清人对朝鲜不履行盟约，早有成见，在清人看来朝鲜是个反复无常、不遵规约的国家，必须以严厉的高压措施，才能控制朝鲜。故而以高压措施督责朝鲜履行盟约。其高压措施主要有以下几种：

其一，以朝鲜世子等为人质。南汉盟约中，明确规定质子："躬来朝谒，尔以长子，并再令一子为质；诸大臣有子者以子，无子者以弟为质；尔有不讳，则朕立尔质子嗣位。"③以世子为质，

---

① 张存武将清代中朝关系划分为三个阶段：三藩之乱前是紧张年代；三藩之乱后到光绪二年为和洽时代；光绪时期日本迫使朝鲜订立邦交后宗藩关系之解纽时代，见张存武：《清韩宗藩贸易：1637—1894》，第9—10页。全海宗认为"朝鲜对明朝真诚地奉行着事大主义，而对清朝只采取事大的形式。清朝虽然认识到这一点，但对此状况并不太在意，仍然满足于其事大形式"。全海宗：《中韩关系史论集》，全善姬译，第159页。此种论述其实不然，清朝深知朝鲜的心态，但终清一朝，始终想尽办法，力求改变朝鲜心态，这就是清朝对朝鲜所施德化政策的目的。

② 杨昭全等把清代中朝关系分为三个时期：威压时期（1637—1644）、和缓时期（1645—1735）和平稳时期（1736—1840），他们如此划分乃是以清兵入关（1644）和乾隆继位（1735）作为清代中朝关系改变的标志。见杨昭全、韩俊光：《中朝关系简史》，沈阳：辽宁民族出版社，1992年，第263—267页。

③ 《清太宗实录》卷三三，崇德二年正月戊辰，第430页。

胁迫朝鲜遵守盟约,一旦仁祖行为乖张,不受管束,清朝可以废之而立质子[①]。以世子为人质,就掌握着控制朝鲜的砝码,因顾及世子安全,仁祖不可能太过违抗清朝意志。虽然初期,对于清朝的要求阳奉阴违,要求刷还逃人,消极抵制;要其派兵一同征伐,朝鲜故意让部队误期;运送粮食,则大批船只漂没海中,甚至还有船漂到明朝军队中,通风报信。皇太极为此十分气恼,故曾一度想废仁祖而立质子。但世子对清的要求一样搪塞,"且皇帝凡有分付之事,世子每有防塞之意,皇帝心甚不快,以为世子凡事不宜任意自断,只可转报本国而已云。此后若有帝命,须知此意,善为酬应,切勿违拒,以致生梗之患"[②]。世子既然如此不合作,清朝最终亦未行废仁祖立世子之举。不过这种威胁性始终存在。故而扣押世子是促使朝鲜履行盟约的高压手段之一。

其二,打击镇压朝鲜国内的反清义理派人士。清朝深知朝鲜内部提倡尊周思明的义理派人士是主要的尊明反清势力,对这部分人一开始就予以镇压。南汉山城被围困之际,为消除和谈阻力,清朝即要求朝鲜遣送斥和派代表,遂将洪翼汉、尹集、吴达济三位斥和派代表押赴沈阳,一并处死,从而开始其镇压朝鲜反清人士的序幕。尽管朝鲜臣服于清,但在领议政崔鸣吉、参判李敬舆等主持下,朝鲜数度派人浮海到达辽东,与驻守松山的洪承畴互通信息。松锦之役后,洪承畴降于清人,朝鲜与明潜通之事遂大白于天下,清遂将参与其事的有关人士若崔鸣吉、李敬舆、金尚善、申翊圣、李明汉等一并押赴沈阳,加以审问。审讯之际,邀世子同审,敲山震虎。更有甚者,崔孝一浮海到了明朝,受到义州府尹黄一皓支

[①] 对此刘家驹有深入研究,具体参阅其《清朝初期的中韩关系》第四章《朝鲜世子等入质沈阳》,第149—179页。
[②] 《沈阳状启》庚辰七月十七日,京城帝国大学法文学部,1935年,第228页。

持，崔孝一遂以私书通其义州族属，但书为清人所得，清遂派人赴义州将黄一皓及崔孝一族属、潜商等数十人，"一时诛杀，亦令百官聚观其尸"①。用这种严酷打击，以消除朝鲜国内的反对派势力。

清朝深知严惩朝鲜尊明反清人士并非持久有效的办法，因此亦相机收买朝鲜人心，消除敌对势力，减少敌对心态。故而在处理相关事项上，表现出高超的手腕。朝鲜宣川府使李烓曾参与独步潜通明朝之事，并与观察使郑太和密议。清闻之，执李烓到沈阳，将杀之，李烓贪生怕死，将朝鲜潜通明朝之事和盘托出，告知清人以下情报：金尚善一心南朝，崔鸣吉、林庆业遣僧独步通信明朝，李敬舆不用崇德年号，申翊圣、李明汉亦为南朝守节。于是清朝就将五人拘禁于沈阳。但李烓并未因此而获清朝重用，反而以其"卖国偷生，其罪重矣"，将其移交朝鲜，任由朝鲜处置，以收朝鲜人心。朝鲜将李烓全家处死，而同时对清朝的做法相当满意，朝鲜以为蒙古时将卖国贼移送高丽，"不料清人亦能办此事"②。此种笼络起了作用。

其三，严密监视朝鲜国内事态的发展，一有风吹草动，清朝使节就穿梭往来，或大兵压境，迫使朝鲜终究不敢有太过激烈的行为，这一措施一直到"三藩之乱"时期还被清朝采用。宗藩关系建立之初，因为朝鲜对清朝"事事欺瞒，少无诚信"，故严密监视。因而朝鲜所作所为，清朝了如指掌。仁祖十八年（崇祯十三年，1640），朝鲜臣服清朝三年之际，范文程罗列朝鲜十二大罪状，包括征兵违误师期、逃人不予刷还、擅修南汉山城、六卿质子多送

---

① 《朝鲜仁祖实录》卷四二，仁祖十九年十一月辛巳，第35册，第124页。
② 《朝鲜仁祖实录》卷四三，仁祖二十年十一月己卯、戊子，第35册，第140—141页。

庶孽等，送于沈阳世子质馆①。这些都查有实据，朝鲜理屈词穷，无法解释。可见，朝鲜时刻处于清朝的监视之下。后来肃宗还论及这一段历史，以为："汗临死戒，以频送敕使，使朝鲜不得有所设施，故丙子以后，敕使一年三四来，恐喝无已，策应甚繁。"②可见，清朝屡派使臣以探求朝鲜动向，了解国内动态。这方面最明显的就是孝宗登基与清"三藩之乱"时期。

孝宗初政，很想有番作为，遂将仁祖末年一批亲清派大臣全都斥退，而起用宋时烈、宋浚吉等一批山林隐逸，图谋复仇北伐之事。清朝似乎一开始就感觉不对，因而对朝鲜采取措施。它首先对朝鲜的燕行使加以严密控制。孝宗元年（顺治七年，1650）谢恩使仁兴君李瑛等到北京后，受到"牢闭馆门"的待遇，"接待大异于前，西路则减馔品，严讥察；入京则通官受辱于守门之人"。之所以如此，乃因清人早已获知朝鲜"不知感恩，反有不敬之事"③。不久，原为领议政而被斥退的金自点遂与通事李馨长谋告清朝，清朝获知此情况，当即派六位大臣前来查证。孝宗大惊，赶快斥退那批山林隐逸。金尚善、宋时烈、宋浚吉等皆被退归山林。清使遂将罪责归到领议政李景奭和大提学赵絅头上，要求处死他们，但孝宗坚执不允，遂将他们发配到义州白马城。但金自点等一干人也未得好下场，清使将他们的告密又和盘托出，两年后，孝宗借故将他们全处死。但他一腔复仇之志，经此一役，亦湮没于无形之中。孝宗九年（顺治十五年，1658），他将满腹的心思托给宋时烈，不久即薨，其北伐计划不过是表现在一席谈话之中④。

在处理这类事情上，清朝显示了高超的驾驭能力。它密切注

---

① 《朝鲜仁祖实录》卷四一，仁祖十八年十月壬戌，第35册，第100页。
② 《朝鲜肃宗实录》卷三八，肃宗二十九年四月己卯，第40册，第14页。
③ 《朝鲜仁祖实录》卷三，仁祖元年正月辛卯，第35册，第412页。
④ 有关详情参见第一章。

视着朝鲜国内动态,一旦发现有风吹草动,即遣使查问,朝鲜终归不敢有所行动。虽然在思想文化上,朝鲜对清朝大加挞伐,但终究未有实质性的反清行动。即便在"三藩之乱"时期,朝鲜亦未有举动。"三藩之乱"初期,朝鲜亦试图举兵。显宗十五年(康熙十三年,1674)三月,谢恩使金寿恒在北京派译官先期回汉城,禀告吴三桂叛乱之事,此乃朝鲜首次正式获知"三藩之乱"叛乱的消息。而在此前后,清朝屡屡派使臣前往朝鲜,穿梭往来不绝,令朝鲜颇为惊疑,朝鲜深知:"此乃出于致疑我国也。"

吴三桂叛乱的消息传入朝鲜,不少儒生认为当抓住时机,以报仇雪耻。儒生罗硕佐、赵显期等相继疏陈,大略以为吴三桂既据南方,蒙古亦不亲附,天下大变,正在目前,乘此机会,出兵辽东,"大可以复仇雪耻,小可以安国保民"。显宗以为清人既已起疑心,而罗、赵之疏,"有烦听闻",故而显宗按下疏文不予赐答①。但朝鲜密切关注着事态的发展。六月,正在疑惑之际,"清使猝有先声,都下讹言沸腾"②。朝鲜舆论纷纷揣测清使来意,"或为征兵,或为运粮",以为皆不可从。后来,义州府尹告知,清使乃以皇后讣事出来,朝鲜方知虚惊一场。事后,朝鲜自言"我国有所疑虑,故自相骚动"③。随后八年的平"三藩之乱"期间,清朝既未向朝鲜征粮,亦未向朝鲜征兵,只是密切监视朝鲜举动,时常派使臣以各种名义出使朝鲜,加以监督。朝鲜内部虽然不少儒生主张借机进兵,但终究未得显宗应允。

显宗十五年七月,大臣尹鑴又进密疏,主张出兵复仇雪恨。疏文言:孝宗在位十年间,未尝一日忘北伐之志,但天不予寿,中道而殁,以致宏图大志,遗恨千秋。今吴三桂已起兵反清,乃千载

---

① 《朝鲜显宗实录》卷二二,显宗十五年四月己卯,第37册,第65页。
② 《朝鲜显宗实录》卷二二,显宗十五年六月甲辰,第37册,第67页。
③ 《朝鲜显宗改修实录》卷二八,显宗十五年六月丙午,第38册,第184页。

一时,应借机出兵,以完成孝宗遗愿①。尹之疏文义愤填膺,极具鼓动性,但显宗终究按下不报。正在朝鲜儒生沸沸扬扬之际,显宗以34岁之龄驾崩,肃宗以冲龄继位,尹鑴得以重用。而他继续鼓吹出兵北伐,自言可造战车。清使前来,又要求国王不要出迎,使其生疑。借其生疑之际,正好乘机出兵,十万精兵不十日可到沈阳,则关内震动,"事无不成之虑"。对待清朝则主张三策:"北伐一也,渡海通郑二也,与北绝和三也。"②尹之疏文并未受到肃宗重视,而领议政许积以为今日微弱之势,妄兴大事,十分危险,加以反对。其他大臣赞同许积的观点。《朝鲜王朝实录》如斯论之曰:"盖鑴外假伐胡之名而出脚,故强为此高谈,以掩人耳目,非实语也。"③最终朝鲜采取按兵不动、静观清朝局势之态。《肃宗实录》将朝鲜未能借此机会出兵归诸显宗英年早逝、肃宗冲龄继位,如斯论道:

> 三桂一呼于云南,群雄并应于海内,乘此之几,我若提兵渡辽,直捣巢穴,王师攻其南,我兵击其西。则可以殪蛇斩豕,扫清腥秽,庶几洒仁祖之遗耻,报神宗之至德,使天下万国知三韩忠节,犹有不泯。而不幸喜报才至,先王奄弃群臣,主上冲年莅祚,老奸当国,群邪汇进,咀嚼儒贤,斥逐士类,何暇念及国家大计乎?噫!若孝宗初年而遭此会,则必仗忠烈、奋神威,以金戈白旗,鼓义气于中原。先王未薨,则亦必绸缪谋划,相时而动,不作此坐视而已。岂天之使我,终抱羞而莫雪耶?呜呼,可胜痛哉!④

---

① 《朝鲜显宗实录》卷二二,显宗十五年七月癸亥,第37册,第68页。
② 《朝鲜肃宗实录》卷二,肃宗元年二月丁酉,第38册,第244页。
③ 同上。
④ 《朝鲜肃宗实录》卷四,肃宗元年六月庚申,第38册,第287页。

《肃宗实录》所论只是部分原因,并不全面。因为朝鲜修实录者往往借机贬斥异类,打击政敌,故而很难说其评论秉持了公正原则。"三藩之乱"时期,朝鲜最终未出兵,显宗英年早逝,肃宗冲龄继位,固然是一重要原因。但即便显宗不死,他也未必出兵。显宗出生于沈阳质馆,4岁方归朝鲜,19岁即位,在位15年,他对清朝既未有如同其父孝宗般仇恨,对于明朝亦无其子肃宗般强烈的思怀情感。综观其在位期间,他谨事清朝,未有忤逆之事。在思明问题上,亦没有很大的举动,他虽恢复了祭祀明朝东征将士的愍忠坛,优恤义士李士龙后代,但对儒生提出为神宗皇帝建庙,则加以拒绝。对借三藩之乱出兵之议,亦不予理睬,他采取的是一种维持现状、坐而观变的态度。肃宗冲龄即位,政局未稳,当然不会有出兵之行动了。

吴三桂起兵,朝鲜有人提议出兵,主要觉得是复仇雪耻、恢复明朝的好机会。从吴三桂起兵檄文中,他们看到吴三桂打着扶植朱明后人的旗号,有大臣疏曰:

> 侧听吴三桂兴义兵,戴朱氏,而海内莫不响应。此说如果然,岂非我东方之大幸!宜亟遣间使,一以慰四十载播越之劳,一以暴万折必东之诚。且观戎虏之衅,以探大邦之意,与之并举,则于事合宜,于义甚正,而足以激天下忠义之气也。①

可见,朝鲜对吴三桂寄予厚望,乃觉得明朝有望恢复。但后来发觉吴三桂并未立明朝后裔为帝,反而自立为帝时,朝鲜当即表示异议。肃宗即说:"三桂初意则欲立朱氏后裔,以树功烈,而今乃

---

① 吴庆元:《小华外史》卷八,第201—202页。

自称皇帝，此陈胜、吴广之流耳。"①他对此显然十分不满。而成海应对朝鲜人寄希望于吴三桂提出批评，以为："东方之人不知三桂乱逆如此，每叹三桂死，而皇祚未复，何其过也！天于三桂岂佑之乎？三桂苟得志，志岂在皇朝乎？"②明确指出吴三桂意不在明朝，即便吴三桂成功，也不会恢复明朝，此论极有见地。

与此同时，清朝严密监视亦是朝鲜有所顾忌的原因。朝鲜大臣对此心知肚明：

> 彼之不信我，亦如我之不信彼也。春间告讣使之入去也，辽沈之人虚传朝鲜人来袭，日夜恐惧，及使价之入而后始定，当此时若猝闻我国治兵之请，而且闻吴三桂檄书海船往来之说，则彼必先疑我之相通矣。③

就这样，虽然"三藩之乱"时期，清朝治下的大半个中国相继背叛，甚至宫廷中都发生过杨起隆之变④，但长期讲求"尊王心法"，尊周思明理念的朝鲜王朝终究未有任何实质性的反清行动。但对清朝亦无相助之举，采取隔岸观火的态度，以致清朝人抱怨说："朝鲜事可恨，自有吴三桂叛乱，诸藩皆有所助，而朝鲜独无一事。若于前头使行，送以数百柄鸟铳，则皇帝必大喜，永无疑阻之患。"⑤

清朝对朝鲜采高压政策意在打击朝鲜尊周派人士，使之不致太过影响双边关系发展，以维持双边关系的顺利发展。但高压政策只能用之于一时，而施恩德化，以收其心，才是清朝对朝鲜采用的一

---

① 《朝鲜肃宗实录》卷九，肃宗六年三月己亥，第38册，第435页。
② 成海应：《研经斋全集》卷三三《复题吴三桂檄后》，第237页。
③ 《朝鲜肃宗实录》卷一，即位年十一月己卯，第38册，第220页。
④ 参阅拙文《杨起隆之变》，《紫禁城》1994年第4期，第39页。
⑤ 《朝鲜肃宗实录》卷三，肃宗元年三月庚申，第38册，第249页。

贯手段。

第三节　清朝对朝鲜之德化政策

德化政策，向来是中国历代宗主国对藩属国所采用的一种手段，这一点学术界已有共识①。入关后，清朝对朝鲜，改以德化政策为主。德化主要表现在以下几个方面：归还人质，减免岁贡，优礼朝鲜国王与使节。同时严格管束出使朝鲜的清朝使节，而对朝鲜之请求尽量满足，从而消除朝鲜与清朝之间的隔膜，使之心悦诚服。这一政策贯彻清朝始终，终于使得朝鲜国内出现变化，乾隆以后，朝鲜国内出现了北学派的声音。北学派的出现可谓清代中朝关系的一个转折点，表明朝鲜对清朝的认同有质的变化。

一、释放人质与高压政策的改变

1637年，清太宗皇太极亲征朝鲜，使得仁祖被迫签订城下之盟，无条件地成为清朝的藩国，当时为督促朝鲜履行盟约，特将朝鲜世子等作为人质，拘于沈阳。1644年，多尔衮率兵入关，击败李自成，入主北京，清世祖随即从沈阳到了北京。十月，清世祖亲诣南郊，告祭天地，即帝位，并遣官祭太祖、社稷，颁《时宪历》，实施一系列入承大统的仪式，宣告清朝已经成为中原的主宰，入承

---

① 高明士指出德、礼、政、刑是传统中国天下秩序的四要素，而"德化原理是天下秩序最高、最远的境界"。（高明士：《从天下秩序看古代的中韩关系》，《中韩关系史国际研讨会论文集，960—1949》，台北：台湾韩国研究学会，1983年，第9页。）全海宗则指出，中国儒家历来奉行德治主义理念，"在德治主义理念下哪怕异民族，只要仰慕中国文化和企求中国德治的涵化，即汉化，则对之表示欢迎"。（全海宗：《历史上韩国人的对外观》，全海宗：《中韩关系史论集》，全善姬译，第69页）。黄枝连在三卷本《中华礼治体系》中，更详细考察了中国历代宗主国如何实施其德治与礼制的。

中华大统。大局已定,明朝已亡,清朝遂将世子等朝鲜人质送归。多尔衮言:"未得北京之前,两国不无疑阻,今则大事已定,彼此一以诚信相孚,且世子以东国储君,不可久居于此,今宜永返本国。"①次年(1645)二月,即派使臣送昭显世子回汉城,显示清朝既得北京,明朝已亡,清代中朝间已无阻碍,故一改高压政策为笼络施恩之策。

在遣送世子及其他人质回朝鲜前后,清朝将其建造帝国之相关事项,连颁数道敕书于朝鲜。第一道诏书即曰:"今朕平定中原,诞登大位,恩及九州,海内欣戴,特颁诏旨,大赦天下。"②第二道诏书则是关于祭告天地、宗庙、社稷之事,并给努尔哈赤和皇太极"上尊谥"。接着又下一道敕书宣示清朝治理天下之策。清朝之所以如此接二连三地一地道道给朝鲜颁赐敕书,向朝鲜表明十分强烈的信息:清朝已承继了中华正统,成为中华帝国的主宰。原来作为中华帝国藩国的朝鲜亦不应对清朝的正统性有任何异议和反叛。并暗示清朝大局已定,朝鲜不得再有任何反叛的举动。清朝将朝鲜人质送归,既是一种信心的体现,又是对朝鲜德化施恩的开始。

对于朝鲜在明末对明朝始终忠诚不贰,永不背叛,清朝对此甚为赞赏,首次领清兵征讨朝鲜的将领阿敏认为朝鲜是个重情义的国家。面对清太宗大兵压境,朝鲜还在讲求明朝之恩义,"其树恩厚而感人心深也"③。有鉴于此,入关以后清朝一改以前高压政策为施恩政策。此时,对朝鲜施恩即有两重用意:既消弭朝鲜对清朝所存之敌意,使双边关系真正走上融洽。同时,施恩让朝鲜感恩戴德,以便使清朝取代明朝在朝鲜心目中的崇高地位。

---

① 《朝鲜仁祖实录》卷四五,仁祖二十二年十二月戊午,第35册,第202页。
② 《朝鲜仁祖实录》卷四六,仁祖二十三年二月辛未,第35册,第207页。
③ 《清太宗实录》卷三三,崇德二年正月癸丑,第420页。

二、减免岁贡与德化政策

中国历代王朝对外接触方式最具特色的就是朝贡制度①,藩国朝贡正是这种朝贡制度的核心与象征②。朝鲜对清朝的朝贡中有两项内容:一是方物,一是岁贡。方物最初乃一年四次,凡皇帝圣诞、皇太子千秋节、冬至、正旦,朝鲜要贡方物。清朝入关不久,就鉴于朝鲜使臣路途疲惫,将四项合而为一,都于冬至时进贡,其进贡物品亦一再减少。而岁贡则是清朝仿照辽、金对宋朝之先例,要其上贡的③。岁贡始于1637年皇太极征朝鲜时,签订南汉盟约时订立朝鲜每年进贡方物数目如次:

黄金百两,白银千两,水牛角二百对,豹皮百张,鹿皮百张,茶千包,水獭皮四百张,青黍(鼠)皮三百张,胡椒十斗,腰刀二十六口,顺刀二十口,苏木二百斤,大纸千卷,小纸千五百卷,五爪龙席四领,各样花席四十领,白苎布二百匹,各色绵绸二千匹,各色细麻布四百匹,各色细布万匹,布千四百匹,米万包。④

这就是最初定下的朝鲜岁贡名目。其实,南汉山城城下之盟时,皇太极就定下了"以威慑之,不如以德怀之"的基本策略⑤,开启了施恩德化之门。不过,正如前所言,入关前,对朝鲜主要以

---

① 全海宗:《汉代朝贡制度考》,载氏著《中韩关系史论集》,全善姬译,第118—129页。
② 张存武认为朝贡贸易一词无法涵盖宗主与藩属的贸易行为,用宗藩贸易似更为合适,指交易行为在使节或差官彼此往来时进行外,并有免进口税,以及交易过程中彼此以宗藩礼仪对待两层意义。见张存武:《清韩宗藩贸易:1637—1894》,序第1页。
③ 参见张存武:《清代中韩关系论文集》,第74页。
④ 《清太宗实录》卷三三,崇德二年正月戊辰,第431页。
⑤ 《清太宗实录》卷三三,崇德二年正月庚午,第432页。

"威"为主,以恩为辅。崇德六年(1641),特减朝鲜岁贡九千包贡米①,首开减免岁贡之例,以后又数次减免。大批的减免则是入关以后。

顺治元年(1644),清将朝鲜世子送回时,清朝原来要求朝鲜永不叙用的官员李敬遇、李明翰、李敬式、闵性慧等皆可任用,同时以方物皆出自百姓,亦大肆减免。

> 其额进苎布四百匹,苏木二百斤,茶一千包,俱着蠲免。再各色绵绸二千匹,着减一千匹,各色细布一万匹,减五千匹,布一千四百匹,减四百匹;粗布七千匹,减二千匹,顺刀二十把,减十把,刀二十把,减十把。余俱如旧。②

大肆减其方物数目以外,并且规定元旦、冬至、万寿庆贺礼物,念其道途遥远,一并庆贺元旦时附进,以省其烦忧,充分体谅朝鲜苦衷。这同明朝初年毫无顾忌地向朝鲜求索贡物,并处女、火者,令朝鲜不厌其烦,形成鲜明的对照。

"三藩之乱"时,朝鲜未借机起事。自此以后,康熙对朝鲜印象大为改观,对朝鲜更大加施恩。康熙三十二年(1693),以朝鲜进鸟枪三千杆,遂将朝鲜岁贡中年贡黄金百两,及蓝青红木棉,"嗣后永着停止"③。康熙曾对大学士们称赞朝鲜国王,以为:

> 观朝鲜国王,凡事极其敬慎,其国人亦皆感戴……太宗文皇帝定朝鲜之役,我兵无处不到,以已破之国,我朝为之重加营建,俾安堵如故。是以其国人于太宗文皇帝驻军之地,树立石

---

① 《清太宗实录》卷五四,崇德六年正月甲辰,第726页。
② 《清世祖实录》卷一一,顺治元年十一月庚戌,第111页。
③ 《清圣祖实录》卷一五八,康熙三十二年正月甲子,第736页。

碑，备书更生之德，累世感戴，以至于今。且彼更有可取者，明之末年，彼始终未尝叛之，犹为重礼义之邦也。①

外交礼仪上，朝鲜对清自然极其恭谨，这是康熙所感知和欣赏的一面，而对明朝末年，朝鲜之忠于明朝举动，亦表示赞许。其实，对于当时朝鲜犹存的思明举动，康熙帝想必并不清楚。他对朝鲜印象的改变，与"三藩之乱"时期朝鲜始终未有反清行动密切相关。而康熙帝对肃宗国王亦有甚高的评价，以为：

> 兹朝鲜国王李焞自袭爵以来，慎守封圻，恪循侯度，岁时贡献方物，克殚悃忱，四十余年，未尝少懈。其国中之事，稍有关系者，必奏明仰请定夺，罔敢隐讳。每于钦差人员，竭尽小心，倍加敬礼，且抚恤国人，善于爱养，所属靡不悦服。朕用是深为嘉美。②

肃宗大讲尊周思明，建大报坛崇祀神宗皇帝，然竟得康熙帝如此高的评价。后来康熙帝又将岁贡中减白金一千两，豹皮一百四十二张，以示怀柔之意。

朝鲜贡米原为万包，太宗时就减去九千包，后来一减再减，雍正年间贡米不过百石。雍正六年（1728）再次减稻米三十石，江米三十石，后来每年只贡江米四十石，以"供祭祀之用"③，岁贡只剩下一点象征意义的东西了。其实，朝鲜非常清楚清朝之顾恤，燕行使洪大容同清秀才藩庭筠谈话时言："自康熙以来，待之迥异他

---

① 《清圣祖实录》卷二二七，康熙四十五年十月丁未，第275页。
② 《清圣祖实录》卷二四八，康熙五十年十月戊寅，第457页。
③ 《清世宗实录》卷六六，雍正六年二月甲申，第1005页。

藩，凡我东所欲为，靡不曲徇。"①以为贡献、奏请事事便宜。对于朝鲜来说，康熙以后所谓岁贡已无任何负担。为了减少朝鲜使臣往来道路之艰辛，雍正时规定："朕念该国距京三千余里，贡使往来，未免劳费。嗣后凡属谢恩本章，俱着与三大节表一同赍奏，不必特遣使臣，永着为例。"②清朝总是尽可能地减少朝鲜的负担，免其烦忧。下表可以看出清朝减免朝鲜岁贡的情形。

表12 朝鲜岁贡及其减省情况表③

项目	1639	1641	1643	1645	1647	1651	1654	1693	1711	1723	1728
黄金（两）	100							0			
银（两）	1000								0		
水牛角（对）	200				100		0				
好大纸（卷）	1000						2000				
好小纸（卷）	1500						3000				
豹皮（张）	100							0			
水獭皮（张）	400									300	
鹿皮（张）	100										
青鼠皮（张）	300								0		
茶（包）	1000			0							
胡椒（斗）	10				0						
药（斤）	200			0							
好腰刀（把）	26		20	10							
顺刀（把）	20			10	0						
龙纹席（张）	4		2								
杂花席（张）	40		20								
白苎布（匹）	200										

---

① 成均馆大学大东文化研究院编刊：《燕行录选集》，下册，《湛轩燕行记》，第390—391页。
② 《清世宗实录》卷八七，雍正七年十月己未，第166页。
③ 此表乃录自张存武：《清韩宗藩贸易：1637—1894》，第25—26页；全海宗：《韩中关系史研究》，第81页。

续表

项目	1639	1641	1643	1645	1647	1651	1654	1693	1711	1723	1728
红绵绸（匹）	250		200	100							
绿绵绸（匹）	250		200	100							
白绵绸（匹）	1500		1000	500	300	200					
红木棉（匹）	500			250	200			0			
蓝木棉（匹）	500			250	200			0			
青木棉（匹）	400			200				0			
白木棉（匹）	1400				1000						
木棉（匹）	7200		7000	5000	3400	2800				2000	
各色细布（匹）	400		100	0							
粗布（匹）	1400			0							
米（包）	10000	1000			100						40

岁贡是清代中朝宗藩贸易的重要项目，但清朝自南汉山城盟约定下其规格后，就一再减少。这是清朝对朝鲜德化政策的一种重要体现。从上表中可看出，从崇德到雍正在不到一百年时间内，岁贡几乎全被减省，所剩无几。在所有项目中，唯独加过好大纸和好小纸，其余的皆是减免。最终只不过是一点点象征而已。而且在入关后的往来中，清朝几乎处处从朝鲜的角度考虑，一切以方便朝鲜为先，同明朝对朝鲜不断地求索贡物形成鲜明的对比。这是清朝德化政策的一个非常重要的方面。对前往朝鲜的清朝使节的严格控制是清对朝鲜德化的又一体现。

三、对清朝使节的严格控制

丁卯之役（1627）后，后金与朝鲜建立了兄弟之国的关系，但当时朝鲜每每接待清使不依礼节，故意慢待之，令后金使节愤愤不平，要求朝鲜接待当与接待明使一样。入关以后，顺治皇帝即发布敕令，规定朝鲜接待清使规格不要太高，并严格约束清朝使节的行为举止。这一精神为以后历代清朝皇帝所继承，以明朝使节乱国扰民之鉴戒，防止清使扰乱朝鲜①。

清使前往朝鲜大多为册封、吊祭、颁诏、查案，均因事而发遣，并无定期，故使行次数甚低。据张存武先生考证，1645年到1880年236年间，共遣使151人次，平均每年只有0.64次，出使人员皆为满洲人②。

而明朝出使朝鲜的不是宦官，就是只有六、七品的给事中、行人，五品翰林就算高品级官员了。永乐初年，曾遣过一名三品都指挥使出使朝鲜，令朝鲜感激不尽。与此相反，清朝出使朝鲜的都是朝中重臣，一般是三品以上的官员，甚至派宗亲藩王前往，以示重视。朝鲜亦认识到"清使皆是大官，宜别有问候之举也"③。因而朝鲜对于清使的接待礼节理应讲求，但顺治五年（1648），顺治帝即颁诏书，以为朝鲜接待清朝使臣礼节过高过重，特令朝鲜以后像筵宴时"拂椅席，送杯箸"一类仪节，皆不必行，应略去。同时以为使行路途情况亦加以提及，道：

> 又闻嘉山大定江、安州清川江、坡州临津江三处，搭桥以渡，人民劳苦，今后悉行停止。只预备坚固船只，用心济渡。其

① 明朝使臣贪婪之甚，明朝监察御史亦屡有论及。嘉靖元年太监金义、陈浩颁诏于朝鲜，其贪婪无度，引得巡按山东监察御史杨百之上疏弹劾，曰："太监金义、陈浩奉使朝鲜，沿途需索，辽东一处赃私已千余，他处可知。今朝廷于诸番国，如占城、安南及满剌加等处，遇有遣使，皆用翰林官或给事中、行人，衔命以往，况朝鲜比之诸国，尤为秉礼之邦，乃独遣内臣奉使，其辱国损威甚矣。闻朝鲜国王久欲请封，畏使臣之婪索，濡迟至此，故其国中有'一次受封，五年告乏'之语，非所以尊中国服远人也。"（《明世宗实录》卷五，正德十六年八月辛巳，第213—214页），宦官求索之甚，可见一斑。

② 张存武：《清代中国对朝鲜文化之影响》，《清代中韩关系论文集》，第306页。另参见刘为：《清代中朝使者往来研究》，哈尔滨：黑龙江教育出版社，2002年。

③ 《朝鲜孝宗实录》卷三，孝宗元年二月辛卯，第35册，第412页。

义州至王京，夜行火把，亦属烦劳，并行停免。向来使臣先宿碧蹄，次日方进王京，今后亦不必往碧蹄，止在弘济院住宿，次日清晨，即进王京。①

从上文所引的这段史料，可见顺治帝对清使出使朝鲜关注何等仔细，令人感慨。对于清使沿途驿馆接待，何处夜宿，如何接待，都加以详细规定，力求减少朝鲜的负担，考虑不可谓不周详细密。同时为了避免使臣勒索财物，对朝鲜赠给使臣的礼物，亦予以严格规定：

> 所与使臣礼物，皆出自民间，诚恐扰费，先已减免，今复虑仍烦百姓，再行酌减，定为条例。正使银五百两，棉绸二百匹，布二百匹，苎布六十匹，豹皮十张，大纸五十卷，小纸一百卷，水獭皮三十张，青黍（鼠）皮十五张，花席二十张，鹿皮七张，顺刀二口，小刀十把，被褥一副，靴袜各一双，鞍马一匹，空马一匹，此外尽行停止。副使银四百两，余如正使。②

其他相关人员的礼物，皆有严格的规定，永为定例。作为清朝皇帝，对于出使朝鲜使臣关注竟如此之细，充分体现其重视使臣的行为对双边关系的影响。意在避免如明使般无法无天、肆意求索以致扰乱朝鲜的状况发生。这些规定，在明朝根本闻所未闻，见所未见，故而明朝使者可以无法无天。清朝一开始就严格规定，迫使清朝使臣要中规中矩。康熙对此甚为得意，他说："我朝所遣使臣，亦皆守分，一切馈遗，未尝需索。明代遣一使至彼国，费用动至数

---

① 《清世祖实录》卷三六，顺治五年正月戊申，第291页。
② 《清世祖实录》卷三六，顺治五年正月戊申，第291—292页。

万,此尚可为抚远之道乎?"①清严格控制使臣行为,其意固然在"抚远",而更重要的是通过此种方式使朝鲜感受到清朝之恩更甚于明朝。凡明朝做得不好的,清朝都做得极好,从而收买朝鲜人心。随后的皇帝皆奉行此策不变。

乾隆即位之初,就发布敕令,裁减朝鲜赠清使臣礼物,规定凡赠送白金一类礼物皆照旧例减半,并永着为令②。但当时出使朝鲜正使兆德、副使释伽保颁诏朝鲜时,除收取朝鲜馈遗正礼外,还照陋规收了"都请、别请"两样礼物,乾隆帝令交刑部严肃处理。为防止再有类似的事情发生,乾隆遂规定以后使臣回京之日,路经奉天和山海关时,分别令奉天将军及山海关监督盘查行李,若发现正礼以外多带礼物,即行参奏,若隐匿不报,则一并议处③。对使臣严格控制,对其借机搜刮之行为严厉惩处,这在中韩关系的历史上恐怕是绝无仅有的事情。

因之,出使朝鲜的清朝使臣皆谨守法纪。由于监管严格,嘉庆初年,竟有使臣因未收朝鲜礼物而被加罪的。乾隆帝驾崩,嘉庆帝遣礼部右侍郎恒杰、副都统张承勋前往朝鲜颁太上皇遗诏。临行前,嘉庆帝以其颁遗诏,"非如常时之敕封国王及世子可比",因而令使臣不得收取朝鲜馈送礼物。二位使臣当然牢记于心,丝毫不敢违背。朝鲜接奉遗诏非常恭谨,并备送礼物,再三恳求使臣接受,二位使臣一再推辞。使臣辞归,朝鲜伴送使一直将礼物从汉城送到鸭绿江边,二使还是不敢收受。朝鲜又出示乾隆曾有准收礼物谕旨,但二位使臣坚执不受。二使回京复命,嘉庆闻知事情原委,竟颇为生气,以为他们"殊属拘泥,不晓事体"。嘉庆说他并不知乾隆谕旨,乾隆既有谕旨,"自可酌量收受,以申其恭顺之

---

① 《清圣祖实录》卷二五六,康熙五十二年十月癸卯,第537—538页。
② 《清高宗实录》卷九,雍正十三年十二月己丑,第330—331页。
③ 《清高宗实录》卷一九,乾隆元年五月己未,第479页。

意",回京后再据实陈明即可。或一面收取,一面陈奏;或严词拒绝,不让其运送到鸭绿江,"尚属正办"。"岂有徒令彼国差人赍随到江,复又却回,转至彼国远道携随,烦劳该国驿站!"①嘉庆帝遂令礼部处理二使。因为不受朝鲜礼物,反而被加罪,这实属奇闻,但也只能发生在清朝。出使朝鲜之清使被如此控制,真可谓无所适从。道光年间,数度颁布敕令,规定出使朝鲜使节除正礼外,不得收取其他礼物,并令奉天及山海关盘查,继续严格执行控制之策②。

可见,由清初到清末,始终对出使朝鲜使节加以严格控制,避免明朝使节般肆意勒索的事情发生,以实现其真正的"抚远"意图。同时,又暗示明朝未能做好的事情,清朝做得甚好,以收朝鲜之心。因此有清一代,出使朝鲜使臣皆能奉公守法,《朝鲜王朝实录》中鲜有清使勒索财物的记载。

使行往来正是清代中朝宗藩关系最为重要的联系纽带,控制清使行为,确保朝鲜不受骚扰,乃清朝德化政策又一重要的表现。

四、对朝鲜国王与使臣的优礼

清朝在严格控制出使朝鲜使臣的同时,对于朝鲜前来的燕行使则给予少有的优礼。在中韩交往的历史上,清朝对朝鲜使臣的优礼恐怕是独一无二的,朝鲜使臣从未接受过如此优礼,而清朝皇帝对朝鲜国王的优礼亦是少有的。这些都是清朝德化政策的体现。

有明一代,对待朝鲜的朝天使是愈到后期控制愈严格。明朝初年,朝鲜使臣较之其他国使臣有较多的自由,可自由出入馆舍。《稗官杂记》载:"本国陪臣到燕,旧无防禁。"但嘉靖年间礼部

---

① 《清仁宗实录》卷四二,嘉庆四年四月戊戌,第515页。
② 《清宣宗实录》卷三,嘉庆二十五年八月己酉,第110页。

主客郎中孙有仁发现朝鲜使臣购得《大明一统志》等书,认为外国人不能购买这类书籍,"因闭馆门,俾本国人一切不得出入,遂成故事"。嘉靖甲午(1534),朝鲜中宗国王派礼曹判书苏世让出使明朝,要求礼部开放门禁,便其出入。明朝遂改变门禁制度,以五日一次,朝鲜正使及书状官可出馆游观,而其他人还是不得出馆。但一两年后,凡一行人员,只往来馆门之外,而其稍远之处,则虽公事,必有票帖,方许出去,其后门禁愈来愈严厉[1]。以后朝鲜使臣之门禁时严时宽,总体而言,没有根本的变化。清朝对待朝鲜使臣控制则完全相反,入关前,对朝鲜使节控制甚严,而入关后,则使臣行动相当自由,几无任何限制。

朝鲜使臣出使清朝,原来为每年四次,顺治入关后,顾念朝鲜出使清朝路费,顺治二年(1645)遂将每年四次并为一次。或为三节年贡使,或为冬至使。而进贺、陈慰、进香、谢恩、奏请、陈奏、告讣、问安等临时差遣,则不时发送,称为别使。另外还有每年领取皇历的历咨[2]。清朝对朝鲜的优礼是全方位的,对朝鲜派遣使节出使亦加顾及。顺治六年(1649)正月,顺治帝专就朝鲜使臣发布相关诏令,以顾恤朝鲜使臣,其曰:"朝鲜一年一朝,原定阁臣一员、尚书一员、书状官一员,共三员代觐,今念尔国阁臣、尚书垂白衰老者颇多,且道路遥远,此后或阁臣、尚书一员,侍郎一员,令其代觐,书状官仍旧。"[3]因顾恤朝鲜使臣年老体衰,而减少朝鲜使臣出使人员。由此可见,清朝对朝鲜之顾恤是细致入微的。原来冬至、圣节、岁币三次大的出使清廷活动,顺治年间规

---

[1] 鱼叔权:《稗官杂记》一,《大东野乘》第48页。《明世宗实录》卷一六九(嘉靖十三年十一月己巳,第3695—3696页)亦有类似的记载:"先是,四夷贡使至京师,皆有防禁,五日一出馆,令得游观贸易,居常皆闭不出,唯朝鲜、琉球防之颇宽。"
[2] 参见张存武:《清代中国对朝鲜文化的影响》,《清代中韩关系论文集》,第306页。
[3] 《清世祖实录》卷四二,顺治六年正月癸亥,第335页。

定，把这三次大的出使活动（冬至、圣节、岁币三行）并为一行，名曰冬至使，每年一遣。其他的谢恩、奏请、进贡等名目随事差遣。使节则冬至使以正二品、副使正三品，谢恩使以正一品、副使以从二品担任①。将三次最主要的使行合而为一，意在简化朝鲜的出使差事，为朝鲜省却许多麻烦，使朝鲜尽量不因出使之事而加重负担。

就门禁而言，清入关前控制甚严，入关后相当宽松，康熙以后门禁形同虚设。朝鲜使臣可任意出入馆舍，使臣带来的子弟亦可以任意游观②。燕行使洪大容对门禁有过详细的论述，不妨录之如次：

贡使入燕，自皇明时已有门禁，不得擅出游观，为使者呈文以请，或许之，终不能无间也。清主中国以来，弭兵属耳，恫疑未已，禁之益严。至康熙末年，天下已安，谓东房不足忧，禁防少解，然游观犹托汲水行，无敢公然出入也。数十年以来，升平已久，法令渐疏，出入者几无间也。但贡使之子弟从者，每耽于游观，多不择禁地，衙门诸官虑其生事，持其法而操纵之，则为子弟者倚父兄之势，呵叱诸译，以开出入之路。诸译内逼子弟之怒，外惧衙门之威，不得已以公用银货行赂于衙门，以此贡使之率子弟行者，诸译心忌畏之如敌仇，凡系游观，务为秘讳，如山僧厌客而匿其名胜也。③

---

① 林基中编：《燕行录全集》第50册，徐浩修：《燕行记》，第406页。
② 全海宗对此问题亦有研究。不过，他以为控制ært多，他以《大清会典》所载条例说明清代控制甚严。且谓"大体而言，有关朝贡使节的诸般制约与明代雷同，此情形到了清代后期稍微缓和，但是并无根本性的变化"。见《中国与外夷》，全海宗：《中韩关系史论集》，全善姬译，第5页。
③ 林基中编：《燕行录全集》第42册《湛轩燕记·衙门诸官》，第60—61页。

由此可见，康熙末年以后，对于朝鲜使臣门禁几乎没有。使臣可任意出入，随意交往，随意游观。更有甚者，使臣所带去的子弟前往，这些衙内子弟往往不择禁地，哪儿都敢去，以致朝鲜随行译员，怕其惹是生非，若有游观之事，故意不告知他们。其实，以洪大容本人而言，他就是一个随行人员，"自身无职，欲一见中国，随季父贡使之行而来"①。但他在北京期间，没有任何限制，随意去外边游玩，行动相当自由。洪大容与同去的平仲在琉璃厂邂逅浙江秀才严诚和潘庭筠。初次见面，双方相谈甚欢，以后又多次互访。在京交往达月余，书函往来不绝，互赠礼物，竟成为朋友。正因为清朝大开门禁，对朝鲜使臣相当宽松，朝鲜使行人员方可四处游观，甚至与清朝儒士私下往来而不受限制。这种自由是出使明代的朝天使②从未有过的，也是朝天使无法想象的。

康熙末年以后，朝鲜使臣就无门禁，而随行人员又甚多，没有定额限制，往往自一百七八十名到三百名不等，既无门禁，又无管束，故有惹是生非者。为了避免这类事情发生，道光十六年（1836），礼部奏请设立门禁，使各专其责。规定使行人员来到后，由朝鲜正使委派一名人员负责处理人员出馆之事，将出馆的理由、人数及出入时间写下，交由书状官监督，发腰牌。由大通官按册在馆稽查③。虽设门禁，但管理和督促都由朝鲜使行人员负责，清朝官员并不参与。四夷馆只是监督而已，并不真正参与其事。显然设立门禁之意不在限制朝鲜使行人员的行动自由，而是督促朝鲜使臣加强对自身人员的管理，免得他们生事。

---

① 林基中编：《燕行录全集》第43册《湛轩燕记·乾净笔潭上》，第22页。
② 朝鲜称出使明朝的使臣为朝天使，皇帝为天子，北京为上都，明朝使臣为天使。朝鲜使臣所作的使行笔记为《朝天录》。而出使清朝的使臣为燕行使，北京为燕京、行在，使行笔记为《燕行录》。这一点上亦体现了朝鲜尊明贬清的决然不同的心态。
③ 《清宣宗实录》卷二七九，道光十六年二月癸未，第308—309页。

尽量减少朝鲜使行负担,让其选任较年轻的官员出使,给前来北京的燕行使以行动上的自由,开放门禁,这些固然是优礼措施,而更为明显的事例则是清朝皇帝对使节的优礼。清朝对朝鲜使臣的优礼又是历史上鲜见的。康熙十七年(1678),"三藩之乱"尚处于相持阶段时,因为几年间,清朝见朝鲜并未乘机反清,故当冬至使瀛昌君李沉等到北京时,即对其加以优礼。还令改造朝鲜使臣下榻的玉河馆,送还两起方物,使行在馆时,令左右厨房备供馈,"皆前例所未有也"①。从关心朝鲜使臣的生活开始,给予特别照顾。自此以后,清朝对朝鲜使臣之优礼屡见不鲜。甚至以后,朝鲜在上奏中出现过失,亦予包容②,以示优礼。朝鲜漂流人漂到了清朝,康熙帝甚至亲自接见慰抚,并厚资奉送归国③。康熙四十三年(肃宗二十九年,1704),也就是明亡周甲肃宗议修大报坛之年,康熙帝手书"藩封世守,柔远恪恭"八字条幅给朝鲜④。亲赐御书条幅给朝鲜,明朝皇帝从未有过此类恩赐。由于康熙特别顾恤朝鲜,屡屡赐以特恩,以致被称为"朝鲜皇帝"⑤。

乾隆帝对朝鲜国王与使臣的优礼,更可谓亘绝千古。乾隆八年(1743)九月,朝鲜使臣表贡方物,先令礼部按例赐宴。随后,乾隆亲自接见。次日,乾隆帝在崇政殿赐宴给诸王、大臣,特令朝鲜使臣"亦着与宴",朝鲜使臣"以外藩陪臣,得厕朝臣之末",实

---

① 《朝鲜肃宗实录》卷七,肃宗四年三月丁丑,第38册,第381页。
② 康熙二十一年(1682),出现在上奏表文中,未写国王"御讳",只称国王,此乃"大干法纪"之事。清原本派使臣前往查问,后改为罚银一万两,最后减为罚银五千两,意在提醒一下,以使其知鉴戒,不再犯事。故意轻处置。具体参见《朝鲜肃宗实录》卷一三,肃宗八年十一月己酉,第38册,第608页。
③ 《朝鲜肃宗实录》卷三三,肃宗二十五年三月甲戌条:有18位漂流人漂到清朝,"胡皇亲见慰抚,资送甚厚",第39册,第524页。
④ 《朝鲜肃宗实录》卷三八上,肃宗二十九年六月乙酉,第40册,第30页。
⑤ 《朝鲜景宗实录》卷一〇,景宗二年十一月辛亥,第41册,第267页。

系乾隆"格外殊恩"①。自此开皇帝赐宴朝鲜使臣之例，以后屡有这类"殊恩"，令朝鲜使臣受宠若惊。而乾隆每每施恩朝鲜之时，总是会提醒朝鲜其乃格外殊恩。乾隆一生喜欢巡游，多次到辽东。每次巡幸辽东，朝鲜都派使臣前往问安。乾隆八年（1743）、十九年（1754）、四十三年（1778）、四十八年（1783）等多次巡幸盛京，恭谒祖陵，朝鲜都修朝贡之礼，令乾隆十分高兴。乾隆四十三年（1778），乾隆行前已敕告朝鲜不必遣使朝贺，朝鲜还是早早地派使臣先到盛京迎驾。乾隆大为高兴，御书匾额"东藩济美"以赐朝鲜②。乾隆四十八年（1783）九月再次巡视盛京，朝鲜使臣早于七月就来到了盛京迎驾请安，乾隆十分高兴，特赐朝鲜国王诗曰：

迎銮祝寿陪臣价，按辔跬途赐谒温。
问悉国中逢稔岁，凤知海外得贤藩。
习经史地心无贰，遵礼义邦教有源。
慎守封疆抚黎庶，万斯年永受朝恩。③

以天朝皇帝赐诗予藩国国王，这在历史上亦是不多见的。

朝鲜使臣对于乾隆优礼之事，归国之时，莫不详细禀报国王。乾隆四十八年（1783）冬至兼谢恩正使郑存谦、副使洪良浩受到乾隆特恩。先是乾隆接见时，令朝鲜使臣坐于王公之下、百官之上，这在明朝时是不可想象的④。酒过三巡，礼部尚书遂将正使引至乾

---

① 《清高宗实录》卷二〇一，乾隆八年九月癸巳，第578页。
② 《清高宗实录》卷一〇六五，乾隆四十三年八月壬午，第244—245页。
③ 《清高宗实录》卷一一八八，乾隆四十八年九月癸巳，第890页。
④ 明朝初年一度将朝鲜使臣置于僧道之下，引起朝鲜使臣极度不满，群起抗议，方将其置于殿东第七班，乃百官之末。具体参见《明武宗实录》卷五八，正德四年十二月乙卯，第1301页。

隆皇帝面前，乾隆与其寒暄，问其是否通汉语，能否作诗，并赐酒于他。清通官当即告知："外国陪臣引至御榻，馈以御酒，今番恩数之隆异，前所未有，使臣宜一一归奏于本国。"①乾隆对朝鲜使臣之优礼由此可见一斑。而乾隆五十年（1785）和乾隆六十年（1795），乾隆七十大寿和八十大寿举行千叟宴，都令朝鲜派出年六十以上大臣前来参与，以藩国陪臣而得参与皇帝圣诞大宴，这不仅对朝鲜使臣，也是对朝鲜藩国一种莫大的荣誉。朝鲜使臣"与兹盛典，共沐光荣"，以示乾隆"嘉惠远邦，优礼耆年"之意②。正祖登基多年，没有子嗣，乾隆帝亲书'福'字赐之，后正祖妃果产男，朝鲜派使臣谢恩曰："今年元正，颁降'福'字宸翰，国王感戴铭镂，日夕攒祝，果于六月十八日举男矣。"③接着朝鲜就请求将此子册封为世子，获准，令正祖感激无以名状，疏言："小邦遍蒙皇上庇覆，涵濡之仁，前后异数，复越千古。"④乾隆帝对朝鲜的优礼，真可谓亘古所无，从此清代中朝关系更加亲密。因此可以说，乾隆中期以后清代中朝关系由不和谐走向和谐，由不融洽走向融洽。以后的皇帝继续这种优礼政策，咸丰皇帝颁朝鲜国王御书匾额"海邦屏翰"⑤，显示朝鲜是清朝最为亲近的藩邦。

综上所述，清太宗将朝鲜变成清朝之藩邦，当时即定下了"以威胁之，不如以德怀之"的策略，从此开启了对朝鲜的德化政策。但清兵入关，鉴于朝鲜反清势力之强大，以及与明斗争的严酷，清对朝鲜只得以高压政策，拘世子为人质，严密监视，并镇压反清势力为主要手段，以使朝鲜履行藩邦义务。而入关以后，由于大局已定，清一方面大力塑造其正统形象，同时对朝鲜大加施恩，意在消

---

① 《朝鲜正祖实录》卷一五，正祖七年二月戊子，第45册，第354页。
② 《清高宗实录》卷一二一五，乾隆四十九年九月庚辰，第297—298页。
③ 《朝鲜正祖实录》卷三一，正祖十四年九月甲辰，第46册，第173页。
④ 林基中编：《燕行录全集》第51册《燕行纪》卷二，第13页。
⑤ 《清文宗实录》卷八五，咸丰三年二月甲午，第112页。

除朝鲜长期所积聚的敌意，消融因丁卯、丙子两次战争带给朝鲜的创伤，收买朝鲜人心，令其真正心悦诚服。这是清朝德化政策的主要动机。至于效果如何，下节详加讨论。

第四节　清朝德化政策的效果

顺治、康熙、雍正、乾隆之时代（1644—1795），相对应的朝鲜正是仁祖、孝宗、显宗、肃宗、景宗、英祖、正祖的时代（1623—1800）。乾隆在位60年（1736—1795），又四年为太上皇，卒于嘉庆四年（1799），正祖卒于次年（1800），因而时间上基本一致。清朝在这期间正是大肆向朝鲜施恩之时代，朝鲜在这一时代又是主要倡导尊周思明理念时期。在朝鲜七位国王中，除显宗、景宗在位时间较短没有独特的思明举动外，其余五位国王莫不极力倡导尊周思明的理念。对这些国王来说，他们一方面无法违逆清朝的意志，更不能拒绝清朝的优礼；另一方面又在国内大搞思明活动，崇明尊周，贬斥满族建立的清朝，处于十分矛盾的状态之中。在清朝强势的德化政策下，朝鲜对清朝的态度是否有改变？这种改变表现在哪些方面？朝鲜对清朝表示感恩是否出自真心？是否意味着朝鲜认同了清朝的正统地位？清朝德化政策到底对朝鲜产生了哪些效果？

一、朝鲜对清朝认同上的改变

清朝对朝鲜的德化政策意在消除朝鲜的反叛与悖逆心态，使朝鲜最终认同清朝作为中华正统的继承者。在清朝日益强化的德化政策下，朝鲜一点点地改变对清朝的看法①。而在这变化过程中，朝鲜又无法不将清朝之德化同明朝的恩情进行对比，因而促发强烈的思明情感。长期以来，朝鲜实际上处于一种相当矛盾的境地。朝鲜对清朝认识的改变过程，实际上就是对清朝的逐步认同的过程。而这种认同又与朝鲜所秉持的儒家义理观是相违背的。因而对朝鲜来说是个相当痛苦的过程，故而尊周思明的理念与行为成为消弭这种痛苦的手段。

在清朝的两次征伐下，仁祖最终被迫降服于清朝，他曾极为痛心疾首，在宫中首开对明神宗的祭祀，并极力鼓励与明朝潜相往来。但随着清兵入关，清朝改变以前那种高压政策，转而对朝鲜大肆施恩，仁祖对清朝的态度亦渐渐有所改变，由势不两立而转向务实的态度。官方文书中，他要求用清年号，甚至罢免奏文中不用清年号的官员，重用亲清的金自点等人。仁祖晚年期间似乎清代中朝关系已较为融洽。但顺治六年（1649），仁祖崩，孝宗立，曾为人质居于沈阳八年的质子生涯使孝宗内心积聚了对清朝刻骨的仇恨，他一即位，虽然表面上依然履行藩国的职责，但在国内谋划北伐，极力扶植义理派人士，大力提倡尊周思明的理念，从此开启了朝鲜处理清代中朝关系的两种表现：一种是与清交往中的谨守藩邦职守，恪尽藩邦职责的一面；一种是在国内大力倡导尊周思明、尊王攘夷、思明贬清的义理思想观的一面。两者构成了朝鲜对清朝政策的一对矛盾。二者互相结合，一明一暗，一彰一隐。清朝则力求以德化政策消除朝鲜内心的仇恨与幽暗的一面，使其在双边关系中能表里如一，真正做到心悦诚服。朝鲜对清朝认同的改变，正是清朝

---

① 郑成宏、李敦球：《华夷观三步曲——从"尊王攘夷"到"华夷一也"再到"师夷长技"》，讨论了北学派与传统尊周派在华夷观上的变化，认为北学派已经走出了"华夏中心区"的误区。参见孔令仁、李德征主编，陈尚胜执行主编：《第三届韩国传统文化国际学术讨论会论文集》，第961—978页。

德化政策效果的体现。这主要表现在以下几方面：

首先，体现在对清朝皇帝的评价方面，由极端的贬斥变成极端的颂扬。考诸《朝鲜王朝实录》所用词汇，对乾隆以前的皇帝和以后的皇帝评价竟有天壤之别，这种评价的改变与皇帝个人的才能并无直接关系，纯属朝鲜本身认同态度的问题。朝鲜对清朝皇帝的用词上前后绝然不同。顺治帝薨时，《显宗改修实录》用"清主殂"来描述此事。朝鲜君臣商议迎清告讣使仪节时言："癸未崇德之丧，百官以白团领、乌纱帽、黑角带郊迎行礼。"①用"殂""丧"这类极具贬斥意义之词来称清太宗、世祖之薨，可见朝鲜心态乃何等之不敬。由于康熙对朝鲜大肆施恩，加以德化，朝鲜使臣对康熙皇帝的评价前后就出现不同，从中更可见朝鲜态度的改变。

朝鲜燕行使每次归来，必须向国王汇报行程中的见闻，及对清朝的认识与对皇帝的印象。从这种汇报中，看出其前后绝然的差异。康熙七年（1668）三月，燕行使郑致和称康熙帝"非但游宴，甚奢侈……用人之间，亦有行赂之事"②。康熙十六年（1678），当时正是"三藩之乱"最激烈的相持阶段，康熙帝为战事宵旰焦虑、日理万机。但是朝鲜陈奏使回归时竟然颠倒黑白，把康熙说成是一个只知玩乐、不理政事的昏庸皇帝：

闻其政令举措，有同屯聚无赖之盗，皇帝率虾辈常同浴于太液池，游泳为戏。且耽乐游观，出入无节，与虾同其服色，而并骑驰逐，人不知何者为皇帝。其无度如此，而下未有谏之者。自执政大臣以下，贪黩成风，贿赂公行。皇帝只知清书，不解文字，故凡

---

① 《朝鲜显宗改修实录》卷五，显宗二年正月乙亥，第37册，第216页。
② 《朝鲜显宗改修实录》卷一八，显宗九年三月壬寅，第37册，第601页。

干文书，漫不省何事，一任该部之低昂云。是安能久有天下乎？南方事情，虽未能详知，而国内形势，似不得长久矣。①

只要对康熙时史实稍加了解，就可知以上对康熙及其当时政局的描述，全是子虚乌有之事。这完全是朝鲜使臣凭空想象出来，在国王面前胡言一番，以使当时朝鲜人求得心理上的慰藉。

"三藩之乱"平定以后，燕行使如此描述康熙，"清主自从南方平定以来，骄淫日甚，以游戏为事；称以天下已平，腊月许臣民宴乐，各衙门预为封印，新年费事尤多"②。康熙二十四年（1685）谢恩使南九万曰："清主好畋猎，摒斥谏臣。"③康熙三十四年（1695）又如斯形容："皇帝荒淫游佃，不亲政事，用事之臣又皆贪虐，贿赂公行。"④可见，对于清朝的描述几乎没有正面的褒扬之辞，全是贬抑之语，对康熙帝更是觉得他是个不理政事、只知玩乐的荒淫皇帝。在清朝的强势德化政策之下，尤其是康熙本人对朝鲜不懈的施恩，在康熙晚年，朝鲜开始有些变化，首先对康熙帝的恶意似乎也减少了。康熙五十二年（1713），朝鲜使臣对康熙帝的印象是"节俭惜财，取民有制，不事土木，民皆按堵，自无愁怨"⑤。而后来描述康熙帝巡幸事曰："皇帝虽喜盘游，而独无虐民之事。"⑥虽然觉得康熙巡幸并非好事，但语气之中已有回护。这同以前的描述已有本质上的不同，好感大增。虽然有所好感，但是对康熙评价并无实质改变。称康熙或用"清主"，或用"胡皇"，只偶称"皇帝"。康熙驾崩时，朝鲜领议政赵泰

---

① 《朝鲜肃宗实录》卷六，肃宗三年九月庚寅，第38册，第367页。
② 《朝鲜肃宗实录》卷一四上，肃宗九年三月己酉，第38册，第632页。
③ 《朝鲜肃宗实录》卷一六，肃宗十一年三月丙寅，第39册，第30页。
④ 《朝鲜肃宗实录》卷二八，肃宗二十一年三月壬午，第39册，第371页。
⑤ 《朝鲜肃宗实录》卷五三，肃宗三十九年三月丁未，第40册，第492页。
⑥ 《朝鲜肃宗实录》卷五五，肃宗四十年三月戊辰，第40册，第528页。

曰："胡皇意外丧逝，计敕将至，西路溽饥，客使压境，其忧诚不细矣。"①尽管朝鲜深得康熙之恩，但仍不改"胡皇"之称，对其逝世似乎无任何悲伤之态。雍正皇帝时，如康熙末年般，无实质变化。雍正崩时，依然称："清主殂于八月二十四日。"②依然以"殂"称雍正之薨。

对清朝皇帝实质性改变称谓是在乾隆年间的事。朝鲜对乾隆帝的评价与称谓，在乾隆初年并无太大变化。如乾隆十二年（1747）燕行使称乾隆"清皇荒淫喜巡游"③。乾隆中年后，则有实质性变化。《朝鲜王朝实录》称乾隆多用"皇帝"，而不再用"胡皇"了。乾隆四十三年（1778），燕行使称"乾隆盖英主"④，这在以前的朝鲜燕行使中从未如此形容过清朝的皇帝。乾隆末年不仅对皇帝，对其他皇子亦极尽赞美之辞。如乾隆五十九年（1794）三月，书状官郑东观进《闻见别单》称："皇帝虽在耋龄，精力康旺，每岁正月幸圆明园，三月幸盘山，初夏幸热河。秋冬之交，会蒙古诸番王，猎于口外地方。通计一年，游幸之日过半。"而谈到清诸皇子时言："皇子见存者四人，八王、十一王、十七王俱无令名，唯十五王饬躬读书，刚明有戒，长在禁中，声誉颇多。"⑤

乾隆以后，朝鲜对清朝皇帝的评价皆是赞誉有加，再也没有称其为"胡皇"一类事情了。乾隆六十年（1795）十二月，冬至使描述嘉庆帝"姿容端重，禀性宽厚，故天下人心属望已久之"⑥。道光卒时，讣音传至朝鲜，"大小俱惊，可见皇家仁声至及外国而然也"。道光在位不过三十年，而《朝鲜王朝实录》竟然称之"享国

---

① 《朝鲜景宗实录》卷一○，景宗二年十一月辛亥，第41册，第267页。
② 《朝鲜英祖实录》卷四○，英祖十一年九月己酉，第42册，第484页。
③ 《朝鲜英祖实录》卷六七，英祖二十四年四月壬午，第43册，第290页。
④ 《朝鲜正祖实录》卷六，正祖二年七月丙申，第45册，第41页。
⑤ 《朝鲜正祖实录》卷三九，正祖十八年三月辛亥，第46册，第457页。
⑥ 《朝鲜正祖实录》卷四三，正祖十九年十一月乙亥，第46册，第618页。

之久，历代罕闻"！国王哲宗大赞道光德政，大王大妃亦曰："道光皇帝三十年之间，顾念小邦，屡施格外之恩，心常感叹。今闻此报，不胜虚廓矣。"①实际上道光帝与其前面任何一位皇帝相比都要逊色得多，但却得到朝鲜君臣上下如此高的评价，与朝鲜对康熙帝的评价相比简直不可同日而语。而这种评价其实与皇帝本人的作为并不相干，而只是说明朝鲜对清朝认同上的改变。乾隆时期是个分水岭，乾隆以后，朝鲜对清朝有了相当程度的认同，虽然尊周思想、思明问题依然存在于朝鲜，但是已经失去了其以前的针对性。

综上所述，《朝鲜王朝实录》记载了朝鲜对清朝皇帝评价与用词方面的变化，这充分反映出朝鲜对清朝认同的加强，由最初的贬斥怨恨到对清朝的感恩，由严守华夷之别，将清人视作夷虏、坚守尊王攘夷的大旗，渐渐在清朝德化政策感化下，接受清朝皇帝的施恩。而这种认同，正是清朝德化政策的效果。乾隆时期是关键性的转变时期，这既是因为在上百年的感化下，朝鲜已深受其益，而乾隆本人，对朝鲜所施特异之恩，又不胜枚举。乾隆以后的清朝皇帝终于赢得了朝鲜人的尊重，使得朝鲜人也将其当作皇帝看待。而对嘉庆以后皇帝的态度，朝鲜似乎将之比作明朝皇帝，并无太大的分别，从而也说明朝鲜尊周思明在清朝德化政策之下，有所变化。

其次，对清朝国力的评价上亦有表现。朝鲜在明亡相当长的一段时间内，一直认为"胡无百年之运"，总有一天会被汉族推翻。故而在最初阶段，朝鲜总是一厢情愿地认为清朝江山不久，迟早会垮台。但后来由于认同清朝的正统了，在清朝风雨飘摇之际，反而觉得清朝江山无限，国运昌隆。其前后如此不同，正是其认同上程度的不同所致。

入关以后，清朝国力日益发展，康熙帝平定"三藩之乱"，尤

---

① 《朝鲜哲宗实录》卷二，哲宗元年二月丁卯，第48册，第555页。

其是收复台湾以后，达至鼎盛时期，一直延续到乾隆末年。乾隆以后日益衰败，而鸦片战争以后，面对着西方的坚船利炮，清朝始终处于被动挨打、风雨飘摇的境地。其国力如此，应是史学界的一种共识。但在朝鲜王朝看来，则与此似乎完全不同，反而是觉得清朝初年随时有可能亡国，而后期则觉得清朝日益稳固。

康熙初年，燕行使郑太和就以为清朝已露衰败之相，因为他看到清人从沈阳去的，溺于富贵，奢侈日甚，而甲申以后出生的，又皆脆弱无力，"异于真靼，此乃衰弱之渐也"。并认为"真靼"侵虐汉人，罔有纪极，以致"人多愁怨，故清人无久远之计"。并说清人将工匠、妇女、财宝、军器移送沈阳、宁古塔等处，"项背相望"，乃担心事变，以为归途之计①。康熙二十五年（1686），当时"三藩之乱"已经平定，清朝疆土稳固，国力强盛，但朝鲜国王肃宗依然认为，自古匈奴入主中华者皆不能长久，而今"清虏"据中国过五十年，天理实难推知。以为明朝积德甚厚，其子孙必有能中兴者②。胡无百年运，这是朝鲜长期以来所坚信不疑的，正是在这样的心态下，他们总是对清朝做出错误的判断。

乾隆初年，朝鲜这种观点还没有改变。乾隆九年（1744），沈阳问安使赵显命描述清朝是"外似升平，内实蛊坏"，以为不出数十年，天下必有大乱③。当时清朝正是国力强盛，百姓富庶，而朝鲜问安使竟以为天下将大乱。而以后清朝屡屡受到西方列强的侵略，处于风雨飘摇之际时，《朝鲜王朝实录》鲜有类似的描述，之所以如此，概因其心态已有变化而已。同时，朝鲜对清朝汉人思明心态的认识亦有变化。孝宗倡导北伐时，朝鲜以为只要义师一出，打着恢复明朝的旗号杀入辽东，辽东以至中国百姓，莫不会闻风而

---

① 《朝鲜显宗改修实录》卷八，显宗三年十一月癸巳，第37册，第295页。
② 《朝鲜肃宗实录》卷一七，肃宗十二年十一月庚戌，第39册，第84页。
③ 《朝鲜英祖实录》卷五八，英祖十九年十月丙子，第43册，第117页。

动，一呼百应的①。"三藩之乱"平息以后，朝鲜对清朝国内汉人的心态则有较清楚的了解，他们看到原来大明子孙后代许多都为达官贵人。杨涟之孙、孙承宗之孙皆为达官，朝鲜终于体味到"天下之亡明久矣，设令有真英雄出而混一之，若太祖皇帝之一举而驱出沙漠，亦未易期也"②。朝鲜能有这种认识，已是相当不容易。这种认识对其尊周思明其实有相当大的伤害。他们终于认识到大清天下已经一统，要打出恢复明朝的旗号推翻清朝，几乎是没有可能。这一方面是客观形势促使朝鲜认识到清朝的天下已不可改变，同时清朝的德化政策，又促使朝鲜逐步化解对清朝的敌意，从而渐渐加深对清朝的认同。

从上面的分析中，我们已经看出在清朝厉行德化政策之下，历经数代上百年的苦心经营，终于使朝鲜在某种程度上消除了对清朝的敌意，无论是对清朝形势的分析和认识，还是对清朝皇帝的评价，都出现了前后完全不同的认识。这充分显示出清朝德化政策的作用。不过，即便在清朝德化政策之下，朝鲜对清朝的认同有所增进，但它并未完全认同清朝的正统，倡导尊周思明正是对清朝德化政策的抗衡，这也反映出朝鲜对清朝的抗争。

二、清朝德化政策的效果

朝鲜对清朝皇帝和清朝国力认同等方面的评价，前期与后期的变化，固然是判别清朝德化政策效果十分重要的标准，但单凭这种表现，并不能说明朝鲜已完全认同了清朝的正统地位。北学派的出现，突破传统尊周观念，可以说是朝鲜在认同方面的一种质的飞跃。但北学派亦并未完全认同清朝的正统地位。因为在北学派看

---

① 对于具体详细的论述参见第一章第四节之《尊周攘夷与孝宗北伐》。
② 《朝鲜肃宗实录》卷一四，肃宗九年四月辛丑，第38册，第640页。

来，清朝之德化永远也不能与明朝的恩德相提并论。对于清朝德化是否产生了预期效果，清人亦曾产生过怀疑。

（一）朝鲜对清朝德化政策的评论

长期以来，朝鲜对清朝入关以后所采取的德化政策持犹疑的态度，朝鲜颇怀疑其动机。如前所述，"三藩之乱"期间，朝鲜未有反清行动，叛乱平息以后，康熙帝即改变对朝鲜的看法，对朝鲜大加施恩。朝鲜谨慎对待清朝的德化政策，谨守藩邦之责。而同时，认为康熙帝的施恩另有目的。康熙五十一年（1712），有朝臣即言：

> 彼数十年内，待我过厚，至于减贡者，必有其故。盖百年中土狃于锦绣梁（粱）肉，一朝还归漠北，势必难堪。早晚败归时，缓则欲自鱼盐物产以至土地民人，无不取资于我，急则欲取路于我西北。①

以为清朝今日对朝鲜之施恩，他日在清朝败亡之际必求朝鲜加倍偿还，或取资于朝鲜，或取道于朝鲜西北，以为日后归途之计也。因为当时朝鲜坚持"胡无百年之运"，认为清朝早晚是要被汉族推翻的。朝鲜长期以这样的心态看待清朝的施恩。康熙崩后，朝鲜犹言："盖以胡皇顾恤我东，有别故也。"②正因为朝鲜怀疑清朝德化政策动机不纯，因此大力提倡尊周思明理念以对抗清朝的小恩小惠。乾隆末年（四十三年，1778），书状官沈念祖称乾隆为英主，而同时不少人又批评清朝曰："万里中土，尽入腥膻，所尚者城池甲兵，所重者浮屠货利，华夏文物，荡然扫地。"③

---

① 《朝鲜肃宗实录》卷五一，肃宗三十八年二月庚辰，第40册，第432页。
② 《朝鲜景宗实录》卷一〇，景宗二年十一月辛亥，第41册，第267页。
③ 《朝鲜正祖实录》卷六，正祖二年七月丙申，第45册，第41页。

朝鲜对待清朝有这样绝然不同的两种心态,在如何处理这种两面性时,朝鲜国王往往有一种非常复杂的心态。正祖(1776—1800在位)时代正是朝鲜与清朝关系消除敌意、迈上友好的时代,而正祖本人却又是朝鲜历史上提倡尊周思明理念最为积极的国王之一。正祖有一段话很能说明他这种矛盾的政策和心态,他说:

> 噫,涒滩以来,凡我上下孰不忍痛包羞,而彼待我厚,我岂必愆于礼乎?故其所赍方物,予既临殿阅视,且令卿亲行,事毋曰:夫既或治之,不惟势之所使然耳,礼则然虽然,皇坛在彼,《匪风》《下泉》之思,宁忍一日忘于中也。以诗赆之,忾念之怀,自有形于言表者,须秘之勿宣也。①

一方面与清朝要礼尚往来,礼节上不得有半点疏忽。"彼待我厚,我岂必愆于礼乎?"在清人德化政策之下,朝鲜礼节上的应酬还是相当认真的。另一方面,对于"匪风下泉"之思,亦丝毫未曾忘记,以求心灵上的平衡。正祖的心态反映了当时朝鲜人对清朝的一种普遍的写照:外交礼仪上,谨守藩邦职责,不得有半点违逆;在文化心态上,依然视明朝为中华正统。

由于清朝对朝鲜使臣的优待,使得朝鲜使臣能较容易地吸收清朝文化②。正是使行促使北学派的形成,并对传统尊周观加以批评。当时李德懋(1741—1793)、柳得恭(1748—1807)、朴齐家(1750—1805)、李书九(1754—1825)四人号称"四家"诗社,它与以洪大容(1731—1783)、朴趾源(1737—1805)为师友的燕

---

① 正祖:《弘斋全书》卷五《赆端揆李福源充上价使赴沈阳》,第72页。
② 李元淳认为联系朝鲜与先进中国大陆文化唯一的文化渠道就是赴京使行。透过此渠道,朝鲜既接受了明清先进文化,并加以移植朝鲜,同时又接受由西东渐的西方文化。见其《朝鲜赴京使行在文化史上的意义》,《中韩关系史国际研讨会论文集,960—1949》,第346页。

岩学派,倡导向清朝学习,时称北学派。他们皆曾前往清朝,亲眼见到清朝的繁盛,这种出使的经历使他们认识到清朝的真实状况,从而对传统的观念加以批评①。1780年,朴趾源随其从兄朴明源前往清朝,1781年写成著名的《热河日记》,记述他在清朝的观感及其与清朝学者研讨学术的内容。他强调"利用厚生"之学,劝前往中国的使节应该学习农蚕、牧业、宫室、舟车之制等各种技术。朴齐家则于1778年、1795年、1801年三次前往清朝,与清朝学者纪昀、阮元、孙星衍等交往甚密②,对清朝有甚深的了解。归国后,他们都著书立说,主张向清朝学习,并同时对朝鲜王朝所奉行的尊周之策提出批评,朴齐家特作《尊周论》,对朝鲜传统的尊周观提出批评。概括说来,他们对清朝认识上的变化主要体现在以下几个方面:

首先,强调清朝所统治的地域依然是中国,不能因清朝统治而否认其地域为中国,从而过分妄自尊大,以为朝鲜得中华之正统。朴齐家论曰:

> 清既有天下百余年,其子女玉帛之所出,宫室、舟车、耕种之法,崔、卢、王、谢士大夫之氏族自在也,冒其人而夷之,并其法而弃之,则大不可也。苟利于民,虽其法之或出于夷,圣人将取之,而况中国之故哉!今清固胡矣,胡知中国之可利,故至于夺而有之,我国以其夺之胡也,而不知所夺之为中国……今

---

① 通过使行而学习清朝文化,并接受清朝文化的影响事例甚多,相关的研究可参见:李龙范:《朴趾源的热河日记和西藏佛教》,李元淳:《朝鲜赴京使行在文化史上的意义》,全海宗:《韩中学术交流之一端——金正喜为中心》,均见《中韩关系史国际研讨会论文集,960—1949》。亦可参见藤塚鄰:《清朝文化東伝の研究——嘉慶道光学壇と李朝の金阮堂》,藤冢明直编,东京:图书刊行会,1975年。山内弘一:《洪大容の華夷観について》,《朝鮮学報》1996年,第159期。
② 李元淳:《朝鲜赴京使行在文化史上的意义》,《中韩关系史国际研讨会论文集,960—1949》,第351页。

也,以中国之法而曰可学也,则群起而笑之;匹夫欲报其仇,见其仇之佩利刀也,则思所以夺之。今也,以堂堂千乘之国,欲伸大义于天下,而不学中国之一法,不交中国之一士,使吾民劳苦而无功,穷饿而自废,弃百倍之利而莫之行,吾恐中国之夷未可攘,而东国之夷未尽变也。故今之人欲攘夷也,莫如先知夷之为谁;欲尊中国也,莫如尽行其法之为逾尊也;若复为前明复仇雪耻之事,力学中国二十年后,共议之未晚也。①

朴趾源论曰:

我东士大夫之为春秋尊攘之论者,磊落相望,百年如一日,可谓盛矣。然而尊周自尊周也,夷狄自夷狄也。中华之城郭、宫室、人民,固自在也;正德利用厚生之具,固自如也;崔、卢、王、谢之氏族,固不废也;周、张、程、朱之学问,故未泯也;三代以降,圣帝明王,汉、唐、宋、明之良法美制,固不变也。彼胡虏者,诚知中国之可利而足以久享,则至于夺而据之,若固有之。为天下者,苟利于民而厚于国,虽其法之或出于夷狄,固将取而则之,而况三代以降,圣帝明王,汉唐宋明固有之故常哉。圣人之作《春秋》,固为尊华而攘夷,然未闻愤夷狄之猾夏,并与中华可尊之实而攘之也。故今之人诚欲攘夷也,莫如尽学中华之遗法,先变我俗之椎鲁,自耕、蚕、陶、冶,以至通工惠商,莫不学焉。人十己百,先利吾民,使吾民制梃,而足以挞彼之坚甲利兵,然后谓中国无可观可也。②

---

① 朴齐家:《楚亭全书·尊周论》(下),李佑成编《栖碧外史海外蒐佚本》,汉城:亚细亚文化社,1992年,第560—562页。
② 朴趾源:《燕岩集》卷一二《热河日记·驲汛随笔》,第177页。

清朝所统治的地域依然是中国，"中华之城郭、宫室、人民固自在"，中国氏族亦如故，中国法度亦如故。清朝入主中国，是因为清知中国"可利而足以久享"，故"夺而据之"。清朝所据者为中国，不可以夷狄视之。其既为中国，而所谓尊华，尊中国也，攘夷，攘清人也。今清与中国二者既为一体，故不可既尊之又攘之。"未闻愤夷狄之猾夏，并与中国可尊之实而攘之也。"故而在朴趾源看来，传统的尊王尊周观念是完全不可取的。"尊王攘夷"之先，要"尽学中华之遗法"，先改变朝鲜本身，当朝鲜学习中国而变得强大起来，再行尊攘之事不迟。他对朝鲜当作家法的尊周观进行批评，以为尊周派人士"足不蹈函夏之地，目未见中州之人"，却在大讲尊周理念，大肆批评清人，闭目塞听，不学无术。在他看来，"学问舍中国而何"，而尊周派徒以尊周为事，以为："今之中国，非古之中国也，其山川则罪之以腥膻，其人民则辱之以犬羊，其言语则诬之以侏离，并与其中国固有之良法美制而攘斥之。"[①]朴趾源转而提出为了使朝鲜王朝富强起来，应该积极向清朝学习，因为清朝才是朝鲜学习的唯一渠道。这种观念上的改变，对朝鲜王朝来说是其认同清朝的一种标志。

虽然不能说清朝的德化政策促使了朝鲜王朝北学派的产生，但清朝对朝鲜的优礼，对燕行使的优礼，客观上给朝鲜了解清朝提供了方便之门。燕行使有相当的自由，可自由出入馆舍，也可以随意带子弟前往，并无限制。故而他们在出使之际，可以有很多机会了解清朝，实地考察，收集资料，购买书籍，皆增长其见闻。北学派的代表人物皆曾到过清朝，在这种行程中，他们亲眼观察，亲身体验清朝的一切，同时与清朝儒士交往，从而避免对清朝的盲目贬斥，可以给出较客观的评价。即如朴趾源论清曰："今清之御

---

① 朴趾源：《燕岩集》卷七《北学议序》，第109页。

宇才四世,而莫不文武寿考,升平百年,四海宁谧,此汉唐之所无也。"①朴趾源对传统的尊周派进行了批评,以为当向清朝学习。但是当把明朝与清朝对比时,朴趾源——这个实学派大师、北学派倡导者,态度与尊周派并无二致。

在朴趾源看来,清朝屡屡施特恩于朝鲜,朝鲜虽然心存感恩,但清朝这种恩情与明朝的恩情是不可同日而语的,因为明朝对于朝鲜有万世不可忘的恩,而清朝给朝鲜的乃"惠",惠小而恩重,惠易而恩难,故有实质的不同。朴趾源论述明朝与朝鲜的关系曰:

呜呼!皇明吾上国也。上国之于属邦,其赐赉之物,虽微如丝毫,若陨自天,荣动一域,庆流万世。而其奉温谕,虽数行之札,高若云汉,惊若雷霆,感若时雨。何也?上国也。何为上国?曰中华也。吾先王列朝之所受命也。故其所都燕京曰京师,其巡幸之所曰行在。我效土物之仪曰职贡,其语当宁曰天子,其朝廷曰天朝,陪臣之在庭曰朝天,行人之出我疆场曰天使,属邦之妇人孺子语上国,莫不称天而尊之者。四百年犹一日。盖吾明室之恩不可忘也。昔倭人覆我疆域,我神宗皇帝提天下之师东援之,竭帑银以供师旅,复我三都,还我八路,我祖宗无国而有国,我百姓得免雕题卉服之俗,恩在肌髓,万世永赖,皆吾上国之恩也。②

由此可见朝鲜对明朝的基本心态。明朝灭亡多年后,朝鲜始终对明朝永志不忘,世代思明,这正是其根源所在。

清朝虽然待朝鲜亦厚,但同明朝相比则有天壤之别,朴趾源

---

① 朴趾源:《燕岩集》卷一二《热河日记·关内程史》,第198页。
② 朴趾源:《燕岩集》卷一三《热河日记·行在杂录》,第242页。

认为:

> 今清，按明之旧，臣一四海，所以加惠我国者，亦累叶矣。金非土产则蠲之，彩马衰小则免之，米、苎、纸、席之币，世减其数。而比年以来，凡可以出敕者，必令顺付，以除迎送之弊。今我使之入热河也，特遣军机近臣道迎之；其在庭也，命班于大臣之列；其听戏得比廷臣而宴赉之。又诏永蠲正贡外别使方物，此实旷世盛典，而固所未得于皇明之世也。然而我以惠而不以恩，以忧而不以荣者，何也？非上国也。我今称皇帝所在之处曰行在，而录其事。然而不谓之上国者，何也？非中华也。我力屈而服彼，则大国也。大国能以力而屈之，非吾所初受命之天子也。今其赐赉之宠，蠲免之谕，在大国不过为恤小柔远之政，则虽代蠲一贡，岁免一币，是惠也，非吾所谓恩也。①

虽然清朝蠲免岁贡，优礼燕行使，但朝鲜一概称之为"惠"，而非"恩"，故朝鲜人认为并不值得感激，因为与明朝的恩是不可同日而语的。究其根源，乃清朝不是上国，亦非中华。可见，即便在当时主张向清朝学习的北学派代表人物朴趾源等，不认同清朝是中华的正统。只是认为清朝是大国，但并非上国，清朝所给的优礼，不过是小惠而非特恩。朝鲜依然未改变清朝为夷狄的看法:

> 戎狄之性如溪壑不可厌也。皮币之不足而犬马焉，犬马之不足而珠玉焉。今乃不然，慈谅而款至，体恕而委曲，不施烦苛，无所违拒，虽吾事大之诚，足以感彼而驯其性，然彼其意，亦未尝一日而忘吾也。何则？彼寄居中国百有余年，未尝不视中

---

① 朴趾源：《燕岩集》卷一三《热河日记·行在杂录》，第242页。

土为逆旅也,未尝不视吾东为邻比也。及今四海升平之日,所以阴狙我人者多矣。遇之厚,欲其市德也;结之固,欲其弛备也。他日归巢,压境而坐,责之以旧君臣之礼。饥潦焉,求其周;军旅焉,望其助。安知今日区区纸席之蠲,不为异时犬马珠玉之需乎? 故曰:可以忧而不荣者,此也!①

开明如朴趾源的实学派人物,尚且如此看待清朝德化与施恩政策,一般人的心态可想而知,故朝鲜对清朝"德化""施恩"始终心存戒备。倡导尊周思明,正是要提醒朝野不可因清朝"施恩"而迷惑。

综上所述,在清朝以德化政策的感召下,朝鲜对清朝由最初的疾恶如仇,视若寇仇,转而接纳了清朝皇帝为帝,亦出现了北学派的呼声,倡导向清朝学习。但即便如此,北学派依然拘泥于传统的华夷观,亦并未接纳清朝为中华正统。因此,他们可以一方面大张旗鼓地倡导尊周思明活动,另一方面又谨事清朝,对清朝德化之举大表感激。

(二)清朝对德化政策之认识

朝鲜对清朝德化政策虽有所反应,但对其动机深表怀疑。清朝人对这种德化效果又有怎样的认识呢?他们是否认为达到了预期效果呢?

清朝皇帝大多认为德化可行,否则就不会大力推行德化政策了。康熙皇帝曾告谕大学士说:朝鲜国王凡事极其谨慎,国人皆感恩戴德,太宗定朝鲜之役,"我朝为之重加营建,俾安堵如故",朝鲜则于太宗驻军之地,树立石碑,"备书更生之德,累世感戴,以至于今"。而对明朝末年朝鲜始终未曾背叛明朝,称其"犹为重

---

① 朴趾源:《燕岩集》卷一三《热河日记·行在杂录》,第242—243页。

礼义之邦"①。他深信朝鲜为礼义之邦，重信义之国，对朝鲜大肆施恩，竟被人称为"朝鲜皇帝"。乾隆帝对于朝鲜亦有好感，他在优礼方面做得尤为突出。而且每次优礼之后，他都会告知使臣乃特恩，使之感激涕零。可见他们德化目的十分明确，就是要使朝鲜感激，从而达到消除隔阂，相互信任的目的。

但是作为清朝的皇帝，他们并不认为德化是唯一手法，康熙帝就主张恩威并用，认为"抚驭外国之道，不可太严，亦不可太宽。朝鲜之人，赋性狡诈，若遂如所请，此后未必不玩忽"②。称朝鲜"赋性狡诈"，这是继承了皇太极以来的观点，可见，康熙对朝鲜亦有双重认识，既看到其讲求信义的一面，又看到其狡诈的一面。他深知朝鲜对明朝的恩情，其大肆施恩即企图通过施恩而使其感化。乾隆帝承其策略，施恩之同时，亦加防备。朝鲜马小，故免其贡，但亦不允许朝鲜买清朝大马。"本朝自盛京开基以来，不准卖与朝鲜大马，相沿百有余年。边口照例严查……大马不准带往朝鲜，中有深意。"③乾隆十二年（1747），奉天将军发现朝鲜使臣从北京买了40匹大马，已运抵凤凰城，几及边境，马上连夜派人追回。可见，清朝虽优礼朝鲜，免其岁贡，厚待其使臣，其实是心存戒备的。

近代以来，清朝儒士对于朝鲜是否臣服清朝亦有不同看法，魏源认为朝鲜对清朝一意亲附，乃因为清朝所施之特恩。魏源详数清朝对朝鲜所施之恩：

（崇德）八年九月，世祖章皇帝即位，颁太宗文皇帝遗诏。免朝鲜岁贡三之一。顺治元年，以平定中原，遣质子归国，免其

---

① 《清圣祖实录》卷二二七，康熙四十五年十月丁未，第275页。
② 《清圣祖实录》卷一二一，康熙二十四年六月甲寅，第279页。
③ 《清高宗实录》卷二八九，乾隆十二年四月己丑，第787—788页。

岁贡之半，并大赦其国中死罪以下，其后康熙、雍正、乾隆三朝，屡免贡额，仅存十之一，不悉书。朝鲜虽外藩也，实同内服。自康熙以后，国大饥，则海运漕粮以赈之。国中讨贼，则颁有功将士万金以犒之。《明史》告成，许更正其先世庄穆王倧篡逆之诬，皆他国所未有。而使臣筵宴，国王辄即席赋诗，其陪臣来贡，亦辄预上元诗宴。国虽不竞于武，而文学礼教有箕子遗风。①

在魏源看来，正因为清朝优礼朝鲜，从而使之"一意亲附中朝，凭藉声灵，折冲外侮，自明至今，卒收其效，危蒙匡救之助，安被怙恃之福，所谓甲胄乎忠信，干橹乎礼义者，则庶几焉"②。魏源所在的时代正是西方列强侵略朝鲜的时代，面对西方的入侵，朝鲜依附清朝就如同以前依附明朝一般，把清朝看成是中华的化身，作为其抵挡西方的护身符③。故而魏源做出这样的判断并不足奇。但是他没有看到朝鲜对待清朝始终也不如其对待明朝。

光绪年间，周家禄较之魏源对于朝鲜心态看得更为清楚。周家禄在《奥篨朝鲜三种》中论道：朝鲜虽然累受清朝敕封，但竟始终不忘明朝，清朝辽东与明用兵之际，朝鲜潜通信使。甲申改元后，又阴持两端，在国内暗中修筑城池，"与殷顽相应"，而使臣记载，对清朝又多番指责，悖慢无礼。当时犹可谓明社方屋，人心未定，"桀犬吠尧，各为其主"而已，但后来多年使之生者受封，死者赠谥，恩礼之隆，外藩无二，但是：

---

① 魏源：《国初征抚朝鲜记》卷五〇《边陲二》，于宝轩编辑：《皇朝蓄艾文编》，吴相湘主编《中国史学丛书》第21种，第3924页。
② 魏源：《国初征抚朝鲜记》卷五〇《边陲二》，第3925页。
③ 西方势力进入朝鲜时，他们曾十分疑惑，因为朝鲜既非一个完全意义上的独立国家，又不是殖民地，而是兼而有之的国家。在进入朝鲜时，实际冲突的是传统的中华世界体系。参见Choe Yong-ho, "Sino-Korean Relations, 1866-1876: A study of Korean's Yributary Relationship to China", Asea Yon'gu, vol. 9, No. 1, 1966, 139-184。

> 彼中记载于前明赠谥则称皇朝赠谥某某，迨入本朝，则但冠本国之微称，不着中朝之谥法，此亦近于不臣也。祢、昺之世，一则曰纂《尊周汇编》，再则曰奉《皇明实录》，而于本朝则或称曰唐，或称曰燕，或直称清人。以列祖列宗深仁厚泽，煦姁而覆育之数百年，而其心未服，甚矣，德化之难也！①

他对朝鲜不用清赐谥号，编《尊周汇编》，行文中不尊清朝，多用贬斥之语，全都了如指掌，故慨叹清朝数百年"深仁厚泽"，都未能使朝鲜心服，从而慨叹"德化"不易。周家禄认为光绪壬午（1882）清朝帮助镇压了壬午政变，朝鲜王朝得以维持，亦类似于明朝"再造之恩"，"朝鲜五百年之宗社，危而复安，亡而复存，我功德远过于明。我以明之待朝鲜者待朝鲜，则朝鲜亦当以报明者报我，受恩而不知感，岂人情也哉"②。周家禄曾在朝鲜生活过一段时间，故而对于其尊周思明之事了解清楚。而此前虽然清朝对于朝鲜思明有所觉察，但并无史料说明清朝了解朝鲜崇祀明朝皇帝的活动。

由上可知，虽然清朝皇帝深信德化可以感化朝鲜，但又觉得必须德化与提防两手并用。清朝初年对于朝鲜思明尊周活动未必了解。对于朝鲜的尊周思明活动，晚年的清朝儒士周家禄终于有较为清醒的认识，从而说明德化之难。由于朝鲜将清朝定位为夷狄，使得不管清朝如何加以施恩德化，朝鲜总是心存顾虑，故而不以为荣反以为忧。简单地说，清朝德化政策，对于密切清代中朝关系有相当大的作用，但是并未从根本上改变朝鲜对清朝的看法。只是在

---

① 周家禄：《奥簃朝鲜三种》，沈云龙主编：《近代中国史料丛刊》第42辑，台北：文海出版社，1973年，第57—58页。
② 周家禄：《奥簃朝鲜三种》，第58页。

与西方相比之时,朝鲜才依靠清朝以对抗西方的入侵,即便如此,也并未完全改变对清朝的看法。

结　语　尊周思明与清代中朝关系

尊周观念发端于中国春秋时期，当时诸侯以尊周朝而自重，从而强化自身权威，尊周观念重在维护正统。尊周思明的理念，贯穿整个朝鲜王朝。朝鲜人宣称"明之于我即周之于鲁"①，也就是说明朝对朝鲜来说，就像周朝对鲁国一样。历史上有《周礼》尽在鲁之说，明朝灭亡后，以明朝为代表的中华正统就理当为朝鲜所承继，从而表明朝鲜倡导尊周思明观念的实质在于强化朝鲜与明朝的关系，从而确立其自身的正统性，进而否认清朝对中华正统的继承。

朝鲜尊周即是尊明，其奉行尊周思明理念的原因可归纳为以下几点：

第一，感恩思报。朝鲜认为明朝有三大恩：明太祖赐国号"朝鲜"的"大造之恩"，确立朝鲜王朝的正统地位，并奠定了李朝与明朝的宗藩关系；明神宗出兵击败侵朝日军，使藩邦得以复国的"再造之恩"；崇祯帝派皮岛总兵陈洪范出兵，救援被皇太极围困于南汉山城的仁祖的拯救之恩。明朝既有如此大恩，故感恩为历代朝鲜国王念念不忘，宣祖亲笔题词"再造藩邦"，仁祖、孝宗、肃宗、英祖、正祖等莫不时刻提醒朝臣不可忘记明朝恩德，甚至把明朝对朝鲜所做的一切都看成是永世难报的恩，报恩成为朝鲜思明的重要原因。大报坛的建立，最初正是以崇祀的方式报答明神宗的

---

① 成大中语，参见冯荣燮编：《朝宗岩文献续录》，第334页。

"再造"之恩。

第二，华夷观的影响。朝鲜认为明朝为中华，朝鲜为小中华，清朝为夷狄。明朝灭亡后，朝鲜为中华余脉，故当尊周攘夷，尊明贬清。华夷观在中国和朝鲜王朝都很有影响力，中国的华夷观发端于《春秋》，虽然认为夷夏有别，中华为中心，夷狄为边缘，但认为"用夷礼则夷之，进中国则中国之"，华夏文化可以改变夷狄，使之华化。故中国的华夷观重在文化，不在种族。朝鲜虽然坚持儒家华夷观，但有独特之处，在他们看来种族差别较之文化差别更为重要。在朝鲜"小中华"思想中，只认同汉族的政权具有中华正统，非汉族的任何王朝都被斥为夷狄，虽然朝鲜最初的自我定位是"夷"，但以"慕华"而渐加改变，宣扬"以夷变华"，认为高丽时期有变华之实，而朝鲜王朝时期就变成了纯粹的中华。他们认为在中华世界体系中，唯有朝鲜实现了由"夷"到"华"的转变。而明朝灭亡后，清朝是夷狄，朝鲜成为中华余脉。所以历史上，朝鲜排辽，排金，贬斥蒙古，贬斥清朝，实质上都是一样的。这样，朝鲜在明朝灭亡以后，就以尊周、尊明以尊华，攘夷以贬清，从而在思想文化上确立其为中华正统的观念。

第三，正统问题与现实危机。华夷观是文化心态层面上的原因，感恩也是理念中的问题，而促使朝鲜进行尊周思明的现实原因，乃是自我认同与正统危机。朝鲜作为藩国，其正统性来源于宗主国的册封。朝鲜王朝的正统性来自明朝，朱元璋赐国号"朝鲜"，从而树立朝鲜的正统地位。以后历代国王都须明朝册封，方得正统名号；死后要得明朝赐予谥号，才算修得正果。这样的传统持续两百多年，原来被朝鲜视作夷狄的清朝突然取代明朝成为宗主国，原来正统的来源不复存在，造成现实中有难以克服的正统危机，于是只得依从传统，强化其承继了明朝的中华正统，确立其自我的传统，这是朝鲜尊周崇明的实质。

朝鲜不可能认同清朝的正统。因为朝鲜以程朱理学立国，朱熹的华夷观深入人心，是其处理与宗主国关系的基本理念，一旦违背，政权就会发生危机。光海君曾采取既不得罪后金，也不开罪明朝的务实政策，因违背传统正统观念，受到上自大妃，下至朝臣的反对，最终王位被推翻。领议政沈器远因对仁祖降清不满而发动政变，要推翻仁祖政权，与清朝决裂，投奔明朝。之所以发生这样的事情，诚如费正清等分析道："李氏国王没有他们所臣服的'中国天子'那样的半宗教式的先兆和独一无二的地位。其表现在两方面：一是整个'功臣'制度表明国王离不开两班家族的支持；二是李朝时期都察机构的相对发展，三司及其成员都可经常批评国王和他的臣僚，而且它一直是主要决策机构，这在中国显然是闻所未闻的。"[①]国王的权威一直受到两班阶层的挑战，故而一旦此问题处理不好，政权就会发生危机，这成为朝鲜历代国王必须慎重处理的难题，只能强化与明朝的关系，而不能仰赖清朝，方能化解现实中的危机。因之"尊王心法，列圣相传"，成为其立国的基准。故在近300年的清代中朝关系中，朝鲜王朝始终未割断与明朝的联系。朝鲜仁祖、孝宗、肃宗、英祖、正祖始终如一地实行尊周思明之策，王室建大报坛崇祀明太祖、神宗、毅宗，儒林在华阳洞崇祀明神宗、毅宗，明遗民后裔建大统庙于朝宗岩，崇祀明太祖。以宣示朝鲜承继明朝以来的中华正统，从而否认清朝的正统地位。暗中始终用明朝正朔，编修许多明史书籍，以强化朝鲜的正统性。

可见，作为儒家文化圈中的朝鲜，传统上，一切以中国文化为本位，处理国内的正统问题亦依从中华的文化传统，这是个不争的事实，不应曲解，更不能抹杀。而朝鲜王朝历史上，对于明朝忠心臣服，感恩报德，世代崇祀明朝皇帝，亦是诚心诚意，没有任何做

---

① 费正清、赖肖尔、克雷格：《东亚文明：传统与变革》，黎明、贾玉文等译，第310页。

作和勉强,故对待历史问题应以客观的态度,不可以今人的眼光肆意曲解或者为古人辩护,方能揭示历史的真相。同时从朝鲜尊周思明问题上,重新考察清代中朝关系,我们更可以看到长期以来被人忽视的另一面。

费正清所构筑的中华世界体系理论[①],高屋建瓴地纵览了传统东亚世界的格局,因而长期受到学术界推崇。而基于其理论认识,明清与朝鲜关系被看成是中国传统朝贡宗藩关系的典范。韩国著名的中韩关系史专家全海宗将高丽、朝鲜与明、清的关系,当作典型的朝贡关系。按照他的话说:"原则上,明清时期(与朝鲜)不存在朝贡以外的关系。"[②]长期以来,这成为清代中朝关系研究者的一种共识。但是,正如Peter I Yun 在其博士论文中指出的,如果不考察高丽与辽、金、蒙古间的关系,高丽与宋朝的关系就不能正确地做出评价[③]。同样,研究清代中朝关系,若忽视朝鲜尊周思明的思想与举动,而拘于双方表面上使行往来的研究,就无法透视这种表象背后的实质,也不可能真正把握清代中朝关系的本质特点。美国学者何伟亚在研究马嘎尔尼使华问题时,突破传统朝贡体制研究的局限,从清代宾礼制度的角度来分析彼此的冲突,因而对于此问题做出全新的解释,引起国际汉学界的强烈反响。朝鲜长期被视为清代藩国的典范,也是遵循清代宾礼制度的楷模,若仅停留在这个层面去分析双边关系的特点,而忽略彼此的文化心态,那也是只见树木,不见树林,未能真正把握双边关系的内在特质。

对于宗主国清朝,在相当长的时期内,朝鲜是必欲致其于覆亡之地而后快。尊周攘夷的呼声在臣服清朝百余年内,始终成为儒林

[①] John King Fairbank ed. *The Chinese World Order,* (Cambridge, Massachusetts: Harvard University Press, 1968.)
[②] 全海宗:《中韩关系史论集》,全善姬译,第20页。
[③] Peter I. Yun, *Rething the Tribute System: Korea States and Northeast Asian Interstate Relations, 600-1600.* pp.227–228.

的主导,在朝鲜王朝灭亡之前,依然为朝鲜儒林所倡导。在尊周思明历程中,国王仁祖、孝宗、肃宗、英祖、正祖等,皆成为积极的倡导者和策划者。他们一方面在与清朝的宗藩往来中,恭行藩国的职责,谨守藩邦之位,另一方面在国内却大肆宣扬满洲为夷狄,清帝为夷狄之主。源自《春秋》的华夷观,成为其对清的基本准则。大行尊周之策,极力强调明朝的恩德,以强化其正统。强调与明朝的关系,意在否定清朝的正统。朝鲜对清朝的心态,同朝鲜对明朝的心悦诚服,实有本质的不同,因而朝鲜与清朝的关系,绝不能等同于明朝的关系。同时,朝鲜尊王尊周观念是韩国近代民族主义的源泉①,尊周思明以强化其正统,攘夷贬斥清朝,这是宗藩关系外衣下一种不屈的抗争。近代韩国民族主义在尊王攘夷中得以脱胎而出,尤其在日本侵占时代,在攘夷的传统下,韩国的民族主义得以新生。

因此,在朝鲜王朝的奉行尊周思明理念的历程中,显示出朝鲜在中华体系中的特点、朝鲜历史上对中国文化的认同以及中华文化的深远影响;同时又显示朝鲜王朝独立于清朝宗藩关系之外的情形。朝鲜对于清朝并非表里如一,外表上,其做得相当谦恭,履行藩国职责,谨守藩邦职守,但内心从未屈服过,始终以优越的心态俯视宗主国清朝。这同朝鲜王朝对明朝的忠心臣服,形成鲜明对照。因而将朝鲜对清朝的关系等同于对明朝的关系,就值得商榷。朝鲜与清朝虽然在双边往来中相当礼敬,清朝一再减免岁贡及其方物,优礼朝鲜使节,屡赐匾额给朝鲜国王,并严厉约束出使朝鲜的清朝使节,频频施恩于朝鲜,广布德行,极尽德化之能事,朝鲜在潜移默化之中,渐渐消除敌意逐步走向和好与认同,但是在内在的文化心态上,朝鲜从未视清朝为"上国""宗主国",最多不

---

① 朱云影:《中国文化对日韩越的影响》,第300页。

过将其看作"大国"而已。清朝大施德化政策，正是有鉴于朝鲜的不臣服，但到末年，朝鲜也未完全感化，清末士人亦慨叹"德化之难"。因而，从朝鲜尊周思明理念的角度来看待清代中朝关系，可以说，制度上，朝鲜衷心履行藩国职责，行事大之礼；但文化心态上，朝鲜从未有过臣服的表现，永远处于独立抗拒的姿态。只有将二者共同把握，才能真正把握清代中朝关系的内在特性。

附　录

一、大报坛示意图

（参见《尊周汇编》卷八，第6—7页）

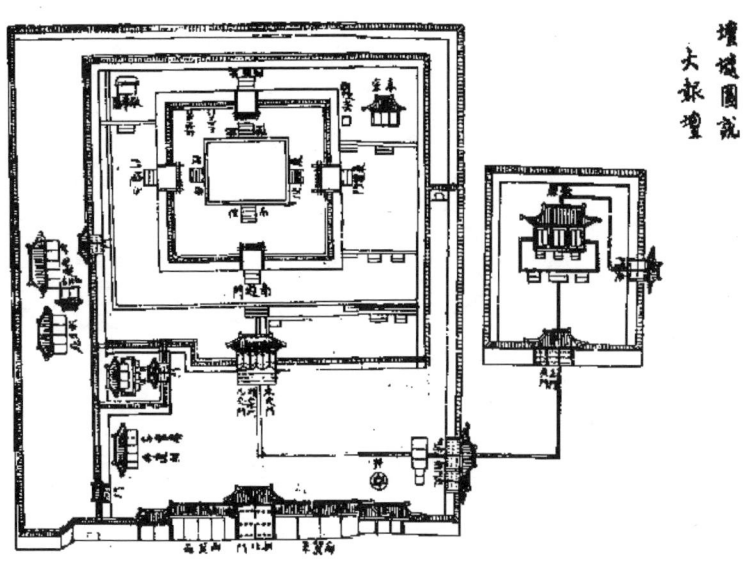

二、朝鲜王朝世系表[①]

（1392—1910年，共27代518年）

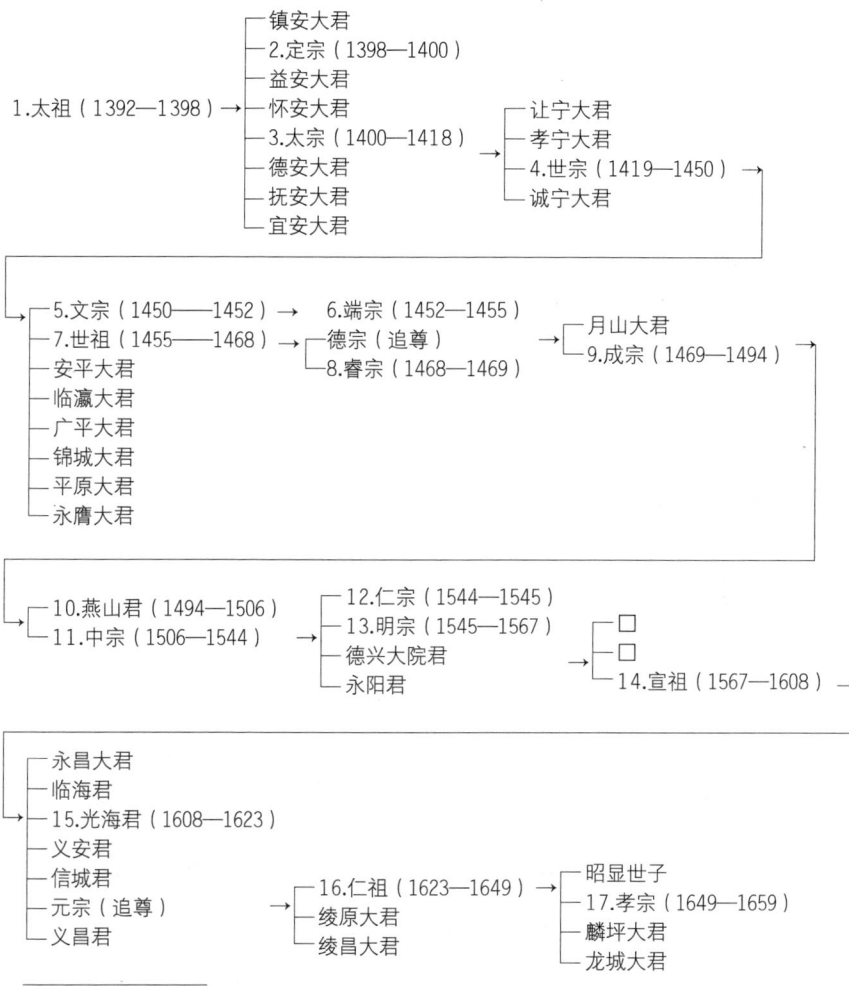

[①] 该表中所标示年代皆为国王在位年。

→18.显宗（1659—1674）→19.肃宗（1674—1720）→┌─20.景宗（1720—1724）
　　　　　　　　　　　　　　　　　　　　　　└─21.英祖（1724—1776）→

┌─真宗（追尊）
└─庄祖（追尊，思悼世子）→

　　　　　　　　　　　　　　　　　　　　　　　　　　　24.宪宗（1834—1849）
　　　　　　　　　　　　　　　　　　　　　　　　　　　　↑
┌─22.正祖（1776—1800）　　┌─文孝世子　　　　　┌─翼宗（追尊）
├─恩彦君　　　　　　　　→│23.纯祖（1800—1834）→└─25.哲宗（1850—1863）
├─恩信君→南延君→兴宣大院君→26.高宗（1863—1907）→27.纯宗（1907—1910）
└─恩全君

三、明清以来中朝关系及朝鲜尊周思明关系年表[①]

1368年　戊申，元至正二十八年，洪武元年，高丽恭愍王十七年
　　　　正月，朱元璋称帝，国号明，建都南京，建元洪武。遣使赐玺书于高丽。
　　　　八月，明兵入元大都，元顺帝逃往漠南。

1369年　己酉，洪武二年，高丽恭愍王十八年
　　　　高丽国王王颛遣使贡方物，明太祖遣使封其为高丽国王。

1386年　丙寅，洪武十九年，高丽辛禑十二年
　　　　十二月，咨高丽王："铁岭北，东西之地，旧属开远者，辽东统之。铁岭之南，旧属高丽者，本国统之。各正疆界，毋侵越。"

1388年　戊辰，洪武二十一年，高丽辛禑十四年
　　　　四月，高丽国王辛禑与权臣崔莹遣曹敏修、李成桂攻辽东，李成桂威化岛回军，杀崔莹，废辛禑，立其子昌为王。

1392年　壬申，洪武二十五年，朝鲜太祖元年
　　　　李成桂废高丽恭让王，自立为国王，遣使请更国号于明朝，朱元璋赐国号"朝鲜"。

1394年　甲戌，洪武二十七年，太祖三年
　　　　李成桂遣第五子李芳远（后为太宗）朝于明，过燕京，李芳远会见燕王朱棣。

1396年　丙子，洪武二十九年，太祖五年
　　　　朝鲜迁都汉阳，更名汉城。2005年1月改称首尔。

[①] 用中文数字表示的月日乃阴历，用阿拉伯数字表示的月日乃阳历。

1398年　戊寅，洪武三十一年，太祖七年

闰五月，明太祖薨，太孙朱允炆继位，为惠帝。

八月，朝鲜大臣郑道传为世子李芳硕谋逆，王子李芳远起兵诛之。朝鲜太祖传位于芳果，自称太上王，芳果为定宗。

1399年　己卯，建文元年，定宗元年

七月，燕王朱棣起兵反，号"靖难"。

1400年　庚辰，建文二年，定宗二年

李芳远击败谋反之王子李芳干，十一月定宗退位，为上王，李芳远继位，为太宗。

1402年　壬午，建文四年，太宗二年

六月，燕王攻入南京，惠帝不知所终，朱棣继位，为明成祖。次年为永乐元年。

1408年　戊子　永乐六年　太宗八年

朝鲜世子李禔朝于明。朝鲜太祖薨，明朝遣使吊祭，赐谥"康献"。

1418年　戊戌，永乐十六年，太宗十八年

朝鲜世子李禔以荒淫废，立王子敬为世子。八月，太宗为上王，世子敬继位为世宗。

1421年　辛丑，永乐十九年，世宗三年

明成祖迁都北京，改京师为南京。

1446年　丙寅，正统十一年，世宗二十八年

朝鲜世宗颁布《训民正音》。

1448年　戊辰，正统十三年，世宗三十年

朝鲜设富宁府，定北边六镇，沿豆满江（图们江）筑长城，以御女真。

1449年　己巳，正统十四年，世宗三十一年

明英宗亲征瓦剌，于土木堡被俘。郕王朱祁钰继位，为明景帝。

1450年　庚午，景泰元年，世宗三十二年
正月，明派翰林侍讲倪谦、给事中司马恂颁景帝即位诏书于朝鲜，朝鲜以文臣郑麟趾、申叔舟、成三问为远接使和陪伴使，双方每日诗赋唱和，开创明与朝鲜"诗赋外交"之先例。
二月，世宗死，世子珦嗣位，是为文宗。

1454年　甲戌，景泰五年，端宗二年
朝鲜依明式定百官团领胸背之制。

1456年　丙子，景泰七年，世祖二年
野人李满住请朝朝鲜王廷。
朝鲜大臣成三问等谋复上王（端宗）复位，事觉，株连者甚多。

1458年　丙戌，天顺二年，世祖四年
野人李满住之子凡察及童仓朝见朝鲜国王。

1467年　丁亥，成化三年，世祖十三年
朝鲜攻建州李满住，斩之，告明。

1479年　己亥，成化十五年，成宗十年
朝鲜受明之命，攻建州女真，破之，获辽东被掳人口，送还明朝。

1502年　壬戌，弘治十五年，燕山君八年
朝鲜以西北人口少，强徙南方百姓实之，民怨沸腾。

1518年　戊寅，正德十三年，中宗十三年
以《明会典》记高丽末年事多诬，遣使赴明辩正之。

1539年　己亥，嘉靖十八年，中宗三十四年
遣使赴明辩《明会典》所载宗系之诬。

1541年　辛丑，嘉靖二十年，中宗三十六年
　　　　朝鲜始建书院。
1572年　壬申，隆庆六年，宣祖五年
　　　　五月，穆宗薨，子朱翊钧继位，为明神宗。
1575年　乙亥，万历三年，宣祖八年
　　　　遣使赴明，请将宗系辩诬事增入新修之会典。
1584年　甲申，万历十二年，宣祖十七年
　　　　朝鲜赴明质正世系使者归，明朝重修《明会典》之机，听取朝鲜意见，把李成桂宗系之诬改正过来，朝鲜持续百余年来宗系辩诬事件终于画上了句号。
1592年　壬辰，万历二十年，宣祖二十五年
　　　　四月，日本关白丰臣秀吉派小西行长、加藤清正等率兵十五万侵朝，陷汉城、开城、平壤三都，遂求援于明朝。七月，明偏师来援。十二月，明神宗派宋应昌为经略、李如松为提督等率大兵援朝，至义州。
1593年　癸巳，万历二十一年，宣祖二十六年
　　　　正月，李如松等明军克平壤、开城，但在碧蹄馆受挫。四月，日本弃王京汉城。五月，日军据釜山一带，"封贡之议"起。八月，明大军班师，留刘綎率万人屯住。
1596年　丙申，万历二十四年，宣祖二十九年
　　　　九月，明以杨方亨、沈惟敬为册封使，朝鲜以黄慎等为使臣随行，至日本谋和。丰臣秀吉索七事，怒明朝未允、朝鲜不臣，和议失败。
1597年　丁酉，万历二十五年，宣祖三十年
　　　　正月，日本大兵侵朝，朝鲜复求明朝援助。明朝遂以邢玠为经略、杨镐为经理，经略朝鲜军务，率兵增援朝鲜，麻贵等为备倭总兵官。八月，日本兵陷南原等地。

九月，杨镐率部在稷山，阻止了日军北上，保卫了王京汉城的安全。十二月，明军与日军大战于蔚山。

1598年　戊戌，万历二十六年，宣祖三十一年
正月，杨镐在蔚山战役中失利，受丁应泰弹劾，不久杨镐被召回。八月，丰臣秀吉死，德川家康等召诸将还。十一月，日本兵退，中朝水师在明水军总兵陈璘和朝鲜水军统帅李舜臣指挥下，大败日军于露梁海战，李舜臣与明副总兵邓子龙战死。十二月，尽歼在朝日军残余。

1599年　己亥，万历二十七年，宣祖三十二年
正月，明大军撤回。四月，御午门受倭俘。七月，朝鲜建宣武祠于汉城，崇享兵部尚书邢玠、经理杨镐，宣祖亲书"再造藩邦"匾额揭于宣武祠。

1603年　癸卯，万历三十一年，宣祖三十六年
八月，朝鲜建武烈祠于平壤府，崇享明兵部尚书石星、提督李如松、左协将杨元、中协将李如梅、右协将张世爵、参将骆尚志，并供奉其画像。

1606年　丙午，万历三十四年，宣祖三十九年
日本遣使至朝鲜求和，朝鲜奏知明朝，和议成。

1608年　戊申，万历三十六年，宣祖四十一年
二月，朝鲜国王宣祖薨，世子李珲继位。明以珲为次子，多年不册封他世子身份。

1616年　丙辰，万历四十四年，天命元年，光海君八年
努尔哈赤于赫图阿拉立国，国号后金，建元天命。

1619年　己未，万历四十七年，天命四年，光海君十一年
三月，辽东经略杨镐统领四路大军，与努尔哈赤决战于萨尔浒。朝鲜派姜弘立统兵两万助战。明军大败，姜弘立降于后金。

1622年　壬戌，天启二年，天命七年，光海君十四年
明将毛文龙设镇皮岛（椵岛），辽东民投奔者甚众。

1623年　癸未，天启三年，天命八年，仁祖元年
后金迁都沈阳，改名盛京。二月，朝鲜国王李珲被废为光海君，李倧继位，是为仁祖。

1626年　丙寅，天启六年，天命十一年，仁祖四年
努尔哈赤薨，皇太极立，改元天聪。

1627年　丁卯，天启七年，天聪元年，仁祖五年
正月，皇太极遣贝勒阿敏征朝鲜，陷平壤，仁祖避江华岛。二月，朝鲜被迫签订和约，朝鲜与后金建立"兄弟"之国的关系。

八月，明熹宗薨，信王朱由检继位，改明年为崇祯元年。

1629年　己巳，崇祯二年，天聪三年，仁祖七年
六月，蓟辽督师袁崇焕杀皮岛毛文龙。九月，明杀杨镐。十二月，崇祯帝中后金反间计，下袁崇焕狱。

1636年　丙子，崇祯九年，天聪十年（崇德元年），仁祖十四年
四月，后金皇太极称帝，改国号为清。十二月，清太宗皇太极亲征朝鲜。

1637年　丁丑，崇祯十年，崇德二年，仁祖十五年
正月，清军陷江华岛、王京汉城。崇祯帝指令登莱巡抚救援，不果。仁祖困守南汉山城四十六日后，无条件向清太宗投降，签订和约。以昭显世子、凤林大君等人质沈阳。朝鲜正式断绝与明朝的宗藩关系，成为清朝藩国。二月，清帝班师。

1639年　己卯，崇祯十二年，崇德四年，仁祖十七年
朝鲜建"大清皇帝功德碑"于三田渡。

1640年　庚辰，崇祯十三年，崇德五年，仁祖十八年

朝鲜派水师助清攻锦州，统帅林庆业等潜沉船多艘，又密报明登州守将，遇明兵亦不实战。

1641年　辛巳，崇祯十四年，崇德六年，仁祖十九年
光海君病逝。

1643年　癸未，崇祯十六年，崇德八年，仁祖二十一年
八月，清太宗薨，子福临继位，以多尔衮等辅政。

1644年　甲申，崇祯十七年，顺治元年，仁祖二十二年
三月，李自成陷北京。三月十九日，崇祯皇帝自尽于煤山。四月，吴三桂于山海关引清兵入关，清兵在一片石击败李自成军队。五月，多尔衮入北京，遂定都北京。五月，明福王朱由崧在南京称帝，南明弘光政权成立。

1645年　乙酉，顺治二年，弘光元年，隆武元年，仁祖二十三年
五月，清兵入南京，弘光政权灭亡。闰六月，明黄道周、郑芝龙等拥立唐王朱聿键于福州，建元隆武。朝鲜人质昭显世子、凤林大君等先后归朝，黄功等九人随同凤林大君前往朝鲜，后人称"九义士"。

1646年　丙戌，顺治三年，隆武二年，仁祖二十四年
八月，隆武政权亡。十月，瞿式耜等奉桂王朱由榔于肇庆，改明年为永历元年。十一月苏观生等奉唐王朱聿𨮁于广州，改元绍武。十二月，绍武政权亡。郑成功起兵南澳，仍用隆武纪年。

1647年　丁亥，顺治四年，永历元年，仁祖二十五年
南明永历帝走桂林、全州。八月，郑成功攻泉州，不克。

1649年　己丑，顺治六年，永历三年，仁祖二十七。
五月，仁祖薨，凤林大君继位为朝鲜国王，庙号孝宗。倡导"北伐复仇"观念。

1650年　庚辰，顺治七年，永历四年，孝宗元年

摄政王多尔衮征女朝鲜，朝鲜以宗室女义顺公主嫁之。十二月，多尔衮死。

1659年　己亥，顺治十六年，永历十三年，孝宗十年
三月，孝宗与宋时烈密谈"北伐计划"。五月，孝宗薨，北伐大计破灭。世子棩嗣位，为显宗。

1661年　辛丑，顺治十八年，永历十五年，显宗二年
正月，清世祖薨，玄烨嗣位。十二月，永历皇帝被吴三桂俘获于云南，南明灭亡。

1662年　壬辰，康熙元年，显宗三年
四月，永历皇帝被害。

1667年　丁未，康熙六年，显宗八年
五月，台湾郑氏政权官商林寅观等九十五名商人往日本，遭风漂至朝鲜，持永历二十一年历书，后被送于清，全被处死。

1673年　癸丑，康熙十二年，显宗十四年
十一月，吴三桂起兵于云南，称天下都招讨兵马大元帅，"三藩之乱"起。

1674年　甲寅，康熙十三年，显宗十五年
朝鲜儒生罗硕佐等以清内忧，请乘机北伐复仇，不报。八月，显宗薨，肃宗立。宋时烈首先于华阳洞摹刻崇祯御笔"非礼不动"，首开摹刻以开朝鲜尊周崇明之先例。

1681年　辛酉，康熙二十年，肃宗七年
十月，清兵入云南，吴世璠自杀，"三藩之乱"平定。

1683年　癸亥，康熙二十二年，肃宗九年
台湾郑克塽向清朝投降，清收复台湾

1684年　甲子，康熙二十三年，肃宗十年
许格、李齐杜、白海明于朝宗岩摹刻崇祯御笔"思无

邪",并朝鲜国王宣祖"万折必东"等有关崇明条幅。

1689年　己巳,康熙二十八年,肃宗十五年
宋时烈被赐死,遗命门生权尚夏等建庙崇祀明神宗、崇祯皇帝。

1697年　丁丑,康熙三十六年,肃宗二十三年
权尚夏等在华阳洞建造华阳书院,崇祀宋时烈,并培养儒学生员。

1703年　癸未,康熙四十二年,肃宗二十九年
权尚夏等在华阳洞创建万东庙,崇祀明神宗、明崇祯皇帝。

1704年　甲申,康熙四十三年,肃宗三十年
三月,肃宗于昌德宫中后苑设立大报坛,崇祀明神宗皇帝。

1726年　丙午,雍正四年,英祖二年
英祖赐免税田五结予万东庙。
1739年,己未,乾隆四年,英祖十五年。
朝鲜使臣携回印本《明史》全部,原来明史书记朝鲜辨诬相关内容全部更正,告庙颁赦。

1749年　己巳,乾隆十四年,英祖二十五年
朝鲜英祖增修大报坛,崇祀明太祖、明神宗、明崇祯皇帝。并置皇坛守直制度,由明遗民后孙担任守直官。

1776年　丙申,乾隆四十一年,英祖五十二年
三月,英祖薨,世孙嗣位,是为正祖。

1799年　己未,嘉庆四年,正祖二十三年
正月,清太上皇乾隆帝薨。

1800年　庚申,嘉庆五年,正祖二十四年
六月,朝鲜国王正祖薨,纯祖嗣位。

1824年　甲申,道光四年,纯祖十四年
三月,以崇祯帝殉国三周甲,朝鲜国王亲祭大报坛,录

用李如松后裔。

1830年　庚寅，道光十年，纯祖三十年
　　　　朝鲜使臣从清朝购得《明实录》东归。

1831年　辛卯，道光十一年，纯祖三十一年
　　　　九义士后裔王德一、王德九在朝宗岩建大统行庙和九义行祠。

1856年　丙辰，咸丰六年，哲宗七年
　　　　朝鲜京畿道永远免除大报里民之户役。

1859年　己未，咸丰九年，哲宗十年
　　　　朝鲜禁私设书院。

1863年　癸亥，同治二年，哲宗十四年
　　　　十二月，朝鲜哲宗薨，立宗室兴宣君李昰应子为嗣，时年12岁。封李昰应为大院君，协赞政务。

1864年　甲子，同治三年，高宗元年
　　　　大院君禁毁诸道书院。

1865年　乙丑，同治四年，高宗二年
　　　　万东庙、朝宗岩大统庙停享。

1873年　癸酉，同治十二年，高宗十年
　　　　朝鲜大院君罢政，闵妃执政。万东庙、朝宗岩大统庙复享。

1875年　乙亥，光绪元年，高宗十二年
　　　　柳重教门人金永禄撰《朝宗岩志》，金平默撰《九义士传》。

1876年　丙子，光绪二年，高宗十三年
　　　　日本迫使朝鲜签订《江华条约》，开釜山、元山、仁川通商。

1878年　戊寅，光绪四年，高宗十五年

朝宗岩增置祭田，免大报里民徭役。

1882年 壬午，光绪八年，高宗十九年
六月，朝鲜大院君鼓动兵变，清兵至汉城平叛，执大院君，押送保定。是为"壬午之变"。

1894年 甲午，光绪二十年，高宗三十一年
四月，朝鲜以东学党起义，请求清朝派兵，日本亦乘机出兵朝鲜。七月，中国对日宣战，中日甲午战争爆发，清军节节败退。

1895年 乙未，光绪二十一年，高宗三十二年
四月，清李鸿章与日本伊藤博文签订《马关条约》，朝鲜与清朝脱离藩属关系，建立"独立自主"的国家。

1897年 丁酉，光绪二十三年，光武元年
朝鲜改国号为"大韩帝国"，朝鲜国王李熙改称皇帝，是为李太王，改元光武。

1904年 甲辰，光绪三十年，光武八年
日俄为朝鲜问题在中国辽东作战，俄败日胜。日本迫使朝鲜签订"日朝议定书"，后又立新约，日本取得朝鲜财政、外交监督权。

1905年 乙巳，光绪三十一年，光武九年
九月，日俄《朴次茅斯条约》签订，俄国承认日本对朝鲜的保护权。日韩签订《乙巳条约》，日本成为韩国保护国。日本在汉城设置统监府。

1906年 丙午，光绪三十三年，光武十年
伊藤博文任统监府统监。

1907年 丁未，光绪三十三年，隆熙元年
韩皇帝让位于太子，改年号为隆熙。韩国义士安重根在哈尔滨刺杀伊藤博文。

1908年　戊申，光绪三十四年，隆熙二年
　　　　大报坛、万东庙停享。
1910年　庚戌，宣统二年，隆熙四年
　　　　八月，日韩合并，在汉城设立日本朝鲜总督府。
1911年　辛亥，宣统三年
　　　　十月，清帝退位，清朝灭亡。
1912年　壬子，中华民国元年
　　　　元旦，孙中山在南京就任中华民国临时大总统，中华民国成立。
1934年　甲戌
　　　　朝宗岩大统庙及九义士祠绝祀。
1945年　乙酉
　　　　雅尔塔会议，决定朝鲜南北部以北纬38度为界，分别为美、苏军事占领区之分界线。8月15日，日本投降，朝鲜半岛解放，日本殖民统治结束。
1948年　戊子
　　　　朝鲜民主主义人民共和国在平壤建立，大韩民国在汉城建立，朝鲜半岛南北正式分离。
1949年　己丑
　　　　10月1日，中华人民共和国成立。
1950年　庚寅
　　　　6月25日，朝鲜战争爆发。9月15日，以美国为首的联合国军在仁川登陆。10月25日，中国人民志愿军开赴朝鲜半岛。
1953年　癸巳
　　　　朝鲜停战协定签订。南北韩以北纬38度线为国界，南北对峙。

1958年	戊戌
	朝宗岩再建会成立,朝宗岩大统庙及九义行祠复享。
1974年	甲卯
	朝宗岩再建推进会开始重建朝宗斋。
1975年	乙辰
	朝宗岩大统庙被指定为韩国京畿道地方文化财产第二十八号。
1977年	丁巳
	明遗民后裔之明义会在韩国政府与士林资助下重建大统庙,崇祀明太祖、神宗、崇祯三皇帝,并九义士、宋时烈等十先贤。
1978年	戊午
	朝宗岩保存会成立,《朝宗岩文献录》编成。
1979年	己未
	规定每年农历三月十九日,崇祯皇帝殉国日举行祭祀。
1981年	辛酉
	韩国明遗民后裔组成明义会。
1982年	壬戌
	《朝宗岩文献录续集》编成。
1987年	丁卯
	《朝宗岩文献录后集》编成。
1991年	辛未
	朝鲜民主主义人民共和国和大韩民国双双加入联合国。
1992年	壬申
	8月24日,中韩建交。

历史表象下的文化心态

——孙卫国《大明旗号与小中华意识》读后

左江

深圳大学文学院

一

"这部划时代的专著,是孙教授近十年来在明史及朝鲜史的领域内,钩稽考核,抉幽发微的悉心力作,对未来中朝关系,甚至朝鲜史的研究,必然会产生震撼性的影响。今后研究中朝关系史的学者,无论从何角度和层面去考察,肯定要为这部挑战性的作品的面世作出响应,从而推动更理性客观的研究。"这是陈学霖先生为孙卫国教授大作《大明旗号与小中华意识——朝鲜王朝尊周思明问题研究(1637—1800)》(以下简称《大明旗号》)所作序中提及的评述。乍见之下,不免有些怀疑,陈先生是否有褒之过甚的嫌疑,在仔细拜读此书后,却由衷地感慨,这是很中肯的评价,是很准确的定位。能与此书邂逅,感受到久违的阅读的喜悦,实是读书人的幸运，所以虽是学文学的人，仍难捺兴奋之情，在此不揣浅陋，试图谈谈对这样一本史学著作的读后感想，以就正于孙教授及诸位方家学者。

笔者近年来一直从事朝鲜朝汉文学的研究，对其历史也略有了解，但在阅读的过程中却常感困惑：为什么朝鲜朝在明朝灭亡六十年后还会建大报坛，并将祭祀持续了数百年，让一个在中国人的记忆中也早已成为历史的王朝一直活在自己的生活中？为什么朝鲜朝一方面对清朝严格遵循着朝贡制度，无论是选拔使臣还是准备贡物都是一丝不苟，但另一方面，无论是送别使臣的人还是出使清朝的人却又对清朝充满了敌对、鄙夷的情绪？哪一面才是历史的真实？如果历史本来就有几张面孔，又是什么原因让历史玩着变脸的游戏？笔者也曾试图从华夷观、正统观乃至民族性上寻求答案，结果仍感茫然，《大明旗号》一书终于帮我从历史的变脸中解放了出来。

二

《大明旗号》一书前有绪论，后有结语，文章主体分为七章，另有附录四种。绪论部分开宗明义，先交代了课题的研究现状，在广泛阅读、深入研究的基础上，作者一一分析了中、韩、日及西方学者对朝鲜思明问题的忽视及研究中的偏颇之处，确立了自己深入研究该课题的必要性。在研究主旨中，作者明言："试图透过朝鲜王朝思明问题的研究，揭示清代中朝宗藩关系中的另一面——在所谓亲密的宗藩关系下，鲜为人注意的双方内在的文化心态，从而检视在儒家礼仪外衣掩饰下，宗藩关系中深藏的幽暗地带。"（页10）这样的主旨正切合了笔者追寻历史的数张面孔的需求，足以吸引读者随着作者的笔触一探历史的究竟。

第一章作者旨在探讨朝鲜王朝对明清两朝不同的文化心态,以揭示朝鲜尊周思明的深层根源,对学术界将明、清两朝与朝鲜的关系看成是一个整体,都视为典型的朝贡制度的形态提出了批驳意见。实际上,朝鲜政权以儒教立国,其正统性来源于宗主国中国的册封,同时,朝鲜秉持程朱理学的正统论及春秋的华夷观,慕华、事大是他们处理与中国的关系尤其是对明关系的基本心态。他们将明朝看作中华,无法接受被视作夷狄的清朝的正统性,因此只能通过强化与明朝的关系,用尊周攘夷来获得心理的平衡,尊周就是尊明,攘夷即是贬清,从而宣示朝鲜已承继明朝以来的中华正统,以解决现实中的正统危机,确保朝鲜在文化心态上的优越感。

第二章至第六章作者分别探讨了朝鲜王朝尊周思明的表现,其中第二章至第四章就祭祀礼仪制度从朝鲜王室、朝鲜儒林、东去朝鲜的明遗民后裔三方面论述。首先是大报坛的建立。壬辰战争期间,明朝对朝鲜有"再造"之恩,所以从宣祖开始,朝鲜就开始建造祠庙,祭祀东征将士。在明亡一甲子之际,肃宗又建大报坛,崇祀明朝皇帝。此后大报坛也就成为朝鲜王室尊周思明的场所,并成为朝鲜思明感恩的礼仪化标志及保存中华正统的象征。其次,华阳洞万东庙的创立。如果说大报坛是朝鲜王室祭祀之所,体现着政治上的感恩与正统上的传承关系,那万东庙就是朝鲜儒林关注的中心,他们在此崇祀神宗万历、毅宗崇祯二帝,使之成为朝鲜儒林尊周思明的圣地。再次,朝宗岩大统庙的建立。与大报坛、万东庙不同,大统庙是明遗民后裔设立,崇祀明太祖的所在,并以他们的祖先从祀,这既是强调对明朝正统的继承,又是对明遗民后裔身份的认同。第五章,作者从正朔看朝鲜王朝的正统意识。朝鲜表面用清朝正朔,但暗中遵行崇祯、永历年号,在朝鲜国王死后,甚至不用清朝所赐谥号,从而表明其不臣心态。正朔是正统的标志,暗中遵用明朝正朔，显示朝鲜的正统独立于清朝宗藩关系之外的特点；不用清朝正朔，是对清朝的否定，是对宗主国的反叛，这成为朝鲜尊周崇明的重要层面。第六章作者从朝鲜王朝对史书的编撰看尊周思明的观念。朝鲜官方编修许多宋、明史籍及尊周类史书，前者以《宋史荃》《明史纲目》《皇明遗民传》为代表，这些史书奉正朔、重南明、严华夷之辨，重要的不是其史料价值，而是其春秋义理与春秋笔法，这是对尊明贬清理念的宣扬，是对朝鲜继承中华正统观的强化。后者以《尊周汇编》《国朝宝鉴别编》《大义编》为代表，记录朝鲜仁祖以后历代国王、儒林及遗民后裔的尊周思明活动，同样高举尊王攘夷的大旗，宣扬明朝正统及朝鲜对中华正统的继承，从而否定清朝的正统地位。这一时期，朝鲜使团还从清朝购得《明实录》，如同鲁国得《周礼》，正暗示朝鲜不仅继承了明朝的礼乐制度，而且继承了明朝的正统。

最后一章探讨清朝对朝鲜尊周思明的感知与应对。清朝一方面努力将箕子塑造成正统，一方面由初期对朝鲜的高压政策向德化政策转变。施行德化政策的结果是使朝鲜逐渐消除对清朝的敌意，走向和好与认同。但这样的认同又是有限的，不能从根本上改变朝鲜对清朝的认识。他们仍遵循尊周思明的观念，在制度上，朝鲜对清朝行事大之礼，朝贡不辍，形式上尽了藩国的职责，但在心态上，朝鲜从未有过臣服的表现，永远处于抗拒的姿态。朝鲜王朝的这种心态正是前人的研究所忽略的问题，他们只注意到朝鲜表面上的谦恭谨慎，于是将清朝与朝鲜的关系也看作是中国传统朝贡宗藩关系的典范。实际上如该书所言，只有掌握清韩宗藩关系的两面性，才能真正把握清代中朝关系的内在特征。

《大明旗号》一书结构恢宏，立论严谨，章节的承继过渡毫无牵强生硬之感。作者注意到朝鲜不同时期尊周思明的不同表现与不同特点，将祭祀仪礼、编撰史书很好地统一在了尊明贬清的大主题下，而其中朝鲜对正朔的运用又是其中一以贯之的线索。作者在书中说道："朝鲜尊周思明理念在不同时期有各种不同的表现。孝宗谋求北伐，肃宗志在崇祀，英祖除继续弘扬崇祀外，开始注意编修明史书籍，照顾明遗民后孙、朝鲜忠烈后裔之生活。正祖将其发扬光大，修史及顾恤明遗民后裔达至登峰时期。故而从朝鲜思明尊周历程之发展看来，在英祖之前，修史并非其主要关注的对象，因为尊周的内容并不以修史为主。而英祖时期，崇祀明朝皇帝之坛庙已经健全，而他本人觉得当时朝鲜人对明史缺乏了解，更担心朝鲜在清朝的'德化'政策的感化下，会忘记明朝对朝鲜所赋予的永世不能忘记的恩情，故而倾注极大的精力倡导编修明史。"这看起来是一段简单的论述，却可以看出作者对中朝两国历史高屋建瓴、宏观把握的能力，而对具体时段具体特点的深入研究，更是丝丝入扣，毫无滞碍之势。

三

《大明旗号》一书旨在讨论朝鲜王朝在成为清朝的藩属国之后，全国上至君王下至儒林、民间仍大肆推行的尊周思明理念。在此之前，作者首先要对书中涉及的历史观念如正统论、慕华观、事大观、尊周观、华夷观等进行阐释，从范围、含义、起源等开始探讨，进而梳理这些观念的形成过程，分析其功能与价值，并讨论朝鲜王朝对以上观念的吸收以及对尊周思明理念的影响。这种"推源溯流"方法的运用，对厘清思路，澄清误解颇有帮助，同样也确立了朝鲜尊明贬清的理论基础与文化心态。在讨论中国的文化、思想对朝鲜的影响时，学术界常有一种中国本位的观念，认为朝鲜对中国的学习是亦步亦趋，全盘照搬，不敢有任何更改与变动。但作者在推源溯流的过程中,更注意以上观念在两国同中有异的部分,从而使对尊周思明的理论基础、文化心态的分析更为可信。

如正统观,一直是研究中国历史的学者们关注的热点问题之一,但韩国历史上对正统论并不像中国那么重视,因为它作为中国的藩属国,其王朝的正统性来源于宗主国的确认。在明清更替之际,朝鲜朝对正统论的讨论增多,他们倡导的正统论主要来源于朱熹。朱熹认定的具有正统地位的王朝有两个特点,"其一,乃汉族建立的王朝,没有异族的王朝","其二,皆为大一统的政权,入统中原,领有全国,而且有相当长的稳定性",但朝鲜在运用朱熹的正统观时,却故意忽略第二个原则,所以认为元朝、清朝不具有正统性。这种对正统论的有选择的接受,就是要强调明朝与南明的正统地位,否定元朝与清朝的正统性,从而为尊明贬清的活动提供理论依据。

又如华夷观,中国的华夷观有如下特点,一是夷夏有别。二是"内中国而外诸夏,内诸夏而外夷狄",中国居内,夷狄居外;中国为中心,夷狄为边缘。三是"用夏变夷,未闻变于夷",华夏可以改造夷狄,夷狄却不能改造华夏。第三点更是中国华夷观中的重要环节,成为儒家处理非汉族中央政权的重要原则。但朝鲜的华夷观却具有强烈的种族意识,否定"夷可变夏",并且认为,在中华世界体系中,只有朝鲜民族才实现了由"夷"到"华"的转变,所以他们能以"小中华"自居。而中国历史上其他的非汉民族,都不可能华化,始终都是夷狄。所以他们只能信服汉族建立的王朝的正统性,只认为汉族是文明的种族。而作为"夷狄"的清朝虽入主中原,仍只是胡虏,中华正统只能由已经华化的朝鲜来承担。这样的文化心态,使朝鲜尊明贬清,虽表面上履行着藩属的义务,内心却对清朝鄙夷而抗拒。

作者在对历史观念的推源溯流中,注意到两国之间的差异,这样就使朝鲜王朝尊周思明的问题既有了理论基础,又有了文化心态的内因,分析有理有据,切实中肯。

四

《大明旗号》一书屡有新见,但让人印象最为深刻的是作者一再强调的"文化心态",作者在《后记》中说:"心态史与思想史的方法与视角,也使我对相关问题认识更为深入。"此书正是作者用心态史与思想史研究历史的有效实践。如前所论,作者在讨论朝鲜尊明贬清的思想时,首先对一些历史观念进行了阐释,从这些观念在朝鲜的不同演变分析了朝鲜王朝对明清两朝的基本文化心态,由此方能透过表象看到清韩使节往来背后的实质,真正把握清代中朝关系的本质特点。如作者所云:"朝鲜长期被视为清代藩国的典范,也是遵循清代宾礼制度的楷模,若仅停留在这个层面去分析双边关系的特点,而忽略彼此的文化心态,那也只是只见树木,不见森林,未能真正把握双边关系的内在特质。"作者不仅以其大手笔分析了朝鲜尊周思明背后的文化心态,而且以细腻的笔触深入到人物的内心世界,从历史心理学的角度勾勒出这一时期人物的个体形象,进一步阐发了尊明贬清思潮对个体的影响。

清在入主中原后,对朝鲜的政策由高压转向德化,仁祖的态度也渐渐软化,中朝关系已有改善的迹象,但凤林大君即位后,却对清朝有刻骨的仇恨,具有强烈的复仇心态。因为他曾入质清朝八年,八年的质子生涯使他对清朝积聚了无限仇恨,甚至要将复仇的心态转化为行动,实施北伐的计划。个人的行为与其成长经历有着密切的关系,这样从历史心理学的角度阐释历史人物的行为,更为细致深入,也更具说服力。又如仁祖在正朔问题上,对不书清朝年号采取了不同的态度，有时容忍，有时惩处，表现出相当的复杂性。作者云："他（仁祖）在晚年之所以'恶群臣之耻事清国者'，并非因为他对清朝心悦诚服，而是因为南汉盟约是经他签订的，耻事清朝，即是对他降服清朝的嘲讽，故为维护自尊，而采取了惩处朝臣之策。以后的朝鲜国王看不出有仁祖这样的矛盾心态。"从心态的角度分析仁祖行为的复杂性、不一致性，也就这样的历史现象给出了合理的解释。

如果说从文化心态的角度探讨朝鲜王朝的尊周思明理念是作者研究方法的实践，那么分析历史事件背后的象征意义则更展示了一个历史学者的才与识。作者从五个方面解读了朝鲜王朝的尊周思明思想，但从不停留在对历史现象的描述上，而总是努力挖掘历史事件背后的象征意义。如大报坛的祭祀，作者云："既是一种报恩的行为，同时又是一种正统观的表示。……南明未灭亡前，朝鲜并不觉得承明朝的正统，因此那时它并未形成所谓'大明一脉，偏寄我东'的自我责任感。南明政权灭亡后，朝鲜萌生出一种承继大明正统的责任感。而建大报坛，直接祭祀明朝皇帝，正是这种承接正统观的表示。"透过历史事件的表象，结合一个民族的文化心态，揭示了事件背后更深层的意义。像这样对事件象征意义的分析，成为此书最突出的特点之一。又如华阳洞的万东庙，作者云："万东庙是崇祀明神宗、明毅宗二帝，一年两祭，极具象征意义。其一，这种祭祀是自发性的，宋时烈倡导尊周思明，而万东庙崇祀明朝二帝，正是这种思想的贯彻与体现，它是宋时烈及其弟子们一种自发自主的行为，从中体现朝鲜儒林对明朝之感恩思报的情怀。……其三，'大明天地，崇祯日月'，确保大明正统。"在朝鲜儒林崇祀明帝的背后，仍然是尊明的思想以及对确保中华正统的执着。

五

《大明旗号》一书作者重在分析历史事件背后的象征意义，所论有理有据，而非不着边际的玄想，体现出卓越的史识，而这一切都基于作者扎实的文献功夫。如作者在《后记》中所言："中国史学史与中韩关系史、韩国史、明清史，其实都是相通的，彼此相互联系。"所以该书涉及的领域广泛，涵盖了明清史、韩国史、中韩关系史、思想史等多个范畴。而书中的论点又能全部建立在原始文献的基础之上，作者在《绪论》中交待了自己使用史料的情况，有朝鲜王朝及明清的官方史料，如《朝鲜王朝实录》《明实录》《清实录》；有野史笔记及使行日记，如《韩国野谈资料集成》《大东野乘》《燕行录选集》；有文人文集，如《韩国文集丛刊》《韩国历代文集丛书》；还有为韩国主流学术界所漠视的《朝宗岩文献录》及续集、后集《大明遗民史》等，资料相当庞杂，而作者经过耐心的爬梳整理，为讨论朝鲜的尊周思明问题奠定了坚实的资料基础。如《皇明遗民传》一书，虽然此前的学术界已经有人注意到这部书，但对该书的作者及成书年代都不甚了解，孙教授却能于韩国高丽大学图书馆"邂逅"此书，并对书的作者成海应的生平事迹、义理观进行了分析，更对《皇明遗民传》的史源、成书版本及价值进行了研讨，使此书同样成为朝鲜王朝尊周思明观的又一重要例证。"邂逅"是一个美丽的用词，看似不经意的相遇其实源于对资料的熟悉及对典籍的广泛阅读。

对原始典籍的挖掘整理是作者完成此书的资料基础，而作者新见迭出则是源于对学术界研究状况的整体把握。正如王心扬先生在序中所言："我可以有把握地说，能够运用四种不同语文的材料做研究，在年轻一代的史学工作者当中至今还很少有人做得到。"作为一名中国学者，作者精通英语，又曾分别在日本、韩国进修语言，所以作者在此课题的研究过程中，大力吸收了中、英、日、韩四种语言的相关研究成果，但行文中决不掠人之美，采纳学界的成果时，一一说明所据文献，同时又能在前人的不足之处有所延伸与开拓，保证了研究的独创性。

对原始材料的爬梳、整理与运用，对研究成果的吸收、借鉴与补充，使作者能对每个问题的来龙去脉、原委本末梳理得十分清楚，绝无大而化之、语焉不详的地方。文献功夫的扎实，使《大明旗号》一书不只在阐述的深入和穿透力上超出同类著作，它提出的问题也独具特识，显示出对史学的深入理解。

《大明旗号》一书构架恢弘，充分展示了作者把握历史的能力。但一部学术著作的价值，不能仅仅停留在总体构架与大的结论上，还要看具体问题的阐述深度和认识水平。《大明旗号》一书可谓兼而有之，在阔大的架构之下，许多材料与细节的考论多出于作者的研究心得，颇多可圈可点之处。如上文提及的对成海应《皇明遗民传》的考证。又如对李玄锡《明史纲目》史源的考察，作者将书中的征引内容一一列表，指出书中被征引的作者有22位，其中谷应泰的《明史纪事本末》是被引用最多的一部书，占全书的40%强，而在引用时，李玄锡又对引文进行了删节整理，语言更为简洁，议论更为精炼，也更有说服力。接着作者又对引文作者及著述进行了考察，证明《明史纲目》的史料全部出自明清人的史书，而很难找到参考过《李朝实录》等朝鲜原始材料的证据，纠正了前人认为《明史纲目》大量参考了朝鲜史料的错误认识。这些局部的知识积累最终凝聚为整部著作的创新力度，读者在获得整体认识的同时，也在许多具体问题上获得了新的知识。

六

《大明旗号》是一部优秀的史学著作,但阅读的过程中笔者也觉略有缺憾。一是关于"文化心态",作者没有对这一概念的范畴、内涵以及外延做一些介绍,从书中的论述来看,作者似乎将"文化心态"等同于慕华事大、尊周攘夷等观念,这是否有趋于简单的倾向呢?其次是关于历史事件"象征意义"的分析,条分缕析是作者写作的特点之一,但不免有为求全面而将时间叙述与意义分析杂糅的情况,如上文所论万东庙崇祀明神宗、明毅宗的象征意义的分析,第二点为"以藩国之臣崇祀宗主国皇帝,这在礼节上原本是僭越,虽然宋时烈以韩愈'一间茅屋祭昭王'为先例,但毕竟有所差别。肃宗时,坚持以'一间茅屋祭昭王之义,付之百姓'的原则处理万东庙之祭祀,英祖依此原则,并于英祖元年(1725)划给田产,从此万东庙即有了庙产,为其崇祀提供了物资上的保证,使祭祀世代延续成为可能"。在笔者看来,这是对历史史实的描述,而非象征意义的分析。最后在文章的某些细节处理上,也略有不完善处。如所列《皇明遗民传》参考书目表,作者是根据该书前面所附书目而来,如钱谦益《有学集》《列朝诗集》,朱彝尊《明诗综》《定志居诗话》(案:"定"当作"静")、《曝书亭集》,黄宗羲《明儒学案》《梨洲集》,施闰章《愚山集》,刘廷銮《十二弃诗》等,有些是著作,有些只是篇目,而有些资料的名称也不准确。对于这89种资料,作者按原书抄录,未作分析,如能稍作整理,对书名、篇目加以区分,并列出更为准确的名称,那么对后人了解《皇明遗民传》或许更有帮助。

朝鲜王朝的尊周思明问题本应是韩国学术界研究的重点课题之

一,但由于韩国的民族情绪高涨,研究者有意削弱历史上中国的影响,甚至将民族情绪也带入了学术研究,一提及朝鲜起源问题、高句丽问题等,常会引起情绪激动的争吵,在尊周思明这样的敏感话题上也不免有对历史的刻意误读与曲解。在这样的学术氛围中,本书作者说要以"实证的方法、客观的态度"对朝鲜王朝的尊周思明问题进行系统的研究,他也的确做到了这点,在《大明旗号》一书中,作者所有的观点都是在原始文献的基础上得出的,既不夸大清朝作为宗主国的形象与作用,也不无视朝鲜的抗争,更不会纠缠于无畏的争吵,这种尊重历史、尊重事实,冷静客观的研究态度尤其值得称许。

原刊香港城市大学中国文化中心主办《九州学林》2011年春季号,上海人民出版社出版,第156—164页。

参考文献

凡 例

一、本目录包括正文及注释中所参考征引的书籍和论文。

二、本目录分四部分：

（一）古籍文献：凡中日韩编刊之古汉文史籍、现代人整理编辑之古籍资料皆录入此类。作者前之"［ ］"，表示其时代或整理者国别，用［朝鲜王朝］表示李氏朝鲜王朝；［高丽王朝］指王氏高丽王朝；［日］指日本。其他的则是中国的朝代。

（二）中日韩文现代学术著作：凡现代出版之著作、学位论文皆录入此类；作者前之"［ ］"，表示其国别；［日］指日本；［韩］指韩国；［美］指美国；［俄］指俄国；［法］指法国。论文作者前之"［ ］"亦同。

凡现当代日、韩文著作与论文名，因夹杂日文假名与韩文字母，其中汉字保持原有的繁体字或和制汉字，余则用简体字。

（三）中日韩文论文：凡中日韩文单篇论文皆录入。

（四）西文参考文献：包括英文书籍与论文目录。

三、中日韩文书目与论文，按著者姓氏第一字笔画，著者不详者按书名第一字笔画从少到多排列。西文目录按作者姓氏字母顺序排列。

一、古籍文献

二画

［朝鲜王朝］丁若镛：《与犹堂全书》，韩国民族文化推进会编刊《影印标点韩国文集丛刊》第281册，2002年。

三画

［朝鲜王朝］《大义编》，汉城：骊江出版社，1985年。

四画

［明］王世贞：《弇州山人四部稿》，《文渊阁四库全书》第1281册，上海：上海古籍出版社，1987年。

［明］王阳明：《王文成公全书》，《文渊阁四库全书》第1265册，上海：上海古籍出版社，1987年。

［清］王鸿绪：《明史稿》，台北：文海出版社，1962年。

王其榘编：《明实录邻国朝鲜篇资料》，北京：中国社会科学院中国边疆史地研究中心，内部刊印，1983年编者序。

王其榘编：《清实录邻国朝鲜篇资料》，北京：中国社会科学院中国边疆史地研究中心，内部刊印，1987年。

［朝鲜王朝］卞季良：《春亭集》，韩国民族文化推进会编刊《影印标点韩国文集丛刊》第8册，1990年。

中国第一历史档案馆、中国社会科学院历史研究所译注：《满文老档》，北京：中华书局，1990年。

五画

［朝鲜王朝］正祖国王：《弘斋全书》，韩国民族文化推进会编刊《影印标点韩国文集丛刊》第262—267册，2001年。

［朝鲜王朝］正祖国王编：《宋史筌》，韩国首尔大学奎章阁图书馆藏1780年写本，中国社会科学院历史研究所文化史研究室编《域外所见中国古史研究资料汇编·朝鲜汉籍篇》，第9—12册，北京：人民出版社，重庆：西南师范大学出版社，2013年。

［朝鲜王朝］白三圭：《昭义新编》，汉城：探求堂翻刻本，1975年。

［明］申时行等修：《明会典·万历朝重修本》，扬州：广陵书社影印本，2007年。

［明］申炅：《再造藩邦志》，见《大东野乘》第3册，京城：朝鲜古书刊行会，1910年。

［朝鲜王朝］申应朝：《清史提要》奎章阁缩微胶片78－103－283－A7。

［汉］司马迁：《史记》，北京：中华书局，1959年。

［宋］司马光著、胡三省音注：《资治通鉴》，北京：中华书局，2011年。

［清］皮锡瑞撰，吴仰湘编：《尚书大传疏证》，北京：中华书局，2015年。

［朝鲜王朝］石之珩：《南汉日记》，台北：珪庭出版社，1979年。

［朝鲜王朝］卢思慎等修、李荇等增修：《新增东国舆地胜览》，汉城：书景文化社，1994年。

［日］东京大学文学部编：《明代满蒙史料：李朝实录抄》，台北：文海出版社，1975年。

［韩］东庙编：《东庙材料集》，汉城：钟路文化院编刊，1997年。

［韩］冯荣燮编：《朝宗岩文献录》，汉城：保景文化社，1980年。

［韩］冯荣燮编：《朝宗岩文献录续集》，汉城：景文社，1982年。

北京大学朝鲜文化研究所主编：《壬辰之役史料选辑》，北京：全国图书馆文献缩微复制中心，1990年。

［韩国］世宗大王纪念事业会编辑部编：《列圣御制》，首尔：世宗大王纪念事业会，2017年。

六画

［汉］刘安编，何宁集释：《淮南子集释》，北京：中华书局，1998年。

［宋］刘昫：《旧唐书》，北京：中华书局，1975年。

［明］朱元璋：《皇明祖训》，《四库全书存目丛书》史部第264册，济南：齐鲁书社，1996年。

［宋］朱熹：《朱熹集》，郭齐、尹波点校，成都：四川教育出版社，1996年。

［宋］朱熹著，［清］康熙帝批：《御批资治通鉴纲目》，《影印文渊阁四库全书》第689—691册，台北：台湾商务印书馆，1983—1986年。

［清］朱璘：《明纪辑略》，清聚锦堂1696年刻本。

［韩］成均馆大学大东文化研究院编刊：《燕行录选集》，汉城：成均馆大学大东文化研究院，1962年，上、下两册。

［朝鲜王朝］成大中：《青城集》，韩国民族文化推进会编刊《影印标点韩国文集丛刊》第248册，2000年。

［朝鲜王朝］成海应：《研经斋全集》，汉城：旿晟社，高丽大学中央图书馆图书影印第十一号，1982年；

韩国民族文化推进会编《影印标点韩国文集丛刊》第273—279册，2001年。

［朝鲜王朝］成海应：《皇明遗民传》，北平：北京大学影印本，孟森序、魏建功跋刊本，1936年。

［朝鲜王朝］池光翰：《池氏鸿史》，城南：韩国学中央研究院藏书阁藏1690年木版本（番号：K2-333）。

［朝鲜王朝］光武帝：《高宗文集》，韩国国学振兴研究室推进委员会编《韩国学资料丛书》第23册，城南市：韩国精神文化研究院刊行，1999年。

［朝鲜王朝］《同文考略》，东京：学习院东洋文化研究所刊，《学东丛书》第11种，1972年。

［朝鲜王朝］朴齐家：《楚亭全书》，李佑成编《栖碧外史海外蒐佚本》，汉城：亚细亚文化社，1992年。

［朝鲜王朝］朴齐家：《北学议》，汉城：乙酉文化社，《乙酉文库》第51册，1994年。

［朝鲜王朝］朴趾源：《燕岩集》，汉城：庆熙出版社，1969年；民族文化推进会编刊《影印标点韩国文集丛刊》第252册，2000年。

［朝鲜王朝］权近等：《朝天录——明代中韩关系史料选辑》，台北：珪庭出版社，1978年。

［朝鲜王朝］权近：《阳村集》，韩国民族文化推进会编刊《影印标点韩国文集丛刊》第7册，1990年。

［朝鲜王朝］权尚吉：《南谷先生文集》，韩国文集编纂委员会编《韩国历代文集丛书》第2367册，汉城：景仁文化社，1997年。

［朝鲜王朝］权尚夏：《寒水斋集》，韩国民族文化推进会编刊《影印标点韩国文集丛刊》第150—151册，1995年。

［朝鲜王朝］任宪晦：《鼓山集》，韩国民族文化推进会编刊《影印标点韩国文集丛刊》第314册，2003年。

关嘉录、佟永功、关照应编：《天聪九年档》，天津：天津古籍出版社，1987年。

［清］阮元：《十三经注疏》，北京：中华书局，2009年。

［清］阮元：《十三经注疏·孟子注疏》，北京：中华书局，2009年。

［清］阮元：《十三经注疏·春秋左传正义》，北京：中华书局，2009年。

［清］阮元：《十三经注疏·春秋公羊传注疏》，北京：中华书局，2009年。

［清］阮元：《十三经注疏·礼记正义》，北京：中华书局，2009年。

［清］阮元：《十三经注疏·尚书正义》，北京：中华书局，2009年。

[朝鲜王朝]许伏等编：《大东正路》，汉城：骊江出版社，1985年。

七画

[晋]陈寿：《三国志》，北京：中华书局，1959年。

[明]陈建：《皇明通纪》，钱茂伟点校，北京：中华书局，2008年。

[清]谷应泰：《明史纪事本末》，北京：中华书局，2015年。

[明]李贽：《焚书》，北京：中华书局，1975年。

[朝鲜王朝]李穑：《牧隐稿》，韩国民族文化推进会编刊《影印标点韩国文集丛刊》第3—5册，1990年。

[朝鲜王朝]李舜臣：《影印李忠武公全书》，汉城：成文阁，1991年；韩国民族文化推进会编刊《影印标点韩国文集丛刊》第55册，1990年。

[朝鲜王朝]李玄锡：《明史纲目》，韩国国立中央图书馆藏，1703年芸阁活字本；参见中国社会科学院历史研究所文化史研究室编《域外所见中国古史研究资料汇编·朝鲜汉籍篇》第4—5册，北京：人民出版社，重庆：西南师范大学出版社，2013年。

[朝鲜王朝]李玄锡：《游斋集》，韩国民族文化推进会编刊《影印标点韩国文集丛刊》第156册，1995年。

[朝鲜王朝]李晬光：《芝峰集》，韩国民族文化推进会编刊《影印标点韩国文集丛刊》第66册，1991年。

[朝鲜王朝]《李朝实录》，东京：学习院东洋文化研究所，1953—1967年。

[朝鲜王朝]李义骏、成大中等编：《尊周汇编》，汉城：骊江出版社，1985年。

[朝鲜王朝]李重焕：《择里志》，《乙酉文库》第62册，汉城：乙酉文化社，1994年。

[朝鲜王朝]李恒老：《宋元华东史合编纲目》，堤川：大由文化社，1998年。

[朝鲜王朝]李恒老：《华西先生文集》，汉城：同文社，1974年；韩国民族文化推进会编刊《影印标点韩国文集丛刊》第304—305册，2003年。

[朝鲜王朝]李珥：《栗谷全书》，韩国民族文化推进会编刊《韩国文集丛刊》第44—45册，1989年；上海：华东师范大学出版社，2017年。

[朝鲜王朝]李滉：《退溪先生文集》，韩国民族文化推进会编刊《影印标点韩国文集丛刊》第29—31册，1989年。

[朝鲜王朝]李滉著，贾顺先主编：《退溪全书今注今译》，成都：四川大学出版社，1992—1998年。

[朝鲜王朝]李瀷：《星湖僿说》，汉城：庆熙出版部，1967年。

[朝鲜王朝]李德懋：《青庄馆全书》，汉城：汉城大学古典刊行会

影印,1966年;韩国民族文化推进会编刊《影印标点韩国文集丛刊》第257—259册,2000年。

[朝鲜王朝]李宜显:《陶谷集》,韩国民族文化推进会编刊《影印标点韩国文集丛刊》第180—181册,1996—1997年。

[朝鲜王朝]李起浡:《西归遗稿》,韩国民族文化推进会编刊《影印标点韩国文集丛刊续编》第29册,2006年。

[朝鲜王朝]李廷龟:《月沙集》,民族文化推进会编刊《影印标点韩国文集丛刊》第69—70册,1991年。

[朝鲜王朝]李容元等纂:《国朝宝鉴别编》,骊江出版社,1985年;域外汉籍珍本文库编纂出版委员会编《域外汉籍珍本文库第二辑·史部》第4册,北京:人民出版社,重庆:西南师范大学出版社,2011年。

[朝鲜王朝]宋秉稷:《尊华录》,汉城:骊江出版社,1985年。

[朝鲜王朝]宋时烈:《宋子大全》,韩国民族文化推进会编刊《影印标点韩国文集丛刊》第108—116册,1992年。

[朝鲜王朝]宋时烈:《宋子选集》,韦旭昇点校,北京:中华书局,1999年。

[明]宋应昌:《经略复国要编》,台北:台湾学生书局,1986年;杭州:浙江大学出版社,2020年。

[朝鲜王朝]宋秉珣:《心石斋文集》,韩国文集编纂委员会编《韩国历代文集丛书》第2758册,汉城:景仁文化社,1999年。

吴晗编:《朝鲜李朝实录中的中国史料》,北京:中华书局,1980年。

[朝鲜王朝]吴庆元:《小华外史》,东京:朝鲜研究会印行,1914年。

[明]严从简:《殊域周咨录》,余思黎点校,北京:中华书局,1993年。

[清]章学诚:《章氏遗书》,北京:文物出版社,1995年。

[清]张廷玉等撰:《明史》,北京:中华书局,1974年。

[明]张萱:《西园闻见录》,北京:全国图书馆文献缩微复制中心,1996年。

张双棣:《淮南子校释》,北京:北京大学出版社,1997年。

张存武、叶泉宏编:《清入关前与朝鲜往来国书汇编1619—1643》,台北:国史馆,2000年。

八画

[晋]范晔:《后汉书》,北京:中华书局,1965年。

[宋]欧阳修:《新五代史》,北京:中华书局,1974年。

〔日〕林春胜、林信笃编，浦廉一解说：《華夷變態》，东京：东洋文库，1958—1959年，全三册。

〔高丽王朝〕金富轼：《三国史记》，杨军校勘，长春：吉林大学出版社，2015年。

〔朝鲜王朝〕金迈淳：《台山先生文集》，韩国文集编纂委员会编《韩国历代文集丛书》第757册，汉城：景仁文化社，1999年。

〔朝鲜王朝〕金平默：《重庵先生文集》，韩国民族文化推进会编《影印标点韩国文集丛刊》第319—320册，2003年。

〔朝鲜王朝〕金泽述：《后沧先生文集》，韩国文集编纂委员会编《韩国历代文集丛书》第385册，汉城：景仁文化社，1999年。

〔朝鲜王朝〕金福汉：《志山先生文集》，韩国文集编纂委员会编《韩国历代文集丛书》第301册，汉城：景仁文化社，1999年。

〔清〕周家禄：《奥簃朝鲜三种》，沈云龙主编《近代中国史料丛刊》第42辑，台北：文海出版社，1973年。

〔韩〕明义会编：《大明遗民史》，汉城：保景文化社，1989年。

〔朝鲜王朝〕郑道传：《三峰集》，韩国民族文化推进会编刊《影印标点韩国文集丛刊》第5册，1990年。

〔朝鲜王朝〕郑麟趾：《高丽史》，《四库存目丛书》第160册，济南：齐鲁书社，1996年。

〔韩〕郑明基编：《韓國野談资料集成》，汉城：启明文化社，1992年，全三十册。

〔明〕郑若曾：《郑开阳杂著》，南京：江苏省图书馆刊本，1932年。

〔清〕阿桂等：《清朝开国方略》，沈云龙主编《近代中国史料丛刊》第14辑，台北：文海出版社，1966年。

〔朝鲜王朝〕英祖国王：《英祖庄祖文集》，国学振兴事业推进委员会编《韩国学资料丛书》第12册，城南市：韩国精神文化研究院，1997年。

〔朝鲜王朝〕英祖国王：《英祖文集补遗》，韩国国学振兴研究事业推进委员会编《韩国学丛书》第26册，城南市：韩国精神文化研究院，2000年。

〔朝鲜王朝〕鱼叔权：《考事撮要》，汉城：南文阁，1974年。

九画

〔朝鲜王朝〕宣若海：《沈阳日记》，台北：广文书局印行，1968年。

〔朝鲜王朝〕洪大容：《湛轩书》，韩国民族文化推进会编刊《影印标点韩国文集丛刊》第248册，2000年。

〔朝鲜王朝〕洪凤汉：《增补文献备考》，汉城：东国文化社，1959年初版，1981年再版。

[朝鲜王朝]洪奭周：《渊泉集》，韩国民族文化推进会编刊《影印标点韩国文集丛刊》第293—294册，2002年。

[朝鲜王朝]洪直弼：《梅山先生文集》，韩国文集编纂委员会编刊《韩国文集丛书》第1066册，汉城：景仁文化社，1999年。

[朝鲜王朝]南有容：《雷渊集》，韩国民族文化推进会编刊《影印标点韩国文集丛刊》第217—218册，1998年。

[明]柯维骐：《宋史新编》，《续修四库全书》第308—311册，上海：上海古籍出版社，1996年。

[朝鲜王朝]柳麟锡：《毅庵集》，汉城：景仁文化社，1973年；韩国民族文化推进会编刊《影印标点韩国文集丛刊》第337—339册，2004年。

[朝鲜王朝]柳重教：《省斋集》，汉城：同文社，1974年；韩国民族文化推进会编刊《影印标点韩国文集丛刊》第323—324册，2004年。

[清]蒋良骐：《东华录》，北京：中华书局，1980年。

[朝鲜王朝]赵庆男：《乱中杂录》，汉城：大韩公论社，1977年。

[朝鲜王朝]赵秀三：《秋斋集》，韩国民族文化推进会编刊《影印标点韩国文集丛刊》第271册，2001年。

[朝鲜王朝]赵镇宽：《柯汀遗稿》，韩国民族文化推进会编刊《影印标点韩国文集丛刊续编》第96册，2010年。

[清]赵尔巽：《清史稿》，北京：中华书局，1977年。

十画

[汉]班固：《汉书》，北京：中华书局，1962年。

[宋]袁枢：《通鉴纪事本末》，北京：中华书局，1964年。

[清]谈迁：《国榷》，北京：中华书局，1958年。

[明]徐学聚：《国朝典汇》，北京：书目文献出版社，1996年。

[朝鲜王朝]《通文馆志》，汉城：景仁文化社，1973年。

[朝鲜王朝]徐居正：《东国通鉴》，汉城：景仁文化社，1987年。

十一画

[朝鲜王朝]梁诚之：《讷斋集》，韩国民族文化推进会编刊《影印标点韩国文集丛刊》第9册，1988年。

[元]脱脱：《宋史》，北京：中华书局，1977年。

[清]《清实录》，北京：中华书局，1985年。

[清]《清会典》，北京：中华书局，1991年。

［清］清高宗：《御制文二集》，《清代诗文集汇编》第330册，上海：上海古籍出版社，2010年。

［朝鲜王朝］崔恒等撰：《经国大典》，东京：学习院东洋文化研究所，1971年。

［朝鲜王朝］崔溥：《锦南集》，韩国民族文化推进会编刊《影印标点韩国文集丛刊》第16册，1988年。

［朝鲜王朝］崔慎：《鹤庵集》，韩国民族文化推进会编刊《影印标点韩国文集丛刊》第151册，1998年。

［朝鲜王朝］崔益铉：《勉庵集》，韩国民族文化推进会编刊《影印标点韩国文集丛刊》第325—326册，2004年。

［朝鲜王朝］黄景源：《江汉集》，韩国民族文化推进会编刊《影印标点韩国文集丛刊》第225册，1999年。

黄彰健等校勘：《明实录：附校勘记》，台北："中研院"历史语言研究所，1984年。

十二画

［明］董越：《朝鲜赋》，《四库全书·史部地理类》第594册，上海：上海古籍出版社，1987年。

［美］谢正光、范金明编：《明遗民录汇辑》，南京：南京大学出版社，1995年。

［朝鲜王朝］韩元震：《南塘集》，韩国民族文化推进会编刊《影印标点韩国文集丛刊》第201—202册，1998年。

［朝鲜王朝］韩百谦：《箕田考》，《四库全书存目丛书》史部第255册，济南：齐鲁书社，1995年。

［韩］韩国精神文化研究院编：《韓國學基礎資料選集》，汉城：韩国精神文化究院编印，1991年。

［韩］韩国古代史研究会编：《韓國古代史資料集》，汉城：韩国古代史研究会编刊，1995年。

［韩］韩国国史编纂委员会编：《朝鲜王朝实录》，汉城：国史编纂委员会影印，1953—1958年。

［韩］韩国国史编纂委员会编：《朝鲜王朝實錄索引》，汉城：东国文化社，1961年。

［韩］韩国国史编纂委员会编：《承政院日记》，汉城：国史编纂委员会编刊，1968年。

［韩］朝鲜古书刊行会编：《大东野乘》，京城：朝鲜古书刊行会，1909—1911年。

［清］《朝鲜史略》，《四库全书》第466册，上海：上海古籍出版社，1987年。

［朝鲜王朝］朝鲜英祖国王命编：《皇明通纪辑要》，城南：韩国学中央研究院藏书阁藏1771年金属活字本（番号：K2-140）。

[朝鲜王朝]朝鲜佚名：《沈馆录》，台北：广文书局印行，1968年。

十三画

[清]雍正帝：《大义觉迷录》，沈云龙主编：《近代中国史料丛刊》第36辑，台北：文海出版社，1966年。

十四画

[高丽王朝]僧一然：《三国遗事》，汉城：瑞文文化社，崔南善编，1980年。

[朝鲜王朝]蔡济恭等纂：《国朝宝鉴》，汉城：世宗大王纪念事业会，1976年。

十五画及以上

[清]戴名世：《戴名世集》，北京：中华书局，王树民编校，1986年。

[宋]薛居正：《旧五代史》，北京：中华书局，1976年。

[北魏]魏收：《魏书》，北京：中华书局，1974年。

[清]魏源：《国初征抚朝鲜记》，吴相湘主编《中国史学丛书》第21种，台北：台湾学生书局，1966年。

二、中日韩文现代学术著作

二画

刁书仁：《明清中朝日关系史研究》，长春：吉林文史出版社，2001年。

三画

[日]小松原涛：《陳元贇の研究》，东京：雄山阁，1962年。

四画

王仪：《蒙古元与王氏高丽及日本的关系》，台北：台湾商务印书馆，1971年。

王仪：《朱明与李氏朝鲜》，台北：台湾商务印书馆，1972年。

王仪：《古代中韩关系与日本》，台北：台湾中华书局，1973年。

王子今：《"忠"观念研究——一种政治道德的文化源流与历史演变》，长春：吉林教育出版社，1999年。

[韩]丹斋申采浩先生纪念事业会编：《丹齋申采浩와民族史觀——丹齋申采浩先生誕辰100周年紀念論文集》，汉城：萤雪出版社，1980年。

[日]今西龙：《朝鮮古史の研究》，东京：国书刊行会，1970年。

[日]夫马进主编：《使琉球録解題

及研究》，冲绳县宜野湾市：榕树书林，1999年。

［日］中村荣孝：《日鲜関係史の研究》，东京：吉川弘文馆，1969年。

［韩］尹以钦等编：《檀君：그의理解과資料》，汉城：汉城大学出版部，1994年。

尹顺：《中韩两民族古代神话之比较研究》，台北政治大学硕士论文，1979年。

［韩］尹甲植：《朝鲜名人典》，汉城：明文堂，1990年。

孔令仁、李德征主编，陈尚胜执行主编：《第三届韩国传统文化国际学术讨论会论文集》，济南：山东大学出版社，1999年。

邓海涛：《箕子》，台北：海外文库出版社，1956年。

五画

［韩］汉城大学图书馆编：《奎章阁韩国本图书解题》，汉城：汉城大学出版部，1981年。

［韩］汉城大学图书馆编：《國朝人物考》，汉城：汉城大学出版部，1978年。

白新良主编：《中朝关系史：明清时期》，北京：世界知识出版社，2002年。

［日］平冈武夫主编：《唐代的历》，上海：上海古籍出版社，1990年。

［日］石井正敏、川越泰博编：《增補改訂日中日関係研究文献類目》，东京：国书刊行会，1976年初版，1996年再版。

［日］石原道博：《明末清初日本乞師の研究》，东京：富山房，1945年。

［日］东亚研究所编：《異民族の支那统治研究：清朝の邊疆统治政策》，东京：至文堂，1944年。

北京大学韩国学研究中心编：《韩国学论文集》第四辑（韩国传统文化国际学术研讨会论文专辑），北京：社会科学文献出版社，1995年。

叶泉宏：《明代前期中韩国交之研究，一三六八——四八八》，台北：台湾商务印书馆，1991年。

台湾"中央"图书馆编：《中国关于韩国著述目录》，台北："中央"图书馆编，1964年。

台湾韩国研究学会编：《中韩关系史论文集》，台北：台湾韩国研究学会，1983年。

台湾韩国研究学会：《中韩关系史国际研讨会论文集，960—1949》，台北：台湾韩国研究学会，1983年。

六画

刘泽华主编、乔治忠等撰稿：《中国政治思想史：隋唐宋元明清卷》，杭州：浙江人民出版社，1996年。

刘家驹：《清朝初期的中韩关系》，台

北：文史哲出版社，1986年。

刘永智：《中朝关系史研究》，郑州：中州古籍出版社，1994年。

刘为：《清代中朝使者往来研究》，哈尔滨：黑龙江教育出版社，2002年。

朱云影：《中国文化对日韩越的影响》，台北：黎明文化事业公司，1981年；桂林：广西师范大学出版社，2007年。

［韩］全海宗著：《中韩关系史论集》，全善姬译，北京：中国社会科学出版社，1997年。

［朝鲜王朝］安鼎福：《东史纲目》，汉城：景仁文化社，1970年。

［日］安藤彦太郎编：《日朝中三國人民連帶の歷史と理論》，东京：日本朝鲜研究所，1965年。

［日］安部健夫：《清代史の研究》，东京：创文社，1971年。

［韩］朴元熇：《明初朝鲜關係史》，汉城：一潮阁，2002年。

乔治忠：《清朝官方史学研究》，台北：文津出版社，1994年；《增编清朝官方史学之研究》，天津：天津古籍出版社，2018年。

孙文良、李治亭：《清太宗全传》，长春：吉林人民出版社，1983年。

孙广德：《中国政治思想专题研究》，台北：桂冠图书股份有限公司，1999年。

七画

［美］陈学霖：《明代人物与传说》，香港：中文大学出版社，1997年。

［美］陈学霖：《明代人物与史料》，香港：中文大学出版社，2001年。

陈寅恪：《唐代政治史述论稿》，上海：上海古籍出版社，1982年。

陈寅恪：《陈寅恪魏晋南北朝史讲演录》，合肥：黄山书社，万绳楠整理，1987年。

陈玉龙、杨通方等：《汉文化论纲：兼述中朝中日中越文化交流》，北京：北京大学出版社，1993年。

陈尚胜：《中韩交流三千年》，北京：中华书局，1997年。

陈尚胜：《朝鲜王朝对华观的演变：〈朝天录〉和〈燕行录〉初探》，济南：山东大学出版社，1999年。

陈尚胜：《闭关与开放：中国封建晚期对外关系研究》，济南：山东人民出版社，1993年。

陈尚胜：《中韩关系史论》，济南：齐鲁书社，1997年。

杨通方：《中韩古代关系史论》，北京：中国社会科学出版社，1996年。

杨通方：《源远流长的中朝文化》，郑州：河南人民出版社，1987年。

杨翼骧：《中国史学史资料编年》（第一、二、三册），天津：南开大学出版社，1987、1994、1999年；乔治忠、朱洪斌订补：《增订中国史学史资料编年》（先秦至隋唐五代卷、宋辽金卷、元明卷），北京：商务印书馆，2013年；乔治忠、朱洪斌编著：《增订中国史学史资料编年·清代卷》，北京：商务印书馆，2013年。

杨昭全：《中朝关系史论文集》，北京：世界知识出版社，1988年。

杨昭全、韩俊光：《中朝关系简史》，沈阳：辽宁民族出版社，1992年。

杨昭全、孙玉梅：《中朝边界史》，长春：吉林文史出版社，1993年。

杨昭全、何彤梅：《中国—朝鲜·韩国关系史》，天津：天津人民出版社，2001年。

杨渭生：《宋丽关系史研究》，杭州：杭州大学出版社，1997年。

[韩]李瑄根著：《韩国近代史》，林秋山译，台北：中华丛书编审委员会，1967年。

[韩]李万烈：《韓國近代歷史學의理解》，汉城：文学与知性社，1981年。

[韩]李佑成：《韓國의歷史認識》（上、下），汉城：创作与批评社，1976年。

[韩]李德翼：《宋時烈과그들이國家》，汉城：经营社，2000年。

[韩]李丙焘：《韓國儒學史》，汉城：亚细亚文化社，1987年。

[韩]李基白：《民族과歷史》，汉城：一潮阁，1971年初版，1994年新版。

[韩]李基白：《韩国史新论》，厉帆译，北京：国际文化出版公司，1994年。

[韩]李成茂：《高丽朝鲜两朝的科举制度》，张琏瑰译，北京：北京大学出版社，1993年。

[韩]李春植：《事大主义》，汉城：高丽大学出版部，1997年。

[韩]李仁荣：《韓國滿洲關係史의研究》，汉城：乙酉文化社，1954年。

[韩]李相殷：《古書目錄》，汉城：保景文化社1987年。

[韩]李离和编：《朝鲜事大斥邪關係资料集》，汉城：骊江出版社，1985年，全六册。

[韩]李银顺：《朝鲜後期党爭史研究》，汉城：一潮阁，1988年。

[俄]李福清：《关公传说与三国演义》，台北：云龙出版社，1999年。

李光涛：《中韩民族与文化》，台北：中华丛书编审委员会，1969年。

李光涛：《朝鲜壬辰倭祸史料》，台北："中研院"历史语言研究所，1970年。

李光涛：《朝鲜壬辰倭祸研究》，台北："中研院"历史语言研究所专刊之六十一，1972年。

李光涛：《记明季朝鲜之丁卯虏祸与丙子虏祸》，台北："中研院"历史语言研究所，1972年。

李光涛：《明清档案论文集》，台北：联经出版事业公司，1986年。

李光涛：《多尔衮征女朝鲜史事》，台北："中研院"历史语言研究所，1970年。

李洵、薛虹主编：《清代全史》第一卷，长春：辽宁人民出版社，1991年；北京：方志出版社，2007年。

李隆献：《晋文公复国定霸考》，台北：台湾文史丛刊，1988年。

李岩：《中韩文学关系史论》，北京：社会科学文献出版社，2003年。

宋晞：《宋史研究论丛》第二辑，台北：中国文化学院出版部，1980年。

宋鼎臣：《春秋宋学发微》，台北：文史哲出版社，1986年。

宋德宜：《康熙思想研究》，北京：中国社会科学出版社，1990年。

何冠彪：《生与死：明季士大夫的抉择》，台北：联经出版公司，1997年。

何冠彪：《戴名世研究》，台湾：稻乡出版社，1988年。

何慈毅：《近世日琉关系史の研究》，名古屋大学博士学位论文，1994年。

何慈毅：《明清时期琉球日本关系史》，南京：江苏古籍出版社，2002年。

吴晗：《读史札记》，北京：三联书店，1956年。

吴晗：《吴晗史学论著选集》，北京：人民出版社，1984年。

［韩］吴金成、闵斗基、李成珪：《朝鮮學人의中國史研究의整理과評價》，汉城：汉城大学校东洋史学科，1980年。

［法］汪德迈著：《新汉文化圈》，陈彦译，南昌：江西人民出版社，1993年。

张立文：《朱子与退溪思想的比较研究》，台北：文津出版社，1995年。

张存武：《清韩宗藩贸易：1637~1894》，台北："中研院"近代史研究所，1980年，1987年再版。

张存武：《清代中韩关系论文集》，台北：台湾商务印书馆，1989年。

张博泉：《箕子与朝鲜论集》，长春：吉林文史出版社，1995年。

张玉兴：《明清史探索》，沈阳：辽海出版社，2004年。

汤勤福：《朱熹的史学思想》，济南：齐鲁书社，2000年。

八画

孟森：《明清史论著集刊》，北京：中华书局，1959年。

孟昭信：《康熙帝》，长春：吉林文

史出版社，1993年。

［日］林泰辅：《朝鲜通史》，陈清泉译，上海：商务印书馆，1934年。

林天蔚、黄约瑟主编：《古代中韩日关系研究》，香港：香港大学亚洲研究中心，1987年。

林东锡：《朝鲜译学考》，台北：台湾师范大学国文研究所博士论文，1982年。

［日］金沢荘三郎：《日鲜同祖論》，东京：汎东洋社，1943年。

［韩］金渭显：《高丽史中中韩关系史料汇编》，台北：食货出版社，1983年。

［韩］金仁圭：《北學思想의研究》，成均館大学博士学位论文，1998年。

［韩］金骏锡：《朝鮮後期國家再造論의抬頭와그展開》，延世大学史学博士学位论文，1990年。

［韩］金文植：《朝鮮後期經學思想研究：正祖와京畿学人을중심으로》，汉城：一潮阁，1996年。

杭州大学图书馆、杭州大学韩国研究所编：《韩国研究中文文献目录》，杭州：杭州大学出版社，1994年。

［韩］延世大学中央图书馆编：《延世大学校中央图书馆古书目录》，汉城：延世大学中央图书馆，1977年。

［日］河内良弘：《明代女真史의研究》，京都：同朋社，1992年；《明代女真史研究》，赵令志、史可非译，沈阳：辽宁民族出版社，2015年。

［日］牧田谛亮：《策彦入明記の研究》，京都：佛教文化研究所，1955年。

郑天挺：《清史探微》，北京：北京大学出版社，1999年。

郑克晟：《明代政争探源》，天津：天津古籍出版社，1988年；北京：故宫出版社，2014年。

郑克晟：《明清史探实》，北京：中国社会科学出版社，2001年。

郑德熙：《阳明学对韩国的影响》，台北：文史哲出版社，1986年。

郑樑生：《明代中日关系研究》，台北：文史哲出版社，1985年。

九画

［韩］姜万吉著：《韩国近代史》，贺剑城等译，北京：东方出版社，1992年。

［韩］姜周镇：《李朝黨爭史의研究》，汉城：汉城大学出版部，1971年。

［美］费正清、赖肖尔、克雷格：《东亚文明：传统与变革》，黎明、贾玉文、段勇、刘从德、保霁虹等译，天津：天津人民出版社，1992年。

［韩］柳本学：《燕岩一派北學思想의研究》，汉城：一志社，1995年。

柳诒征：《柳诒征史学论文集》，上海：古籍出版社，1991年。

赵令扬：《关于历代正统问题之争论》，九龙：学津出版社，1976年。

赵令扬：《明史论集》，香港：香港大学出版社，2000年。

饶宗颐：《中国史学上之正统论》，上海：上海远东出版社，1996年。

十画

徐玉虎：《明毅宗时代与琉球王国关系之研究》，北京：书目文献出版社，1987年。

徐玉虎：《明代琉球王国对外关系之研究》，台北：台湾学生书局，1982年。

晁福林：《霸权迭兴——春秋霸主论》，北京：三联书店，1992。

十一画

［韩］崔根德：《韩国儒学思想研究》，北京：学苑出版社，1998年。

黄枝连：《亚洲的华夏秩序：中国与亚洲国家关系形态论》，《天朝礼治体系研究》上卷，北京：中国人民大学出版社，1992年。

黄枝连：《东亚的礼义世界：中国封建王朝与朝鲜半岛关系形态论》，《天朝礼治体系研究》中卷，北京：中国人民大学出版社，1994年。

黄枝连：《朝鲜的儒化情境构造：朝鲜王朝与满清王朝的关系形态论》，《天朝礼治体系研究》下卷，北京：中国人民大学出版社，1995年。

黄宽重主编：《中韩关系中文论著目录》，台北：汉学研究资料及服务中心，1987年。

黄宽重主编：《中韩关系中文论著目录增订本》，台北："中研院"东北亚区域研究，2000年。

黄有福、陈景富：《中朝佛教文化交流史》，北京：中国社会科学出版社，1993年。

十二画

董作宾等：《中韩文化论集》，台北：中华文化出版事业委员会，1955年。

蒋兆成、王日根：《康熙传》，北京：人民出版社，1998年。

［美］鲁思·本尼迪克特著：《菊与刀》，吕万和等译，北京：商务印书馆，1990年。

谢国桢：《增订晚明史籍考》，上海：上海古籍出版社，1981年。

［韩］韩永愚：《朝鲜前期史學史研究》，汉城：汉城大学出版部，1981年。

［韩］韩永愚：《朝鲜後期史學研

究》，汉城：一志社，1989年。

［韩］韩国国史编纂委员会编：《韓國史》，汉城：韩国国史编纂委员会，全二十五册，1981年。

［韩］韩国国史编纂委员会编：《史庫址調查報告書》，汉城：韩国国史编纂委员会，1986年。

［日］朝鲜总督府编：《朝鮮圖書題解》，汉城：日韩印刷所，1919年。

十三画

简江作：《韩国历史》，台北：五南图书出版有限公司，1998年。

十四画

［日］旗田巍：《日本人の朝鮮観》，东京：劲草书房，1969年。

［日］旗田巍：《朝鮮史》，东京：岩波书店，1951年。

［韩］裴宗鎬：《尤庵思想研究論叢》，汉城：社文学会，1992年。

蔡茂松：《韩国近世思想文化史》，台北：东大图书股份有限公司，1995年。

十五画以上

［日］稻葉岩吉：《光海君时代の滿鮮關係》，京城：大阪屋号书店，昭和八年初版；东京：国书刊行会复刻本，1976年；汉城：亚细亚文化社《滿蒙學術史料叢書》中录入，1986年。

［日］藤間生大：《東亞細亞世界の形成》，东京：春秋社，1977年。

［日］藤塚鄰著：《清朝文化東傳の研究：嘉慶道光學壇の李朝と金阮堂》，藤塚明直编，东京：国书刊行会，1975年。

［日］藤塚鄰：《日鮮清の文化交流》，东京：中文馆书店，1947年。

三、中日韩文论文

三画

［日］三浦国雄：《十七世紀朝鮮における正統と異端——宋时烈と尹鑴》，《朝鮮學報》，1982年，第102辑。

［韩］千宇宽：《箕子考》，《東方學志》1974年第5期。

［日］大庭修：《明末清初に來航した中國人》，《日本學》1992年5月第19辑。

［日］小田省吾：《半島現存の皇明實錄に就て——纂史餘錄》，《青丘

［日］小田省吾：《〈半島現存の皇明実錄に就て〉補遺》,《青丘學叢》1934年第14号。

［日］山内弘一：《洪大容の華夷観について》,《朝鮮学報》1996年第159辑。

于澎：《大报坛与明清之际的中朝关系》,陈尚胜：《朝鲜王朝对华观的演变：〈朝天录〉和〈燕行录〉初探》,济南：山东大学出版社,1999年。

四画

［日］今西龙：《箕子朝鮮傳說考》,《中國學》1922年6、7月第2卷10、11期。

［日］中村荣孝：《朝鮮における関羽の祠廟について--壬辰・丁酉倭亂と「関王廟」の創始》,《天理大學學報》1973年3月第24卷5期。

［日］夫马进：《日本現存朝鮮燕行錄解題》,《京都大學文學部研究紀要》2003年3月第42号。

［日］夫马进：《朝鮮燕行使申在植の〈筆譚〉に見える漢學・宋學論議とその周邊》,见岩井茂樹编《中國近世社會の秩序形成》,京都：京都大学人文科学研究所,2004年3月。

王崇武：《朝鲜大报坛史料汇辑》,《学原》1948年11月第2卷第7期。

王崇武：《朝鲜三田渡清帝功德碑文考》,《东方杂志》1943年10月第39卷15号。

王崇武：《明纪辑略与朝鲜辨诬》,《东方杂志》1944年第40卷4期。

王崇武：《读〈明史朝鲜传〉》,《"中研院"历史语言研究所集刊》1947年第12本。

王冬芳：《关于明代中朝边境形成的研究》,《中国边疆史地研究》1997年第3期。

韦祖辉：《明遗民东渡述略》,《明史研究论丛》1985年第3辑。

五画

［韩］申奭镐：《韓國修史の事業》,日本《朝鮮学報》1978年第89辑。

［日］西嶋定生：《東アヅア世界と日本史——関連諸学からのアプロ》,雄山閣刊《歷史公論》1975年1月—1976年11月。

丘炫煜：《谷应泰〈明史纪事本末〉的史源新诠》,《简牍学报》1993年第15期。

冯尔康：《韩国朝宗岩大统庙述略》,《商鸿逵教授逝世十周年论文集》,北京：北京大学出版社,1997年；后收入南开大学历史学院编：《冯尔康文集·文化史散论》,天津：天津人民出版社,2019年。

459

冯尔康：《朝鲜大报坛述论——中朝关系和中国文化传播的一个侧面研究》，《韩国学报》1991年第10期；后收入南开大学历史学院编：《冯尔康文集·文化史散论》，天津：天津人民出版社，2019。

叶泉宏：《郑梦周与朝鲜事大交邻政策的渊源》，《韩国学报》1998年第15期。

叶泉宏：《权近与朱元璋——朝鲜事大外交的重要转折》，《韩国学报》2000年第16期。

六画

［韩］全海宗：《韩中学术交流之一端——金正喜为中心》，《中韩关系史国际研讨会论文集，960-1949》1983年。

［韩］权五惇：《北伐大義——尤庵宋時烈先生을中心으로》，《韓國實學思想論文選集》第26册《兩亂以後的思想界》，汉城：景仁文化社，1994年。

［韩］权善弘：《東亞細亞國際社會과思想의基盤——中華思想과事大觀念으로》，釜山外大《國際問題論叢》1989年第2辑。

［韩］朴性淳：《柳麟錫의華夷論에관한批判의檢討》，韓國獨立紀念館韓國獨立運動史研究所編《韓國獨立運動史研究》2001年8月第16辑。

乔治忠：《〈十八史略〉及其在日本的影响》，《南开学报》2001年第1期。

［韩］孙承喆：《北學의中華의世界觀克服》，《韓國實學思想論文選集補遺篇》第1册《思想一般》，汉城：景仁文化社，1994年。

［韩］孙承喆：《北學議과"尊周論"의性格分析》，《人文學研究》1982年第17辑。

［韩］孙承喆：《明清时期對日外交文書의年號와干支》，成均館大学《大東文化研究》1997年第32辑。

［韩］孙承喆：《朝鮮後期實學思想の對外認識》，《朝鮮學報》1987年第122辑。

孙卫国：《略论李玄锡〈明史纲目〉之编纂、史源、刊行与评价》，《清华学报》1997年第3期。

孙卫国：《明代宦官与中朝交往》，《韩国学报》1992年第11期。

孙卫国：《陈璘与李舜臣》，北京大学韩国学研究中心编《韩国学论文集——韩国传统文化国际学术讨论会论文集》1995年第4辑。

孙卫国：《朝鲜王朝尊周思明问题之研究，1637—1800》，香港科技大学人文学部博士学位论文，2001年1月。

孙卫国：《朝鲜大报坛创设之本末及其象征意义》，香港中文大学《中国文化研究学报》2002年新第11期。

孙卫国:《朝鲜〈皇明遗民传〉的作者及其成书》,《汉学研究》2002年第1期。

孙卫国:《朝鲜王朝尊周攘夷及其对清关系》,《韩国学报》2002年第17辑。

孙卫国:《试论事大主义与朝鲜王朝对明关系》,《南开学报》2002年第4期。

孙卫国:《〈明实录〉之东传朝鲜及其影响》,《文献》2002年第1期。

孙卫国:《朝鲜王朝所编之中国史书》,《史学史研究》2002年第2期。

孙卫国:《试论明遗民之东去朝鲜及其后裔世代对明朝之思怀》,北京大学韩国学中心编《韩国学论文集》2002年第10辑。

孙卫国:《略论朝鲜儒林之尊周思明——以华阳洞万东庙为中心》,北京大学韩国学研究中心编《韩国学论文集》2001年第9辑。

孙卫国:《从正朔看朝鲜王朝尊明反清的正统意识》,《汉学研究》2004年第1期。

牟元珪:《明清时期中国移民朝鲜半岛考》,复旦大学韩国研究中心编《韩国研究论丛》1995年第4辑。

[韩]刘奉学:《18·19세기大明义理论과对清意识의推移》,《韓國實學思想論文選集》第26册《兩亂以後의思想界》,汉城:景仁文化社,1994年。

刘春兰:《试论明清之际朝鲜社会的慕华崇明思想对明移民的影响》,《第三届韩国传统文化国际学术讨论会论文集》1999年。

七画

[韩]李元淳:《朝鲜赴京使行在文化史上的意义》,《中韩关系史国际研讨会论文集,960—1949》1983年。

[韩]李丙焘:《成研經齋與其學術述略》,见稻叶岩吉博士还历纪念会编《滿鮮史論叢》1938年。

[韩]李亨求:《大凌河流域의殷末周初青銅器文化과箕子和箕子朝鮮》,《韓國上古史學報》1991年第5别刷。

[韩]李成焕:《韓國朝鮮中期的關帝信仰,一五九二——一五九八》,《道教與探索》1991年第4期。

[韩]李成珪:《〈宋史筌〉의编纂背景과그特色——朝鮮學人의中國史編纂에關한研究》,《震檀學報》1980年第49号。

[韩]李迎春:《尤庵宋时烈의尊周思想》,《韓國實學思想論文選集》第26册《兩亂以後의思想界》,汉城:景仁文化社,1994年。

[韩]李龙范:《朴趾源的热河日记和西藏佛教》,《中韩关系史国际研讨会论文集,960—1949》1983年。

［韩］李泫淙:《韩国历史文献中之东亚大陆民族观》,《中韩关系国际学术讨论会论文集,960—1949》1983年。

［韩］李铉淙:《明使接待考》,《鄕土거울》1961年第12号。

李光涛:《记朝鲜实录中之〈皇明全史〉——兼论乾隆年刊之〈明史〉》,《"中研院"历史语言研究所集刊》1961年第32本。

李光涛:《记朝鲜实录中之大报坛》,《"中研院"历史语言研究所集刊外编》1960年第四种。

李光涛:《记清代的朝鲜国表笺程式》(上、下),《大陆杂志》1956年第4期、第5期。

李光焘:《〈朝鲜实录〉中的〈事大文书〉》,《朝鲜国表文之研究——内阁大库残余档案论丛之二》,均见《明清档案论文集》。

［韩］吴金成:《朝鲜学者之明史研究》,《中韩关系史国际研讨会论文集,960—1949》,1983年。

［韩］吴瑛燮:《19世紀中葉衛正斥邪派의歷史敍述——華西學派의宋元華東史合編綱目》,《韓國儒學思想論文選集》第62册《開化思想》2《衛正斥邪》。

［韩］吴锡源:《華西李恒老의歷史意識과義理思想》,《韓國儒學思想論文選集》第62册《開化思想》2《衛正斥邪》。

张存武:《清朝封贡关系之制度性分析》,《食货月刊》,1971年。

张玉兴:《明末清初"九义士"述论》,见张玉兴《明清史探索》,沈阳:辽海出版社,2004年。

张玉兴:《朝鲜"三学士"与明末"九义士"反清思想研究》,见张玉兴《明清史探索》,沈阳:辽海出版社,2004年。

何慈毅:《书状样式より見た江戸幕府の対琉意識》,《第四回琉中历史关系国际学术会议——琉中历史关系论文集》,冲绳:南西印刷,1993年。

何冠彪:《记朝鲜汉人王德九的〈皇明遗民录〉》,《明清人物与著述》,台北:台湾商务印书馆,1996年。

杜正胜:《中国古代社会多元性与一统化的游易——特从政治与文化的交涉论》,《新史学》2000年第2期。

［美］陈学霖:《永乐朝宦祸举偶——黄俨出使朝鲜事迹缀辑》,见《明代人物与传说》,香港:香港中文大学出版社,1997年。

［美］陈学霖:《洪武朝朝鲜籍宦官史料考释——〈高丽史〉、李朝〈太祖实录〉摘抄》,见《明代人物与史料》,香港:香港中文大学出版社,2001年。

［美］陈学霖:《宣宗朝鲜选妃与朝

鲜政治》，见《明代人物与史料》。

[美]陈学霖：《海寿——永乐朝一位朝鲜籍宦官》，见《明代人物与史料》。

[美]陈学霖：《明初朝鲜"入朝"宦官举隅——海寿事迹探索》，《故宫学术季刊》1999年第4期。

陈寅恪：《外族盛衰之连环性及外患内政之关系》，《唐代政治史述论稿》，上海：商务印书馆，1947年。

陈尚胜：《理义观与现实冲突——李朝政府对于清初漂流海商政策波动的研究》，《韩国学论文集》1995年第4辑。

陈尚胜：《论朝鲜王朝对明朝的事大观》，《第三届韩国传统文化国际学术研讨会论文集》1999年。

陈尚胜：《论17—19世纪朝鲜王朝的清朝观演变》，《韩国学报》2000年第16期。

八画

[韩]林基中：《燕行錄의對清意識과對朝鮮意識》，见《韓國實學思想論文選集補遺篇》第2册《兩亂以後의思想界》，汉城：景仁文化社，1994年。

[韩]金文植：《成海應의經學觀과其對中國的認識認識》，《韩国学报70辑》，见《韓國實學論文選》第55册《朝鮮後期五》，汉城：保景文化社，1992年。

[韩]金文植：《徐命膺著述의種類과特徵》，《竹夫李琥衡教授停年退職紀念論叢——韓國의經學과漢文學》。

[韩]金文植：《18세기후반徐命膺의箕子認識》，于松趙東杰先生停年紀念論叢刊行委員會編《韓國史學史研究》，汉城：一潮阁，1997年。

金荣华：《汉城关王庙》，《大陆杂志》1988年第77卷第2期。

[日]松浦章：《明朝末期の朝鮮使節の見た北京》，岩见弘等编《明末清初朝の研究》，京都：明文舍，平成元年。

[日]松浦章：《明清時代北京の會同館》，见《神田信夫先生古稀紀念論集：清朝と東アジア》，东京：山川出版社，1992年。

[韩]郑玉子：《大報壇創設에관한研究》，《邊太燮博士華甲紀念史學論叢》，汉城：三英社，1985年。

[韩]郑玉子：《正祖代對明義理整理作業——〈尊周彙編〉을中心으로》，《韩国学报》1992年秋季号第69辑。

郑克晟：《〈热河日记〉反映之中国社会与作者的思明情绪》，郑克晟：《明清史探实》，北京：中国社会科学出版社，2001年。

郑成宏、李敦球：《华夷观三步曲——从"尊王攘夷"到"华夷一也"再到"师夷长技"》，见《第三届韩国传统文化国际学术讨论会论文集》1999年。

九画

［日］柏原昌三：《日明勘合の組織と使行》，《史學雜誌》1920年第31卷4、5、8、9期。

［韩］赵钟业：《北伐의春秋大義》，《韓國實學思想論文選集》第26册《兩亂以後的思想界》，汉城：景仁文化社，1994年。

［韩］赵珖：《朝鲜後期思想界의轉換期的特性》，《韓國史轉換期의問題集》，汉城：知识产业社，1992年。

［韩］柳南相：《宋尤庵의義理思想에관한研究——儒教의道統傳授思想을中心으로》，《韓國實學思想論文選集》第26册《兩亂以後的思想界》，汉城：景仁文化社，1994年。

［韩］柳根镐：《朝鲜朝中華思想의性格과意味——宋时烈의小中華思想을中心으로》，《韓國實學思想論文選集》第26册《兩亂以後의思想界》，汉城：景仁文化社，1994年。

［韩］刘奉学：《18、19世紀大明義理論과對清意識의推移》，《한신대論文集》1988年第5辑；又见《韓國實學思想論文選集》第26册《兩亂以後的思想界》，汉城：景仁文化社，1994年。

泉寿：《朝鲜所藏〈明实录〉》，《大陆杂志》1971年第43卷6期。

十画以上

［韩］曹永禄：《朝鮮初期朝鮮出身的明使考——成宗朝的对明外交和明使郑同》，《韩国学报》1992年，第11期。

［韩］黄元九：《明史朝鲜傳譯注》，《东方学志》1982年第15辑。

［日］喜田貞吉：《日鮮兩民族同源論》，《民族と歷史》1921年。

［日］渡步學：《李朝後期事大交鄰思想의變貌過程小考》，《武藏大學人文學會雜誌》1978年。

［日］福田殖：《許衡について》，九州大学教养部《文学論輯》1985年。

［日］稻叶君山：《箕子朝鮮伝說考を読みて》，《中國學》1922年8月。

高明士：《从天下秩序看古代的中韩关系》，《中韩关系史国际研讨会论文集，960—1949》。

徐泓：《〈明史纪事本末·开国规模〉按读：兼论其史源运用及其选材标准》，《台大历史学报》1996年第20期。

徐泓：《明史纪事本末》的史源、作者及其编纂》，《史学史研究》2004年第1期。

梁嘉彬：《箕子朝鲜考》，《史学汇刊》1987年第10期。

魏志江：《论清兵入关后大清与朝鲜的关系》，《江海学刊》2002年第6期。

四、西文参考文献

Chan, Hok-lam. *Legitimation in Imperial China: Discussions under the Jurchen-Chin Dynasty (1115-1234)* Seattle: University of Washington Press, 1984.

Chun, Hae-jong. "Sino-Korean Cultural Relations in the 17th and 18th Centuries." In International Association of the Historians of Asia ed. *Proceeding of the First International Conference on Historians of Asia.* Manila: International Association of the Historian of Asia, 1960.

Choe, Yong-ho. "Reinterpreting Traditional History in North Korea." *The Journal of Asian Studies* 4(1980): 1-27.

Choe Yong-ho. "Sino-Korean Relations, 1866-1876: A Study of Korean's Tributary Relationship to China", *Asea Yon'gu*, 9: 1(1966): 139-184.

Chung Chung-ho ed. *The Identity of the Korean People: A History of Legend on the Korean Peninsula.* Seoul: Research Center for Peace and Unification, 1983.

Clark, Donald N. *Autonomy, egitimacy, and Tributary Politics-Sino Korean Relations in the Fall of Koryo and the Foundation of the Yi*, Harvard University PhD Dissertation, 1978.

Clark, Donald N. "The Ming Connection: Notes on Korea's Experience in the Chinese Tributary System." *Transactions of the Korea Branch of the Royal Asiatic Society* 58(1983): 77-89.

Clark, Donald N. "Faith and Betrayal: Notes on Korea's Experience in the Chinese Tributary System." In *Segyesok ui Hanguk munhwa: Yulgok 400 chugi e chuun hayo: che-3 hoe kukche haksul hoeui nonmunjip(Korean Culture and Its Characteristics on the Occasion of the 400th Anniversary of Yi Yulgok's Death: Papers of the 3rd International Conference.)* Songnam: Hanguk chongsin munhwa yonguwon, 1985.

Clark, Donald N. "Sino-Korean Tributary Relations Under the Ming." In Denis Twitchett and Frederick W. Mote, eds. *The Cambridge History of China, volume 8: The Ming Dynasty, 1368-1644*, Part II. Cambridge: Cambridge University Press, 1988.

de Bary, Wm. Theodore and Haboush, JaHyun Kim, *The Rise of Neo-Confucianism in Korea*, New York: Columbia University Press, 1985.

Deuchler, Martina. "Self-Cultivation for the Governance of Men: the Beginning of Neo-Confucian Orthodoxy in Yi Korea." *Asiatische Studien* 34: 2(1980): 9-39.

Deuchler, Martina. *The Confucian Transformation of Korea: A Study of Society and Ideology,* Cambridge, Mass.: Harvard University Press, 1992.

Duncan, John B. *The Origins of the Choson Dynasty,* Seattle: University of Washing-ton Press, 2000.

Fairbank, John King ed. *The Chinese World Order,* Cambridge, Massachusetts: Harvard University Press, 1968.

Fairbank, John King, and Teng, Ssu-yu. "On the Ch'ing Tributary System." *Harvard Journal of Asiatic Studies* 6(1941): 135-246.

Goodrich, L. Carrington. "Korean Interference with Chinese Historical Records." *Journal of North China Branch of the Royal Asiatic Society,* 48(1937) 27-34.

Goodrich, L. Carrington. "Sino-Korean Relations at the End of the XIVth Century." *Transactions of the Korea Branch of the Royal Asiatic Society,* 30(1940): 33-46.

Guillemoz, Alexandre. "Korean Studies in Western Europe and the Institute Involved (1976-1988) ." *Korea Journal,* 29: 2(February, 1989): 15-36.

Haboush, JaHyun Kim. *A Heritage of Kings: One Man's Monarchy in the Confucian World,* New York: Columbia University Press, 1988.

Haboush, Jahyun Kim. "Constructing the Center: The Ritual Controversy and the Search for a New Identity in Seventeenth-Century Korea."in Haboush, Jahyun Kim, Martine Deuchler ed. *Culture and the State in Late Choson Korea*, Cambridge, Mass.: Harvard University Asia Center, 1999, 46-90.

Han, Yong-u. "Kija Worship in the Koryo and Early Yi Dynasties: A Cultural Symbol in the Relationship between Korea and China." In Wm. Theodore de Bary and Jahyun Kim Haboush, eds. *The Rise of Neo-Confucianism in Korea*. New York: Columbia Univer-sity Press, 1985.

Howard, Keith."Korean Studies Overseas." *Asia Journal* 1(June 1994): 71-92.

Hwang, Won-ku."Korean World View Through Relations with China." *Korea Journal* 13: 10(October 1973): 10-17.

Hwang, Won-ku. "The Growth of Historical Consciousness and Concerns with Manchuria in the 18th Century Yi Dynasty."(yonse taehakkyo kyoyuk taehakwon) *Kyoyuk nonjip*, 6(December 1973): 117-121.

Kalton, Michael Charles. *The Neo-Confucian World View and Value System of Yi Dynasty Korea*, Harvard University PhD Dissertation, 1977.

Kang, Wi Jo. "Confucian Element of Korean Culture with Special Reference to Ancestor Worship."In Ho-Youn Kwon ed. *Korean Cultural Roots: Religion and Social Thoughts*, Chicago: Integrated Technical Resources, 1995.

Kim, Han-kyo. *Studies on Korea: A Scholar's Guide*, Honolulu: The University Press of Hawaii, 1980.

Kim, Key Hiuk. *The Last Phase of the East Asian World Order: Korea, Japan, and the Chinese Empire, 1860-1882*, Berkeley: University of California Press, 1980.

Kim, Kil Sun. *Doctoral Dissertation on Korea(Austria, Canada, France, Germany, Great Britain, Switzerland, USA)*, Frankfurt: University Druck und Verlags GmbH, 1989.

Kim, Young-soo. "Legitimacy of Korean Traditional Culture and Thought." In *The Identity of the Korean People: A History of Legitimacy on the Korea Peninsula*, Seoul: Research Center for Peace and Unification, 1983.

Koh, Byong-ik."Concept of Foreign Countries in Traditional Korea." *Asian Culture Quarterly*, 3: 4(Winter 1975): 1-11.

Lankov, Andrei. " Controversy over Ritual in 17th Century Korea."*Seoul Journal of Korean Studies* 3 (December 1990): 49-64.

Ledyard, Gari. "Yin and Yang in the China-Manchuria-Korea Triangle." In Morris Rossabi, ed. *China among Equals: The Middle Kingdom and Its Neighbors, 10th-14th Centuries*. Berkeley: University of California Press, 1983.

Leyard, Gari. "Korean Travelers in China over Four Hundred Years, 1488-1887", *Occasional Papers on Korea*, ed. by James B. Palais No.2(March, 1974), 1-42.

Lee, Cheong-soo. "Legitimacy in the History of the Korean People." In *The Identity of the Korean People: A History of Legitimacy on the Korea*

Peninsula, Seoul: Research Center for Peace and Unification, 1983.

Lee, Hyoun-jong. "Legitimacy in Korean History." *East Asian Review* 3:1(Spring 1976): 58-72.

Lee, Ki-Baik. *A New History of Korea*, Translated by Edward W. Wagner, with Edward J. Shultz, Cambridge: Harvard University Press, 1984.

Lee, Peter H. *Sourcebook of Korean Civilization*, Vol 1-2, New York: Columbia University Press, 1993.

Lew, Seung-kook."Introduction of Yin and Chou Thought and Ancient Korean Society."*Korea Journal* 13:6(June 1973): 26-35.

Lee, Tae-Young. "Problems in the Writing of Korean History Textbooks."*Korea Journal* (1998), 38: 1, 323-336.

Lidin, Olof G. "Korean Studies in Denmark." *East Asian Institute Occasional Papers* 1(1988): 33-35.

Mason, David A. "The Sam Hwangje Paehyang(Sacrificial Ceremony for Three Emperors): Korea's Link to the Ming Dynasty." *Korea Journal*, 31: 3 (Autumn 1991): 117-136.

Michell, Tony. "Korean Studies in the U.K." *Korea Journal* , 24: 4(April 1984): 76-77.

Miura, Kunnio." Orthodoxy and Heterodoxy in Seventeenth Century Korea: Song Siyol and Yun Hyu."In Wm. Theodore de Bary and Jahyun Kim Haboush, ed. *The Rise of Neo-Confucianism in Korea*. New York: Columbia University Press, 1985.

Nahm, Andrew C. *Korea: Tradition and Transformation: a History of the Korean People*, N.J.: Hollym International Corp., 1988.

Palais, James B. "A Search for Korean Uniqueness." *Harvard Journal of Asiatic Studies* 55: 2(December, 1995): 409-425.

Palais, James B. "Nationalism: Good or Bad?"In Hyung Il Pai and Timothy R. Tangherlini, eds. *Nationalism and the Construction of Korean Identity*, Berkeley: Center for Korean Studies, Institute of East studies, University of California, Berkeley, 1998.

Palais, James B. *Confucian Statecraft and Korean Institutions: Yu Hyongwon and the Late Choson Dynasty*, Seattle: University of Washington Press, 1996.

Park, Choong Seok. "Problems in the Study of the History of Korean Political Thoughts in Relationship with the Character of the Neo-Confucianism of the Chosen Dynasty." *Korea Observer*,

9: 2(Summer 1978): 215-229.

Park, Choong Seok. "Concept of International Order in the History of Korea." *Korea Journal*, 18: 7(July 1978):15-21.

Pratt, Keith L. "Sung Hui Tsung's Musical Diplomacy and the Korean Response." *Bulletin of the School of Oriental and African Studies*, 44: 3(1981): 509-521.

Pratt, Keith L. "Political and Culture within the Sinic Zone: Chinese Influences on Medieval Korea." *Korea Journal*, 20: 6(June 1980): 15-29.

Provine, Robert C. *Essays on Sino-Korean Musicology: Early Sources for Korean Ritual Music*, Seoul: Il Ji Sa, 1988.

Robinson, Kenneth. *Korean History: A Bibliography,* internet sources (http: // www2.hawaii.edu/korea/bibliography), 1999.

Rockhill, William Woodville. *China's Intercourse with Korea from the XVth Century to 1895*. London: Luzac, 1905.

Rogers, Michael C. "National Consciousness in Medieval Korea: The Impact of Liao and Chin on Koryo."In Morris Rossabi, ed. *China among Equals: The Middle Kingdom and Its Neighbors, 10th-14th Centuries*. Berkeley: University of California Press, 1983.

Rogers, Michael C. "The Chinese World Order in the Trans-mural Extension: the Case of Chin and Koryo." *Korean Studies Forum,* 4(Spring-Summer 1978): 1-22.

Rossabi, Morris. *The Jurchen in the Yuan and Ming*. Ithaca, NY: China-Japan Program, Cornell University, 1982.

Santangelo, Paolo. "A Neo-Confucian Debate in 16th Century Korea: Its Ethical and Social Implications." *T'oung Pao*, 76: 4-5(1990): 234-270.

Setton, Mark, Chong Yagyong. *Korea's Challenge to orthodox Neo-Confucianism*. Albany: State University of New York, 1997.

Shin, Leo Kwok-yueh. *Tribalizing the Frontier: Barbarians, Settlers, and the State in Ming South China*, PhD Dissertation, Princeton University, 1999.

Shultz, Edward J. "Koryo Envoys to China: Early 12th Century." *Han-kuo hsueh-pao* 7(1988): 247-266.

Sohn, Pow-key. " Power Versus Status: the Role of Ideology During the Early Yi Dynasty." *Tongbang hakchi*, 10

(1969): 209-253.

Song, Ki-joong. "The Study of Foreign Languages in the Yi Dynasty(1392-1910)." *Journal of Social Science and Humanities*, 54(December 1981): 1-46.

Song, Ki-joong. "The Study of Foreign Languages in the Yi Dynasty(1392-1910): Part Two, Books for the study of Foreign Language(1)(2)." *Journal of Social Science and Humanities*, 55(June1982): 1-57.

Tao, Jing-shen."Relations Between the Sung, the Liao, and Koryo."In *Two Sons of Heaven: Studies in Sung-Liao Relations*. Tucson: The University of Arizona Press, 1988.

Tu, Weiming. "Confucian Humanism and the Korean Quest for Culture Identity." In *Che-6 hoe kukche haksulhoe ui nonmunjip: Hangukhak ui segye-kwa*. Songnam: Hanguk chongshin munhwa yonguwon, 1991.

Wagner, Edward Willett, *The Literati Purges: Political Conflict in Early Yi Korea*, Cambridge: Harvard University Press, 1974.

Walker, Hugh Dyson. *The Yi-Ming Rapprochement: Sino-Korean Foreign Relations, 1392-1592,* University of California at Los Angeles PhD Dissertation, 1971.

Watanabe, Manbu. "The Concept of Sadae Kyorin in Korea." *The Japan Quarterly,* 24: 4(October-December 1977): 411-421.

Wolfgang, Franke. *An Introduction to the Sources of Ming History*, Singapore: University of Malaya Press, 1968.

Yun, Peter I. *Rethinking the Tribute System: Korean States and Northeast Asian Interstate Relations, 600-1600 (China, Manchuria),* PhD Dissertation, Los Angeles: University of California, 1998.

后 记

本书是根据我在香港科技大学人文学部博士论文修订而成的。香港科大是1992年才正式招生的，新办的大学，有新的气象，充满勃勃生机。科大设备先进，管理严格，名师荟萃，教学得法。人文学部集文、史、哲、宗教、人类学于一体，30余位教授中，有两位"中研院"的院士，这在海内外大学中是不多见的。我于1996年元月入学，在经过一段犹豫之后，最终选定中韩关系史作为博士论文的研究方向，感谢人文学部宽松而自由的政策，使我得以选定自己喜欢的研究方向。科大的培养制度皆效法美国，因为大部分的教授皆来自欧美，英文为法定的教学语言。

对于博士生来说，首先必须完成二十四个学分，至少修完八门课程。而每门课程都会有一大堆中英文材料需要阅读，每个学期选修两门课程，就十分忙碌了，因为读完材料，每周还得写读书报告。得益于这样严格的修课制度，凡中西史学、人类学、文学等相关课程，使我拓宽了眼界，完善了知识结构。接下来的博士资格考试，一门主科、一门副科，再加上第三种语言（中、英文以外）三门考试，较之完成学分更为紧张。因为每门考试科目的阅读书目往往是20多页，准备考试至少需要一年，我考的主科中国古代史，从先秦到明清，中、英文重要的著作须一本本读，读得头昏脑涨、昼夜不明。副科中韩关系史，凡中、英、日、韩文重要著作都得涉猎。第三语言则是日文翻译。考试为闭卷，自早上9点到下午6点，中午半个小时午饭时间。一年之内完成三门考试，相当不易，但终

471

究是熬过来了。三门考试通过了，就此取得博士候选人的资格，已经花去了三年时间，从此进入博士论文的研究与写作阶段。修课、考试是磨炼意志与精神的炼狱，而博士论文的写作虽然同样艰苦，但心情舒畅，如沐春风！苦熬了四年，1999年底，提交博士论文大纲，获得通过以后，终于等到了可以直抒心意的博士论文的写作阶段了！

对于朝鲜王朝尊周思明问题，我留心了很久，是我多年来一直试图解决的问题。我硕士研究生时期是学明史的。1991年6月，硕士论文在南开大学郑克晟先生的指导下完成，研究明初宦官出使的问题。明代宦官出使外国，除了郑和下西洋，就主要是去朝鲜了。1992年6月，我根据硕士论文改编的文章《明代宦官与中朝交往》，发表于台湾韩国学会会刊《韩国学报》第11期上，是我发表的第一篇明代中朝关系史方面的论文。1993年初，韩国高丽大学朴元熇教授访问南开，获悉我有志于中韩关系史研究，朴教授当即推荐我去拜见北京大学韩国学研究中心主任杨通方教授。杨先生年逾古稀，但精神矍铄，提携后进，不遗余力。第一次拜见杨先生，他对我就相当热情，得知我对中韩关系史的兴趣，杨先生当即推荐我参加韩国精神文化研究院于当年8月举办的首届"韩国文化研修班"（Korean Culture Program），但1993年因为申请签证手续烦琐而耽误了行程。次年，杨先生再次极力推荐。1994年8月，得以参加第二届"韩国文化研修班"，自此，在杨先生的鼓励与提携下，走上了中韩关系史的研究之路。

中国的韩国学研究，在1992年8月24日中韩建交之前，未能很好地发展，但此后则发展迅猛。20世纪90年代中期随着北大、复旦、杭大（今并入浙大）等几所大学韩国学研究中心的建立，各种学术活动日益增多，中国的韩国学研究就蓬勃发展起来了，这种氛围对我的研究有很大的推进。1995年10月，杨先生在北京大学主持召开首届韩国传统文化国际学术讨论会,我有幸出席此次盛会,并宣读论文,以后就一直十分留心明清时期的中朝关系史研究。尽管学术界一般把朝鲜与明、清两朝的关系看成是一个整体,称为典型的朝贡关系,而美国学者费正清更在研究清代朝贡关系史的基础上,提出和完善了他的"中华世界秩序"(The Chinese World Order)的理论构架,并产生了广泛影响。但我愈来愈感觉到朝鲜王朝对于明、清两朝截然不同的文化心态,对双边关系的发展有着举足轻重的影响。在我国明清史学界,20世纪第一代明清史专家孟森、王崇武等先生就注意到了此问题,但一直未得到很好的研究。西方学者在提出相关理论框架的时候,也没有注意到这一问题的深刻影响,因而值得进一步思考。1996年下半年我获得韩国国际交流财团的资助,赴韩国进修韩文,于是一边学习韩文,一边收集资料。学习结束回到香港,导师王心扬教授对我的研究课题大感兴趣,大力支持,吕宗力教授、甘德星教授也非常赞成,由此更坚定了自己的研究信心。此后在修课、考试之余,就一直积极收集资料。

科大图书馆虽为新建,但资料却相当全面,利用香港的优越地理位置,不仅广泛收集了海峡两岸的图书资料,英文、日文等资料也相当丰富。图书馆考虑到师生的需要,鼓励师生将所需的书单上交图书馆,然后由图书馆购买。我研究中韩关系史,这方面的资料相对缺乏。1997年有一天,我在日文杂志《东洋史研究》上看到《李朝实录》和《学东丛书》重印的消息,当即告知图书馆。图书馆在征得有关老师的赞同后,即从日本购来这两套书。半年后,我就在图书馆书架上看到了这两套书,为我的研究提供了必备的资料。而同时,若买不到的书,又确实需要,研究生每年可以免费利用图书馆的馆际互借服务借得四十种资料。科大与世界各地的主要图书馆都建立了馆际互借的业务,给师生的研究提供了极大的方便。正是有这诸多的便利，使我能尽可能全面地收集资料。1998年7、8月，得到科大人文社会科学学院资助，再次赴韩国收集资料，先后在高丽大学、汉城大学、延世大学等大学图书馆和韩国国会图书馆收集资料，在汉城两个月时间，重要资料基本上就收集齐全了。而为了学习日文，1999年上半年又得到日本国际交流基金的资助，得以在大阪关西国际中心进修日文四个月。不仅学习了语言，而且先后去关西大学、京都大学、京都女子大学、东京大学、东洋文库等地访学、查资料，对日本相关的学术动态亦有了基本的掌握。

在王老师、吕老师、甘老师的共同指导下，1999年10月终于开始了论文的研究。七八个月的时间熟悉资料、理清思绪，并仔细同老师们讨论了论文大纲以后，2000年5月23日开始动笔，正式进入论文的写作阶段。每天我坐在人文学部研究生办公室2359室内小屋中，铺开稿纸，奋笔疾书，每日数千言。窗外是美丽迷人的清水湾海景，一旦头脑昏聩、思维迟钝，无法写下去时，只要静静地凝视海湾几分钟，马上就会心旷神怡，思如泉涌。就这样我每天上午九时开始写作，一直写到凌晨，度过了三个月充满激情的时光，8月底，三十几万字的初稿就完成了。写作的过程是愉快而刺激的，但输入电脑修改润色则又是艰难而苦涩的，老师们与我一同品尝了这份苦涩。我打出一部分，三位老师就看一部分，他们看稿子都相当细心，多方给予指导。这样又经过半年的修改，2000年12月22日，在香港大学中文系主任、讲座教授赵令扬先生的主持下，并三位指导老师和何慈毅教授组成的答辩小组，开始了论文答辩，科大校方特指派电子系的一位李教授作为答辩监督。因系人文学部首位历史学专业的博士生答辩，学部非常重视，历史学资深教授张灏先生、洪长泰先生旁听了答辩，并提出了问题。历经三个多小时的答辩，终于得以圆满通过。2001年元月15日，最终把论文上交学部，第二天我就告别科大北上，科大五年的学习就此画上了句号。

2001年3月，正式回到南开大学历史学院工作。教学之余，对论文的修改工作则又重新开始。2001年7月到2002年元月，再次得到韩国国际交流财团的资助，在高丽大学赵珖教授的帮助下继续修改。赵教授是韩国著名的朝鲜王朝史专家，他尽可能地给我提供各种方便，并让我旁听他的研究生课以及每周一次的教研室学术讨论会，使我深受启发，论文修改进展亦极为顺利，补充了许多材料，文字上进一步加以润色。我在这段时间内，多次到韩国相关地方进行实地考察，加深了对这个问题的许多认识。随后的几年间，一直在断断续续修改；在通过商务印书馆的审稿后，文字上又有较为全面的润色。如今终于能与读者见面了，高兴之余，更多的则是惶恐。由于初稿成文仓促，加上自己生性鲁钝，见识有限，即便经过数年的修改，本书依然会有许多问题，只能诚惶诚恐地静待学术界的批评了。

这本书能够问世，是多年来众多先生关怀与培育的结果。在多年的求学过程中，获得了许多先生的指教与支持。首先是香港科技大学人文学部的王心扬老师、吕宗力老师、甘德星老师多年指教的结果，从选题、大纲到成稿，他们付出了极大的心血。王老师费心尤多，每当我遇到困难时，不管是学业上的，还是生活上的，王老师总是想方设法地帮我解决，他从学业与为人上都给我很多教益，没有他的指导，我是不可能如期完成论文的。尽管我离开科大已经五年了，王老师还是常常以各种方式对我给予帮助和指导。香港科技大学人文社会学院院长丁邦新教授、人文学部前学部主任张洪年教授、张灏教授、洪长泰教授、钱立方教授、蔡志祥教授、何慈毅教授等都给予了很多的关照。尤其令我感激的是余珍珠教授，在论文写作的最后一年，因为没有了奖学金，是余教授给我提供了研究助理的机会，使我能最终如期完成学业。香港大学的赵令扬教授指导论文答辩，获益良多，又邀请我出席港大举办的明清史国际学术会议，使我有机会向海内外的学者请教。香港中文大学历史系前系主任、讲座教授陈学霖先生对我帮助尤多。自1998年有幸结识先生以来，就一直得到先生的关怀，曾去中大旁听陈先生关于"《明实录》与《李朝实录》比较"的研究生课程，获益良多。陈先生对我的研究课题一直予以极大的关注，从论文大纲到初稿都给予了指导，使我倍受鼓舞。2001年4月，在香港大学召开的学术会议期间，陈先生还就本书的修改问题特别利用早餐时间与我长谈了一个多小时，使我深受启发。陈先生在大会发言时，又特别肯定了我的研究。而今又为拙著写序，对我鼓励有加，令我感激不尽。没有这些先生们的指教与帮助，就不可能有今天著作的出版，在此一并谨表谢忱。

南开大学郑克晟教授、杨翼骧教授将我领入学术的大门。自1988年投身于郑先生门下，就一直在郑先生的关怀下成长，郑师治学坚持"人弃我取"的治学原则，对我有着深深的影响。在1996年元月赴香港科大之前，1994年9月起已经在职攻读杨翼骧先生指导的中国史学史方向的博士学位。杨先生对我去香港读书，不但未予阻挠，反而大力支持，只是嘱咐我不要放弃南开的学位，更不要放弃中国史学史的研究，我铭记在心。尽管科大的学习非常紧张，我还是抓紧时间，在杨先生和乔治忠老师的共同指导下，1998年完成了南开大学的学位论文《王世贞史学研究》，并于当年五月通过答辩，获得学位。杨先生要求相当严格，指导也极为尽心，我在香港读书期间，杨先生经常去信指导，乔老师也是细心批阅论文，认真负责，使我获益良多，令我感激不尽。而杨先生已于2003年2月22日因病辞世，不胜痛悼！本书尽管不属于史学史的范畴，但第六章《从史书编撰看朝鲜尊周思明观》是全书最长的一章，也是创获颇多的部分。正是因为有了史学史方面的知识与修养，使我对朝鲜尊周思明问题才有更深刻的认识。

我在此问题研究的基础上,清醒地认识到学术的分野并没有严格的界限,中国史学史与中韩关系史、韩国史、明清史,其实都是相通的,彼此互相联系。本书当然是属于韩国史和中韩关系史的范畴,在某种程度上,也可以说是明清史的延伸。由此我深深体会到了年鉴学派提倡整体史学研究的用意与重要性,长时段、大范围、多层面的研究不仅可以给我们宏观的视野,而且可以打破既有学科分野的一些局限,因而能更为深刻地把握历史发展的内在联系。本书尽管不是一部这样的著作,但年鉴学派还是给了我不少启示,而心态史与思想史的方法与视角,也使我对相关问题认识更为深入。

本书能够出版,得益于历史学院李治安院长等领导的大力支持,冯尔康教授、乔治忠教授对本书亦提出了许多非常重要的修改意见,多年来也予以多方鼓励和支持。南开大学的其他先生若曹中屏教授、陈生玺教授、赵伯雄教授、姜胜利教授等皆给予了多方指导与帮助,在此一并谨表谢忱。

北京大学杨通方教授将我推向中韩关系的研究之路,多年来,杨先生对我一直十分关心,给我提供了许多机会,没有杨先生的提携,就不可能有本书的问世。韩国高丽大学的朴元熇教授、赵珖教授多年来给予指导,帮助尤多。中国台湾淡江大学郑梁生教授、真理大学叶泉宏教授寄赠了许多珍贵资料,叶教授对于论文大纲亦提出了不少的高见。同时,山东大学陈尚胜教授、香港大学何冠彪教授、韩国汉城大学吴金成教授、高丽大学李相植博士、尹荣寅博士(Dr. Peter Yun)、洪性鸠博士、李锡铉博士、金太年博士、中国台湾留学生王永一博士、庆熙大学吴一焕博士、日本东洋文库山根幸夫先生、东京女子大学檀上宽教授、京都大学夫马进教授、关西大学松浦章教授、香港科技大学伦志文先生、任锋博士、范广欣博士、姚玉敏博士、香港中文大学胡务博士等都给予了多方鼓励和帮助，谨此表示衷心的感谢。还要感谢商务印书馆常绍民先生的帮助，感谢韩国国际交流财团、日本国际交流基金的相关资助，并感谢香港科技大学图书馆的多方帮助。

  最后，我不能不感谢我的家人，我在外求学数年期间内，内子绳建敏大夫始终默默地支持我，独自承担家庭内外的一切事情，毫无怨言，反而对我照顾有加。父母与岳父岳母也大力支持，尽可能地减少我们的负担，长期帮助照看孩子，使我能安心求学。我的点滴成就，都与他们的奉献和支持分不开，在此谨表深深的谢意！并将此书献给他们，聊且算作点滴回报。

孙卫国

初稿于2003年6月5日

修订于2005年7月9日

新版后记

拙著《大明旗号与小中华意识》，尽管出版之前几经周折，但自从2007年11月出版以来，受到学术界比较积极的评价。陈尚胜先生在2009年发表的《近16年来中国学术界关于清朝与朝鲜关系史研究述评》文中，称赞拙著"这是迄今为止研究清鲜关系史的最成功力作"（《当代韩国》2009年秋季号）。左江教授2011年在香港城市大学主办的《九州学林》杂志上发表长篇书评，以文学教授的细致分析、深入解剖，对拙著给予了全方位的评价。黄修志教授2019年用中韩文在韩国杂志上发表《中国研究朝鲜王朝史一百年（1919—2019）》一文中，将拙著视作2007年中国朝鲜史研究走向世界的标志性成果，"标志着经过几代人的努力，中国学者在朝鲜王朝史研究上走向成熟，真正具备了与国际学者对话的能力，为后来研究者树立了一个新标杆"（《历史与现实》，2019年第114辑）。对于这些称赞，笔者虽感欣慰，但亦觉受之有愧。此书初版有不少粗疏之处，有些地方论述也不够充分，甚至还有错别字，这样也就有修订的必要。

近十数年来，随着韩国数据库的建设与开放，韩国各种学术资源越来越受到中国学术界的欢迎，中韩关系史、韩国史的研究也蓬勃发展起来。十几年前出版的拙著早已售罄，有一些年轻朋友也询问能否再版。在谭徐锋先生的鼓励下，经过近一年的努力，拙著修订工作终于完成了，即将由四川人民出版社出版，特此对谭先生表示感谢！感谢陈尚胜、左江、黄修志诸位教授的鼓励！感谢左教授答允将书评附在拙著中，使拙著生色不少。

2018年，本书的姊妹篇《从"尊明"到"奉清"：朝鲜王朝对清意识的嬗变，1627—1910》，收入"台大哈佛燕京学术丛书"中，由台大出版中心出版，也受到学术界比较积极的评价。该书很大程度上拓展了本书的研究范畴，对于本书未能展开的问题，逐一进行了探讨。故而，本次对于本书的修订，基本内容方面并未做过多的拓展，框架结构亦无改变。只是改正了一些史实错误，改正了错别字，个别地方适当增加了论述的文字，补充了个别新的参考文献。本次修订中，南开大学韩国研究中心研究生孙中奇、张璐瑶、吴东铭三位同学，给予了很多帮助，他们逐一查对了史料，纠正了不少史料方面的问题，加快了本书的修订工作。谨表感谢！

该修订本书前的照片几乎全部更新，有一部分是由北京电影学院文学系毕业生年轻的马伊腾编剧提供的。最近数年，他与几位朋友多次前往韩国朝宗岩、华阳洞等地考察，多次参与韩国明义会于每年阴历三月十九日（崇祯皇帝忌日）在大统庙所举行的祭祀活动，他们还给大统庙提供了明太祖、明神宗与崇祯皇帝的画像，摆在三皇的神位牌前，并拍了不少照片，在网上发表过数篇考察游记，引起不少人关注。同时，特别值得提出的是，据说经过了三年的施工，2004年万东庙与华阳书院都已重建，又恢复了朝鲜王朝时期的模样。他的照片为本书增色不少，谨表谢忱！

1998年，当选定这个研究论题时，中国学术界几乎无人关注；2007年初版之时，了解此问题的人也不多。而今稍涉近世中朝关系史的人，对此问题都或多或少有所知晓。修订本的问世，但愿能引起更多的关注，使更多年轻人投身于这个研究领域，进而推进中朝关系史和韩国史的研究。

孙卫国

2020年3月14日

图书在版编目（CIP）数据

大明旗号与小中华意识：朝鲜王朝尊周思明问题研究：1637—1800 / 孙卫国著. — 修订本. — 成都：四川人民出版社，2021.8（2022.1重印）
ISBN 978-7-220-12078-7

Ⅰ.①大… Ⅱ.①孙… Ⅲ.①中朝关系－国际关系史－研究－1637-1800 Ⅳ.①D829.312

中国版本图书馆CIP数据核字（2020）第239302号

DAMING QIHAO YU XIAO ZHONGHUA YISHI：
CHAOXIAN WANGCHAO ZUNZHOUSIMING WENTI YANJIU (1637—1800) (XIUDING BAN)

大明旗号与小中华意识：
朝鲜王朝尊周思明问题研究（1637—1800）（修订版）

孙卫国　著

出 版 人	黄立新
策划统筹	封　龙
责任编辑	冯　珺
封面设计	周伟伟
版式设计	戴雨虹
责任印制	周　奇
出版发行	四川人民出版社　（成都市槐树街2号）
网　　址	http://www.scpph.com
E-mail	scrmcbs@sina.com
新浪微博	@四川人民出版社
微信公众号	四川人民出版社
发行部业务电话	（028）86259624　86259453
防盗版举报电话	（028）86259624
照　　排	四川最近文化传播有限公司
印　　刷	成都东江印务有限公司
成品尺寸	145mm×210mm
印　　张	16
字　　数	400千
版　　次	2021年8月第1版
印　　次	2022年1月第2次印刷
书　　号	ISBN 978-7-220-12078-7
定　　价	89.00元

■版权所有·侵权必究

本书若出现质量问题，请与我社发行部联系更换
电话：（028）86259453